Basiswissen Vergaberecht

Rechten · Röbke

Basiswissen Vergaberecht

Ein Leitfaden für Ausbildung und Praxis

herausgegeben und bearbeitet von

Stephan Rechten, Rechtsanwalt, Berlin

Dr. Marc Röbke, Rechtsanwalt, Berlin

2. aktualisierte Auflage

Bibliografische Information der Deutschen Nationalbibliothek

Die Deutsche Nationalbibliothek verzeichnet diese Publikation in der Deutschen National-bibliografie; detaillierte bibliografische Daten sind im Internet über http://dnb.d-nb.de abrufbar.

Bundesanzeiger Verlag GmbH
Amsterdamer Straße 192
50735 Köln
Internet: www.bundesanzeiger-verlag.de

Weitere Informationen finden Sie auch in unserem Themenportal unter
www.das-vergabeportal.de

Beratung und Bestellung:
Tel.: +49 (0) 221 97668-240
Fax: +49 (0) 221 97668-271
E-Mail: vergabe@bundesanzeiger.de

ISBN (Print): 978-3-8462-0623-2
ISBN (E-Book): 978-3-8462-0624-9

Herstellung: Günter Fabritius
Produktmanagement: Sven-Steffen Schulz
Satz: Cicero Computer GmbH, Bonn
Druck und buchbinderische Verarbeitung: Appel & Klinger Druck und Medien GmbH, Schneckenlohe

Printed in Germany

Vorwort

Nur gut zwei Jahre nach der ersten Auflage dieses Werks hat das Vergaberecht seinen Charakter als sich rasant entwickelndes und veränderndes Rechtsgebiet eindrucksvoll bestätigt. Am 18. April 2016 ist die umfassende Modernisierung des EU-Vergaberechts in seiner Umsetzung in Deutschland in Kraft getreten. Neben tiefgreifenden strukturellen Veränderungen hat die Reform auch eine Vielzahl inhaltlicher Änderungen und Neuerungen mit sich gebracht, darunter die verpflichtende Durchführung von elektronischen Vergabeverfahren.

Aber auch im haushaltsrechtlich geprägten Bereich unterhalb der EU-Schwellenwerte stehen die Zeichen auf Wechsel. Neben einer mehrfach überarbeiteten VOB/A für Bauvergaben wird im Laufe des Jahres 2017 die vom Bundeswirtschaftsministerium initiierte Unterschwellenvergabeordnung die VOL/A für die Vergabe von Liefer- und Dienstleistungsaufträgen ablösen. Damit wird auch die Ausschreibung von Klein- und Kleinstaufträgen, die nach wie vor deutlich über 90% aller Beschaffungsvorgänge in Deutschland ausmachen, deutlich anspruchsvoller.

Zusammen mit zahlreichen interessanten und weit reichenden Entwicklungen in der vergaberechtlichen Rechtsprechung – zu erwähnen sei nur die „Schulnoten-Rechtsprechung" des OLG Düsseldorf – war dies Anlass genug für die zweite Auflage.

Dass das „Basiswissen Vergaberecht" offensichtlich eine Lücke zwischen Kurzeinstieg in das Rechtsgebiet und umfassenden Abhandlungen und Kommentaren geschlossen hat, zeigen die äußerst erfolgreichen Zahlen der Erstauflage. In der Hoffnung, diesen Erfolg fortsetzen zu können, haben wir bei der Überarbeitung sorgfältig darauf geachtet, dass die Verständlichkeit und der Praxisbezug, den die Erstauflage prägte, trotz zunehmender Komplexität des Rechtsgebiets nicht leiden. Mit dieser Zielsetzung wurden zahlreiche weitere Abbildung und Praxistipps aufgenommen, die die Verständlichkeit erhöhen und die Umsetzbarkeit des Inhalts unterstützen.

„Basiswissen Vergaberecht" will dem Leser trotz des erweiterten Umfangs weiterhin als Einstieg in das Vergaberecht oder zur Verfestigung bereits vorhandenen Grundwissens die Grundzüge und Grundstrukturen des EU-weiten und nationalen Vergaberechts aufzeigen, ohne sich im normativen Dickicht der einzelnen Regelwerke zu verlieren. Wir freuen uns, wenn wir öffentlichen Auftraggebern wie Bietern auch mit der zweiten Auflage diesen Einstieg in die komplizierte Vergabewelt erleichtern und sie bei ihrer täglichen Arbeit unterstützen können.

Bei Fragen, Anmerkungen und Anregungen sind wir jederzeit erreichbar.

Berlin im Januar 2017

Stephan Rechten und Dr. Marc Röbke

Stephan.Rechten@bblaw.com / Marc.Roebke@bblaw.com

Inhaltsverzeichnis

3. Subjektiver Anwendungsbereich: Auftraggeber   59

4. Objektiver Anwendungsbereich: Öffentlicher Auftrag, Konzessionen, Ausnahmen   69

8. Abschluss des Vergabeverfahrens 213

9. Dokumentation 229

10. Rechtsschutz 245

11. Service · 285

Abkürzungsverzeichnis

A

a.A.	anderer Ansicht
a.a.O.	am angegebenen Ort
abl.	ablehnend
ABl.	Amtsblatt
Abs	Absatz
a.E.	am Ende
AEUV	Vertrag über die Arbeitsweise der Europäischen Union
a.F.	alte Fassung
AGB	Allgemeine Geschäftsbedingungen
AktG	Aktiengesetz
allg.	allgemein
Alt.	Alternative
a.M.	anderer Meinung
Anh.	Anhang
Anm.	Anmerkung
Art.	Artikel
Aufl.	Auflage
Az.	Aktenzeichen

B

BAAINBw	Bundesamt für Ausrüstung, Informationstechnik und Nutzung der Bundeswehr
BAnz.	Bundesanzeiger
Bbg	Brandenburg

Bd.	Band
Begr.	Begründung
Beschl.	Beschluss
bestr.	bestritten
BGB	Bürgerliches Gesetzbuch
BGBl.	Bundesgesetzblatt Teile I, II, III
BGH	Bundesgerichtshof
BHO	Bundeshaushaltsordnung
Bl.	Blatt
BMI	Bundesministerium der Finanzen
BMJ	Bundesministerium der Justiz
BMUB	Bundesministerium für Umwelt, Naturschutz, Bau und Reaktorsicherheit
BMVg	Bundesministerium der Verteidigung
BMVI	Bundesministerium für Verkehr und digitale Infrastruktur
BMWi	Bundesministerium für Wirtschaft und Technologie
BR	Bundesrat
BR-Drucks.	Bundesrats-Drucksache
BReg	Bundesregierung
bspw.	beispielsweise
BT	Bundestag
BT-Drucks.	Drucksache des Deutschen Bundestages

Buchst.	Buchstabe
BVerfG	Bundesverfassungsgericht
BVerfGE	Entscheidungen des Bundesverfassungsgerichts
BVerwG	Bundesverwaltungsgericht
BVerwGE	Entscheidungen des Bundesverwaltungsgerichts
BW	Bundeswehr
bzgl.	bezüglich
bzw.	beziehungsweise

C

c.i.c.	culpa in contrahendo
ca.	irca
CPV	Common Procurement Vocabulary

D

d.h.	das heißt
DIN	Deutsche Industrienorm
DÖV	Die öffentliche Verwaltung (Zeitschrift)
DVA	Deutscher Vergabe- und Vertragsausschuss für Bauleistungen
DVAL	Deutscher Vergabe- und Vertragsausschuss für Lieferungen und Dienstleistungen
DVBl.	Deutsches Verwaltungsblatt

E

E	Entwurf
EG	Europäische Gemeinschaft; Einführungsgesetz
EGBGB	Einführungsgesetz zum BGB
Einl.	Einleitung
etc.	et cetera
EU	Europäische Union
EuGH	Europäischer Gerichtshof
EuGHE	Sammlung der Rechtsprechung des Gerichtshofs der Europäischen Gemeinschaften
EUV	Vertrag über die Europäische Union
e.V.	eingetragener Verein
evtl.	eventuell
EWG	Europäische Wirtschaftsgemeinschaft
EWR	Europäischer Wirtschaftsraum

F

f./ff.	folgende/fortfolgende
Fn.	Fußnote

G

GA	Generalanwalt
gem.	gemäß
GesR	Gesellschaftsrecht
GG	Grundgesetz
ggf.	gegebenenfalls

GKG	Gerichtskostengesetz
GmbH	Gesellschaft mit beschränkter Haftung
GO	Gemeindeordnung
GPA	Government Procurement Agreement
grds.	grundsätzlich
GVBl.	Gesetz- und Verordnungsblatt
GWB	Gesetz gegen Wettbewerbsbeschränkungen

H

HGB	Handelsgesetzbuch
h.L.	herrschende Lehre
h.M.	herrschende Meinung
hrsg.	herausgegeben
Hs.	Halbsatz

I

i.d.F.	in der Fassung
i.d.R.	in der Regel
IKT	Informations- und Kommunikationstechnologie
ILO	International Labour Organization
insb.	insbesondere
InsO	Insolvenzordnung
i.S.d.	im Sinne des/der
IT	Informationstechnologie

IT-AmtBw	Bundesamt für Informationsmanagement und Informationstechnik der Bundeswehr
i.Ü.	im Übrigen
i.V.m.	in Verbindung mit

K

Kap.	Kapitel
KG	Kammergericht, Kommanditgesellschaft
krit.	kritisch

L

LG	Landgericht
LHO	Landeshaushaltsordnung
lit.	litera (Buchstabe)
LT-Drucks.	Landtags-Drucksache
LuftSiG	Luftsicherheitsgesetz

M

m.w.N.	mit weiteren Nachweisen

N

n.F.	neue Fassung oder Folge
NJW	Neue Juristische Wochenschrift
Nr.	Nummer(n)
NRW	Nordrhein-Westfalen
NVwZ	Neue Zeitschrift für Verwaltungsrecht
NZBau	Neue Zeitschrift für Baurecht und Vergaberecht

O

o.g.	oben genannte
OHG	Offene Handelsgesellschaft
OLG	Oberlandesgericht
OLGZ	Entscheidungssammlung der Oberlandesgerichte
OVG	Oberverwaltungsgericht

P

PM	Pressemitteilung
PPP	Public Private Partnership

R

Rn.	Randnummer
RegE	Regierungsentwurf
RL	Richtlinie
RL-VS	Richtlinie 2009/81/EG
Rs.	Rechtssache
Rspr.	Rechtsprechung
RVG	Rechtsanwaltsvergütungsgesetz

S

s.	siehe
S.	Satz, Seite
sog.	sogenannte(r)
SektVO	Sektorenverordnung
SKR	Sektorenkoordinierungsrichtlinie 2004/17/EG
Slg.	Sammlung der Rechtsprechung des Europäischen Gerichtshofs

StGB	Strafgesetzbuch
st. Rspr.	ständige Rechtsprechung
s.u.	siehe unten, siehe unter

U

u.a.	unter anderem; und andere
UAbs.	Unterabsatz
u.s.w.	und so weiter
u.U.	unter Umständen
UVgO	Unterschwellenvergabeordnung
UWG	Gesetz gegen den unlauteren Wettbewerb
u.U.	unter Umständen

V

Var.	Variante
VergabeR	Zeitschrift für das gesamte Vergaberecht
VG	Verwaltungsgericht
VGH	Verwaltungsgerichtshof
vgl.	vergleiche
VgRÄG	Gesetz zur Änderung der Rechtsgrundlagen für die Vergabe öffentlicher Aufträge (Vergaberechtsänderungsgesetz)
VergStatVO	Vergabestatistikverordnung
VgV	Verordnung über die Vergabe öffentlicher Aufträge (Vergabeverordnung)
VK	Vergabekammer

VKR	Vergabekoordinierungs-richtlinie 2004/18/EG
VO	Verordnung
VOB	Vergabe und Vertragsord-nung für Bauleistungen
VOF	Vergabeordnung für freibe-rufliche Dienstleistungen
VOL	Vergabe- und Vertragsord-nung für Leistungen
Vorbem.	Vorbemerkung
VS	Verschlusssachen
VSVgV	Vergabeverordnung Vertei-digung und Sicherheit
VwGO	Verwaltungsgerichtsord-nung
VwVfG	Verwaltungsverfahrensge-setz
VwVG	Verwaltungsvollstreckungs-gesetz

W

WTO	World Trade Organization

Z

z.B.	zum Beispiel
ZfBR	Zeitschrift für deutsches und internationales Bau- und Vergaberecht
Ziff.	Ziffer
ZIP	Zeitschrift für Wirtschafts-recht und Insolvenzrecht
ZPO	Zivilprozessordnung
z.T.	zum Teil
zust.	zustimmend
ZuStVO	Zuständigkeitsverordnung Nachprüfungsverfahren

1. Grundlagen des Vergaberechts

„Die Vergabe öffentlicher Aufträge" oder „die Beschaffung von Leistungen" sind im allgemeinen Sprachgebrauch eher ungewöhnliche Bezeichnungen für einen ganz alltäglichen Vorgang: den **Einkauf der öffentlichen Hand.**

Als Vergaberecht bezeichnet man die **Gesamtheit der zahlreichen Vorschriften und Regelwerke**, die die öffentliche Hand – also **Bund, Länder und Kommunen** – beim Einkauf von Produkten und Dienstleistungen am Markt beachten muss. Durch die immer stärkere Verrechtlichung dieser Beschaffungsvorgänge ist die ursprüngliche Bezeichnung als öffentliches Auftragswesen mehr und mehr in den Hintergrund gerückt.

Staat und Verwaltung haben eine Vielzahl von Aufgaben und Pflichten, die sie gegenüber ihren Bürgern wahrnehmen und erledigen müssen. Dies sind insbesondere Aufgaben der **Daseinsvorsorge** – Bildung, Gesundheit, Soziales, Infrastruktur, um nur einige zu nennen – oder der **Bereich der inneren und äußeren Sicherheit.**

Diese Tätigkeiten üben die zuständigen Behörden überwiegend selbst aus und benötigen hierzu entsprechende Ausstattung oder Unterstützung. So braucht die Feuerwehr einer Kommune ein funktionales Gebäude einschließlich entsprechender Ausstattung sowie Einsatzfahrzeuge und weitere Ausrüstungsgegenstände.

In anderen Bereichen entscheidet sich die öffentliche Hand mitunter dafür, die Leistung für ihre Bürger nicht mehr selbst zu erbringen, sondern **durch private Anbieter** vornehmen zu lassen. Beispiele sind die Müllentsorgung oder die Erbringung von Leistungen im öffentlichen Personennahverkehr (ÖPNV). Schließlich haben öffentliche Stellen die Möglichkeit, sich mit einem privaten Partner zusammenzutun, um Leistungen gemeinsam zu erbringen. Im Rahmen solcher **öffentlich-privater Partnerschaften** (ÖPP; geläufig ist auch die aus dem englischen Begriff der „Public Private Partnership" stammende Abkürzung PPP) soll eine langfristige Kooperation zu besseren Leistungen und niedrigeren Kosten führen.

Wenngleich die Rahmenbedingungen und Grenzen dieser drei Formen der Leistungserbringung durch Private sehr unterschiedlich sind, ist ihnen jedenfalls gemeinsam, dass die Auswahl und Beauftragung des Privaten grundsätzlich im Wettbewerb und in vielen Fällen unter Beachtung des Vergaberechts erfolgen muss.

Ziel ist es stets, den Wettbewerb unter mehreren Anbietern – soweit dieser vorhanden ist – zu nutzen, um hierdurch bestmögliche Leistung und Qualität zu den günstigsten Preisen zu erhalten – und damit die öffentlichen Mittel, also die **Steuergelder der Bürger**, effektiv und effizient einzusetzen.

Dass überhaupt ein **staatlich vorgegebenes Verfahren** zur Ausgestaltung des Einkaufs der öffentlichen Hand erforderlich ist, liegt vor allem daran, dass sich diese in der Regel nicht wie ein üblicher Marktteilnehmer verhält: Anders als Unternehmen, die in Konkurrenz zueinander stehen und daher bereits aus Gründen der Wettbewerbsfähigkeit möglichst günstig einkaufen müssen, ist die Verwaltung einer solchen Situation nicht ausgesetzt. Darüber hinaus verwenden Bund, Länder und Kommunen für Beschaffungen nicht das eigene Geld, sondern – wie bereits ausgeführt – das Geld der Bürgerinnen und Bürger. Anders als eine private Person, die ihre Ersparnisse z.B. beim Kauf eines neuen PKWs so effizient wie möglich einsetzen möchte, besteht dieser Anreiz bei der öffentlichen Hand nicht ohne Weiteres.

Aus diesen Gründen – Einsatz öffentlicher Gelder und/oder fehlende Marktanreize – sind neben den öffentlichen Institutionen heute teilweise auch private Unternehmen in bestimmten Versorgungsbereichen (Energie, Wasser, Verkehr) und sogar Privatpersonen, die öffentliche Gelder (Zuwendungen) erhalten und einsetzen können, vom Anwendungsbereich des Vergaberechts erfasst.

Auf die rechtlichen Rahmenbedingungen des Vergaberechts in Deutschland wird nach einer historischen Einleitung und einigen Ausführungen zur wirtschaftlichen Bedeutung des Vergaberechts eingegangen.

1.1 Historische Grundlagen und Entwicklungen

Die Vergabe öffentlicher Aufträge und deren Regelung hat in Deutschland lange Tradition. Erste Vorschriften finden sich ab dem 16. Jahrhundert, etwa mit der „Instruktion über die Festung Ingolstadt" von 1542, der „Bauhofsordnung für Hamburg" von 1617, den „Submissionsplakaten von Mannheim" von 1699 oder dem „Preußischen Baureglement" von 1724. Die ersten umfassenden Vergaberichtlinien ergingen seit den 30er Jahren des 19. Jahrhunderts, so etwa 1833/64 für öffentliche Bauten in Bayern, 1836 für Württemberg und 1885 für Preußen.

In dieser Zeit hat sich auch das Verfahren der Auftragsvergabe deutlich geändert: Im 18. Jahrhundert wurde überwiegend das Verfahren der **Lizitation** eingesetzt. Diese zeichnete sich durch eine Anwesenheit sämtlicher Bieter in einem zeitlich begrenzten Verhandlungstermin aus, in dem diese sich ausgehend von dem Voranschlag der ausschreibenden Behörde gegenseitig unterboten. Den Zuschlag erhielt der Bieter mit dem höchsten Abschlag; ein Anspruch auf den Zuschlag bestand nicht. Dieses Verfahren wurde im Verlauf des 19. Jahrhunderts weitgehend durch das **Submissionsverfahren** ersetzt, bei dem die Angebote in schriftlicher Form eingereicht wurden. Der Zuschlag wurde grundsätzlich an den Mindestfordernden erteilt.

Der erste Entwurf für ein einheitliches Reichsverdingungsgesetz wurde 1913/14 durch eine Kommission des Reichstags beraten. Wesentliche Neuerungen lagen in einer Pflicht zur Prüfung der Eignung der Bieter sowie in einer Berücksichtigung der Angemessenheit der angebotenen Preise. Hierdurch sollte dem bis dahin oftmals ruinösen Preiswettbewerb begegnet werden. Durch den Beginn des 1. Weltkriegs wurde das Gesetzgebungsvorhaben jedoch nicht weiterverfolgt.

Auch ein nach dem Krieg initiiertes Reichsrahmengesetz über die Vergabe öffentlicher Aufträge wurde vom Reichstag nicht angenommen. Stattdessen wurde die Materie auch mit Blick auf ihre hohe **Praxisrelevanz** an einen von den Vertretern der an der Auftragsvergabe beteiligten Kreise gebildeten Ausschuss verwiesen. Dieser konstituierte sich 1921 als **Reichsverdingungsausschuss** (RVA). Er erarbeitete bis 1926 die Verdingungsordnung für Bauleistungen (**VOB**, Teile A und B) und im Anschluss hieran bis 1936 die Verdingungsordnung für Leistungen (**VOL**, Teile A und B).[1]

Beide Regelwerke konnten ihre Position auch nach dem 2. Weltkrieg verstetigen. Insbesondere in den ersten Nachkriegsjahren bildeten diese Vergabeordnungen die Grundlage für den Wiederaufbau Deutschlands. Die VOB wird seither durch den Deutschen Verdingungsausschuss (heute Vergabe- und Vertragsausschuss) für Bauleistungen (DVA), die VOL durch den Deutschen Verdingungsausschuss (heute Vergabe- und Vertragsausschuss) für Leistungen (DVAL) fortgeschrieben. VOB und VOL sowie die 1997 eingeführte Vergabeordnung für freiberufliche Leistungen (**VOF**) als Regelwerk für die Vergabe von freiberuflichen (Dienst-)Leistungen bildeten lange Zeit in weiten Bereichen die rechtliche Grundlage für die Vergabe öffentlicher Aufträge. Seit der am 18. April 2016 in Kraft getretenen Vergaberechtsmodernisierung haben sich deutliche Veränderungen ergeben.[2]

Europarechtliche Einflüsse auf das bis dahin rein haushaltsrechtlich geprägte Vergabewesen kamen erst Anfang der 1970er Jahre auf. Die ersten europäischen Vergaberichtlinien – 1971 für den Baubereich und 1976 für den Lieferbereich – wurden zwar in das nationale Vergaberecht umgesetzt, führten jedoch in keiner Weise zu der beabsichtigten Förderung der grenzüberschreitenden Auftragsvergabe und der damit angestrebten Liberalisierung des Binnenmarktes im Bereich des öffentlichen Einkaufs. Erst die Revision dieser Richtlinien unter dem neuen Impuls einer Koordinierung der Rechtssysteme der Mitgliedsstaaten, die 1992 erstmals auch eine Richtlinie zur Vergabe von Dienstleistungsaufträgen umfasste, und insbesondere die Rechtsmittelrichtlinie im Jahr 1989 setzten wesentliche Impulse für eine Öffnung der nationalen Beschaffungsmärkte. In dieser Zeit wurde erstmals auch ein Sondervergaberecht für die Bereiche Energie, Wasser und Verkehr etabliert, das sogenannte Sektorenvergaberecht.

In das deutsche Vergaberecht wurden diese europäischen Tendenzen nach einer ersten haushaltsrechtlich geprägten Umsetzung („Haushaltsrechtliche Lösung") im Jahr 1999 durch das Vergaberechtsänderungsgesetz in einem **neuen Rechtssystem** abgebildet, welches aber nur ab dem Erreichen von bestimmten Auftragswerten (EU-Schwellenwerte) gilt.

Dieses System besteht aus dem 4. Teil des Gesetzes gegen Wettbewerbsbeschränkungen (**GWB**), der Vergabeverordnung (**VgV**) und den **Vergabe- und Vertragsordnungen**. Die seit dieser Zeit existierende Zweiteilung des deutschen Vergaberechts in das haushaltsrechtlich verankerte Vergaberecht unterhalb der EU-Schwellenwerte und das wettbe-

---

1 Grau, Historische Entwicklung und Perspektiven des Rechts der öffentlichen Aufträge.
2 Siehe dazu am Ende dieses Kapitels sowie in Kap. 1.3.

werbsrechtlich determinierte Vergaberecht ab den EU-Schwellenwerten besteht bis heute fort.

Praxistipp

Die für die Praxis und das anzuwendende Recht ganz entscheidende Differenzierung zwischen Aufträgen, die den einschlägigen EU-Schwellenwert nicht erreichen, und solchen, die ihn erreichen oder überschreiten, zeigt sich auch im Sprachgebrauch:

- *Wir sprechen bei Aufträgen, die den Schwellenwert nicht erreichen, von Unterschwellenaufträgen, Unterschwellenvergaben bzw. unterschwelligen Vergaben und insgesamt vom **Unterschwellenbereich**.*

- *Bei Aufträgen, deren Wert den einschlägigen Schwellenwert genau trifft oder überschreitet, sprechen wir von Oberschwellenaufträgen, Oberschwellenvergaben bzw. oberschwelligen Vergaben und insgesamt vom **Oberschwellenbereich**.*

Wesentliche Änderungen des Vergaberechts in den letzten Jahren waren überwiegend durch EU-rechtliche Änderungen angestoßen und verursacht wie die umfassende Revision der Vergaberichtlinien (2004)[3], die Revision der Rechtsmittelrichtlinie[4], die Einführung einer Richtlinie für die Vergabe von verteidigungs- und sicherheitsrelevanten Gütern, die Überarbeitung der Verordnung über öffentliche Personenverkehrsdienste auf Schiene und Straße (ÖPNV-Verordnung)[5] oder die Verabschiedung zahlreicher Richtlinien zum Umweltschutz, aus denen sich auch Regelungen zur Beschaffung nachhaltiger und umweltfreundlicher Produkte ergeben.

Die 2011 von der EU-Kommission vorgeschlagene **erneute Novellierung der EU-Vergaberichtlinien** wurde im April 2014 verabschiedet. Neben einer Überarbeitung der klassischen Vergaberichtlinie und der Sektorenrichtlinie wurde mit der EU-Konzessionsrichtlinie erstmals ein eigenes Regelwerk für die Vergabe von Dienstleistungs- und Baukonzessionen geschaffen. Die Frist für die Mitgliedsstaaten zur Umsetzung dieser Richtlinien in nationales Recht lief am 18. April 2016 ab.

Nationale Impulse beschränkten sich in den Vergabeausschüssen in den letzten Jahren meist auf die Umsetzung von Erfahrungen aus der Praxis oder Tendenzen aus der vergaberechtlichen Rechtsprechung. Gesetzgeberische Aktionen in Bezug (auch) auf das nationale Vergaberecht gab es 2005 mit dem ÖPP-Beschleunigungsgesetz, 2009 mit der **Modernisierung** des Vergaberechts und 2012 mit der Etablierung eines Vergaberechtsregimes für öffentliche Aufträge in den Bereichen Verteidigung und Sicherheit.

Die umfassende Vergaberechtsreform, die am 18. April 2016 in Kraft getreten ist, hat neben dem Vergaberechtsmodernisierungsgesetz und der Vergaberechtsmodernisierungs-

---

3 Legislativpaket, das auch eine Zusammenlegung der bisher separat existierenden Richtlinien für die Vergabe von Bau-, Liefer- und Dienstleistungsaufträgen umfasste.
4 Richtlinie 2007/66/EG.
5 Verordnung (EG) Nr. 1370/2007.

verordnung auch Änderungen des ersten Abschnitts der VOB/A für Bauvergaben im Unterschwellenbereich mit sich gebracht.[6] Seit einigen Jahren existieren zudem in nahezu allen Bundesländern eigene **Landesvergabegesetze**. Diese enthalten ergänzende Vorschriften für die Vergabe öffentlicher Aufträge, die das „Bundesrecht" nicht regelt.

Das deutsche **Ausschussmodell (Regelsetzung durch die Vergabe- und Vertragsausschüsse DVA und DVAL)** ist in den vergangenen Jahren immer weiter eingeschränkt worden, etwa durch die Verabschiedung der Sektorenverordnung oder die Vergabeverordnung für den Bereich Verteidigung und Sicherheit. Für die Vergabe von Liefer- und Dienstleistungsaufträgen im Oberschwellenbereich sind seit dem 18. April 2016 die bis dahin geltenden Vorschriften des 2. Abschnitts der VOL/A und die Regelungen der VOF aufgehoben worden. Für EU-weite Vergabeverfahren in diesen Bereichen enthält seitdem der 4. Teil des GWB sowie die neue Vergabeverordnung die einzuhaltenden Vorschriften. Bei Bauvergaben gilt nach wie vor die VOB/A, die durch den DVA fortgeschrieben wird. Für Liefer- und Dienstleistungsaufträge im Unterschwellenbereich gilt derzeit noch der 1. Abschnitt der VOL/A. Sie wird jedoch ab 2017 durch eine Unterschwellenvergabeordnung (UVgO) abgelöst werden, die das BMWi erarbeitet hat.[7]

1.2 Wirtschaftliche Bedeutung

Das Vergaberecht hat in der zweiten Hälfte des 20. Jahrhunderts zunehmend an Bedeutung gewonnen. Diese zeigt sich allein schon darin, dass der Wert der öffentlichen Aufträge in den Mitgliedstaaten der Europäischen Union heute **bis zu 20 % des Bruttoinlandsprodukts** beträgt. Aktuell schätzt die EU-Kommission das Volumen aller in der EU beschafften Bau-, Liefer- und Dienstleistungen auf ca. 1,9 Billionen Euro. Deutschland liegt hierbei mit rund 480 Mrd. Euro vor Großbritannien, Frankreich und Italien deutlich an erster Stelle.

Festzustellen ist allerdings auch, dass die Beschaffung öffentlicher Aufträge nach wie vor ein stark auf die nationalen Märkte beschränktes Geschäft darstellt. Nach aktuelleren Erhebungen der EU, die auf einer Auswertung der EU-Bekanntmachungsdatenbank *Tenders Electronic Daily (TED)* beruhen, beträgt das Volumen derjenigen Aufträge, die den jeweils einschlägigen Schwellenwert erreichen oder überschreiten und daher EU-weit ausgeschrieben werden müssen, nur rund 20 % des Gesamtvolumens. Da es sich hierbei oftmals um sehr große Aufträge handelt – man denke nur an die Entwicklung und Errichtung des Mautsystems in Deutschland oder große Bauinfrastrukturprojekte –, ist es nicht verwunderlich, dass die Anzahl der Vergabeverfahren, die EU-weit erfolgen, nur rund 2 bis 5 % aller Vergabeverfahren ausmacht. Berücksichtigt man dann noch, dass in diesen wenigen EU-weiten Vergabeverfahren nur bei rund 15 % aller Aufträge ein Bieter aus einem anderen Mitgliedstaat zum Zuge kommt, stellen viele (zu Recht) die Frage, ob es den EU-Binnenmarkt für öffentliche Aufträge überhaupt gibt und warum die EU so enorme Anstren-

---

6 Diese Vorschriften sind zwischenzeitlich erneut überarbeitet und am 1. Juli 2016 im Bundesanzeiger (BAnz. AT 01.07.2016 B4) veröffentlicht worden. Sie sind seit dem 1. Oktober 2016 im Rahmen der Gesamtausgabe der VOB 2016 anzuwenden.
7 Siehe hierzu näher in Kap. 1.3.6.

gungen unternimmt, um ihn zu fördern. Viele Beschaffer beklagen in Ansehung einer oftmals rein nationalen Bieterstruktur die hohen Anforderungen und Belastungen, die EU-weite Vergabeverfahren mit sich bringen.

Die Wirtschaft profitiert hingegen sehr stark von öffentlichen Aufträgen. Zwar ist der Aufwand auch für Unternehmen, sich an Ausschreibungen von Bund, Ländern und Kommunen zu beteiligen, mitunter beträchtlich und das Verfahren beschwerlich. Der Bedarf der öffentlichen Hand ist jedoch in der Menge wie auch in der Vielfalt sehr hoch und erfasst unzählige Leistungen – vom einfachen Büromaterial bis hin zu komplexen IT-Netzwerken, Rüstungsprodukten oder Mega-Bauvorhaben.

Die Nachfrage des Staates ist zudem (weitgehend) **konjunkturunabhängig** und gewährleistet auch in wirtschaftlich schlechten Zeiten stets entsprechende Nachfrage. Dabei sind die öffentlichen Auftraggeber durch den Einsatz von öffentlichen Mitteln stets solvent und gesetzlich zu einer zügigen Bezahlung verpflichtet. In Bereichen, in denen kein echter Markt existiert, wie z.B. bei der Beschaffung von Rüstungsgütern oder sonstigen Spezialprodukten, schützt das Preisrecht[8] den Auftraggeber vor zu hohen und die Bieter vor zu niedrigen und unauskömmlichen Preisen. Und in Bereichen, wo es außerhalb der Nachfrage der öffentlichen Hand keine oder nur wenige Abnehmer gibt (z.B. im Straßenbau oder bei Uniformen), verhindert das Kartellrecht eine zu große Auftragsbündelung und eine marktmächtige Stellung der Auftraggeber. Schließlich stellen das Vergaberecht und – für die Durchführung der öffentlichen Aufträge – die Vertragsbedingungen der öffentlichen Hand durch zahlreiche Pflichten ein Wettbewerbsumfeld sicher, in dem sich auch kleine und mittelständische Unternehmen mit denselben Chancen wie Großkonzerne an Beschaffungsverfahren beteiligen können.

1.3 Rechtliche Grundlagen und Rahmenbedingungen

Das deutsche Vergaberecht ist nach wie vor stark zersplittert. Die Gründe hierfür liegen zum Teil in der historischen Entwicklung, zum Teil sind sie der föderalen Staatsstruktur geschuldet. Die nachfolgende Grafik gibt einen Überblick über den Aufbau des deutschen Vergaberechts und seine Rechtsquellen:

---

8 Verordnung PR Nr. 30/53 über die Preise bei öffentlichen Aufträgen.

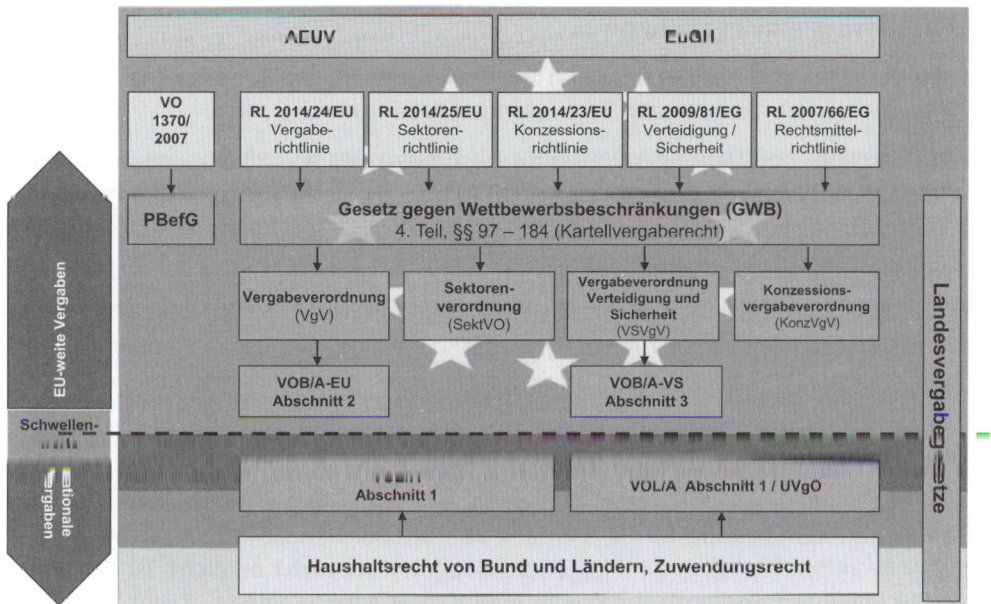

Abb. 1: Struktur des Vergaberechts

1.3.1 Aufbau des deutschen Vergaberechts

Im Zentrum des deutschen Vergaberechts stehen Rechtsvorschriften auf drei verschiedenen Ebenen:

1. Auf **gesetzlicher Ebene** der vierte Teil des Gesetzes gegen Wettbewerbsbeschränkungen (§§ 97 ff. GWB), das Haushaltsgrundsätzegesetz (§ 30 HGrG), Bundes- und Landeshaushaltsordnungen (§§ 55 BHO, LHO) sowie in fast allen Bundesländern separate Landesvergabegesetze.[9]

2. Auf **Verordnungsebene**

   a) die Verordnung über die Vergabe öffentlicher Aufträge (Vergabeverordnung – VgV),

   b) die Verordnung über die Vergabe von Aufträgen im Bereich des Verkehrs, der Trinkwasserversorgung und der Energieversorgung (Sektorenverordnung – SektVO),

   c) die Vergabeverordnung für die Bereiche Verteidigung und Sicherheit (Vergabeverordnung Verteidigung und Sicherheit – VSVgV),

   d) die Verordnung über die Vergabe von Konzessionen (Konzessionsvergabeverordnung – KonzVgV) und

   e) die Verordnung zur Statistik über die Vergabe öffentlicher Aufträge und Konzessionen (Vergabestatistikverordnung – VergStatVO).

---

9   Siehe hierzu Kap. 1.3.4.

3. Auf „untergesetzlicher" Ebene

  a) die Vergabe- und Vertragsordnung für Bauleistungen, Teil A – Allgemeine Bestimmungen für die Vergabe von Bauleistungen (VOB/A) und

  b) die Vergabe- und Vertragsordnung für Leistungen, Teil A – Allgemeine Bestimmungen für die Vergabe von Leistungen (VOL/A) bzw. die Verfahrensordnung für die Vergabe öffentlicher Liefer- und Dienstleistungsaufträge unterhalb der EU-Schwellenwerte (Unterschwellenvergabeordnung – UVgO).

Wann welche Ebene in welchem Zusammenspiel gilt, entscheidet sich im deutschen Vergaberecht maßgeblich danach, ob der voraussichtliche Wert des auszuschreibenden Auftrags den einschlägigen EU-Schwellenwert erreicht bzw. überschreitet oder darunter bleibt.[10]

1.3.2 Vergaberecht im Unterschwellenbereich

Maßgebliche Rechtsquelle für die Vergabe von öffentlichen Aufträgen, deren voraussichtlicher Wert den jeweils einschlägigen **Schwellenwert nicht erreicht**, ist das **Haushaltsrecht** von Bund, Ländern und Kommunen. Dieses enthält einheitlich den Grundsatz der Sparsamkeit und Wirtschaftlichkeit, etwa in § 6 HGrG oder § 7 BHO bzw. LHO. Wie bei der Vergabe öffentlicher Aufträge vorzugehen ist, wird jedoch unterschiedlich geregelt.

- **Bundes- und Landeshaushaltsordnungen** normieren in § 55 lediglich, dass dem Abschluss von Verträgen über Lieferungen und Leistungen eine öffentliche Ausschreibung vorangehen muss, sofern nicht die Natur des Geschäfts oder besondere Umstände eine Ausnahme rechtfertigen. Zudem wird vorgegeben, dass beim Abschluss von Verträgen nach einheitlichen Richtlinien zu verfahren ist. Dies sind in der Regel die Verwaltungsvorschriften (VV) bzw. Ausführungsvorschriften (AV) zu § 55 BHO bzw. LHO.

- **Auf kommunaler Ebene** sehen die einschlägigen Regelwerke – zumeist Gemeindeordnungen oder Gemeindehaushaltsverordnungen – teilweise ebenfalls nur diese rudimentären Grundsätze vor. Andere Regelwerke, z.B. die Gemeindehaushaltsverordnung Brandenburg, verpflichten zugleich zur Anwendung der VOB/A (Abschnitt 1) für Bauvergaben und der VOL/A (Abschnitt 1) bzw. der UVgO für Beschaffung von Waren und Dienstleistungen; teilweise werden die Vergabeordnungen auch eingeschränkt oder modifiziert.

Dort, wo die einschlägigen haushaltsrechtlichen Regelwerke selbst keine weiteren Regelungen über die Vergabe öffentlicher Aufträge enthalten oder diese auf VOB/A und VOL/A bzw. UVgO verweisen, geschieht dies überwiegend durch sogenannte **Einführungserlasse**. Mit diesen werden die jeweils angesprochenen öffentlichen Stellen verpflichtet, die jeweils ersten Abschnitte von VOB/A und VOL/A (sogenannte Basisparagrafen) bzw. der UVgO in der jeweils aktuellen Fassung zu beachten und anzuwenden. Dort, wo ein solcher Einführungserlass nicht existiert oder die Anwendung der Vergabeordnungen nur empfohlen wird, können die Auftraggeber auch eigene (einheitliche) Richtlinien entwickeln und diese bei der Auftragsvergabe anwenden. Nicht zuletzt vor dem Hintergrund, dass VOB/A

---

10 Die Schwellenwerte sind in Kap. 5 dargestellt.

und VOL/A von DVA und DVAL und damit von Gremien erarbeitet und fortgeschrieben werden, die aus Vertretern der Auftraggeberseite (Bund, Länder, Kommunen) und der Bieterseite (Unternehmensverbände, Kammern) zusammengesetzt sind, sind diese Regelwerke aber weitgehend akzeptiert. Sie finden daher überwiegend auch dort Anwendung, wo Auftraggeber nicht dazu verpflichtet sind.

Da die „Anwendungsbefehle" zur Beachtung des jeweils ersten Abschnitts von VOB/A und VOL/A bzw. der UVgO also oftmals nur auf behördeninternen Erlassen beruhen und ansonsten ihre Grundlage im Haushaltsrecht haben, das seinerseits reines Innenrecht der Verwaltung ist, hat dieses Unterschwellenvergaberecht oder „Haushaltsvergaberecht" prinzipiell **keine Außenwirkung**. Das heißt, dass Bieter Verstöße des Auftraggebers gegen Vergabevorschriften nicht in dem Maße überprüfen lassen können wie im Oberschwellenbereich. Allein über den Gleichheitssatz des Art. 3 GG, der (auch) zu einem gleichmäßigen Verwaltungshandeln verpflichtet, können hier Fehler in einem Vergabeverfahren gerichtlich geltend gemacht werden.[11]

Sonderregeln für die Versorgungssektoren, für Aufträge im Bereich Verteidigung und Sicherheit oder für die Vergabe von Dienstleistungskonzessionen, wie dies im Oberschwellenbereich vorgesehen ist, kennt das Haushaltsvergaberecht nicht. Soweit hier die vorhandenen Vorschriften nicht greifen, verbleibt nur der generelle Grundsatz der Sparsamkeit sowie bei binnenmarktrelevanten Aufträgen die Beachtung der EU-Grundprinzipien (vgl. hierzu Kap. 5.4).

Zu berücksichtigen ist im Bereich der Unterschwellenvergaben schließlich auch noch die Vielzahl von Erlassen und Durchführungsregelungen, die – teilweise auftraggeberspezifisch – weitere Besonderheiten bei der Vergabe öffentlicher Aufträge enthalten. Zu nennen ist hier beispielsweise das nach wie vor geltende Rundschreiben des BMWi zur Anwendung einer Schutzklausel auf Bundesebene bei öffentlichen Aufträgen über Beratungs- und Schulungsleistungen zur Abwehr von Einflüssen der Scientology-Organisation und deren Unternehmen auf öffentliche Bedienstete vom 26. Januar 2001.

Auf die auch im Unterschwellenbereich geltenden Landesvergabegesetze wird in Kapitel 1.3.4 eingegangen.

1.3.3 Vergaberecht im Oberschwellenbereich

Deutlich komplizierter und komplexer gestaltet sich das Vergaberecht bei öffentlichen Aufträgen, deren voraussichtlicher Wert den jeweils einschlägigen **Schwellenwert erreicht oder überschreitet**. Auch hier werden die beschafften Leistungen mit Steuergeldern und Haushaltsmitteln bezahlt, so dass zunächst auch hier das Haushaltsrecht mit seiner Pflicht zur Sparsamkeit und Wirtschaftlichkeit Anwendung findet. Allerdings wird es hier **durch das EU-Vergaberecht verdrängt, das dann ausschließlich gilt**. Dieses fordert zwar ebenfalls zur Wirtschaftlichkeit auf, etwa durch die Pflicht, den Zuschlag auf das günstigste Angebot zu erteilen. Im Mittelpunkt steht allerdings der Wettbewerb unter den Bietern, über den das vorgenannte Ziel realisiert werden soll. Um dies möglichst effektiv zu ge-

---

11 Vgl. hierzu Kapitel 10.5.

währleisten, sieht das EU-Vergaberecht in den derzeit geltenden Vergaberichtlinien 2014/23/EU, 2014/24/EU, 2014/25/EU sowie 2009/81/EG zum einen zahlreiche Pflichten des Auftraggebers vor. Zum anderen verlangen die EU-Rechtsmittelrichtlinien 89/665/EWG und 92/50/EWG in der Fassung der Richtlinie 2007/66/EG von den Mitgliedsstaaten die Gewährleistung eines effektiven Rechtsschutzes gegen Vergaberechtsverstöße.

Umgesetzt sind die EU-Vergaberichtlinien zunächst im **Gesetz gegen Wettbewerbsbeschränkungen (GWB)**. Dessen Teil 4 regelt ab § 97 die Vergabe von öffentlichen Aufträgen und Konzessionen. Neben zentralen Vergabegrundsätzen, Definitionen des Auftraggeber- und des Auftragsbegriffs und der Verfahrensarten sowie den Ausnahmen vom Anwendungsbereich normiert das GWB in seiner seit dem 18. April 2016 geltenden Fassung zentrale Verfahrensvorschriften (z.B. zur Leistungsbeschreibung, zur Eignung und zu den Ausschlussgründen oder zum Zuschlag). Daneben sind hier auch Besonderheiten zur Vergabe von öffentlichen Aufträgen im Sektorenbereich und zur Vergabe von Konzessionen geregelt. Schließlich enthalten die §§155 ff. GWB die Regelungen zum Nachprüfungsverfahren.

Die detaillierten Vorschriften für die Durchführung der Vergabeverfahren sind auf Grundlage der Ermächtigung in § 113 GWB enthalten in

- der **Vergabeverordnung (VgV)** für die Vergabe von Liefer- und Dienstleistungsaufträgen durch klassische öffentliche Auftraggeber im Oberschwellenbereich (einschließlich Sondervorschriften für die Vergabe von sozialen und besonderen Dienstleistungen, die Durchführung von Planungswettbewerben sowie die Vergabe von Architekten- und Ingenieurleistungen),

- der **Sektorenverordnung (SektVO)** für die Vergabe öffentlicher Aufträge im Oberschwellenbereich durch Sektorenauftraggeber zum Zwecke von Sektorentätigkeiten (Trinkwasserversorgung, Verkehr, Energieversorgung),

- der **Vergabeverordnung Verteidigung und Sicherheit (VSVgV)** für die Vergabe öffentlicher Liefer- und Dienstleistungsaufträge oberhalb der Schwellenwerte im Bereich Verteidigung und Sicherheit sowie

- der **Konzessionsvergabeverordnung (KonzVgV)** für die Vergabe von Bau- und Dienstleistungskonzessionen im Oberschwellenbereich.

Nur im Baubereich werden die Vorschriften über den Ablauf von Vergabeverfahren auch für EU-weite Ausschreibungen weiterhin in der VOB/A umgesetzt. Sie besitzt – wie gleich noch zu zeigen sein wird[12] – **keine Rechtsnormqualität** für die Durchsetzung subjektiver Bieterrechte. Da § 97 Abs. 6 GWB in Umsetzung des EU-Vergaberechts aber auch für Bauvergaben fordert

„Unternehmen haben Anspruch darauf, dass die Bestimmungen über das Vergabeverfahren eingehalten werden",

enthält § 2 VgV für Bauvergaben den Befehl zur Anwendung des 2. Abschnitts der VOB/A („VOB/A-EU"). Für Bauvergaben im Bereich Verteidigung und Sicherheit sieht § 2 Abs. 2

---

12 Vgl. unter 1.3.6 d).

VSVgV Gleiches für den 3. Abschnitt der VOB/A („VOB/A-VS") vor. Mit dieser **Kaskade** aus Gesetz, Verordnung und Vergabeordnungen erhält die VOB/A bei Oberschwellenvergaben also Rechtsnormqualität. Bei Verstößen gegen Vorschriften aus den Abschnitten 2 und 3 der VOB/A können Bieter damit ebenfalls über den in §§ 155 ff. GWB vorgesehenen Rechtsschutz ein Nachprüfungsverfahren vor der zuständigen Vergabekammer einleiten.

Dieses historisch bedingte System der Regelung von Vergabeverfahrensvorschriften (einschließlich der Umsetzung von materiellen Vorschriften des EU-Vergaberechts) in einer untergesetzlichen Vergabeordnung wird vielfach als gelungene schlanke Regelsetzung unter aktiver Beteiligung der betroffenen Kreise hervorgehoben. Allerdings birgt diese Struktur aus Gesetz, Verordnung und Vergabeordnung auch strukturelle **Nachteile**:

- So müssen VgV und VSVgV aus verfassungsrechtlichen Gründen immer auf eine konkrete Ausgabe der VOB/A verweisen (sogenannte „**statische Verweisung**"). Wird die VOB/A geändert, so muss auch die entsprechende Verweisung in der VgV bzw. der VSVgV angepasst werden. Da eine **Verordnungsänderung über Bundesregierung und Bundesrat** mitunter dauert, entstehen zum Teil irritierende Situationen. So ist die jeweilige Neufassung der VOB/A regelmäßig bereits im Bundesanzeiger veröffentlicht, darf jedoch noch nicht angewendet werden, da VgV bzw. VSVgV noch nicht geändert sind und noch auf die Vorausgabe verweisen.

- Problematisch ist auch, wenn der Gesetzgeber das Vergaberecht ändern möchte oder muss, obwohl der Ausschuss, der für die VOB/A zuständig ist, derzeit keine Neufassung vorsieht. Hier hat sich der Gesetzgeber zuletzt immer wieder mit sogenannten „**Maßgaberegelungen**" beholfen. Dabei wurden Anforderungen an das Vergabeverfahren in die VgV aufgenommen, die ja eigentlich nur den Befehl enthält, die VOB/A anzuwenden. Die Anwendung der VOB/A geschieht also dann mit der Maßgabe, die zusätzlichen in der VgV enthaltenen Regelungen zu berücksichtigen. Gesetzgebungstechnisch ist das zwar möglich. Der Praktiker, der davon ausgeht, in der VOB/A „seine" Vorschriften für die Vergabe öffentlicher Aufträge komplett zu haben, übersieht aber mitunter die versteckten Maßgaberegelungen in der VgV und führt das **Vergabeverfahren dann möglicherweise fehlerhaft durch.**

Diese Nachteile, die auch bezüglich der VOL/A bestanden, als deren 2. Abschnitt vor dem 18. April 2016 noch die Vergabe von öffentlichen Liefer- und Dienstleistungsaufträgen im Oberschwellenbereich regelte, waren jedenfalls auch mitursächlich dafür, dass im Rahmen der Vergaberechtsmodernisierung dieser 2. Abschnitt der VOL/A sowie die für die Vergabe von freiberuflichen Dienstleistungen geltende VOF nunmehr abgeschafft und durch entsprechende Regelungen in der VgV ersetzt wurden. Damit setzt sich der Trend zur Regelung des Oberschwellenvergaberechts durch Gesetz und Verordnung nach SektVO und VSVgV weiter fort. Bei EU-weiten Vergabeverfahren verbleibt daher nur noch im Baubereich die Kaskade aus GWB, VgV und VOB/A-EU bzw. bei Bauaufträgen im Bereich Verteidigung und Sicherheit aus GWB, VSVgV und VOB/A-VS.

1.3.4 Landesvergaberecht

Eine **weitere Quelle** für vergaberechtliche Regelungen bilden die Landesvergabegesetze. Sie existieren mittlerweile in fast allen Bundesländern und verpflichten im Kern zur **Berücksichtigung von sozialen und umweltbezogenen Aspekten** bei der Vergabe öffentlicher Aufträge. Der Kreis der verpflichteten Auftraggeber sowie der Anwendungsbereich unterscheiden sich in weiten Teilen von der Systematik des bundesweit geltenden Vergaberechts und verkomplizieren dieses. Anwendung finden die Landesvergabegesetze oberhalb von geringen Bagatellgrenzen, die von Bundesland zu Bundesland verschieden sind. Die EU-Schwellenwerte spielen hingegen für die Anwendung der Landesvergabegesetze in der Regel keine Rolle; die Gesetze gelten fast überall im Ober- und Unterschwellenbereich.

Die Kompetenz zum Erlass solcher Landesgesetze ergibt sich aus Art. 72 Abs. 1 GG. Danach dürfen die Länder im Bereich der konkurrierenden Gesetzgebung, zu der das Vergaberecht als Recht der Wirtschaft (Art. 74 Nr. 11 GG) zählt, Regelungen treffen, solange und soweit der Bund von seiner Gesetzgebungszuständigkeit nicht durch Gesetz Gebrauch gemacht hat.

Kernpflicht vieler Landesvergabegesetze ist eine sog. **Tariftreueregelung**. In früheren Landesvergabegesetzen – man spricht auch von der ersten Generation solcher Regelwerke – enthielt diese Regelung die Verpflichtung des erfolgreichen Bieters, bei der Durchführung des Auftrags eine Entlohnung auf Basis eines repräsentativen Tarifvertrags vorzunehmen. Das galt unabhängig davon, ob der Auftragnehmer an diesen Tarifvertrag gebunden war oder nicht. Die hiergegen aufgeführten verfassungsrechtlichen Bedenken – Verstoß gegen das in Art. 9 Abs. 3 GG verbriefte Recht der negativen Koalitionsfreiheit – verwarf das Bundesverfassungsgericht im Rahmen der Überprüfung des Berliner Vergabegesetzes von 1999 mit Urteil vom 11. Juli 2006 (1 BvL 4/00). Der Europäische Gerichtshof sah eine ähnliche Regelung im Niedersächsischen Landesvergabegesetz allerdings als europarechtswidrig an.[13]

Die nunmehr zweite Generation der Landesvergabegesetze verpflichtet im Rahmen der überarbeiteten Tariftreueregelungen zunächst nur zur – rechtlich unbedenklichen – Beachtung von **gesetzlichen Mindestlöhnen**. Die zugleich aber in vielen Bundesländern eingeführte Pflicht des Auftragnehmers zur Bezahlung eines ausdrücklich festgelegten Mindestlohns für den Fall, dass kein anderweitiger gesetzlicher Mindestlohn existiert, sieht der Europäische Gerichtshof grundsätzlich als europarechtskonform an.[14] In bestimmten Sonderkonstellationen mit Auslandsbezug kann die Forderung nach einem Mindestlohn allerdings als verbotene Ausländerdiskriminierung wirken und einen Verstoß gegen Art. 56 AEUV darstellen.[15]

Die Landesvergabegesetze von Sachsen-Anhalt und Thüringen regeln zudem einen (vereinfachten) Primärrechtsschutz für Unterschwellenvergaben vor den Vergabekammern.[16]

---

13 EuGH, Urt. v. 3.4.2008, C-346/06, Dirk Rüffert.
14 EuGH, Urt. v. 17.11.2015, C-115/14, RegioPost; vgl. auch OLG Koblenz, Beschl. v. 16.3.2016, 1 Verg 8/13.
15 EuGH, Urt. v. 18.9.2014, C-549/13, Bundesdruckerei
16 Vgl. hierzu Kap. 10.5.2.

Derzeit werden die Landesvergabegesetze in zahlreichen Bundesländern überarbeitet, um sie an die Neuerungen anzupassen, die nach Inkrafttreten der Vergaberechtsreform am 18. April 2016 gelten.

1.3.5 Sondervergaberecht

Sonderregelungen außerhalb der vorstehend beschriebenen Systematik existieren zum einen für die Vergabe von Aufträgen im Bereich des öffentlichen Personennahverkehrs (**ÖPNV**) bzw. des schienengebundenen Personennahverkehrs (**SPNV**). Hier gilt die EU-Verordnung Nr. 1370/2007 **als EU-Primärrecht direkt in den Mitgliedsstaaten** und damit auch in Deutschland. Im nationalen Recht finden sich Vorschriften im Personenbeförderungsgesetz (PBefG) sowie – in Bezug auf Eisenbahnen – im Allgemeinen Eisenbahngesetz (AEG).

Sondervorschriften gibt es auch für die Vergabe von Leistungen im **Sozialbereich**, wie zum Beispiel Dienstleistungen und Produkte im Gesundheitsbereich nach SGB V, soziale Arbeitsmarktdienstleistungen gemäß SGB III (Maßnahmen der Berufsförderung oder der Eingliederungshilfe einschließlich der in Werkstätten für behinderte Menschen), Leistungen der Altenpflege, der Schuldnerberatung, die Beschaffung von Heil- und Hilfsmitteln und die Beauftragung von Rettungsdienstleistungen.

1.3.6 Vergabe- und Vertragsordnungen

Ein kurzer Blick soll an dieser Stelle auf die Vergabe- und Vertragsordnungen geworfen werden, da sie zum einen die **Kernvorschriften** für die Vergabe öffentlicher Aufträge enthalten, zum anderen einer besonderen Rechtssystematik unterfallen.

Nach der am 18. April 2016 in Kraft getretenen Vergaberechtsmodernisierung existieren noch zwei Vergabeordnungen:

- die Vergabe- und Vertragsordnung für Bauleistungen (VOB) – Ausgabe 2016 und
- die Vergabe- und Vertragsordnung für Leistungen (VOL) – Ausgabe 2009.

Ab Anfang 2017 wird die VOL/A sukzessive durch die Unterschwellenvergabeordnung (UVgO) abgelöst werden.

1.3.6.1 VOB

Die VOB besteht aus den Teilen A, B und C.

- **Teil A (VOB/A)** enthält die Allgemeinen **Bestimmungen für die Vergabe** von **Bauleistungen**. Er untergliedert sich in den Abschnitt 1 (VOB/A Basisparagrafen) für die Vergabe von Bauleistungen im Bereich unterhalb des EU-Schwellenwerts, den Abschnitt 2 (VOB/A-EU) für die Vergabe von Bauleistungen im Bereich ab dem EU-Schwellenwert und den Teil 3 (VOB/A-VS) für die Vergabe von verteidigungs- und sicherheitsrelevanten Bauleistungen im Bereich ab dem EU-Schwellenwert. Die VOB/A wird auch als DIN 1960 herausgegeben.

- **Teil B (VOB/B)** enthält die Allgemeinen **Vertragsbedingungen** für die **Ausführung von Bauleistungen**. Gemäß den §§ 8a Abs. 1, 8a EU Abs. 1, 8a VS Abs. 1 VOB/A ist in den Vergabeunterlagen vorzuschreiben, dass die VOB/B Vertragsbestandteil wird. Die VOB/B wird auch als DIN 1961 herausgegeben.

- **Teil C (VOB/C)** regelt die Allgemeinen **Technischen Vertragsbedingungen** für die Ausführung von Bauleistungen. Sie setzt sich aus insgesamt 60 Technischen Regelwerken (ATVen) zusammen, die ihrerseits als DIN-Normen vom Deutschen Institut für Normung erarbeitet und herausgegeben werden. Die ATV DIN 18 299 (Allgemeine Regelungen für Bauarbeiten jeder Art) legt die allgemeinen technischen Vertragsbedingungen fest, die für sämtliche Bauarbeiten bezüglich der Baustoffe, der Ausführung, der Haupt- und der Nebenleistungen sowie der Abrechnung gelten und gilt für alle Bauarbeiten. Die ATV DIN 18 300 bis ATV DIN 18 459 regeln technische Aspekte für besondere Bauarbeiten wie z.B. Nassbaggerarbeiten, Rohrvortriebsarbeiten oder Landschaftsbauarbeiten. Gemäß der §§ 8a Abs. 1, 8a EU Abs. 1, 8a VS Abs. 1 VOB/A ist **in den Vergabeunterlagen vorzuschreiben, dass auch die VOB/C Vertragsbestandteil wird.**

VOB/A und VOB/B werden vom **Deutschen Vergabe- und Vertragsausschuss (DVA)** entwickelt, fortgeschrieben und herausgegeben. Dieser Verein ist paritätisch mit Vertretern der Auftraggeber und der anbietenden (Bau-)Wirtschaft besetzt. Vorsitz und Geschäftsführung liegen beim Bundesministerium für Umwelt, Naturschutz, Bau und Reaktorsicherheit (BMUB).

1.3.6.2 VOL

Die VOL besteht aus den Teilen A und B:

- **Teil A (VOL/A)** enthält die Allgemeinen **Bestimmungen für die Vergabe** von **Leistungen**. Er untergliedert sich in der aktuellen Ausgabe von 2009 in den Abschnitt 1 (VOL/A Basisparagrafen) für die Vergabe von Liefer- und Dienstleistungen im Bereich unterhalb der EU-Schwellenwerte und den Abschnitt 2 (VOL/A-EG). Dieser 2. Abschnitt, der bisher für EU-weite Ausschreibungen von Liefer- und Dienstleistungen galt, ist seit dem 18. April 2016 allerdings nicht mehr anzuwenden. Die hierfür relevanten Vorschriften sind jetzt im 4. Teil des GWB und in der Vergabeverordnung (VgV) enthalten. Für die Vergabe von verteidigungs- und sicherheitsrelevanten Liefer- und Dienstleistungen enthält die VOL/A ebenfalls keinen eigenen Abschnitt. Die hierfür relevanten Vorschriften sind in der VSVgV geregelt.

- **Teil B (VOL/B)** enthält die Allgemeinen **Vertragsbedingungen** für die Ausführung von Leistungen. Gemäß § 9 Abs. 1 VOL/A und § 29 Abs. 2 VgV sowie § 21 Abs. 2 UVgO ist die VOL/B grundsätzlich zum Vertragsgegenstand zu machen.

VOL/A und VOL/B werden vom **Deutschen Vergabe- und Vertragsausschuss für Leistungen (DVAL)** entwickelt, fortgeschrieben und herausgegeben. Dieses Gremium ist paritätisch mit Vertretern der Auftraggeber und der anbietenden Wirtschaft besetzt. Vorsitz und Geschäftsführung liegen beim Bundesministerium für Wirtschaft und Energie (BMWi).

1.3.6.3 UVgO

Mittlerweile existiert eine Verfahrensordnung für die Vergabe öffentlicher Liefer- und Dienstleistungsaufträge unterhalb der EU-Schwellenwerte (Unterschwellenverordnung – UVgO). Sie regelt die Vergabe von öffentlichen Liefer- und Dienstleistungsaufträgen, deren voraussichtlicher Wert den einschlägigen EU-Schwellenwert nicht erreicht. Die UVgO orientiert sich an den bisherigen Vorschriften der VOL/A, nimmt aber stärker als die VOL/A Anleihen an die Regelungen aus der VgV für die Vergaben im Oberschwellenbereich. So gibt es erstmals auch hier ausdrückliche Vorgaben für die Vermeidung von Interessenkonflikten[17], für den Umgang mit vorbefassten Unternehmen[18] sowie für die Eignungsleihe.[19] Neben einigen Anpassungen – dem Auftraggeber stehen auch im Unterschwellenbereich die Öffentliche Ausschreibung und die Beschränkte Ausschreibung mit Teilnahmewettbewerb nach Wahl zur Verfügung, die bisherige Freihändige Vergabe heißt zur Vermeidung von Missverständnissen nunmehr „Verhandlungsvergabe" und die Bagatellgrenze für die Direktvergabe von Aufträgen wurde von 500 Euro auf 1.000 Euro erhöht – werden mit der UVgO auch für Liefer- und Dienstleistungsaufträge im Unterschwellenbereich die Pflichten und Möglichkeiten der e-Vergabe eingeführt.[20]

Nach Veröffentlichung der UVgO im Bundesanzeiger und Änderung von § 31 HGrG und § 55 BHO / LHO (der dort bisher geregelte Vorrang der Öffentlichen Ausschreibung wird durch den Gleichrang von Öffentlicher Ausschreibung und Beschränkter Ausschreibung mit Teilnahmewettbewerb ersetzt) werden Bund und Länder die UVgO sukzessive einführen (durch entsprechende Änderungen der Verwaltungsvorschriften zu §§ 55 BHO/LHO, den Regelungen in den entsprechenden kommunalen Regelwerken sowie den Landesvergabegesetzen) und somit die VOL/A ersetzen.[21]

1.3.6.4 Rechtsnormqualität

Da die Vergabe- und Vertragsordnungen durch privatrechtliche Gremien und nicht durch den Gesetzgeber erarbeitet werden, kommt ihnen **keine Rechtsnormqualität** zu. Gleiches gilt für die vom Bundeswirtschaftsministerium herausgegebene UVgO.

VOB/A und VOL/A sowie die UVgO sind insofern mit Regelungen vergleichbar, wie sie aus dem Technischen Recht bekannt sind, wie z.B. die TA Luft oder die TA Lärm. Um Geltung zu erlangen, müssen sie per Anwendungsbefehl eingeführt werden. Im Bereich unterhalb der Schwellenwerte geschieht dies durch entsprechende Erlasse bzw. Verwaltungsvorschriften; im Bereich ab den EU-Schwellenwerten werden die Abschnitte 2 und 3 der VOB/A durch die statische Verweisung in § 2 VgV bzw. § 2 Abs. 2 VSVgV in Kraft gesetzt.

VOB/B und VOL/B stellen **Allgemeine Geschäftsbedingungen** dar, wobei der VOB/B gem. § 310 Abs. 1 Satz 3 BGB eine Privilegierung bzgl. der Inhaltskontrolle zukommt.

---

17 Siehe hierzu Kapitel 2.2.3
18 Siehe hierzu Kapitel 2.2.3
19 Siehe hierzu Kapitel 7.5.3.2 b)
20 Abweichend vom Oberschwellenbereich müssen öffentliche Auftraggeber nach § 38 Abs. 2 UVgO ab dem 1.1.2019 elektronische Teilnahmeanträge und elektronische Angebote akzeptieren und diese nach § 38 Abs. 3 erst ab dem 1.1.2020 zwingend von den Unternehmen fordern.
21 Die VOL/B soll hingegen als Allgemeine Vertragsbedingungen für die Ausführung von Leistungen bestehen bleiben und in der Regel in öffentliche Liefer- und Dienstleistungsaufträge einbezogen werden, § 21 Abs. 2 UVgO.

1.3.7 WTO-Beschaffungsübereinkommen

Neben nationalem und europäischem Vergaberecht existiert noch eine **dritte Ebene**, aus der sich Vorschriften für die öffentliche Beschaffung ergeben. Es handelt sich hierbei um das Government Procurement Agreement (GPA), das Übereinkommen der Welthandelsorganisation (WTO) über das öffentliche Beschaffungswesen. Das GPA wurde im Rahmen der „Uruguay-Runde" der WTO 1994 verhandelt und trat am 1.1.1996 in Kraft. Es ist ein **plurilaterales Abkommen**, das für folgende Staaten gilt: USA, Kanada, die EU, Israel, Japan, Korea, Norwegen, Island, die Schweiz, Liechtenstein, Armenien, Hongkong, Aruba, Singapur und Taipeh. Zahlreiche weitere Staaten, darunter Russland, haben derzeit einen Beobachterstatus. Ende 2011 wurde eine Neufassung des GPA beschlossen, der das Europäische Parlament am 19.11.2013 zugestimmt hat.[22]

Da die EU für ihre mittlerweile 28 Mitgliedsstaaten das GPA ratifiziert und die Regelungen in den EU-Vergaberichtlinien umgesetzt hat, müssen Auftraggeber bei ihren Beschaffungen **das GPA nicht besonders berücksichtigen**. Zwei Auswirkungen auf die tägliche Beschaffungspraxis seien allerdings erwähnt:

- Die Schwellenwerte, die das GPA enthält und ab denen es gilt, sind die **Quelle für die EU-Schwellenwerte**. Da die GPA-Schwellenwerte allerdings in der vom IWF eingeführten künstlichen Währungseinheit der „Sonderziehungsrechte" (SZR) ausgedrückt werden, muss die EU ihre in Euro ausgewiesenen Schwellenwerte alle zwei Jahre an den dann aktuellen Umrechnungskurs zwischen SZR und Euro anpassen. Dies ist die Ursache für die periodisch schwankenden Schwellenwerte für EU-weite Ausschreibungen.

- Das **GPA garantiert** für seine Mitglieder einen **Zugang** zu den jeweils anderen Beschaffungsmärkten. Daher müssen öffentliche Auftraggeber bei EU-weiten Vergabeverfahren auch Bieter aus den anderen GPA-Signatarstaaten (also z.B. USA, Kanada, Norwegen oder Japan) zulassen, wenn sie ein Angebot abgeben möchten. In dem EU-Bekanntmachungsformular ist hierzu unter Ziffer IV.1.8) in den meisten Fällen die Frage „Auftrag fällt unter das Beschaffungsübereinkommen (GPA)" mit „ja" zu beantworten.[23]

1.3.8 Rechtsnatur des Vergabeverfahrens

Losgelöst von den Quellen des Vergaberechts ist schließlich noch die Frage zu betrachten, welche Rechtsnatur das Vergabeverfahren selbst, also der Beschaffungsvorgang, hat.

Hier war zwischenzeitlich von einigen Gerichten die Auffassung vertreten worden, dass jedenfalls das Verfahren zur Auswahl des Bestbieters öffentlich-rechtlich geprägt sei (während der Zuschlag auf das wirtschaftlich günstigste Angebot und damit der Abschluss des Vertrags zivilrechtlich einzustufen sei; sog. „Zwei-Stufen-Theorie"). Das Bundesverwal-

---

22 ABl. EU Nr. L 68 vom 7.3.2014.
23 Die wenigen Ausnahmen, in denen das GPA nicht gilt, hat das BMWi in einem Merkblatt zusammengefasst, das auf der Website des Ministeriums (www.bmwi.de) verfügbar ist.

tungsgericht hat allerdings klargestellt, dass die Vergabe öffentlicher Aufträge **als einheitlicher Vorgang insgesamt** dem **Privatrecht** zuzuordnen ist.[24]

Bei der Vergabe öffentlicher Aufträge wird der Staat als Nachfrager am Markt tätig, um einen Bedarf an bestimmten Gütern und Dienstleistungen zu decken. In dieser Rolle als Nachfrager unterscheidet er sich nicht grundlegend von anderen Marktteilnehmern. Die von der öffentlichen Hand abgeschlossenen Werk-, Liefer- und Dienstverträge gehören ausschließlich dem Privatrecht an. Das gleiche gilt für das dem Abschluss des Vertrages vorausgehende Vergabeverfahren, das der Auswahl der öffentlichen Hand zwischen mehreren Bietern dient. Mit der Einleitung des Vergabeverfahrens entsteht zwischen dem öffentlichen Auftraggeber und den Bietern ein privatrechtliches (vorvertragliches) Rechtsverhältnis, welches bis zur Auftragsvergabe an einen der Bieter andauert. Die öffentliche Hand trifft in diesem Vergabeverfahren eine Entscheidung über die Abgabe einer privatrechtlichen Willenserklärung, die die Rechtsnatur des beabsichtigten bürgerlich-rechtlichen Rechtsgeschäfts teilt.

Diese Einordnung des Vergabeverfahrens wirkt sich insbesondere dort aus, wo Bieter gegen Verfahrensfehler des Auftraggebers vorgehen wollen. Für Streitigkeiten bei **Unterschwellenvergaben**[25] ist damit der **Rechtsweg zu den ordentlichen Gerichten** gegeben. Die Verwaltungsgerichte sind hingegen unzuständig. Zudem kann das durch die Einleitung und die Durchführung eines Vergabeverfahrens entstandene vorvertragliche Schuldverhältnis im Sinne der §§ 311 Abs. 2, 280 Abs. 1, 241 Abs. 2 BGB bei Pflichtverletzungen durch den Auftraggeber einen **Schadensersatzanspruch** des benachteiligten Bieters begründen.

---

24 BVerwG, Beschl. v. 2.5.2007, 6 B 10.07.
25 Für die Überprüfung von Vergabeverfahren im Oberschwellenbereich enthält § 156 Abs. 2 GWB eine Sonderzuweisung zu den Vergabekammern und Oberlandesgerichten. Vgl. hierzu Kap. 10.2.

2. Zweck und Grundprinzipien des Vergaberechts

Wie in Kapitel 1 dargestellt, geht es bei der Vergabe öffentlicher Aufträge um den Einkauf zur Bedarfsdeckung der öffentlichen Hand. Das Vergaberecht ist erforderlich, um die Defizite auszugleichen, die diesem Beschaffungsprozess immanent sind:

- Zum einen fehlt den staatlichen Einrichtungen das, was Unternehmen permanent dazu zwingt, sich jederzeit wirtschaftlich und ökonomisch vernünftig zu verhalten: Wettbewerb, Konkurrenz und das Risiko der Insolvenz.

- Zum anderen stammen die für den Einkauf eingesetzten Mittel aus den öffentlichen Haushalten von Bund, Ländern und Kommunen und sind weit überwiegend Steuergeld der der Bürger. Wenngleich diese ein Anrecht darauf haben, dass „ihre Gelder" bestmöglich eingesetzt und nicht verschwendet werden, löst deren Einsatz beim Auftraggeber, für den es fremde Mittel sind, diesen Anreiz zumindest bedeutend geringer aus.

Bereits aus diesem kurzen Gedanken lässt sich der wesentliche **Zweck des Vergaberechts**, eine sparsame und effiziente Beschaffung bei gleichen Chancen für die Anbieter und möglichst großem Wettbewerb durchzuführen, ableiten. Daneben bestehen weitere Zielsetzungen, die nachfolgend dargestellt und erläutert werden.

2.1 Zweck des Vergaberechts

Zielsetzungen und Zwecke des Vergaberechts lassen sich am besten in die Kategorien **Primärzwecke** und **Sekundärzwecke** einordnen.

- Dabei stellen die Primärzwecke diejenigen dar, die sich ohne Weiteres aus dem Beschaffungsvorgang selbst ableiten lassen, also insbesondere die Qualität der Leistung und der dafür zu zahlende Preis.

- Sekundärzwecke hingegen verkörpern Zielsetzungen, für deren Realisierung der öffentliche Einkauf das „Transportband" darstellt. Auch wenn sie – wie von der Rechtsprechung gefordert – stets in Verbindung mit dem Auftragsgegenstand stehen müssen, sind sie maßgeblich politisch oder gesellschaftlich motiviert. Plakativ werden sie daher auch als „vergabefremde" Aspekte bezeichnet.

2.1.1 Primärzweck I: Wirtschaftlichkeit

Oberstes Ziel des Beschaffungsvorgangs ist die **Wirtschaftlichkeit** des Einkaufs. Sie kann grundsätzlich in unterschiedlichen Ausprägungen realisiert werden:

- Als **reiner Preiswettbewerb**, bei dem der niedrigste Preis entscheidet und qualitative Elemente allenfalls als Mindeststandards vorgegeben werden;

- Als **reiner Leistungswettbewerb**, bei dem das Augenmerk alleine auf die bestmögliche Qualität und/oder Quantität gerichtet ist und der Preis marginalisiert oder gar nicht berücksichtigt wird;

- Als **Preis-Leistungs-Wettbewerb**, bei dem unter angemessener Berücksichtigung beider Faktoren das im Ergebnis wirtschaftlichste Angebot siegt.

Das Haushaltsrecht tendiert durch die Pflicht zur sparsamen und effizienten Mittelverwendung in Richtung eines Preiswettbewerbs. Auch das europäische Vergaberecht stellt es den Mitgliedsstaaten frei, dieses „Minimalprinzip" zur Grundlage der Vergabeentscheidung zu machen.[26]

Das deutsche Vergaberecht sieht hingegen im Grundsatz den Zuschlag auf das **wirtschaftlichste Angebot** vor, bei dem neben dem Preis auch qualitative Faktoren eine Rolle spielen. So heißt es in § 127 Abs. 1 GWB: *„Der Zuschlag wird auf das wirtschaftlichste Angebot erteilt. (…) Das wirtschaftlichste Angebot bestimmt sich nach dem besten Preis-Leistungs-Verhältnis."* Und § 16d Abs. 1 Nr. 3 VOB/A normiert sogar ausdrücklich: *„Der niedrigste Angebotspreis allein ist nicht entscheidend."*

Das Verbot der Zuschlagserteilung auf **unauskömmliche Angebote** sichert das Wirtschaftlichkeitsprinzip gegen Preisdumping und ruinösen Wettbewerb ab. Allerdings ist es dem Auftraggeber nicht untersagt, von Wettbewerbsvorteilen zu profitieren, die einzelne Bieter in ihren Angeboten weiterreichen. So können ungewöhnlich niedrige Angebote, die durch eine (ordnungsgemäß gewährte) staatliche Beihilfe oder andere individuelle Vorteile möglich sind (z.B. geringe Transportkosten, da sich das Unternehmen des Bieters in unmittelbarer Nähe der Baustelle befindet), jederzeit genutzt werden.

Das im Vergaberecht maßgebliche Wirtschaftlichkeitsprinzip ermöglicht es dem Auftraggeber dabei auch, die **Folgekosten** einer zu beschaffenden Leistung bei der Zuschlagserteilung zu berücksichtigen, wie z.B. die Wartungskosten für technische Anlagen oder den Stromverbrauch elektrischer Geräte; letztgenannte Verbrauchskosten sind bei EU-weiten Vergabeverfahren seit einiger Zeit sogar verpflichtend zu berücksichtigen. § 59 VgV regelt dies ausdrücklich.[27]

Letztlich lässt aber auch das Wettbewerbsprinzip des Vergaberechts genügend „Luft zum Atmen". So ist die Entscheidung des Auftraggebers, genau definierte Standardleistungen ausschließlich zum niedrigsten Preis zu beschaffen, ebenso regelkonform wie ein ausschließlicher Leistungswettbewerb in Fällen, in denen der Preis z.B. durch gesetzliche Vorschriften wie die Buchpreisbindung für alle Bieter einheitlich ist. Auch dies regelt das „mo-

---

26 Art. 67 Abs. 2 Richtlinie 2014/24/EU.
27 Vgl. hierzu näher in Kap. 7.1.1.2 b).

dernisierte Vergaberecht" in den §§ 58 VgV, 52 SektVO und 16d VOB/A-EU erfreulich eindeutig.

Das Wirtschaftlichkeitsprinzip geht schließlich noch über das jeweilige Vergabeverfahren hinaus und fordert von der öffentlichen Hand auch eine **langfristige Wirtschaftlichkeit**. So sollen wirtschaftsfreundliche Rahmenbedingungen wie niedrige Anforderungen an Sicherheitsleistungen, begrenzte Vertragslaufzeiten und losweise Auftragsvergaben dazu beitragen, einen breiten und diversifizierten Anbietermarkt zu erhalten und so einen wirtschaftlichen Einkauf auch langfristig sicherzustellen.

2.1.2 Primärzweck II: Schaffung und Erhalt von Wettbewerb

Eine wirtschaftliche Beschaffung lässt sich nur realisieren, wenn im jeweiligen Vergabeverfahren auch für **Wettbewerb** gesorgt wird. Je weiter, umfassender und intensiver dieser angelegt ist, desto höher ist die Wahrscheinlichkeit, dass der Auftraggeber auch bestmögliche Qualität zu günstigen Preisen angeboten bekommt.

Der Wettbewerbsgedanke wurde maßgeblich durch das EU-Vergaberecht in die Beschaffungsvorgänge eingeführt und ist dort durch einen effektiven Primärrechtsschutz durch die Nachprüfungsinstanzen „scharfgeschaltet".[28] Aber auch in den Vorschriften des Haushaltsvergaberechts finden sich klare Bekenntnisse zum Wettbewerb. So fordern § 2 Abs. 1 Nr. 2 VOB/A und § 2 Abs. 1 VOL/A, dass der Wettbewerb die Regel sein soll.[29]

Praktisch umgesetzt wird die Absicht, Wettbewerb zu schaffen und sicherzustellen, durch eine Vielzahl von Vorschriften, die sich durch den gesamten Verlauf des Beschaffungsvorgangs ziehen. Die wichtigsten sind nachfolgend zusammengefasst. Sie werden aber auch in den weiteren Kapiteln dieses Buchs im jeweiligen Kontext noch ausführlich beleuchtet.

- **Wahl der Verfahrensart**: Die Öffentliche Ausschreibung bzw. das offene Verfahren ermöglicht einem unbegrenzten Kreis von interessierten Unternehmen, sich an dem Vergabeverfahren zu beteiligen. Ihnen wird damit ein freier Zugang zu den Beschaffungsmärkten der öffentlichen Hand gewährt. Freihändige Vergaben[30] sowie Verhandlungsverfahren, insbesondere ohne vorgeschalteten Teilnahmewettbewerb, sind hingegen nur in wenigen, abschließend geregelten Fällen möglich.[31] Und auch dort ist dann noch so viel Wettbewerb wie möglich herzustellen.

---

28 So verpflichtet § 97 Abs. 1 GWB an prominenter Stelle zur Auftragsvergabe im Wettbewerb, während § 97 Abs. 6 GWB den Bietern einen subjektiven Anspruch gewährt, dass der Auftraggeber die Bestimmungen über das Vergabeverfahren einhält. Vgl. hierzu auch Kap. 10.2.1.

29 Siehe auch § 2 Abs. 1 UVgO: „Öffentliche Aufträge werden im Wettbewerb (…) vergeben."

30 Bei Liefer- und Dienstleistungsvergaben im Unterschwellenbereich heißt dieses Verfahren in § 12 UVgO nunmehr „Verhandlungsvergabe".

31 Nach § 119 Abs. 2 GWB kann der öffentliche Auftraggeber nunmehr bei EU-weiten Vergabeverfahren frei zwischen dem offenen Verfahren und dem nicht offenen Verfahren wählen. Da Letzteres auch stets einen vorgeschalteten, uneingeschränkten Teilnahmewettbewerb verlangt, wird der freie Zugang zur Teilnahme auch bei nicht offenen Verfahren nicht eingeschränkt. Im Sektorenbereich kann der Auftraggeber zwischen offenem Verfahren, nicht offenem Verfahren, Verhandlungsverfahren mit Teilnahmewettbewerb und wettbewerblichem Dialog frei wählen. In der VSVgV wird wegen regelmäßig sensibler Inhalte der Vergabeunterlagen auf das offene Verfahren verzichtet. Und im Unterschwellenbereich soll mit Einführung der UVgO der öffentliche Auftraggeber die freie Wahl zwischen der Öffentlichen Ausschreibung und der Beschränkten Ausschreibung mit Teilnahmewettbewerb haben.

- **Überprüfbarkeit von Direktvergaben**: Obwohl ein einmal erteilter Zuschlag nicht mehr aufgehoben werden kann, gewährt § 135 GWB Unternehmen die Möglichkeit, Direktbeauftragungen im Oberschwellenbereich nachträglich durch die Vergabekammer überprüfen zu lassen. Soweit sich hierbei die Rechtswidrigkeit der Vorgehensweise herausstellt, kann die Vergabekammer den Vertragsschluss für unwirksam erklären.

- **Ausreichende Verfahrensfristen**: Der Auftraggeber muss die Zeiträume für die Erstellung von Angeboten oder Teilnahmeanträgen stets ausreichend lang bemessen. Bei komplexen Aufträgen kann es dabei auch erforderlich sein, die Mindestfristen deutlich zu überschreiten.

- **Losaufteilung und Auftragsbegrenzungen**: Gerade bei der Vergabe von Großaufträgen ist es kleineren Unternehmen aus Kapazitätsgründen oftmals nicht möglich, sich zu beteiligen. Das Vergaberecht kompensiert dies durch die Pflicht zur losweisen Aufteilung von Aufträgen[32] sowie zumindest bei Rahmenvereinbarungen durch die Limitierung ihrer Laufzeit auf regelmäßig vier Jahre. Flankierend hierzu unterbindet das Kartellrecht übermächtige öffentliche Einkaufsgemeinschaften. Dass diese Maßnahmen in der Regel zu Lasten der Wirtschaftlichkeit gehen, nimmt der Gesetzgeber dabei bewusst in Kauf.[33]

- **Adäquate Mindestanforderungen**: Anforderungen, die der Auftraggeber an die Unternehmen oder deren Angebote stellt, müssen immer durch den Auftragsgegenstand gerechtfertigt sein und jedenfalls mit diesem in Verbindung stehen sowie verhältnismäßig sein. Dies gilt insbesondere bei Mindestanforderungen. Zudem verpflichten §§ 16a, 16a EU VOB/A den Auftraggeber, unvollständige Angebote nicht sofort auszuschließen, sondern den Unternehmen die Gelegenheit zu geben, fehlende Nachweise und Erklärungen binnen sechs Kalendertagen nachzureichen.[34]

- **Produktneutralität**: Der Grundsatz der produktneutralen Ausschreibung, wie er beispielsweise in § 31 Abs. 6 VgV verankert ist, soll soweit wie möglich vermeiden, dass der Auftraggeber mit Festlegung auf ein Produkt den Wettbewerb einschränkt. Und selbst wenn im Ausnahmefall eine produktspezifische Leistungsbeschreibung erforderlich ist, soll der Markt grundsätzlich die Möglichkeit erhalten, gleichwertige Produkte anbieten zu können.

- **Geheimhaltung**: Der Auftraggeber ist in jeder Phase des Vergabeverfahrens verpflichtet, die Identität der Verfahrensteilnehmer und deren Angebote geheim zu halten. Dieser durchgängige Geheimwettbewerb vermeidet Preisabsprachen und Wettbewerbsbeschränkungen. Nur in wenigen Ausnahmefällen wird er durch das Transparenzgebot durchbrochen, etwa bei der Möglichkeit der Bieter, bei Bauvergaben das Submissionsprotokoll zu erhalten, bei der Vorinformation der nicht berücksichtigten Bieter (§ 134 GWB) sowie bei der Bekanntmachung über den erteilten Auftrag (§ 39 VgV, § 18 EU

---

32 § 97 Abs. 4 GWB, § 27 SektVO, § 5 VOB/A, § 2 Abs. 2 VOL/A; vgl. auch § 22 UVgO.
33 OLG Düsseldorf, Beschl. v. 11.7.2007, VII-Verg 10/07.
34 Bei Liefer- und Dienstleistungsaufträgen steht es nach §§ 56 Abs. 2 VgV, 16 Abs. 2 VOL/A bzw. § 41 Abs. 2 UVgO im Ermessen des Auftraggebers, fehlende Unterlagen nachzufordern. Gleiches gilt im Sektorenbereich nach § 51 Abs. 2 SektVO.

Abs. 3 VOB/A). Im Übrigen hat der Auftraggeber die wesentlichen Vergabeunterlagen auch nach Abschluss des Verfahrens weiterhin vertraulich zu behandeln (§ 5 VgV).

- **Verbot von Wettbewerbsbeschränkungen**: Die VOB/A verlangt vom Auftraggeber ausdrücklich, wettbewerbsbeschränkende und unlautere Verhaltensweisen zu bekämpfen. In diesem Kontext sind auch Angebote von Bietern auszuschließen, die in Bezug auf die Vergabe unzulässige wettbewerbsbeschränkende Abreden getroffen haben. Eine solche Wettbewerbsbeschränkung kann nach Ansicht der Rechtsprechung unter Umständen schon dann vorliegen, wenn sich ein Unternehmen mehrfach an einem Vergabeverfahren beteiligt (etwa als Einzelbieter und zugleich als Mitglied einer Bietergemeinschaft).

- **Elektronische Vergabe:** Durch die mit dem Vergaberechtsmodernisierungsgesetz eingeleitete Pflicht zur umfassenden Einführung der elektronischen Vergabe sind EU-weite Vergabeverfahren bereits heute zwingend elektronisch bekannt zu machen, und die Vergabeunterlagen müssen ab Einleitung des Verfahrens direkt, uneingeschränkt, vollständig und unentgeltlich im Internet zum Abruf zur Verfügung stehen. Das erleichtert den Zugang für Unternehmen und fördert damit auch den Wettbewerb. Die im Oberschwellenbereich spätestens ab 2018 zwingende elektronische Angebotsabgabe wird weitere Vereinfachungen bringen.[35]

2.1.3 Primärzweck III: Binnenmarktvollendung

Aus Sicht der Europäischen Union muss der Wettbewerb um öffentliche Aufträge auch **grenzüberschreitend** ermöglicht werden. Zu der beabsichtigten Binnenmarktvollendung, also dem Erreichen eines uneingeschränkten EU-weiten Wirtschaftsraums, soll auch der öffentliche Einkauf seinen Beitrag leisten. Unternehmen aus anderen EU-Mitgliedsstaaten müssen sich damit also unter denselben Bedingungen und mit denselben Chancen an Vergabeverfahren beteiligen können wie inländische Unternehmen. Bei Aufträgen ab den EU-Schwellenwerten[36] wird dies in Umsetzung der europäischen Vergaberichtlinien maßgeblich durch die Pflicht zur EU-weiten Bekanntmachung auf der EU-Plattform TED, durch ausreichend lange Bewerbungs- und Angebotsfristen sowie durch die Anerkennung ausländischer Urkunden, Zeugnisse und Nachweise sichergestellt. Aber auch im Unterschwellenbereich, wo das EU-Sekundärrecht in Gestalt der Vergaberichtlinien nicht gilt, kann nach Ansicht der EU ein genügend großer Auftrag auch ein **grenzüberschreitendes Interesse** auslösen – womit dann über die EU-Grundprinzipien entsprechend höhere Anforderungen bestehen, auch ausländischen Unternehmen die Teilnahme zu ermöglichen.[37]

Die Gewährleistung dieses binnenmarktweiten Wettbewerbs führt im Einzelfall zu komplexen Vergabeverfahren und hohen Verfahrenskosten. Und ob sich die Zielsetzung damit tatsächlich erreichen lässt, ist auch mehr als vierzig Jahre nach den ersten EU-Vergaberichtlinien noch durchaus fraglich. So geht selbst die EU-Kommission davon aus, dass EU-weit ausgeschriebene Aufträge nur in etwa 10 % grenzüberschreitend vergeben werden. Dabei

---

35 Vgl. hierzu Kap. 2.3.
36 Vgl. hierzu Kap. 5.
37 Vgl. hierzu Kap. 5.4.

spielen Mentalitäts- und Sprachbarrieren weiterhin eine entscheidende Rolle – und diese lassen sich nicht durch Regelungen und Verordnungen überbrücken.

2.1.4 Sekundärzwecke

Neben den vorgenannten Primärzwecken ist das Vergaberecht seit jeher auch Adressat für die Realisierung **politischer Zielsetzungen**. Wenngleich diese ganz verschiedene Inhalte haben, ist ihre Motivation stets dieselbe: Öffentliche Auftraggeber haben eine **Vorbildfunktion**, die sie auch bei der Beschaffung von Lieferungen und Leistungen einnehmen und umsetzen sollen. Dabei erweist sich die Nachfragemacht des Staates durchaus als wirksames **Steuerungsinstrument**. Unternehmen, die einen öffentlichen Auftrag erhalten wollen, müssen sich verpflichten, Bestimmtes zu tun und anderes zu unterlassen.

Die Realisierung solcher Zielsetzungen lässt sich in den wenigsten Fällen mit den vorgenannten Primärzielen in Einklang bringen. So erhöht die Pflicht zur Bezahlung von (tariflichen) Mindestlöhnen oder zum nachhaltigen Einkauf den Preis für die zu beschaffende Leistung mitunter deutlich. Andere Zielsetzungen erhöhen zumindest die Komplexität des Beschaffungsvorgangs, erfordern zusätzliche oder vermehrte Kontrollen und verteuern damit das Verfahren. Zu konstatieren ist allerdings, dass sowohl auf europäischer als auch auf nationaler Ebene solche umwelt-, sozial- und wirtschaftspolitischen Zielsetzungen mittlerweile „hoffähig" geworden sind und unter der Überschrift der „**strategischen Beschaffung**" gleichberechtigt neben dem Wirtschaftlichkeitsprinzip angesiedelt werden. So erlaubt das Kartellvergaberecht in § 97 Abs. 3 GWB, dass bei der Vergabe soziale und umweltbezogene Aspekte berücksichtigt werden.

Aus **rechtlicher Sicht** ist die Thematik mittlerweile weitgehend entschärft. So ist in der vergaberechtlichen Rechtsprechung seit langem anerkannt, dass solche zusätzlichen, dem Wirtschaftlichkeitsprinzip grundsätzlich entgegenstehenden Anforderungen jedenfalls dann vergaberechtskonform sind, wenn sie einen unmittelbaren Auftragsbezug haben und den Bietern frühzeitig und einheitlich mitgeteilt worden sind.[38]

Mit den neuen EU-Vergaberichtlinien und umgesetzt auch im deutschen Recht ist dieser Zusammenhang weiter aufgeweicht worden. Es genügt mittlerweile, dass die Kriterien **mit dem Auftragsgegenstand in Verbindung stehen**. Bei den Zuschlagskriterien ist diese Verbindung bereits dann gegeben, wenn sich die Anforderung auf Prozesse im Zusammenhang mit der Herstellung, Bereitstellung oder Entsorgung der Leistung oder den Handel mit der Leistung bezieht. Allenfalls die Grenze zu Anforderungen, die sich auch oder ausschließlich auf die anbietenden Unternehmen beziehen, ist oftmals fließend und schwer abgrenzbar.

Forderungen nach einem vergabespezifischen Mindestlohn oder nach Einhaltung der ILO-Kernarbeitsnormen sieht die vergaberechtliche Rechtsprechung bei richtigem Einsatz als rechtskonform an.[39]

---

38 EuGH, Urt. v. 17.9.2002, C-513/99, Helsinki Busse, v. 4.12.2003, C-448/01, Wienstrom und v. 10.5.2012, C-368/10, Max Havelaar.
39 EuGH, Urt. v. 17.11.2015, C-115/14, RegioPost, OLG Düsseldorf, Beschl. v. 25.6.2014, VII-Verg 39/13.

Allen Sekundärzwecken ist allerdings immanent, dass ihre Umsetzung bzw. Einhaltung wegen der zusätzlichen Belastungen und ihrer Gegenläufigkeit zum Wirtschaftlichkeitsprinzip durch die öffentlichen Auftraggeber **überwacht und kontrolliert** werden müssen. Dies geschieht bisher jedoch nicht flächendeckend.

2.1.4.1 Ökologische Aspekte

Weitgehend unproblematisch lassen sich **ökologische Aspekte** bei der Vergabe öffentlicher Aufträge berücksichtigen. Die einschlägigen Regelwerke sehen bereits seit Langem die Möglichkeit vor, Umwelteigenschaften als Leistungsanforderungen sowie als Zuschlagskriterien zu berücksichtigen.[40] Beispiele sind der Bezug von Strom aus regenerativen Quellen oder Holzprodukte aus nachhaltiger Waldbewirtschaftung. Zudem können Unterhaltungs- und Verbrauchskosten von Produkten als Folge- oder Lebenszykluskosten im Rahmen der Zuschlagsentscheidung berücksichtigt werden, was die §§ 58 und 59 VgV sowie § 16d EU Abs. 2 VOB/A jetzt ausdrücklich regeln.

In Umsetzung der EU-Energieeffizienzrichtlinien[41] verlangen § 67 VgV und § 58 SektVO bei der Beschaffung von energieverbrauchsrelevanten Liefer- und Dienstleistungen zwingend die angemessene Berücksichtigung der Energieeffizienz der angebotenen oder eingesetzten Geräte bei der Zuschlagserteilung. Und will der öffentliche Auftraggeber Straßenfahrzeuge einkaufen, so sollen nach § 68 VgV und § 59 SektVO bei entsprechenden Lieferaufträgen der Kraftstoffverbrauch sowie die Schadstoffemissionen in die Zuschlagsentscheidung einfließen.

2.1.4.2 Sozialpolitische Aspekte

Weder in der Ermächtigungsgrundlage zur Berücksichtigung entsprechender Zielsetzungen in §§ 97 Abs. 3, 127 Abs. 1 und 128 Abs. 2 GWB noch in den anderen bundesweit geltenden Regelwerken finden sich eigene sozialpolitische Anforderungen an die Vergabe öffentlicher Aufträge.[42] Hier schlägt die Stunde der **Landesvergabegesetze**, die bis auf Bayern in allen Bundesländern bestehen. Sie fordern bei der Vergabe öffentlicher Aufträge ab bestimmten Wertgrenzen mehr oder weniger einheitlich

- die Berücksichtigung von branchenspezifischen **Mindestlöhnen** sowie – als Auffangtatbestand – die Bezahlung eines ausdrücklichen Mindestlohns, der nicht unterschritten werden darf;

- die Beachtung der **Mindeststandards der Kernarbeitsnormen** der Internationalen Arbeitsorganisation (ILO) – hierbei geht es im Wesentlichen um die Bekämpfung von ausbeuterischer Kinderarbeit.

---

40 §§ 127, 128, 152 GWB; §§ 31 Abs. 3, 58 Abs. 2 Nr. 1 VgV; §§ 7a Abs. 5, 16d Abs. 1 Nr. 3, 7a EU Abs. 6, 16d EU Abs. 2 Nr. 2 lit. a) VOB/A; § 16 Abs. 8 VOL/A; § 43 Abs. 2 UVgO; §§ 28 Abs. 3, 52 Abs. 2 SektVO; §§ 15 Abs. 6, 34 Abs. 2 VSVgV.
41 2006/32/EG und 2010/30/EU.
42 § 128 Abs. 1 GWB regelt lediglich, dass Unternehmen bei der Ausführung des öffentlichen Auftrags bestimmte Anforderungen des Mindestlohngesetzes (MiLoG), des Arbeitnehmer-Entsendegesetzes (AEntG) sowie des Arbeitnehmerüberlassungsgesetzes (AÜG) einzuhalten haben. Und nach § 118 GWB können bestimmte Vergabeverfahren der Teilnahme von Behindertenwerkstätten oder Unternehmen vorbehalten werden, deren Hauptzweck die soziale oder berufliche Integration von Menschen mit Behinderungen oder von benachteiligten Personen ist.

In einigen Landesvergabegesetzen finden sich darüber hinaus

- die Verknüpfung der Auftragsvergabe mit Maßnahmen zur **Frauenförderung** bzw. zur Förderung der **Vereinbarkeit von Beruf und Familie** und

- die bevorzugte Auftragsvergabe an Unternehmen, die **Ausbildungsplätze** bereitstellen bzw. ihre Pflicht zur Beschäftigung **schwerbehinderter Menschen** erfüllen.

Wenngleich diese Zielsetzungen, für sich betrachtet, allesamt anerkennenswert sind, führt ihre Berücksichtigung bei der Vergabe öffentlicher Aufträge in der Regel zu höheren Kosten und zu mehr Verwaltungs- und Kontrollaufwand. Wie verschiedene Evaluierungsberichte zwischenzeitlich zeigen, wird die Einhaltung der Gesetze in der Praxis jedoch oftmals gar nicht kontrolliert. Und das hat nicht immer nur etwas mit zu wenig Personal zu tun. Denn mitunter ist die Beachtung und Einhaltung der gestellten Anforderungen schlichtweg nicht kontrollierbar. Gerade bei der Beschaffung von Produkten, die aus Kinderarbeit stammen können, wie z.B. Pflastersteine, ist es dem Auftraggeber oftmals nicht möglich, die angebotenen Produkte bis in den Steinbruch zurückzuverfolgen, aus dem sie ggf. stammen. Zwar ist der Bieter hier gehalten, dies mittels entsprechender Zertifikate nachzuweisen. Ist ihm dieser Nachweis allerdings auch nicht möglich, so kann er z.B. bei Aufträgen des Landes Berlin in der entsprechenden Eigenerklärung ankreuzen: *„Ich erkläre, dass die Vorlage eines Nachweises darüber, dass die vertraglich vereinbarte Lieferung der Ware […] nicht unter Missachtung der in den ILO-Kernarbeitsnormen festgelegten Mindeststandards gewonnen oder hergestellt worden sind, nicht möglich ist. Trotz intensiven Bemühens konnten diesbezügliche Zertifikate nicht ermittelt werden."*

2.1.4.3 Wirtschaftspolitische Aspekte

Schließlich werden mit dem öffentlichen Einkauf auch bestimmte wirtschaftspolitische Zielsetzungen verfolgt. Sie richten sich insbesondere auf den **Erhalt** oder die gezielte **Förderung** bestimmter **Unternehmen** und/oder **Branchen**. Damit soll auch und insbesondere der Wettbewerb gestärkt und die Abhängigkeit von wenigen oder nur noch einem Anbieter vermieden werden. Insofern ist dieser „Sekundärzweck" noch am engsten mit dem Beschaffungsvorgang selbst und damit mit den Primärzwecken des Vergaberechts verknüpft. Allerdings sind auch hier einige konkrete Ziele rechtlich problematisch oder zumindest bedenklich.

Eindeutig im Vordergrund steht hierbei die **Förderung des Mittelstands**. § 97 Abs. 4 GWB fordert an prominenter Stelle, dass mittelständische Interessen bei der Vergabe öffentlicher Aufträge vornehmlich zu berücksichtigen sind. Gleiches normieren die **Mittelstandsförderungsgesetze**, die es in zahlreichen Bundesländern gibt. Wenngleich eine einheitliche Definition davon, was „der Mittelstand" ist, fehlt[43], gilt als sicher, dass die ganz überwiegende Zahl aller deutschen und europäischen Unternehmen hierunter fällt. Sie bilden das Rückgrat der Wirtschaft und sichern durch ihre Existenz Innovation, Vielseitigkeit und damit letztlich auch den Wettbewerb.

---

43 Nach Festlegung der Europäischen Union sind kleine und mittlere Unternehmen (KMU) solche, die weniger als 250 Mitarbeiter beschäftigen, deren Umsatz unter 50 Mio. Euro oder deren Bilanzsumme unter 43 Mio. Euro liegt.

Die Pflicht des öffentlichen Auftraggebers, den Mittelstand bei der Auftragsvergabe **vornehmlich zu berücksichtigen**, stellt allerdings keine unzulässige Bevorzugung dar.[44] Vielmehr soll ein „level playing field" geschaffen werden, das es dem Mittelstand ermöglicht, sich unter gleichen Bedingungen an Ausschreibungen zu beteiligen. Es sollen also hierdurch nur strukturelle Defizite gegenüber Großunternehmen ausgeglichen werden.

Als maßgebliches Instrument hierfür sieht das Vergaberecht die Pflicht zur Aufteilung von öffentlichen Aufträgen in **Fach- und Teillose** vor. Ausnahmen hiervon können nur in engen Grenzen gemacht werden, wenn technische oder wirtschaftliche Gründe dies erfordern. Dass losweise Ausschreibungen *per se* zeit- und kostenaufwändiger sind, hat der Gesetzgeber so gewollt; diese „normalen Widrigkeiten" rechtfertigen daher keine Gesamtvergabe.[45] Weitere mittelstandsfreundliche Regelungen, die die vergaberechtlichen Regelwerke an unterschiedlichen Stellen vorsehen, sind

- die Möglichkeit der Beteiligung als **Bewerber- bzw. Bietergemeinschaft**,

- die Forderung an den Auftraggeber, Nachweise in der Regel in Gestalt von **Eigenerklärungen** oder der **Einheitlichen Europäischen Eigenerklärung (EEE)** zu akzeptieren,

- die Möglichkeit des Nachweises auftragsunabhängiger Eignungsanforderungen durch eine **Präqualifikation** (z.B. PQ VOB),

- die Forderung an den Auftraggeber, auf **Sicherheitsleistungen** soweit wie möglich zu verzichten.

Eine Diskriminierung von Großunternehmen liegt hierbei bereits deswegen nicht vor, da auch diese Unternehmen von den Erleichterungen profitieren können.

Wirtschaftspolitische Erwägungen können im Bereich des öffentlichen Einkaufs allerdings auch **branchenspezifisch** entstehen. So besteht eine erklärte Absicht der Politik darin, die wehrtechnische Industrie zu erhalten und zu stärken. Die EU erkennt solche Zielsetzungen zwar prinzipiell an, verlangt aber auch in diesem Bereich einen – wenngleich einschränkbaren – europaweiten Wettbewerb.[46]

Die Beschränkung des Wettbewerbs auf bestimmte **Regionen** mit dem Ziel einer regionalpolitischen Förderung untersagt das Vergaberecht hingegen klar. So verbietet § 6 Abs. 1 VOB/A ausdrücklich, den Wettbewerb auf Unternehmen zu beschränken, die in bestimmten Regionen oder Orten ansässig sind. Bestimmte Ursprungsorte und Bezugsquellen dürfen im Rahmen der Leistungsbeschreibung nur dann ausdrücklich vorgeschrieben werden, wenn dies durch die Art der zu vergebenden Leistung gerechtfertigt ist.

---

44 Vgl. OLG Düsseldorf, Beschl. v. 8.9.2004, VII-Verg 38/04.
45 OLG Düsseldorf, Beschl. v. 11.7.2007, VII-Verg 10/07.
46 Richtlinie 2009/81/EG, umgesetzt in Deutschland in der VSVgV sowie dem Abschnitt 3 der VOB/A (VOB/A-VS).

2.2 Grundprinzipien

Vor dem Hintergrund der oben genannten Zwecke des Vergaberechts und unter Berücksichtigung, dass es sich bei den Mitteln, mit denen eingekauft wird, um anvertraute Gelder der Bürger handelt, ergeben sich die Grundprinzipien, nach denen sich das Vergaberecht ausrichtet und an denen es sich orientiert, fast schon von selbst: Auftraggeber haben Verfahrensteilnehmer, interessierte Unternehmen und bis zu einem gewissen Grad auch die Öffentlichkeit über Beschaffungsmaßnahmen und einzelne Schritte **transparent** zu informieren. Sie haben Verfahrensteilnehmer **gleich zu behandeln** und dürfen sie **nicht diskriminieren**.

Im haushaltsrechtlich geprägten Unterschwellenvergaberecht leitet sich insbesondere der Grundsatz der Gleichbehandlung aus dem allgemeinen Gleichheitssatz des Art. 3 GG ab. Die Grundprinzipien sind allerdings auch ausdrücklich in VOB/A und VOL/A eingeflossen. So fordert § 2 Abs. 1 Nr. 1 VOB/A transparente Vergabeverfahren, während § 2 Abs. 1 VOL/A gebietet, dass kein Unternehmen diskriminiert werden darf.[47]

Im Oberschwellenbereich leiten sich die Grundprinzipien aus dem **EU-Recht** ab. Ausgangspunkt sind die Grundfreiheiten des EU-Vertrags,[48] also die Warenverkehrsfreiheit mit dem Verbot mengenmäßiger Ein- und Ausfuhrbeschränkungen (Art. 34, 35 AEUV), die Niederlassungsfreiheit (Art. 49 AEUV) sowie die Dienstleistungsfreiheit (Art. 56 AEUV). Ihre Realisierung erfolgt über die im EU-Vertrag nicht ausdrücklich niedergeschriebenen Grundprinzipien des **Wettbewerbs**, der **Transparenz**, der **Gleichbehandlung**, der **Nichtdiskriminierung** sowie der **Verhältnismäßigkeit**. Sie finden sich allerdings an prominenter Stelle der EU-Vergaberichtlinien sowie im deutschen Kartellvergaberecht. So normiert Art. 18 der Richtlinie 2014/24/EU:

„Die öffentlichen Auftraggeber behandeln alle Wirtschaftsteilnehmer in gleicher und nichtdiskriminierender Weise und handeln transparent und verhältnismäßig."

Und § 97 Abs. 1 und 2 GWB verlangt:

„Öffentliche Aufträge und Konzessionen werden im Wettbewerb und im Wege transparenter Verfahren vergeben. Dabei werden die Grundsätze der Wirtschaftlichkeit und der Verhältnismäßigkeit gewahrt. Die Teilnehmer an einem Vergabeverfahren sind gleich zu behandeln, es sei denn, eine Benachteiligung ist auf Grund dieses Gesetzes ausdrücklich geboten oder gestattet."

Allerdings lassen sich die Grundprinzipien nicht immer im vollen Umfang verwirklichen. In einigen Bereichen treffen sie sogar aufeinander und blockieren sich gegenseitig. In diesen Fällen hat der Auftraggeber über den **Grundsatz der Verhältnismäßigkeit** einen Ausgleich zu schaffen.

---

47 In § 2 UVgO werden die Grundprinzipien für Unterschwellenvergaben ausdrücklich genannt.
48 Vertrag über die Arbeitsweise der Europäischen Union – AEUV.

Die jeweiligen Anforderungen der einzelnen Grundprinzipien sowie die maßgeblichen Vorschriften, die sie für das Vergabeverfahren umsetzen, werden nachfolgend im Einzelnen dargestellt.[49]

Praxistipp

 Insbesondere die Grundprinzipien der Transparenz, der Gleichbehandlung und der Nichtdiskriminierung sind so etwas wie der „Kompass" des Vergaberechts. Sie geben auch in unübersichtlichen Situationen stets eine gute Orientierung. Daher sollte der Auftraggeber seine Entscheidungen, die er während der Vorbereitung und der Durchführung des Vergabeverfahrens trifft, stets auch an diesen Grundprinzipien spiegeln. Hält er diese in der jeweiligen Situation so weit wie möglich ein, kann die konkrete Entscheidung nicht grundlegend falsch sein.

2.2.1 Wettbewerb

Mit der Pflicht zur Vergabe im Wettbewerb wird der oben beschriebene Primärzweck der **Schaffung** und des **Erhalts von Wettbewerb** umgesetzt. Der Auftraggeber hat daher sein Vergabeverfahren so zu konzipieren und durchzuführen, dass dem Wettbewerb so viel Raum wie möglich gegeben wird. Einschränkungen oder sogar der Ausschluss des Wettbewerbs sind nur in engen Ausnahmefällen möglich, die dann sorgfältig zu dokumentieren sind. Wettbewerbsbeschränkungen oder ein Wettbewerbsausschluss seitens der Bewerber und Bieter muss der Auftraggeber unterbinden bzw. ihnen aktiv entgegenwirken.

Die einzelnen Maßnahmen, die das Vergaberecht im Zusammenhang mit Schaffung und Erhalt des Wettbewerbs vorsieht und dem Auftraggeber als Pflichten an die Hand gibt, haben wir bereits in Kapitel 2.1.2 kennengelernt. Hierauf kann an dieser Stelle verwiesen werden.

2.2.2 Transparenz

Das Transparenzgebot verlangt vom Auftraggeber eine möglichst **umfangreiche Information der Bieter** und eine **nachvollziehbare Gestaltung des Vergabeverfahrens**. Es steht in unmittelbarer Wechselwirkung mit dem Wettbewerbsgebot und sichert zugleich die Grundsätze der Gleichbehandlung und der Nichtdiskriminierung ab. Ausprägungen des Transparenzgebots sind

- die **Publikationspflicht**: Der Auftraggeber ist verpflichtet, seine Absicht zur Vergabe von Aufträgen in geeigneten Medien zu veröffentlichen und bekannt zu machen; bei EU-weiten Vergabeverfahren muss die Veröffentlichung im EU-Amtsblatt (TED) erfolgen. Verzichten darf er auf eine Bekanntmachung nur in engen Ausnahmefällen. Daneben soll der Auftraggeber EU-weite Ausschreibungen bereits so früh wie möglich an-

---

49 Dort, wo das Vergaberecht nicht gilt, also z.B. bei der Vergabe von Dienstleistungskonzessionen im Unterschwellenbereich, leitet sich das Vorgehen im Verfahren für den Auftraggeber allein und unmittelbar aus den Grundprinzipien ab; vgl. grundlegend EuGH, Urt. v. 13.10.2005, C-458/03, Parking Brixen.

kündigen. Tut er dies in einem bestimmten Zeitfenster vor der geplanten Ausschreibung, so kann er die Fristen des dann folgenden Vergabeverfahrens verkürzen. Die Bekanntmachungspflicht gilt auch für vergebene Aufträge. Hier hat der Auftraggeber EU-weite Vergaben wieder in TED zu veröffentlichen, einschließlich des Namens des erfolgreichen Bieters. Eine solche Ex-post-Bekanntmachung muss auch nach größeren Beschränkten Ausschreibungen und Freihändigen Vergaben im Unterschwellenbereich geschehen;

- die Pflicht, den Bietern die **Zuschlagskriterien** und deren **Gewichtung** mitzuteilen;

- die Pflicht, **Bewerber- und Bieterfragen** zu beantworten;

- die Zulassung von Bietern im Submissionstermin bei Bauvergaben im Unterschwellenbereich;[50]

- die Durchführung der **Prüfung und Wertung der Angebote** nach den hierfür festgelegten Verfahrensschritten;

- die zeitnahe **Unterrichtung** ausgeschiedener Bewerber und Bieter;

- die **Dokumentationspflicht**: Der Auftraggeber hat zeitnah sämtliche verfahrensrelevanten Schritte hinreichend ausführlich und nachvollziehbar im Vergabevermerk niederzulegen.

Wie bereits angedeutet, lässt sich das Transparenzgebot nicht in allen Situationen eines Vergabeverfahrens in gleicher Weise realisieren. Stehen ihm gewichtige Gründe entgegen, so sind sie gegeneinander abzuwägen und das Ergebnis zu dokumentieren. Mit Blick auf das Gebot der Verhältnismäßigkeit sind die Einschränkungen des Transparenzgebots allerdings stets so gering wie möglich zu halten.

Praxisbeispiel

 Der grundsätzlichen Pflicht des Auftraggebers, nach Beendigung eines EU-weiten Vergabeverfahrens über den vergebenen Auftrag und den Auftragnehmer per Ex-post-Bekanntmachung zu informieren, können öffentliche Interessen, Geheimhaltungspflichten oder Geschäfts- und Betriebsgeheimnisse des Auftragnehmers entgegenstehen. § 39 Abs. 6 VgV erlaubt in diesem Fall, solche Angaben nicht mitzuteilen. Die grundsätzliche Pflicht zur Veröffentlichung einer Bekanntmachung bleibt aber bestehen. Der Auftraggeber kann also auch in solchen Fällen nicht ganz von einer Vergabebekanntmachung absehen.

Gleiches gilt im Falle eines Nachprüfungsverfahrens. Hier kann der Antragsteller Akteneinsicht beantragen (§ 165 GWB). Um zu vermeiden, dass er hierüber wettbewerbsrelevante Informationen über seine Wettbewerber erfährt (z.B. den Inhalt ihrer Angebote oder deren Preise), werden entsprechende Passagen in der Vergabeakte geschwärzt oder herausgenommen. Der grundsätzliche Anspruch auf Akteneinsicht besteht aber gleichwohl.

---

50 Bei EU-weiten Bauvergaben dürfen Bieter hingegen nicht am Submissionstermin teilnehmen. Sie bekommen aber umgehend das Submissionsprotokoll übermittelt, § 14 EU Abs. 6 VOB/A.

An einigen wenigen Stellen sieht das Vergaberecht allerdings auch einen absoluten Vor-rang anderweitiger Interessen vor dem Transparenzgebot vor. So dürfen bei Vergabever-fahren im Liefer- und Dienstleistungsbereich Bieter anders als im Baubereich in keinem Fall an der Angebotsöffnung teilnehmen und bekommen auch nicht das Submissionsproto-koll. Die damit verbundene Intransparenz des (behördeninternen) Öffnungstermins wird allerdings damit gerechtfertigt, dass die Bieter in Liefer- und Dienstleistungsvergaben ge-rade nicht ihre Konkurrenz und deren Angebotspreise erfahren sollen, da dies insbeson-dere bei standardisierten Beschaffungsgegenständen ohne großen Aufwand auf die Kal-kulation der Wettbewerber schließen lassen könnte. Sichergestellt wird die Einhaltung der Verfahrensvorschriften und der Grundprinzipien hier durch die Pflicht, dass an dem Öff-nungstermin in der Regel mindestens zwei Vertreter des Auftraggebers teilnehmen und dieser entsprechend dokumentiert wird (§ 58 Abs. 5 VgV).

2.2.3 Gleichbehandlung und Nichtdiskriminierung

Schließlich hat der Auftraggeber auch stets darauf zu achten, dass die Verfahrensteilneh-mer grundsätzlich **gleichbehandelt** werden und **niemand diskriminiert** wird. Diese bei-den Grundprinzipien sind eng miteinander verknüpft und bedingen einander weitestge-hend. Allerdings haben sie ihre Bedeutung auch unabhängig voneinander.

So kann ein Auftraggeber zwar alle Bieter eines Vergabeverfahrens durch eine einheitlich kurze Frist oder einheitlich hohe Anforderungen an Eignung und/oder Leistung gleich be-handeln, zugleich aber einzelne Unternehmen, die in dieser kurzen Frist nicht anbieten können oder die hohen Anforderungen nicht erfüllen können, diskriminieren. Ein solches Vorgehen wäre allenfalls dann gerechtfertigt, wenn sachliche Gründe bestehen würden, die die kurze Frist oder die hohen Anforderungen rechtfertigen.

Die Pflicht zur Gleichbehandlung und zur Nichtdiskriminierung ist entgegen dem Wortlaut des § 97 Abs. 2 GWB nicht nur auf das Vergabeverfahren selbst beschränkt. Vielmehr muss der Auftraggeber diese Grundprinzipien bereits bei der **Vorbereitung** des Vergabeverfah-rens und den in diesem Rahmen zu treffenden Entscheidungen beachten. Gleiches gilt für den Fall einer **Direktvergabe**.[51]

Einzelausprägungen des Gleichbehandlungsgebots und des Diskriminierungsverbots im Vergaberecht sind

* das **Verbot der Doppelbeteiligung**: Wer sich an einem Vergabeverfahren beteiligt, darf nicht zugleich auch auf Auftraggeberseite agieren. § 6 VgV regelt für Vergabever-fahren im Oberschwellenbereich dieses relativ klare Verbot einer Ungleichbehandlung, nimmt dabei aber auch subtilere Formen der Doppelmandatierung in den Fokus, etwa den Consultant, der zugleich ein Unternehmen berät und für den Auftraggeber tätig wird. Im Sinne der Gleichbehandlung verbietet die Norm die Mitwirkung solcher als vor-eingenommen geltender Personen an Entscheidungen im Vergabeverfahren[52];

---

51 OLG Düsseldorf, Beschl. v. 1.8.2012, VII-Verg 10/12; EuGH, Urt. v. 11.1.2005, C-26/03, Stadt Halle.
52 Mit Inkraftsetzung der UVgO wird dies auch ausdrücklich für den Unterschwellenbereich geregelt, vgl. § 4 UVgO.

- der **Ausgleich von Informations- und Wissensvorsprüngen**: Ein potenzieller Wettbewerbsvorteil kann sich dann ergeben, wenn sich Unternehmen an einem Vergabeverfahren beteiligen, die zuvor den Auftraggeber bei der Vorbereitung dieses Verfahrens beraten oder begleitet haben (z.B. bei der Erstellung der Leistungsbeschreibung oder einer Vorstudie). Nach § 7 VgV und § 2 EU Abs. 5 VOB/A[53] hat der Auftraggeber in einem solchen Fall sicherzustellen, dass der Wettbewerb hierdurch nicht verfälscht wird. Dazu kann der Auftraggeber z.B. den Informations- und Wissensvorsprung des sog. **Projektanten** gegenüber den anderen Wettbewerbsteilnehmern dadurch ausgleichen, dass er das Exklusivwissen an alle Verfahrensbeteiligten gibt. Sollte dies nicht möglich sein, kann als ultimative Konsequenz auch der **Ausschluss** des Projektanten von der weiteren Verfahrensteilnahme erforderlich sein;[54]

- die Pflicht der **eindeutigen und erschöpfenden Leistungsbeschreibung**, die alle Bewerber im gleichen Sinne verstehen können;

- das grundsätzliche **Verbot der Änderung von Bedingungen** und Anforderungen während des Vergabeverfahrens;

- die Pflicht zur Gewährung **einheitlicher**, ausreichend lang bemessener **Fristen** für die Bearbeitung und Einreichung der Teilnahmeanträge und Angebote sowie für die Bindung der Unternehmen hieran (z.B. § 10 Abs. 1 und 4 VOB/A);

- die Pflicht zur **Beantwortung von** individuellen **Bieterfragen** gegenüber allen Bietern, wie § 12a EU Abs. 3 VOB/A dies ausdrücklich vorsieht;

- die Pflicht zur grundsätzlich **produktneutralen Ausschreibung**, wie z.B. in § 7 Abs. 4 VOL/A vorgesehen;

- die Pflicht, **unvollständige** oder aufgrund Bieterverschuldens **verspätet eingegangene Angebote** auszuschließen;

- die Pflicht zur **gleichmäßigen Prüfung und Wertung**, bei der jedes Angebot mit derselben Intensität und nur in Ansehung der zugrunde gelegten und bekannt gemachten Bedingungen und Kriterien behandelt wird.

Auch hier kann es in Einzelfällen Durchbrechungen der vorgenannten Grundsätze geben. So bevorzugt die in § 16a VOB/A-EU vorgesehene Pflicht zur Nachforderung fehlender Erklärungen und Nachweise den „vergesslichen" Bieter; gleiches gilt für die in § 16 Abs. 1 Nr. 3 VOB/A vorgesehene Berücksichtigung von Angeboten, bei denen eine einzelne unwesentliche Preisposition fehlt.[55] Durch das hiermit beabsichtigte Ziel, solche Wettbewerbsbeiträge nicht wegen formaler Mängel ausschließen zu müssen, wird der Wettbewerbsgrundsatz in diesem Fall über den Gleichbehandlungsgrundsatz gestellt.[56]

---

53 Mit Inkraftsetzung der UVgO wird dies auch ausdrücklich für den Unterschwellenbereich geregelt, vgl. § 5 I IVgO.
54 EuGH, Urt. v. 3.3.2005, C-21 und 34/03, Fabricom SA; jetzt normiert in § 124 Abs. 1 Nr. 6 GWB.
55 § 16 Abs. 2 VOL/A und § 42 Abs. 1 Nr. 5 UVgO sehen denselben Aspekt unter leicht geänderten Rahmenbedingungen vor.
56 Bestätigt durch EuGH, Urt. v. 10.10.2013, C-336/12, Manova S/A.

2.3 Elektronische Vergabe

Unabhängig von den Änderungen der vergaberechtlichen Vorschriften vollzieht sich eine der weitreichendsten Umwälzungen im Beschaffungswesen derzeit an der Schnittstelle zur Technik. Die langjährigen Bemühungen, die Abläufe des Vergabeverfahrens elektronisch abzubilden und damit die bisherige „Papierform" abzulösen (**e-Vergabe**), konnten mit der letzten Vergaberechtsreform vom April 2016 erfolgreich abgeschlossen werden. Danach ist – zunächst nur bei EU-weiten Vergabeverfahren – die grundsätzliche Pflicht zur **vollständigen elektronischen Kommunikation** zwischen den öffentlichen Auftraggebern und den Bewerbern bzw. Bietern eingeführt worden. Sie wurde – quasi als weiteres Grundprinzip – prominent als Absatz 5 in § 97 GWB eingeführt:

„Für das Senden, Empfangen, Weiterleiten und Speichern von Daten in einem Vergabeverfahren verwenden Auftraggeber und Unternehmen grundsätzlich elektronische Mittel (…)".

Was diese elektronischen Mittel konkret umfassen, welche Ausnahmen es hiervon gibt und wie die weitere Entwicklung – auch im Unterschwellenbereich – bei der e-Vergabe aussieht, wird in diesem Kapitel zusammenfassend dargestellt. Die einzelnen Anforderungen der e-Vergabe an den Beschaffungsablauf und ihre Auswirkungen auf das Vergabeverfahren werden im Übrigen an den jeweiligen Stellen dieses Buchs, insbesondere in Kapitel 7, erläutert.

2.3.1 Hintergrund und Ziele

Die vielfältigen Ambitionen auf nationaler und europäischer Ebene zur Umstellung auf elektronische Beschaffungsvorgänge reichen zurück bis an den Anfang der 1990er Jahre. Sämtliche Möglichkeiten, die seither in den deutschen Vergabevorschriften (VOB/A, VOL/A, VOF) zur Nutzung elektronischer Vorgänge im Vergabeverfahren eingeführt wurden, waren jedoch stets freiwillig und zugleich an hohe Anforderungen geknüpft. In der Praxis wurden diese Möglichkeiten allenfalls teilweise genutzt.

Ein echter Durchbruch erfolgte erst mit dem Vorschlag der EU-Kommission für eine Reform der EU-Vergaberichtlinien Ende 2011, flankiert von einer Strategie für die e-Vergabe.[57] In dieser Strategie verfolgt die Kommission das Ziel, sukzessive alle Phasen des Beschaffungsvorhabens von der Vorbereitung des Vergabeverfahrens bis hin zur Bezahlung der im vergebenen Auftrag erbrachten Leistungen auf elektronische Prozesse umzustellen.

---

57 Mitteilung der Kommission an das Europäische Parlament, den Rat, den europäischen Wirtschafts- und Sozialausschuss und den Ausschuss der Regionen vom 20.4.2012, KOM(2012) 179 endg.

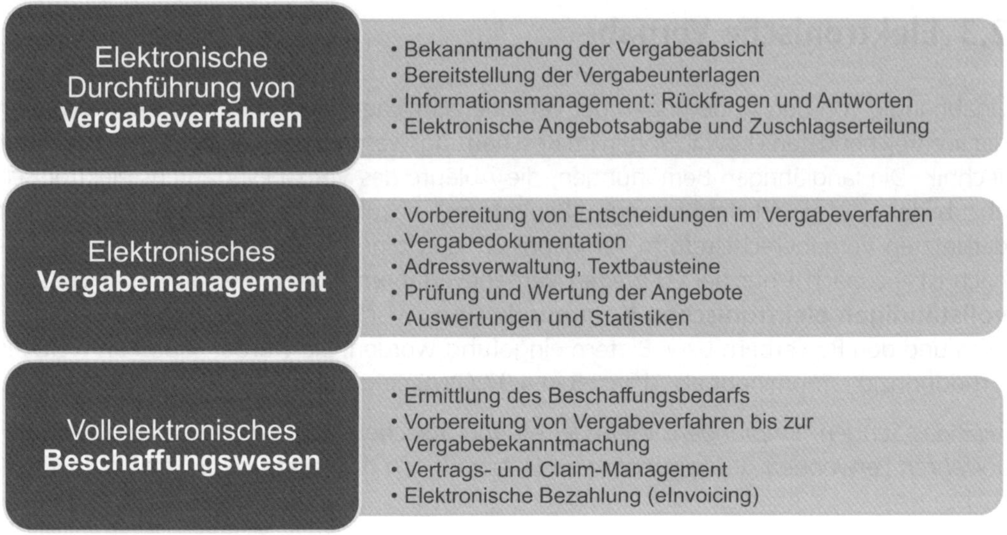

Elektronische Durchführung von Vergabeverfahren	• Bekanntmachung der Vergabeabsicht • Bereitstellung der Vergabeunterlagen • Informationsmanagement: Rückfragen und Antworten • Elektronische Angebotsabgabe und Zuschlagserteilung
Elektronisches Vergabemanagement	• Vorbereitung von Entscheidungen im Vergabeverfahren • Vergabedokumentation • Adressverwaltung, Textbausteine • Prüfung und Wertung der Angebote • Auswertungen und Statistiken
Vollelektronisches Beschaffungswesen	• Ermittlung des Beschaffungsbedarfs • Vorbereitung von Vergabeverfahren bis zur Vergabebekanntmachung • Vertrags- und Claim-Management • Elektronische Bezahlung (eInvoicing)

Abb. 2: Umfang der e-Vergabe

Die elektronische Vergabe verfolgt im Wesentlichen drei Ziele, nämlich

• Kostenersparnis,

• Fehlervermeidung und

• Umweltschutz.

Durch die Implementierung automatisierter Prozesse sowie der Stärkung der elektronischen Vergabe wurde aufgrund der damit einhergehenden **Fehlervermeidung** im Vergabeverfahren bereits im Jahr 2007 ein **Einsparpotenzial** in Höhe von ca. 2,1 Mrd. Euro lokalisiert.[58] Neben rein wirtschaftlichen Aspekten versprechen die elektronische Vergabe sowie der dadurch reduzierte Materialaufwand auch unter **ökologischen Gesichtspunkten** Vorteile und leisten damit zugleich einen Beitrag zum **Umweltschutz**. Schließlich wird durch die e-Vergabe auch die Transparenz von internen und externen Prozessen erhöht und Manipulationsmöglichkeiten verringert. Damit trägt die elektronische Vergabe auch zu einer Verbesserung der **Compliance** bei.

---

58 S. Endbericht der Studie zur „Kostenmessung der Prozesse öffentlicher Liefer-, Dienstleistungs- und Bauaufträge aus Sicht der Wirtschaft und der öffentlichen Auftraggeber", BMWi, 2008.

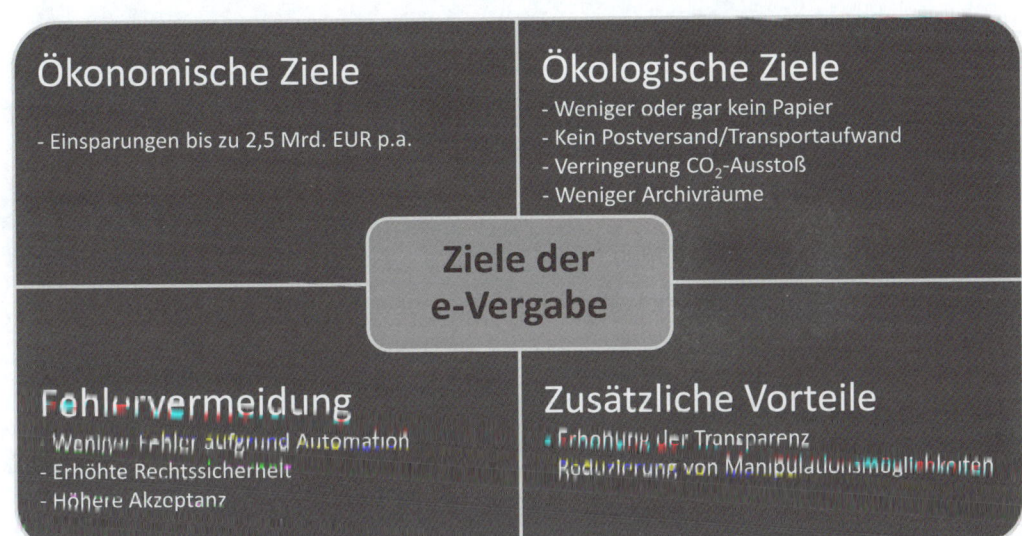

Abb. 3: Ziele der e-Vergabe

Für die elektronische Durchführung von EU-weiten Vergabeverfahrens sind die aktuellen und zukünftigen Pflichten im Zusammenhang mit der e-Vergabe in den EU-Vergaberichtlinien 2014/23/EU, 2014/24/EU und 2014/25/EU enthalten, die im Rahmen der Vergaberechtsmodernisierung in deutsches Recht umgesetzt worden sind und seit April 2016 gelten.[59]

Für Vergabeverfahren unterhalb des EU-Schwellenwertes besteht bislang noch keine Pflicht zur elektronischen Kommunikation; es existieren nur die in VOL/A und VOB/A vorgesehenen freiwilligen Möglichkeiten zum Einsatz von elektronischer Kommunikation.[60] Die Unterschwellenvergabeordnung (UVgO), die 2017 die VOL/A für die Vergabe von Liefer- und Dienstleistungsaufträgen im Unterschwellenbereich ablösen wird, sieht hingegen wie die VgV vor, dass die Kommunikation zwischen Auftraggeber und Bietern bzw. Bewerbern grundsätzlich mittels elektronischer Mittel erfolgen muss.[61]

Für Vergaben im Bereich Verteidigung und Sicherheit besteht aufgrund der Sensibilität der zu beschaffenden Leistungen keine Pflicht zur elektronischen Kommunikation.

---

59 Vgl. hierzu Kapitel 1.3.3.
60 Z.B. Möglichkeit der elektronischen Kommunikation (§ 11 Abs. 1 VOL/A), Möglichkeit der Veröffentlichung der Bekanntmachung in Internetportalen (§ 12 Abs. 1 VOL/A), Möglichkeit zur elektronischen Übermittlung von Angeboten (§ 13 Abs. 1 VOL/A).
61 § 7 Abs. 1 UVgO. Ob auch für den Baubereich eine Anpassung des ersten Abschnitts der VOB/A erfolgen wird, ist derzeit noch nicht bekannt.

2.3.2 Besonderheiten im Ablauf

Die wichtigsten Änderungen durch die Neufassung von GWB, VgV, VOB/A und VOB/A-EU im Hinblick auf die e-Vergabe betreffen insbesondere

- die Erstellung der Vergabeunterlagen,

- den Zugang zu e-Vergabeverfahren,

- das Informationsmanagement während des Vergabeverfahrens,

- die Abgabe von elektronischen Angeboten und Teilnahmeanträgen und

- die Öffnung der Angebote.

2.3.2.1 Erstellung der Vergabeunterlagen

Die Vergabeunterlagen bestehen regelmäßig aus dem Anschreiben, das die Aufforderung zur Abgabe eines Angebots oder zur Aufnahme von Verhandlungen enthält, den Bewerbungsbedingungen, die etwa die Regeln für die Durchführung des Vergabeverfahrens einschließlich der Eignungs- und Zuschlagskriterien festlegen, sowie den Vertragsunterlagen aus Leistungsbeschreibung und Vertragsbedingungen.

Die Vergabeunterlagen hat der Auftraggeber – jedenfalls im Oberschwellenbereich – grundsätzlich in elektronischer Form zu erstellen, um einerseits dem Grundsatz der elektronischen Kommunikation genügen zu können[62] und sie andererseits entsprechend § 41 VgV[63] grundsätzlich über eine Internetadresse unentgeltlich, uneingeschränkt, vollständig und direkt zum Abruf bereitstellen zu können.

Die Bieter bzw. Bewerber sind verpflichtet, auf Anforderung des Auftraggebers Einzeldokumente zum Nachweis ihrer Eignung und dem Nichtvorliegen von vergaberechtlichen Ausschlussgründen vorzulegen. Hierzu können sie sich der Einheitlichen Europäischen Eignungserklärung (EEE) bedienen, die als standardisiertes Formular EU-weit als vorläufiger Nachweis genügt. Die EEE wird ausschließlich in elektronischer Form ausgestellt; bis zum Ablauf der Übergangsfrist am 18. April 2018 kann sie allerdings auch als papierbasierte Version verwendet werden.[64]

2.3.2.2 Zugang zu e-Vergabeverfahren

Der Auftraggeber ist verpflichtet, Methoden der elektronischen Beschaffung einzusetzen und dabei die Grundsätze der Gleichbehandlung, der Nichtdiskriminierung und der Transparenz zu wahren.[65] Dazu muss der Zugang zu den Vergabeunterlagen oder zur Aufforderung zur Interessenbestätigung unentgeltlich, uneingeschränkt, vollständig und direkt sein.[66]

---

62 § 9 VgV; dabei sind die Anforderungen der §§ 10 und 11 VgV zu beachten
63 Vgl. auch §§ 41 SektVO, 17 KonzVgV, 12a VOB/A-EU sowie § 29 Abs. 1 UVgO.
64 Art. 59 Abs. 2 Art. 90 Abs. 3 der Richtlinie 2014/24/EU.
65 §§ 9 VgV, 11 VOB/A-EU, 9 SektVO, 7 KonzVgV sowie § 7 UVgO.
66 Hierzu ausführlich Kap. 7.2.8.

Der Grundsatz der Nichtdiskriminierung statuiert dabei ein grundsätzliches Verbot der direkten oder indirekten Schlechterstellung von Bietern bzw. Bewerbern. Im e-Vergabeverfahren bedeutet dies insbesondere, dass die für die elektronische Informationsübermittlung (einschließlich der elektronischen Angebotsabgabe) zu verwendenden Programme und ihre technischen Merkmale allgemein zugänglich und kompatibel mit allgemein verbreiteten Erzeugnissen der Informations- und Kommunikationstechnologie sein müssen. Die elektronischen Mittel müssen überdies die Unversehrtheit, Vertraulichkeit und Echtheit der elektronischen Kommunikation gewährleisten.

2.3.2.3 Elektronisches Informationsmanagement während des Vergabeverfahrens

Das Informationsmanagement in einem elektronischen Vergabeverfahren beginnt mit der EU-weiten oder einer nationalen Bekanntmachung der Vergabeabsicht. EU-weite Bekanntmachungen sind nur noch elektronisch beim Amt für Veröffentlichungen der Europäischen Union einzureichen, die im *Supplement des Amtsblattes der Europäischen Union* (Tenders Electronic Daily – TED) veröffentlicht werden [67] Sie müssen eine Internetadresse aufführen, unter der sämtliche Vergabeunterlagen unentgeltlich, uneingeschränkt, direkt und vollständig mithilfe von Informations- und Kommunikationstechnik abgerufen werden können. Hiervon ausgenommen sind nur noch diejenigen Teile der Vergabeunterlagen, die nicht mit allgemein verfügbaren elektronischen Mitteln abgebildet werden können oder aufgrund ihrer Sensibilität Sicherheitsbedenken ausgesetzt sind und damit besonderer Schutzmaßnahmen zur Gewährleistung ihrer Vertraulichkeit bedürfen. Ein bloßer Verweis in der EU-Bekanntmachung auf die Vergabeunterlagen ist nicht ausreichend, wohl aber ein direkter Link zu den elektronischen Vergabeunterlagen.[68]

Ebenfalls elektronisch abzuwickeln ist – jedenfalls im Oberschwellenbereich – bereits ab jetzt die gesamte Kommunikation mit den Verfahrensteilnehmern, z.B. in Bezug auf Bieterfragen oder die Änderung an den Vergabeunterlagen. Verhandlungen sind hingegen weiterhin auch mündlich möglich.[69]

2.3.2.4 Elektronische Angebote und Teilnahmeanträge

Für EU-weite Vergabeverfahren können Auftraggeber bereits heute vorsehen, dass Angebote und Teilnahmeanträge sowie Interessensbekundungen und Interessensbestätigungen nur noch in elektronischer Form einzureichen sind. Spätestens ab dem **18. April 2017** müssen zentrale Vergabestellen (§ 120 Abs. 4 GWB) dann zwingend elektronische Angebote, Teilnahmeanträge, Interessensbekundungen und Interessensbestätigungen verlangen; eine Einreichung in Papierform ist ab dann nicht mehr zulässig. Für alle anderen öffentli-

---

67 Hierzu ausführlich Kap. 7.2.1 und 7.2.4. Für den Unterschwellenbereich sieht § 28 Abs. 1 UVgO ebenfalls eine zwingende Bekanntmachung auf Internetportalen oder Internetseiten des Auftraggebers vor. Derzeit ist dies in der VOL/A und der VOB/A noch keine Pflicht.
68 OLG Düsseldorf, Beschl. v. 16.11.2011, Verg 60/11; OLG Frankfurt a. M., Beschl. v. 16.2.2015, 11 Verg 11/14; VK Bund, Beschl. v. 22.2.2016, VK2-135/15.
69 § 9 Abs. 2 VgV; die Dokumentation der Verhandlungen hat dann allerdings wieder elektronisch zu erfolgen. Vgl. hierzu auch § 7 UVgO.

chen Auftraggeber, die keine zentralen Beschaffungsstellen sind, gilt dies erst ab dem **18. Oktober 2018**.[70]

Elektronische Angebote, Teilnahmeanträge sowie Interessensbekundungen und Interessensbestätigungen können grundsätzlich in Textform nach § 126b BGB eingereicht werden. Eine **fortgeschrittene** bzw. **qualifizierte elektronische Signatur** nach Maßgabe des Signaturgesetzes (SigG) ist nur in Ausnahmefällen zu verlangen, wenn erhöhte Anforderungen an die Sicherheit bestehen.[71]

Dem Auftraggeber steht es daneben frei, für das jeweilige Vergabeverfahren das erforderliche Sicherheitsniveau für die elektronischen Mittel festzulegen.[72]

2.3.2.5 Öffnung

Die Unversehrtheit von elektronischen Angeboten, Teilnahmeanträgen und Interessensbestätigungen ist durch organisatorische und technische Lösungen nach den Anforderungen des Auftraggebers und die Vertraulichkeit durch Verschlüsselung herzustellen. Die (mögliche) elektronische Signatur ist hierfür nur nachrangig von Bedeutung, da sie lediglich jeweils mittelbar die Datenintegrität gewährleistet. Zusätzlich ist eine Verschlüsselung erforderlich. Im „Öffnungstermin" werden die elektronischen Angebote dann zentral entschlüsselt. Bei der Prüfung der elektronischen Signatur kann es angesichts der strengen Sanktion eines Angebotsausschlusses geboten sein, die Ergebnisse der Prüfsoftware des Auftraggebers nicht schematisch zu übernehmen, sondern eigene Nachforschungen anzustellen.[73]

2.3.3 Ausblick

Durch die Vielzahl unterschiedlicher technischer Ansätze und Portale sowie das Fehlen allgemeinverbindlicher Standards ist die Akzeptanz der elektronischen Vergabe insgesamt noch gering. In der EU wurden in den letzten Jahren nur etwa 5–10 % aller Vergabeverfahren elektronisch abgewickelt.[74] Aus Sicht der EU-Kommission ist diese Entwicklung im Wesentlichen auf **zwei Gründe** zurückzuführen, nämlich zum einen auf die „Trägheit" der Beteiligten, weil sie nur schwer zur Änderung gewohnter Verfahrensabläufe und von den Vorteilen der e-Vergabe zu überzeugen seien. Zum anderen besteht eine „Marktfragmentierung" durch das Nebeneinander einer Vielzahl verschiedener und mitunter technisch

---

70 Im Unterschwellenbereich verlangt § 38 UVgO, dass öffentliche Auftraggeber ab dem 1. Januar 2019 elektronische Teilnahmeanträge und Angebote akzeptieren; ab 1. Januar 2020 durfen auch hier Teilnahmeanträge und Angebote nur noch in elektronischer Form übermittelt werden. Für den Raubereich ist eine Änderung der VOB/A derzeit noch nicht vorgesehen. Hier müssen jedenfalls bis 18. Oktober 2018 schriftliche Angebote stets noch zugelassen werden, § 13 Abs. 1 Nr. 1 VOB/A.

71 §§ 53 VgV, 13 VOB/A-EU, 43 SektVO, 28 KonzVgV; im Unterschwellenbereich gelten derzeit noch die strengeren Anforderungen, wonach elektronische Angebote stets mit fortgeschrittener oder qualifizierter elektronischer Signatur nach dem SigG zu versehen sind. § 38 Abs. 1 UVgO sieht dagegen ebenfalls nur noch die Textform als Grundsatz vor.

72 § 10 Abs. 1 VgV, auf den auch § 7 Abs. 4 UVgO verweist.

73 VK Südbayern, Beschl. v. 17.4.2013, Z3-3-3194-1-07-03/13.

74 Mitteilung der Kommission an das Europäische Parlament, den Rat, den Europäischen Wirtschafts- und Sozialausschuss und den Ausschuss der Regionen – Eine Strategie für die e-Vergabe, KOM 2012(179) endg.

komplexer Systeme, die mitunter hohe Kosten für Bieter bzw. Bewerber verursachen können.

Nach Umsetzung der zwingenden e-Vergabe und spätestens mit dem Ablauf der Übergangsfristen am 18. April 2017 bzw. am 18. Oktober 2018 ist zu erwarten, dass die Anzahl der vollständig elektronisch durchgeführten Vergabeverfahren – zumindest oberhalb der EU-Schwellenwerte – rasant zunehmen wird. Dabei wird der Gewährleistung der Vertraulichkeit und Sicherheit der für das elektronische Vergabeverfahren erforderlichen Unterlagen besondere Bedeutung zukommen – insbesondere werden durch die Einführung der e-Vergabe diesbezügliche Pflichten der Auftraggeber begründet, die über die Dauer des jeweiligen Vergabeverfahrens hinausgehen.

Technisch wird in Deutschland die Implementierung der elektronischen Vergabe bereits seit dem Jahr 2007 durch das **Projekt XVergabe** gefördert.[75] Ziel ist die Schaffung einer Kommunikationsschnittstelle zwischen verschiedenen e-Vergabe-Lösungen in Form eines sogenannten Multi-Bieter-Client. Unter Einbindung von Wirtschaft, Vergabeseite und Plattformanbietern durch das Bundesbeschaffungsamt wird ein systemübergreifender Daten- und Austauschstandard etabliert, in dem standardisierte Datenprozesse, die auf bestehenden Systemen aufbauen, definiert werden. Der IT-Planungsrat des Bundes und der Länder hat mit Beschluss vom 17. Juni 2015 XVergabe als nationalen Standard bestätigt.

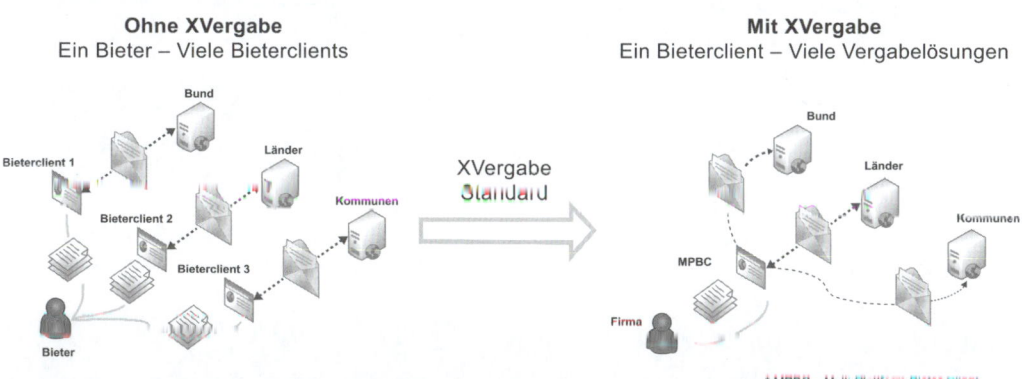

Abb. 4: XVergabe, Quelle: www.xvergabe.org.

Auch die Bundesregierung kann gem. §13 VgV allgemeine Verwaltungsvorschriften über die zu verwendenden elektronischen Mittel sowie über die einzuhaltenden technischen Standards erlassen, die ihrerseits zur Standardisierung und damit letztlich auch zur Verbesserung der Nutzung der e-Vergabe beitragen. Dies ist bisher allerdings noch nicht geschehen.

---

75 Mehr unter www.xvergabe.org.

3. Subjektiver Anwendungsbereich: Auftraggeber

Dieses Kapitel befasst sich mit der Frage, welche Personen durch das Vergaberecht verpflichtet werden. Man spricht insoweit vom persönlichen oder vom subjektiven Anwendungsbereich des Vergaberechts.

Während private Auftraggeber bei ihren Beschaffungsvorhaben grundsätzlich keinen vergaberechtlichen Verpflichtungen unterliegen, sind staatliche Stellen beim Einkauf von Waren, Bau- und Dienstleistungen verpflichtet, das Vergaberecht anzuwenden. Vergaberecht richtet sich daher zunächst einmal **an den Staat und seine Untergliederungen, die als öffentliche Auftraggeber bezeichnet werden**. Daneben gilt Vergaberecht auch in den Bereichen Wasser, Elektrizität, Gas und Wärme, Verkehrsleistungen, Häfen und Flughäfen sowie fossile Brennstoffe für öffentliche und unter bestimmten Voraussetzungen sogar für private Auftraggeber (Sektorenauftraggeber) sowie bei der Vergabe von Konzessionen (Konzessionsgeber). Konzessionsgeber sind nach der gesetzlichen Definition öffentliche Auftraggeber oder Sektorenauftraggeber, die Konzessionen vergeben. Öffentliche Auftraggeber, Sektorenauftraggeber und Konzessionsgeber werden in § 98 GWB zusammengefasst als Auftraggeber bezeichnet. Sie sind beim Einkauf von Waren, Bau- und Dienstleistungen verpflichtet, das Vergaberecht anzuwenden.

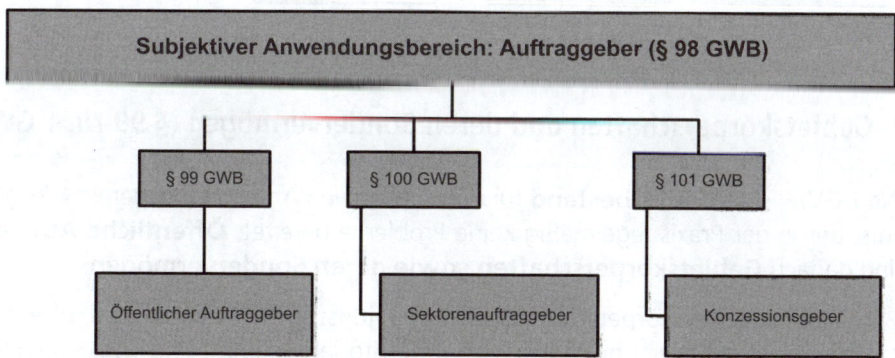

Abb. 5: Subjektiver Anwendungsbereich: Wer ist zur Anwendung des Vergaberechts verpflichtet?

Bei der Prüfung, ob im Einzelfall die Voraussetzungen des subjektiven Anwendungsbereichs des Vergaberechts erfüllt sind, ist eine funktionale Betrachtung geboten. Hintergrund ist der durch die Rechtsprechung des EuGH entwickelte Grundsatz der praktischen Wirksamkeit („Effet utile").

Der wesentliche Zweck des Vergaberechts besteht heute in der Öffnung der nationalen Beschaffungsmärkte für den europäischen Binnenmarkt. Vor diesem Hintergrund sind bestimmte an die **Auftraggebereigenschaft** geknüpfte institutionelle Merkmale nach dem Recht der Mitgliedstaaten für den subjektiven Anwendungsbereich des EU-Vergaberechts ohne Bedeutung.[76] Das nationale, haushaltsrechtlich begründete Vergaberecht richtet sich vorwiegend an institutionelle öffentliche Auftraggeber, also unmittelbar an den Staat und seine öffentlich-rechtlichen Untergliederungen. Nur ausnahmsweise sind auch Privatpersonen zur Anwendung des nationalen Vergaberechts verpflichtet, wenn sie Zuwendungen erhalten und aufgrund des jeweiligen Zuwendungsbescheides oder Zuwendungsvertrages entsprechen verpflichtet werden (siehe auch Kapitel 3.1.4).

3.1 Öffentliche Auftraggeber (§ 99 GWB)

Öffentliche Auftraggeber sind der Staat und seine Untergliederungen, die sogenannten funktionalen Auftraggeber sowie bestimmte Zuwendungsempfänger.

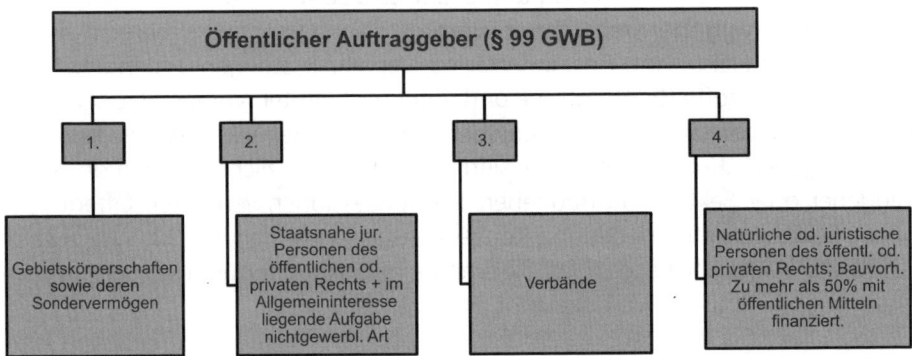

Abb. 6: Öffentliche Auftraggeber

3.1.1 Gebietskörperschaften und deren Sondervermögen (§ 99 Nr. 1 GWB)

§ 99 Nr. 1 GWB ist **Grundtatbestand** für den subjektiven Anwendungsbereich des Vergaberechts, der in der Praxis regelmäßig keine Probleme bereitet. **Öffentliche Auftraggeber** sind danach **Gebietskörperschaften sowie deren Sondervermögen**.

Der Begriff der Gebietskörperschaft umschreibt juristische Personen des öffentlichen Rechts, deren Zuständigkeit und Mitgliedschaft territorial bestimmt sind und deren Einrichtung und Betrauung mit öffentlichen Aufgaben auf Gesetzen beruhen. Er umfasst den Bund, die Länder sowie Städte und Gemeinden, ferner Landkreise und Regierungsbezirke oder Landesdirektionen.

Sondervermögen sind unselbstständige, auf gesetzlicher oder untergesetzlicher Grundlage gegründete besondere Vermögensmassen, die zur Erfüllung bestimmter, genau abge-

---

76 EuGH, Urt. v. 13.1.2005, Rs. C-84/03, Kommission./. Spanien, Rn. 27 f.

grenzter Aufgaben gebildet werden. Sondervermögen sind regelmäßig durch Aufstellung eigener Haushalts- und Wirtschaftspläne wirtschaftlich, nicht jedoch rechtlich selbstständig. Das klassische und in der Praxis relevanteste Beispiel von Sondervermögen sind Eigenbetriebe von Gebietskörperschaften.

Praxistipp

- *Obwohl nicht ausdrücklich geregelt, sind auch Sondervermögen von Verbänden öffentlicher Auftraggeber selbst zur Anwendung des Vergaberechts verpflichtet.*

- *Bieterrechtsschutz im Wege des Nachprüfungsverfahrens kann bei der zuständigen Vergabekammer direkt gegen ein Sondervermögen beantragt werden, wenn aus dem der Errichtung zugrunde liegenden Gesetz zumindest eine Teilrechtsfähigkeit des Sondervermögens folgt. Anderenfalls ist ein Nachprüfungsantrag immer gegen die hinter dem Sondervermögen stehende Körperschaft zu richten.*

3.1.2 Funktionaler Auftraggeber (§ 99 Nr. 2 GWB)

§ 99 Nr. 2 GWB ist die in der Praxis **bedeutsamste Rechtsgrundlage** zur Bestimmung des subjektiven Anwendungsbereichs des Vergaberechts. Unter folgenden Voraussetzungen sind juristische Person des öffentlichen Rechts, sofern sie nicht bereits aufgrund § 99 Nr. 1 oder Nr. 3 GWB als öffentliche Auftraggeber zu qualifizieren sind, zur Anwendung des Vergaberechts verpflichtet:

- Die juristische Person muss zu dem besonderen Zweck gegründet worden sein, im Allgemeininteresse liegende Aufgaben nichtgewerblicher Art zu erfüllen, und

- sie muss besondere Staatsnähe aufweisen, durch überwiegende Finanzierung durch eine oder mehrere der unter § 99 Nr. 1 oder Nr. 3 GWB fallenden öffentliche Auftraggeber oder durch einzelne oder gemeinsame Beherrschung der Geschäftsführung oder der zur Aufsicht berufenen Organe durch öffentliche Auftraggeber im Sinne von § 99 Nr. 1 oder Nr. 3 GWB.

Dieselben Voraussetzungen gelten für juristische Personen des Privatrechts.

Praxistipp

- *Die Voraussetzungen eines funktionalen öffentlichen Auftraggebers im Sinne von § 99 Nr. 2 GWB müssen zu jedem Zeitpunkt des Vergabeverfahrens kumulativ vorliegen. Sobald eine Voraussetzung entfällt, sind Nachprüfungsanträge gegen Entscheidungen eines früheren öffentlichen Auftraggebers unzulässig.*

- *Auch Tochter- und Enkelunternehmen von öffentlichen Auftraggebern können gemäß § 99 Nr. 2 Satz 2 GWB funktionale öffentliche Auftraggeber sein, wenn sie die Voraussetzungen von § 99 Nr. 2 Satz 1 GWB erfüllen.*

3.1.2.1 Juristische Personen des öffentlichen und des privaten Rechts

Dieses Tatbestandsmerkmal ist grundsätzlich selbsterklärend. Entscheidend ist vor dem Hintergrund der Vorgaben des europäischen Vergaberechts (Art. 2 Abs. 1 Nr. 4 lit. b der Richtlinie 2014/24/EU), dass die Einrichtung **Rechtspersönlichkeit** besitzt.

Nicht unter § 99 Nr. 2 GWB fallen daher Eigenbetriebe von Gebietskörperschaften. Unter Zugrundelegung des funktionalen Auftraggeberbegriffs können allerdings auch Vorgesellschaften und Personengesellschaften öffentliche Auftraggeber sein.

3.1.2.2 Gründung zu dem besonderen Zweck der Erfüllung von im Allgemeininteresse liegenden Aufgaben nichtgewerblicher Art

Die juristische Person des öffentlichen oder des privaten Rechts muss zu dem besonderen Zweck gegründet worden sein, im Allgemeininteresse liegende Aufgaben nichtgewerblicher Art zu erfüllen. Dabei handelt es sich um Aufgaben, welche hoheitliche Befugnisse, die Wahrnehmung der Belange des Staates und damit letztlich Aufgaben betreffen, die der Staat selbst erfüllen oder bei denen er einen entscheidenden Einfluss behalten möchte.[77] Indiz hierfür, aber nicht allein entscheidend ist der satzungsmäßige Zweck der juristischen Person.

Praxisbeispiel

 *In der Rechtsprechung sind beispielsweise folgende als **im Allgemeininteresse** liegende Aufgaben anerkannt:*

- *die Aufgaben der gesetzlichen Krankenkassen,[78]*

- *der Betrieb von Hallen- und Freizeitbädern,[79]*

- *die Veranstaltung von Kongressen, Ausstellungen und Messen,[80]*

- *die Tätigkeiten der Sparkassen,[81]*

- *die öffentlich-rechtlichen Rundfunkanstalten,[82]*

- *der Betrieb von Krankenhäusern,[83]*

- *der Betrieb einer Wohnungsbaugenossenschaft, wenn zu ihren Aufgaben und Pflichten auch die Beachtung und Verwirklichung allgemeiner wohnungs- und siedlungspolitischer Belange gehört,[84]*

- *die Aufgaben der deutschen Berufsgenossenschaften[85] und*

---

77 EuGH, Urt. v. 10.4.2008, Rs. C-393/06, Fernwärme Wien, Rn. 49 m.w.N.; OLG Düsseldorf, Beschl. v. 19.6.2013, VII-Verg 55/12.
78 EuGH, Urt. v. 11.6.2009, Rs. C-300/07, Oymanns, Rn. 49.
79 VK Düsseldorf, Beschl. v. 11.2.2004, VK-43/2003-L.
80 OLG Hamburg, Beschl. v. 25.1.2007, 1 Verg 5/06; einschränkend für die Messe Düsseldorf GmbH nunmehr VK Düsseldorf, Beschl. v. 21.3.2013, VK-33/2012.
81 OLG Rostock, Beschl. v. 15.6.2005, 17 Verg 3/05.
82 OLG Düsseldorf, Beschl. v. 21.7.2006, VII-Verg 13/06, IBR 2007, 1052.
83 OLG München, Beschl. v. 26.6.2007, Verg 6/07.
84 KG, Beschl. v. 12.4.2000, KartVerg 9/99.
85 VK Südbayern, Beschl. v. 7.3.2014, Z3-3-3194-1-02-01/14.

• die Sicherstellung eines ausreichenden Glücksspielangebots durch Veranstaltung von staatlichen Klassenlotterien und ähnlichen Spielangeboten (Glücksspielen).[86]

Zur Beantwortung der Frage, ob eine im Allgemeininteresse liegende Aufgabe *nichtgewerblich* wahrgenommen wird, ist zunächst zu prüfen, ob die Tätigkeit unter normalen Marktbedingungen ausgeübt wird. Eine Tätigkeit unter normalen Marktbedingungen in diesem Sinne ist insbesondere geprägt durch ihre Nachfragebezogenheit und die Preisgestaltung unter wettbewerblichen Bedingungen. Wenn der Auftraggeber ferner mit Gewinnerzielungsabsicht tätig und verpflichtet ist, die mit seiner Tätigkeit verbundenen Verluste zu tragen, ist es insgesamt wenig wahrscheinlich, dass der Auftraggeber Aufgaben nichtgewerblicher Art erfüllt.[87]

3.1.2.3 Staatsgebundenheit durch Finanzierung

Die von § 99 Nr. 2 GWB vorausgesetzte besondere **Staatsgebundenheit** kann aufgrund überwiegender staatlicher Finanzierung gegeben sein.

Unproblematisch sind die Fälle unmittelbarer Finanzierung in Form von Geldzahlungen, über Aktien oder sonstige Wertpapiere sowie durch Gewährung sonstiger geldwerter Vorteile, wie beispielsweise der Zurverfügungstellung von Personal oder Liegenschaften. Der Finanzierung darf keine spezifische Gegenleistung gegenüberstehen.[88] Außer Betracht bleibt daher die Gewährung finanzieller Mittel im Rahmen von Leistungsverträgen.[89] Erforderlich ist vielmehr die überwiegende Finanzierung der Einrichtung selbst und nicht lediglich die Finanzierung einer ihrer Tätigkeiten.

Staatliche Finanzierung liegt auch vor, wenn sie auf gesetzlicher Grundlage eingeführt worden ist, durch den Staat auch der Höhe nach garantiert und mittels hoheitlicher Befugnisse erhoben und eingezogen wird.[90] Ob der Staat eine Gebühr zunächst selbst einzieht und sie anschließend an die Einrichtung weiterleitet oder ob der Staat der Einrichtung gestattet, die Finanzmittel selbst einzuziehen,[91] ist grundsätzlich ohne Bedeutung.

Staatsnähe durch Finanzierung kann fehlen, wenn die Einrichtung auf der Grundlage eines umfassenden Beurteilungsspielraums weitgehend selbst bestimmen kann, mit welchem Aufwand sie ihre Aufgaben betreibt und in welcher Höhe eine dem Grunde nach vorgesehene gesetzliche Finanzierung durch Beiträge tatsächlich umgesetzt wird.[92] Staatsnähe durch Finanzierung fehlt auch im Falle der öffentlich-rechtlich organisierten Kirchen oder Religionsgemeinschaften, weil die Finanzierung in diesem Fall nicht auf einer gesetzlichen Zwangsmitgliedschaft vergleichbar der gesetzlichen Sozialversicherung beruht. Der Staat leitet die Mittel lediglich durch.[93]

---

86 OLG Hamburg, Beschl. v. 31.3.2014, 1 Verg 4/13.
87 EuGH, Urt. v. 22.5.2003, Rs. C-18/01, Korhonen, Slg. 2003, I-5321, Rn. 51.
88 EuGH, Urt. v. 3.10.2000, Rs. C-380/98, University of Cambridge, Rn. 21.
89 OLG Düsseldorf, Beschl. v. 30.4.2003, VII-Verg 67/02.
90 EuGH, Urt. v. 13.12.2007, Rs. C-337/06, Rundfunkstaatsvertrag, Rn. 48.
91 EuGH, Urt. v. 13.12.2007, Rs. C-337/06, Rundfunkstaatsvertrag, Rn. 47.
92 EuGH, Urt. v. 12.9.2013, Rs. C-526/11, Ärztekammer Westfalen-Lippe, Rn. 27 ff., 31.
93 OLG Celle, Beschl. v. 25.08.20122, 13 Verg 5/11.

3.1.2.4 Staatsgebundenheit durch Kontrolle

Die Staatsgebundenheit kann zum anderen aufgrund staatlicher Kontrolle der juristischen Person gegeben sein. Sie setzt entweder eine **staatliche Aufsicht** über die Leitung voraus (§ 99 Nr. 2 lit. b) GWB) oder die Bestimmung von mehr als der Hälfte der Mitglieder eines zur Geschäftsführung oder Aufsicht berufenen Organs durch den Staat (§ 99 Nr. 2 lit. c) GWB).

Aufsicht bedeutet in der Gesamtschau aller Rahmenbedingungen die rechtliche Möglichkeit der Einflussnahme auf Entscheidungen in Bezug auf die Vergabe öffentlicher Aufträge.[94] Eine Unterscheidung zwischen einer Kontrolle durch Rechts- oder Fachaufsicht ist in diesem Zusammenhang ohne Bedeutung.

Eine ausschließlich nachprüfende Kontrolle erfüllt den Tatbestand der Aufsicht jedenfalls nicht.[95] Ein Näheverhältnis zwischen juristischer Person und öffentlicher Hand besteht nach § 99 Nr. 2 lit. c) GWB schon dann, wenn die öffentliche Hand über die Besetzung der Aufsichts- oder Leitungsorgane der juristischen Person auch nur mittelbaren Einfluss nehmen kann.

3.1.3 Verbände (§ 99 Nr. 3 GWB)

Verbände im Sinne von § 99 Nr. 3 GWB sind Zusammenschlüsse öffentlicher Auftraggeber nach § 99 Nr. 1 oder Nr. 2 GWB, ungeachtet der jeweiligen Rechtsform. Damit umfasst die Regelung in erster Linie Organisationsformen wie die **klassischen Zweckverbände** nach Landesrecht in den Bereichen Wasser-, Abwasser- und Abfallwirtschaft oder auch **Verkehrszweckverbände** im ÖPNV[96] sowie als Gesellschaft bürgerlichen Rechts einzuordnende **Beschaffungsgemeinschaften** mehrerer öffentlicher Auftraggeber nach § 99 Nr. 1 oder Nr. 2 GWB.[97]

3.1.4 Zuwendungsempfänger (§ 99 Nr. 4 GWB)

Öffentliche Auftraggeber sind gemäß § 99 Nr. 4 GWB auch natürliche oder juristische Personen des Privatrechts sowie juristische Personen des öffentlichen Rechts, soweit sie nicht schon unter § 99 Nr. 2 GWB fallen, wenn sie für Tiefbaumaßnahmen, für die Errichtung von Krankenhäusern, Sport-, Erholungs- oder Freizeiteinrichtungen, Schul-, Hochschul- oder Verwaltungsgebäuden oder für damit in Verbindung stehende Dienstleistungen und Wettbewerbe von Stellen, die unter § 99 Nr. 1 bis Nr. 3 GWB fallen, Mittel erhalten, mit denen diese Vorhaben zu mehr als 50 % finanziert werden.

§ 99 Nr. 4 GWB unterwirft damit auch die Vorhaben der Pflicht zur Durchführung EU-weiter Vergabeverfahren, die der Staat und seine Untergliederungen nicht unmittelbar selbst

---

94 EuGH, Urt. v. 1.2.2001, Rs. C-237/99, Kommission ./. Frankreich, Rn. 59.
95 EuGH, Urt. v. 27.2.2003, Rs. C-373/00, Adolf Truley, Rn. 70.
96 VK Düsseldorf, Beschl. v. 18.4.2002, VK–5/2002; VK Sachsen, Beschl. v. 9.2.2008, 1/SVK/071-08.
97 OLG Düsseldorf, Beschl. v. 6.7.2005, VII-Verg 22/05; OLG Brandenburg, Beschl. v. 3.8.1999, 6 Verg 1/99.

beauftragen, sondern die über die Finanzierung jedenfalls mittelbar auf den Staat zurückzuführen sind.

Während die unter die Regelung fallenden Hochbauprojekte abschließend in § 99 Nr. 4 GWB genannt sind, besteht **für Tiefbaumaßnahmen keine Einschränkung**. Hochbaumaßnahmen umfassen nicht nur die Errichtung der genannten Bauwerke, sondern auch deren Sanierung oder Renovierung.

Im Zusammenhang mit einer Baumaßnahme steht eine Dienstleistung oder eine Planungsleistung dann, wenn sie im Rahmen eines als Einheit zu sehenden Projektes beauftragt wird. Finanzierung im Sinne von § 99 Nr. 4 GWB bedeutet, dass die öffentliche Hand das jeweilige Vorhaben zu mehr als 50 % zu marktunüblichen Konditionen, d.h. etwa durch verlorene Zuschüsse oder durch zinsvergünstigte Darlehen, finanzieren muss.[98]

Praxistipp

• *Die Gewährung staatlicher Fördermittel kann dazu führen, dass auch rein private Auftraggeber zur Anwendung des Vergaberechts verpflichtet sind, die sonst keinerlei Bezugspunkt zum „staatlichen Vergaberecht" aufweisen.*

• *Maßgeblicher Zeitpunkt für die Beurteilung der Auftraggebereigenschaft nach § 99 Nr. 4 GWB ist der Zeitpunkt der Gesamtkalkulation des Vorhabens unabhängig von dem Erlass etwaiger Fördermittelbescheide oder gar von der Auszahlung der Mittel.*

• *Bei Verstößen gegen das Vergaberecht drohen nicht nur Rechtsmittel der betroffenen Bieter. Oftmals gravierender ist für private Zuwendungsempfänger die mögliche Rückforderung der erhaltenen Fördermittel.*

3.2 Sektorenauftraggeber (§§ 100, 102 GWB)

Die §§ 100, 102 GWB beziehen sogenannte **Sektorenauftraggeber** in den subjektiven Anwendungsbereich des EU-Vergaberechts ein. Sektorenauftraggeber müssen – in Abgrenzung zu anderen juristischen Personen des Privatrechts im Sinne des § 99 Nr. 2 GWB – **nicht** zwingend staatlich beherrscht sein. Vielmehr sind **auch rein private Auftraggeber** erfasst, wenn diese ihre Tätigkeiten auf der Grundlage von ausschließlichen oder besonderen Rechten ausüben, die ihnen von staatlicher Seite gewährt wurden.

Die näheren Bestimmungen über das einzuhaltende Verfahren zur Vergabe von Aufträgen sowie zur Ausrichtung von vergaberechtlichen Wettbewerben für Sektorentätigkeiten durch Sektorenauftraggeber enthalten die Sektorenverordnung (SektVO) für die Vergabe öffentlicher Aufträge und die Konzessionsvergabeverordnung (KonzVgV) für die Konzessionsvergabe.

---

98 BayObLG, Beschl. v. 29.10.2004, Verg 22/04.

3.2.1 Definition der Versorgungssektoren

Sektorenauftraggeber sind natürliche oder juristische Personen des privaten Rechts, die in den sogenannten Versorgungssektoren tätig sind. Die Versorgungssektoren sind mit Ausnahme des in Deutschland derzeit nicht relevanten Postsektors in § 102 Abs. 1 bis 6 GWB abschließend aufgezählt:

- Trinkwasserversorgung (§ 102 Abs. 1 GWB),

- Elektrizität (§ 102 Abs. 2 GWB),

- Gas und Wärme (§ 102 Abs. 3 GWB),

- Verkehrsleistungen (§ 102 Abs. 4 GWB),

- Häfen und Flughäfen (§ 102 Abs. 5 GWB),

- fossile Brennstoffe (§ 102 Abs. 6 GWB).

Allen Tätigkeiten in den Versorgungssektoren ist gemein, dass der Auftraggeber Netze oder Einrichtungen zur Versorgung der Allgemeinheit in dem jeweiligen Bereich errichtet oder betreibt.

Da sich die Netzinfrastruktur im Bereich der Verkehrsleistungen mit dem öffentlichen Straßenraum weitgehend überschneidet, sind insoweit gemäß § 102 Abs. 4 GWB auch Netze aufgrund behördlicher Festlegungen umfasst, also Netze im Rechtssinne. Sektorentätigkeit im Bereich Verkehr ist daher nicht nur die Unterhaltung der Infrastruktur, sondern auch die Erbringung der jeweiligen Verkehrsleistung aufgrund behördlicher Festlegungen. Verkehrsunternehmen betreiben das jeweilige Netz im Rechtssinne, indem sie die Verkehrsleistung selbst erbringen.

Auftraggeber, die in den Versorgungssektoren tätig sind, können ganz oder teilweise von der Pflicht zur Anwendung des Sektorenvergaberechts befreit werden. Hintergrund ist die Überlegung, dass die durch das Sektorenvergaberecht zu verhindernde staatliche Abschottung der Märkte in den monopolistisch geprägten Versorgungssektoren nicht zu befürchten ist, wenn die Sektorentätigkeit auf Märkten mit freiem Zugang unmittelbar dem Wettbewerb ausgesetzt ist.

So gelten Tätigkeiten im Bereich fossiler Brennstoffe aufgrund einer Entscheidung der EU-Kommission vom 15.1.2004 in Deutschland ausdrücklich nicht mehr als Sektorentätigkeit. Obwohl dieser Bereich in § 102 GWB als Versorgungssektor genannt wird, sind die in diesem Bereich tätigen Auftraggeber verfahrensrechtlich nicht gebunden, weder an das sektorenspezifische Verfahrensrecht der §§ 136 ff. GWB und der SektVO noch an die §§ 115 ff. GWB und die VgV. Sie müssen gemäß § 141 GWB bei der Auftragsvergabe lediglich die Grundsätze der Nichtdiskriminierung und der wettbewerbsorientierten Auftragsvergabe beachten.

3.2.2 Staatsnähe / besondere oder ausschließliche Rechte

Die zweite wesentliche Voraussetzung für die Eröffnung des subjektiven Anwendungsbereichs des Sektorenvergaberechts ist für juristische Personen des Privatrechts, dass sie ihre Tätigkeit **auf der Grundlage von staatlich verliehenen besonderen oder ausschließlichen Rechten** ausüben. Für staatlich beherrschte Auftraggeber folgt die besondere Staatsnähe bereits aus der staatlichen Beherrschung selbst, ohne dass es zusätzlich besonderer oder ausschließlicher Rechte bedarf.

Besondere oder ausschließliche Rechte sind nach der Definition des § 100 Abs. 2 Satz 1 GWB solche, die dazu führen, dass die Ausübung der (Sektoren-)Tätigkeit einem oder mehreren Unternehmen vorbehalten wird und zugleich andere Unternehmen nur unter erheblichen Beeinträchtigungen dieselben Tätigkeiten ausüben können – sie vermitteln insoweit dem Inhaber eine exklusive bzw. eine Vorzugsstellung auf dem jeweiligen Markt, so dass ein freier Wettbewerb insoweit nicht stattfindet oder erheblich eingeschränkt ist.

Aus allgemeinen Tätigkeitsgenehmigungen können regelmäßig keine besonderen oder ausschließlichen Rechte abgeleitet werden, wenn grundsätzlich jedermann, der bestimmte sachliche und personelle Voraussetzungen erfüllt, Anspruch auf Erteilung der Genehmigung hat.

Keine besonderen oder ausschließlichen Rechte sind zudem solche Rechte, deren Verleihung auf einem Verfahren nach den Vorschriften des GWB oder einem sonstigen Verfahren erfolgt, das angemessen bekannt gemacht wurde und auf objektiven Kriterien beruht (§ 100 Abs. 2 Satz 2 GWB). Es fehlt nämlich bereits an einer besonderen Rechtsposition mit ausschließlichen Charakter, wenn und soweit Bieter bzw. Bewerber diese in einem transparenten und objektivierten Verfahren erwerben können.

Wenn aber einem oder einzelnen Unternehmen durch behördliche Entscheidung in einem bestimmten geografischen Gebiet vorbehalten wurde, eine nur begrenzt nutzbare Ressource zu verwenden, hierauf entsprechende Investitionen getätigt wurden und damit für eine Region das Potenzial der Nutzung weitgehend erschöpft ist, sodass ein freier Wettbewerb insoweit nicht stattfindet oder erheblich eingeschränkt ist, liegt es nahe, das Vorliegen besonderer oder ausschließlicher Rechte anzunehmen. Beispiele hierfür sind

- die Nutzung von Wasserkraft auf österreichisch-bayerischen Grenzflüssen aufgrund eines Staatsvertrages, der gleichzeitig die Erteilung von wasserrechtlichen Erlaubnissen an Dritte ausschließt,[99]

- der Betrieb von Verkehrsflughäfen aufgrund von § 38 Abs. 2 Nr. 1 LuftVZO,[100] weil Flughäfen auf bestimmte geografische Bereiche in Deutschland beschränkt sind, oder

- Linienverkehrsgenehmigungen nach § 13 PBefG aufgrund der mit der Genehmigung einhergehenden, andere Verkehrsunternehmen ausschließenden Wirkung.

---

99 OLG München, Beschl. v. 12.5.2011, Verg 26/10.
100 OLG Düsseldorf, Beschl. v. 24.3.2010, VII-Verg 58/09.

3.3 Konzessionsgeber (§ 101 GWB)

Gemäß § 101 GWB sind öffentliche Auftraggeber und Sektorenauftraggeber auch bei der Vergabe von Konzessionen verpflichtet, Vergaberecht anzuwenden. In diesem Fall werden sie als Konzessionsgeber bezeichnet.

Konzessionen unterscheiden sich von öffentlichen Aufträgen nur dadurch, dass die Gegenleistung nicht in der (ausschließlichen) Zahlung einer Vergütung besteht, sondern entweder allein in dem Recht zur Nutzung des Bauwerks oder zur Verwertung der Dienstleistung oder in diesem Recht zuzüglich einer Zahlung (vgl. § 105 GWB).

Der durch die §§ 101, 105, 128, 148 ff. GWB und die Konzessionsvergabeverordnung etablierte Rechtsrahmen für Konzessionsgeber ordnet die Anwendung vergaberechtlicher Grundsätze für das Konzessionsvergabeverfahren an und räumt den Konzessionsgebern zugleich einen weiten Gestaltungsspielraum ein.[101]

3.4 Subjektiver Anwendungsbereich im Unterschwellenbereich

Nationales Vergaberecht ist Haushaltsrecht. Unterhalb der für die Anwendung des EU-Vergaberechts maßgeblichen Schwellenwerte sind daher im Grundsatz nur solche juristischen Personen zur Anwendung des Vergaberechts verpflichtet, die entsprechend über die jeweiligen Regelungen des Bundes- oder Landeshaushaltsrechts gebunden sind. **Im Unterschwellenbereich** gilt insoweit nicht der funktionale, sondern ein institutioneller Auftraggeberbegriff, der **allein den Staat und seine Untergliederungen** umfasst (vgl. § 48 Abs. 1 HGrG).

Ausgehend von der Nomenklatur der §§ 99, 100 GWB folgt daraus für alle juristischen Personen des Privatrechts, dass sie Leistungen grundsätzlich ohne Bindung an das unterschwellige Vergaberecht beauftragen dürfen. Nur ausnahmsweise müssen auch juristische Personen des Privatrechts aufgrund besonderer landesrechtlicher Anordnung oder aufgrund eines Zuwendungsbescheides das Vergaberecht befolgen.

---

101 Kapitel 4, Abschnitt 4.1.2

4. Objektiver Anwendungsbereich: Öffentlicher Auftrag, Konzessionen, Ausnahmen

Nachdem in Kapitel 3 der Frage nachgegangen wurde, wer zur Anwendung des Vergaberechts verpflichtet ist, geht es in diesem Kapitel darum, was Gegenstand eines Vergabeverfahrens oder einer Ausschreibung ist, also welche Beschaffungsvorgänge unter Anwendung des Vergaberechts durchgeführt werden müssen und unter welchen Voraussetzungen ausnahmsweise Leistungen außerhalb des Vergaberechts beauftragt werden dürfen. Es geht um den objektiven Anwendungsbereich des Vergaberechts. Beschaffungen werden rechtlich betrachtet stets über Verträge abgewickelt. Das Vergaberecht verwendet insoweit den Begriff des öffentlichen Auftrags, der im Zentrum des objektiven Anwendungsbereichs des Vergaberechts steht. Bei Konzessionen handelt es sich um eine vertragliche Gestaltung, die sich hinsichtlich der Gegenleistung von öffentlichen Aufträgen unterscheidet, aber auch in den objektiven Anwendungsbereich des Vergaberechts fällt.

Öffentliche Aufträge sind nach § 103 Abs. 1 GWB **entgeltliche Verträge** zwischen öffentlichen Auftraggebern oder Sektorenauftraggebern und Unternehmen **über die Beschaffung von Leistungen, die Lieferung von Waren, die Ausführung von Bauleistungen oder die Erbringung von Dienstleistungen** zum Gegenstand haben.

Abzugrenzen sind öffentliche Aufträge von Konzessionen. Dabei handelt es sich gemäß § 105 Abs. 1 GWB um entgeltliche Verträge über die Erbringung von Bauleistungen oder die Erbringung und Verwaltung von Dienstleistungen, bei denen die Gegenleistung in dem Recht zur Nutzung des Bauwerks oder zur Verwertung der Dienstleistungen oder in diesem Recht zuzüglich jeweils einer Zahlung besteht.

Ausdrücklich vom Anwendungsbereich des Vergaberechts ausgenommen sind die folgenden in den §§ 107-109, 116 f., 137–140, 149 f. GWB genannten öffentlichen Aufträge und Konzessionen:

- Allgemeine Ausnahmen (§ 107 GWB),

- Ausnahmen bei öffentlich-öffentlicher Zusammenarbeit (§ 108 GWB),

- Ausnahmen für Vergaben auf der Grundlage internationaler Verfahrensregeln (§ 109 GWB),

- Besondere Ausnahmen (§ 116 GWB),

- Besondere Ausnahmen für Vergaben, die Verteidigungs- oder Sicherheitsaspekte umfassen (§ 117 GWB),

- Aufträge, die Werkstätten für Menschen mit Behinderung vorbehalten sind (§ 118 GWB),

- Besondere Ausnahmen für Sektorenauftraggeber (§ 137 GWB),

- Besondere Ausnahme für die Vergabe an verbundene Unternehmen durch Sektorenauftraggeber (§ 138 GWB),

- Besondere Ausnahme für die Vergabe durch oder an ein Gemeinschaftsunternehmen im Sektorenbereich (§ 139 GWB),

- Besondere Ausnahme für unmittelbar dem Wettbewerb ausgesetzte Tätigkeiten im Sektorenbereich (§ 140 GWB),

- Besondere Ausnahmen für Konzessionsgeber (§ 149 GWB),

- Besondere Ausnahmen für die Vergabe von Konzessionen in den Bereichen Verteidigung und Sicherheit (§ 150 GWB).

4.1 Entgeltliche Verträge

4.1.1 Vertrag

Der Begriff des entgeltlichen Vertrags ist ein Begriff des europäischen Vergaberechts. Er ist zur Vermeidung von Umgehungen („keine Flucht ins öffentliche Recht") entsprechend weit auszulegen, so dass die Unterscheidung zwischen privat- und öffentlich-rechtlichen Verträgen ohne Bedeutung ist. Demnach können Verträge, die auf öffentlich-rechtlichen Rechtsgrundlagen abgeschlossen werden, ebenfalls öffentliche Aufträge im Sinne von § 103 Abs. 1 GWB sein.[102]

In der Praxis werden Leistungen von der öffentlichen Hand oftmals anstatt auf vertraglicher Grundlage per Verwaltungsakt auf Dritte übertragen. Unklar ist, ob darin ein vergaberechtlich relevanter Beschaffungsvorgang zu sehen ist.[103] Die unionsrechtlich gebotene weite Auslegung des Begriffs des öffentlichen Auftrags spricht dabei für eine Anwendung des Vergaberechts jedenfalls in den Fällen, in denen nicht nur dem Leistungserbringer einseitig Pflichten auferlegt werden, sondern Konditionen festgelegt werden, die nach dem Willen der Beteiligten alternativ auch formal in einem Vertrag hätten vereinbart werden können.[104] In diesen Fällen wird hinter dem Verwaltungsakt in aller Regel auch das für das Vorliegen eines Vertrags in materieller Hinsicht geforderte Einvernehmen zweier Personen über die Erbringung von Leistungen[105] stehen.

---

102 Z.B. Verträge über die Erbringung von Rettungsdienstleistungen, die auf der Grundlage der Rettungsdienstgesetze der Länder geschlossen werden, vgl. BGH, Beschl. 1.12.2008, X ZB 31/08.

103 Vgl. für die Übertragung von Leistungen der Integrationsfachdienste auf der Grundlage von § 109 ff. SGB IX VK Sachsen, Beschl. v. 8.4.2011, 1/SVK/002-11; ablehnend für die Erteilung einer Genehmigung nach § 11 Abs. 1 RettDG LSA auch bei Durchführung des durch § 11 Abs. 1 Nr. 3 RettDG LSA vorgeschriebenen wettbewerblichen Auswahlverfahrens und dabei auf ein Wahlrecht des Rettungsdienstträgers abstellend OVG Sachsen-Anhalt, Beschl. v. 2.2.2009, 3 M 555/08 und Beschl. v. 3.12.2009, 3 M 307/09.

104 Vgl. EuGH, Urt. v. 18.12.2007, Rs. C-220/06, AP, Rn. 54, 85.

105 Vgl. OLG Düsseldorf, Beschl. v. 4.3.2009, VII-Verg 67/08.

Praxistipp

 Die Übertragung von Leistungen per Verwaltungsakt ohne Durchführung eines formellen Vergabeverfahrens ist auch bei Vorliegen einer entsprechenden Rechtsgrundlage rechtlich riskant, wenn parallel zum formellen Verwaltungsakt regelmäßig schlüssig auch ein Vertrag über die Erbringung von Leistungen zu bestimmten Konditionen zustande kommt.

Keine öffentlichen Aufträge sind dagegen solche Verträge zur Beschaffung von Leistungen, die während ihrer gesamten Laufzeit jedem Unternehmen offenstehen, das sich verpflichtet, die betreffenden Leistungen zu vorab festgelegten Bedingungen zu erbringen. Diese Gestaltung ist im Bereich der Arzneimittel- und der Hilfsmittelversorgung in der gesetzlichen Krankenversicherung verbreitet. Da grundsätzlich jedes interessierte Unternehmen zur Leistungserbringung zugelassen wird, geht es in diesen Konstellationen nicht darum, das oder die wirtschaftlichsten Angebote zu ermitteln. Die Rechtsprechung geht daher davon aus, dass das Vergaberecht, das gerade darauf ausgerichtet ist, eine Auswahl treffen zu müssen, hier nicht angewendet werden muss. Auftraggeber, die sich für ein solches sogenanntes Zulassungsverfahren (oder Open-House-Modell) entscheiden, bleiben den Grundprinzipien der Transparenz und der Nichtdiskriminierung verpflichtet.[106]

Praxistipp

 Obwohl Auftraggeber nicht verpflichtet sind, für jedes interessierte Unternehmen offene Verträge unter Anwendung des Vergaberechts auszuschreiben, müssen sie die allgemeinen vergaberechtlichen Prinzipien der Transparenz und der Nichtdiskriminierung bei der Durchführung von Zulassungsverfahren beachten. Es ist daher aus rechtlicher Sicht möglich und sinnvoll, sich an den Regelungen des formellen Vergabeverfahrensrechts zu orientieren. Hierbei bietet sich beispielsweise das Verfahrensrecht für Konzessionsvergaben an.

4.1.2 Entgeltbegriff und Abgrenzung zur Konzession

Ein öffentlicher Auftrag hat immer einen entgeltlichen Vertrag zum Gegenstand. Damit entfallen im Ausgangspunkt zunächst einmal nur Schenkungsverträge. Im Übrigen ist auch der vergaberechtliche Entgeltbegriff in einem weiten Sinne zu verstehen. Entgelt bedeutet nicht nur finanzielle Vergütung, sondern **jede Art von geldwertem Vorteil**. Dabei ist weder eine Gewinnerzielung erforderlich noch muss der öffentliche Auftraggeber diesen geldwerten Vorteil gewähren.

Die Fälle, in denen das Entgelt von dritter Seite gezahlt wird, sind jedoch **abzugrenzen von Konzessionen**. Ein Konzessionär erhält mit dem Recht zur Nutzung des Bauwerks oder mit dem Recht zur Verwertung der Dienstleistung zwar auch einen geldwerten Vorteil. Anders als der Auftragnehmer im Rahmen eines öffentlichen Auftrags trägt er aber

---

106 EuGH, Urt. v. 2.6.2016, Rs. C-410/14, Falk Pharma, Rn. 42.

das Betriebsrisiko für die Nutzung des Bauwerks oder für die Verwertung der Dienstleistung, d.h. er ist den „Unwägbarkeiten des Marktes" tatsächlich ausgesetzt. Das Betriebsrisiko umfasst das Risiko, die Investitionen oder die Betriebskosten mangels Nachfrage nicht wieder erwirtschaften zu können.[107]

Trägt der Leistungserbringer dagegen lediglich die jedem Vertrag üblicherweise immanenten Risiken wie das Risiko einer mangelhaften Betriebsführung oder einer mangelhaften Beurteilung der wirtschaftlichen Grundlagen, sprechen bessere Gründe für die Annahme eines öffentlichen Auftrags und gegen eine Konzession.

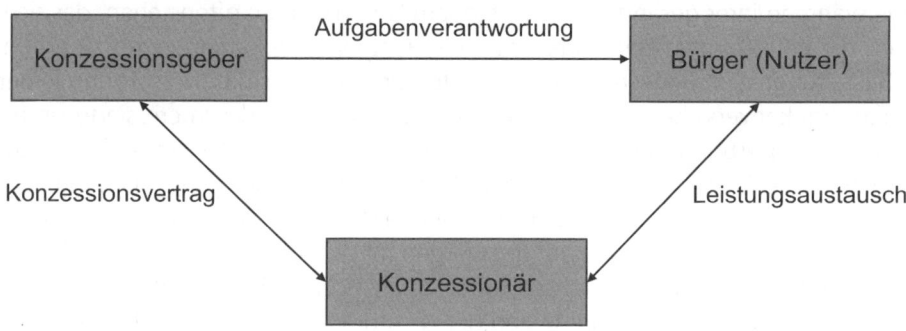

Abb. 7: Konzessionen

Praxistipp

Grundsätzlich sind öffentliche Auftraggeber frei, darüber zu entscheiden, ob sie ihren Bedarf an Bau- oder Dienstleistungen zur Erfüllung ihrer Aufgaben über einen öffentlichen Auftrag oder eine Konzession befriedigen. Vorab ist jedoch genau zu prüfen, ob diese Wahlfreiheit ggf. durch die einschlägigen öffentlich-rechtlichen Vorschriften eingeschränkt ist. Das Vergaberecht selbst schränkt die Gestaltungsmöglichkeiten öffentlicher Auftraggeber dadurch ein, dass für die Beschaffung von Waren keine Lieferkonzession vorgesehen ist.

Kann eine sichere Aussage über die wirtschaftliche Risikoverteilung zum Zeitpunkt der Ausschreibung nicht getroffen werden und besteht deshalb die Möglichkeit, dass das wirtschaftliche Risiko in nennenswertem Umfang beim Auftraggeber verbleibt, ist von einem Dienstleistungsauftrag und nicht einer Dienstleistungskonzession auszugehen.

Für die Vergabe von Konzessionen gelten die erleichterten Verfahrensregeln der §§ 148 ff. GWB und der Konzessionsvergabeverordnung (KonzVgV). Insbesondere kann der Konzessionsgeber das Vergabeverfahren weitgehend frei gestalten. Er ist nicht an die für öffentliche Aufträge geltenden Verfahrensarten gebunden, kann sich aber gemäß § 12 Abs. 1 S. 2 KonzVgV an dem Verhandlungsverfahren mit Teilnahmewettbewerb orientieren. Ausnahmen von der grundsätzlichen Pflicht zur EU-weiten Bekanntmachung sieht § 20 KonzVgV

---

107 Vgl. bereits EuGH, Urt. v. 10.11.2011, Rs. C-348/10, Norma-A, Rn. 48.

vor, wenn ein EU-weiter Vergabewettbewerb ähnlich wie bei der Vergabe öffentlicher Aufträge aus objektiven Gründen nachweislich nicht entstehen kann.

4.1.3 Beschaffungselement

Öffentliche Aufträge haben gemäß § 103 Abs. 1 GWB die Lieferung von Waren, die Ausführung von Bauleistungen oder die Erbringung von Dienstleistungen zum Gegenstand. Konzessionen sind entgeltliche Verträge, mit denen der Konzessionsgeber Unternehmen mit der Erbringung von Bauleistungen oder mit der Erbringung oder Verwaltung von Dienstleistungen betraut.

Dem Vergaberecht unterfallen daher nur solche Vorhaben, mit denen **öffentliche Auftraggeber oder Konzessionsgeber als Nachfrager von Leistungen am Markt** auftreten.

Zuwendungen sind keine Gegenleistungen im Rahmen eines Austauschverhältnisses. Der Zuwendungsgeber beschafft keine Leistungen, sondern gewährt eine freiwillige Leistung zur Erfüllung eines bestimmten Zwecks. Zuwendungsrechtsverhältnisse, die vertraglich oder per Zuwendungsbescheid begründet werden, sind daher keine öffentlichen Aufträge.[108]

Der Beschaffungszweck ist dabei ohne Bedeutung, solange der Auftraggeber ein unmittelbar wirtschaftliches Interesse an der Leistung hat. Der öffentliche Auftraggeber muss die Leistung nicht persönlich entgegennehmen, nutzen oder für sich selbst verbrauchen. Ausreichend ist vielmehr, wenn der Auftragnehmer sie aufgrund des mit dem öffentlichen Auftraggeber geschlossenen Vertrags einem bestimmten oder bestimmbaren Nutzerkreis gegenüber erbringt.

Ein **unmittelbar wirtschaftliches Interesse** des öffentlichen Auftraggebers wird **ausdrücklich nur für öffentliche Bauaufträge** vorausgesetzt (§ 103 Abs. 3 S. 2 GWB).[109] Die Grundsätze werden jedoch auf öffentliche Dienstleistungs- und Lieferaufträge übertragen. Ein solches Interesse kann durch die rechtliche Sicherstellung der Verfügbarkeit der Leistung für öffentliche Zwecke zum Ausdruck kommen oder sich in einer finanziellen Beteiligung oder Risikoübernahme durch den Auftraggeber manifestieren. Für die Annahme einer Beschaffung ist wegen der Unbeachtlichkeit des Beschaffungszwecks zwar nicht zwingend erforderlich, dass Leistungen zur Erfüllung einer hoheitlichen Aufgabe beauftragt werden.[110] Allerdings wird das vorausgesetzte unmittelbar wirtschaftliche Interesse in aller Regel dann vorliegen, wenn ein Auftragnehmer gegen Entgelt zur Erfüllung einer Aufgabe der öffentlichen Daseinsvorsorge mit der Erbringung der vertragsgegenständlichen Leistungen verpflichtet wird.[111]

---

108 Vgl. OLG Karlsruhe, Beschl. v. 13.7.2005, 6 W 35/05 (Verg).
109 Vgl. EuGH, Urt. v. 25.3.2010, Rs. C-451/08, Helmut Müller.
110 Vgl. EuGH, Urt. v. 18.11.2004, Rs. C-126/03, Heizkraftwerk München Nord, Rn. 18.
111 Vgl. OLG München, Beschl. v. 25.3.2011, Verg 4/11, u. Beschl. v. 22.1.2012, Verg 17/11.

Praxistipp

 Die vergaberechtliche Bewertung von Verträgen in Dreiecksverhältnissen bereitet in der Praxis aufgrund der Vielfalt möglicher Konstellationen regelmäßig große Probleme. Umso bedeutender für eine rechtssichere Beschaffung sind eine genaue Analyse der Leistungsbeziehungen und eine entsprechende Vertragsgestaltung.

Wenn öffentliche Auftraggeber Leistungen und Güter am Markt **anbieten**, wird dadurch **grundsätzlich kein vergabeverfahrenspflichtiger Sachverhalt** begründet. Ausnahmsweise kann eine Veräußerung mit einer Beschaffung von Leistungen verbunden sein (sog. Kopplungsgeschäft). Erforderlich und ausreichend zur Eröffnung des objektiven Anwendungsbereichs des Vergaberechts ist in diesem Fall, dass die Beschaffungskomponente eines Veräußerungsgeschäfts von nicht völlig untergeordneter Bedeutung ist.[112] Sofern Veräußerung und Beschaffung nicht in einem einheitlichen Vertrag umgesetzt werden, ist dies für die Begründung einer Vergabeverfahrenspflicht unschädlich, sofern beide Vorgänge im Rahmen einer Gesamtbetrachtung in einem engen sachlich-zeitlichen Zusammenhang zueinander stehen.[113]

Praxistipp

 Selbst wenn eine Veräußerung von Vermögenswerten der öffentlichen Hand nicht dem formellen Vergaberecht unterfällt, ist zu prüfen, ob im Einzelfall aus beihilferechtlichen Erwägungen die Durchführung eines Bieterverfahrens geboten ist.

4.1.4 Vertragsänderungen

Änderungen bestehender Verträge können ebenfalls eine Vergabeverfahrenspflicht begründen. Voraussetzung ist, dass der Ursprungsvertrag **wesentlich geändert** wird.[114] Wesentliche Vertragsänderungen sind gemäß § 132 Abs. 1 S. 2 GWB solche, die dazu führen, dass sich der öffentliche Auftrag erheblich von dem ursprünglich vergebenen öffentlichen Auftrag unterscheidet. Das ist der Fall, wenn der geänderte Vertrag den Willen der Parteien zur Neuverhandlung wesentlicher Bestimmungen dieses Vertrags erkennen lässt.

Wesentliche Vertragsbestimmungen sind jedenfalls Leistung und Gegenleistung, die Zuweisung der Rechte des geistigen Eigentums[115] sowie die Vertragsparteien selbst. Anknüpfend an die Rechtsprechung des EuGH[116], liegt gemäß § 132 Abs. 1 S. 3 GWB insbesondere in folgenden Fallgruppen eine wesentliche Vertragsänderung vor:

- Es werden Bedingungen eingeführt, die die Zulassung anderer als der ursprünglich zugelassenen Bieter, die Annahme eines anderen als des ursprünglich angenommenen

---

112 BGH, Beschl. v. 1.2.2005, X ZB 27/04.
113 EuGH, Urt. v. 10.11.2005, Rs. C-29/04, Mödling, Rn. 38 ff.
114 EuGH, Urt. v. 19.8.2008, Rs. C-454/06, pressetext, Rn 34 ff ; OLG Düsseldorf, Beschl. v. 28.7.2011, VII-Verg 20/11.
115 BT-Drs. 18/6281, S. 119.
116 EuGH, Urt. v. 19.8.2008, Rs. C-454/06, pressetext, Rn. 35 ff.

Angebots erlaubt oder das Interesse weiterer Teilnehmer am Vergabeverfahren geweckt hätten, wenn sie für das ursprüngliche Vergabeverfahren gegolten hätten.[117]

- Das wirtschaftliche Gleichgewicht des öffentlichen Auftrags wird zugunsten des Auftragnehmers in einer Weise verschoben, die im ursprünglichen Auftrag nicht vorgesehen war.[118]

- Der Umfang des öffentlichen Auftrags wird erheblich ausgeweitet.[119]

- Ein neuer Auftragnehmer ersetzt den Auftragnehmer.

Die Anwendung von Überprüfungsklauseln oder Optionen, die im Ausgangsvertrag klar, genau und eindeutig formuliert sind und Angaben zur Art, Umfang und Voraussetzungen möglicher Auftragsänderungen enthalten, erfordert gemäß § 132 Abs. 2 S. 1 Nr. 1 GWB selbst dann kein neues Vergabeverfahren, wenn ein Regelbeispiel nach § 132 Abs. 1 S. 3 GWB vorliegt und daher eigentlich von einer ausschreibungspflichtigen wesentlichen Vertragsänderung auszugehen ist.

Voraussetzung hierfür ist aber, dass sich der Gesamtcharakter des Auftrags aufgrund der Veränderung nicht verändert hat. Die Änderung darf also nicht dazu führen, dass ein ursprünglich als Bauauftrag ausgeschriebener Auftrag nunmehr als Dienstleistungsauftrag anzusehen wäre.[120]

Praxistipp

 Die Allgemeinen Vertragsbedingungen für die Ausführungen von Leistungen (VOL/B) und Bauleistungen (VOB/B) enthalten Regelungen, die es ermöglichen, nach Vertragsschluss Leistungsänderungen zu verlangen oder zu vereinbaren. Diese Regelungen in den VOL/B und VOB/B allein sind keine rechtssichere Grundlage für einen Verzicht auf ein neues Vergabeverfahren. Zusätzlich erforderlich sind Regelungen, die klar, genau und eindeutig festlegen, unter welchen Umständen und in welche Richtung der Vertrag geändert werden soll.

Eine weitere in der Praxis sehr bedeutsame Ausnahme bietet § 132 Abs. 2 S. 1 Nr. 2 GWB für zusätzliche Liefer-, Bau- oder Dienstleistungen, die nach Vertragsschluss erforderlich werden und die nicht in den ursprünglichen Vergabeunterlagen vorgesehen waren. Ein Rückgriff auf diese Ausnahme ist nur möglich, wenn ein Wechsel des Auftragnehmers aus wirtschaftlichen oder technischen Gründen nicht erfolgen kann und mit erheblichen Schwierigkeiten oder beträchtlichen Zusatzkosten für den öffentlichen Auftraggeber verbunden wäre.[121]

---

117 Wenn z.B. die ursprünglich angebotene und bezuschlagte Nachunternehmerleistung teilweise oder vollständig maßgeblich für die Zuschlagsentscheidung des Auftraggebers war, kann ein Austausch eines Nachunternehmers nach Vertragsschluss eine wesentliche Vertragsänderung bedeuten, vgl. EuGH, Urt. v. 13.10.2010, Rs. C-91/08, Wall AG, Rn. 39.
118 EuGH, Urt. v. 19.8.2008, Rs. C-454/06, pressetext, Rn. 37.
119 EuGH, Urt. v. 29.4.2010, Rs. C-160/08, Kommission/Deutschland (Rettungsdienstleistungen), Rn. 99 f.
120 Vgl. BT-Drs. 18/6281, S. 119.
121 Vgl. zu dieser Fallgruppe bereits OLG Düsseldorf, Beschl. v. 22.5.2013, VII-Verg 16/12.

Weitere Voraussetzung ist nach § 132 Abs. 2 S. 2 GWB, dass der Preis um nicht mehr als 50 % des Wertes des ursprünglichen Auftrags erhöht wird. Wenn eine Indexklausel vereinbart ist, gilt der indexierte Auftragswert als Referenzwert. Diese pauschale Obergrenze gilt im Sektorenbereich nicht (§ 142 Nr. 3 GWB).

§ 132 Abs. 2 Nr. 3 GWB ermöglicht Änderungen, die aufgrund von Umständen erforderlich geworden sind, die der öffentliche Auftraggeber im Rahmen seiner Sorgfaltspflicht nicht vorhersehen konnte, sofern sich aufgrund der Änderung der Gesamtcharakter des Auftrages nicht verändert.

Auch hier gilt für die Änderung eine Wertgrenze von 50% des ggf. indexierten ursprünglichen Auftragswerts. Unvorhersehbar sind Umstände, die auch bei einer nach vernünftigem Ermessen sorgfältigen Vorbereitung der ursprünglichen Zuschlagserteilung durch den öffentlichen Auftraggeber unter Berücksichtigung der zur Verfügung stehenden Mittel, der Art und Merkmale des spezifischen Projekts, der bewährten Praxis und der Notwendigkeit, ein angemessenes Verhältnis zwischen den bei der Vorbereitung der Zuschlagserteilung eingesetzten Ressourcen und dem absehbaren Nutzen zu gewährleisten, nicht hätten vorausgesagt werden können.[122]

Der Austausch des Auftragnehmers ist in den in § 132 Abs. 2 S. 1 Nr. 4 GWB genannten Fällen ausnahmsweise erlaubt:

- Der Ursprungsvertrag sieht einen Auftragnehmerwechsel in einer klar, genau und eindeutig formulierten Klausel im Sinne von § 132 Abs. 2 S. 1 Nr. 1 GWB ausdrücklich vor; hiervon umfasst sind insbesondere die Fälle der Vertragsübernahme durch eine Projektgesellschaft

- Im Zuge einer Unternehmensumstrukturierung, wie zum Beispiel durch Übernahme, Zusammenschluss, Erwerb oder Insolvenz, tritt ein anderes Unternehmen ganz oder teilweise an die Stelle des ursprünglichen Auftragnehmers. In diesem Fall muss das andere Unternehmen die ursprünglich festgelegten Anforderungen an die Eignung erfüllen und der Auftragnehmerwechsel darf keine (inhaltlichen) wesentlichen Vertragsänderungen im Sinne von § 132 Abs. 1 GWB zur Folge haben, die nicht nach § 132 Abs. 2 oder Abs. 3 GWB erlaubt ist.

- Der öffentliche Auftraggeber übernimmt selbst die Verpflichtungen des Hauptauftragnehmers gegenüber seinen Unterauftragnehmern. Die Regelung ermöglicht beispielsweise im Falle einer Insolvenz eines Generalunternehmers die vergaberechtsfreie Anschlussbeauftragung seiner Nachunternehmer.

Schließlich ermöglicht § 132 Abs. 3 GWB Vertragsänderungen geringen Umfangs (De-minimis-Änderungen). Eine Änderung ist geringen Umfangs und damit vergaberechtlich unbeachtlich, wenn der Wert der Änderung die jeweiligen Schwellenwerte nach § 106 GWB nicht übersteigt und bei Liefer- und Dienstleistungsaufträgen nicht mehr als 10 % und bei Bauaufträgen nicht mehr als 15 % des ursprünglichen, ggf. indexierten Auftragswertes beträgt. Im Bereich sozialer und anderer besonderer Dienstleistungen gilt gemäß § 130 Abs. 2 GWB einheitlich eine Schwelle von 20 % des ursprünglichen Auftragswerts. Bei

---

122 BT-Drs. 18/6281, S. 119.

mehreren aufeinanderfolgenden Änderungen ist der Gesamtwert aller Änderungen maßgeblich.

Gemäß § 132 Abs. 5 GWB sind Änderungen nach Abs. 2 Nr. 2 und 3 im Amtsblatt der Europäischen Union bekannt zu machen.

Praxistipp

 Der Auftraggeber kann anstelle einer Bekanntmachung nach Vereinbarung oder einseitiger Anordnung einer Vertragsänderung seine Absicht, einen entsprechenden Nachtragsauftrag zu erteilen, auch vorab im Amtsblatt der Europäischen Union bekanntmachen. Nach Ablauf von mindestens zehn Kalendertagen nach Veröffentlichung dieser Vorabbekanntmachung kann die Vertragsänderung dann vereinbart oder angeordnet werden. Danach kann die Unwirksamkeit der Vertragsänderung von etwaigen Wettbewerbern des Auftragnehmers nicht mehr geltend gemacht werden.

Auftraggeber und Auftragnehmer sind gut beraten, Vertragsänderungen nur unter Beachtung der materiellen Vorgaben des § 132 GWB und der Bekanntmachungsvorschriften des § 135 Abs. 2 S. 2 und Abs. 3 GWB umzusetzen. Anderenfalls drohen der Verlust von Gewährleistungs- und Vergütungsansprüchen.

Im Unterschwellenbereich werden die beschriebenen Regelungen über wesentliche Vertragsänderungen in § 47 Abs. 1 UVgO lediglich für die Vergabe von Liefer- und Dienstleistungsaufträgen übernommen. De-minis-Änderungen werden gemäß § 47 Abs. 2 UVgO zulässig sein, wenn sich der Gesamtcharakter des Auftrags nicht ändert und der Wert der Änderung nicht mehr als 20 Prozent des ursprünglichen Auftragswertes beträgt. Für Bauvergaben unterhalb der Schwellenwerte gilt § 22 VOB/A. Danach erfordern nur Vertragsänderungen nach den Bestimmungen der VOB/B kein neues Vergabeverfahren, wobei einvernehmliche Vertragsänderungen nach § 1 Abs. 4 S. 2 VOB/B hiervon wiederum ausgenommen sind und daher stets ein neues Vergabeverfahren erfordern.

Praxistipp

 Unklar ist das Verhältnis zwischen den Regelungen über wesentliche Vertragsänderungen ober- und unterhalb der Schwellenwerte. Nicht alles, was nach § 132 GWB ohne neues Vergabeverfahren bei dem bisherigen Auftragnehmer beauftragt werden kann, entspricht auch haushaltsrechtlich einer wirtschaftlichen und sparsamen Mittelverwendung. Während dieses Problem zukünftig für die Vergabe von Liefer- und Dienstleistungsaufträgen durch die Übernahme der Regelungen des § 132 GWB in die UVgO gelöst wird, sind Auftraggeber bei der Vergabe von Bauaufträgen gut beraten, Vertragsänderungen nur dann ohne neues Vergabeverfahren zu vereinbaren, wenn die jeweilige Vertragsänderung auch dem haushaltsrechtlichen Gebot einer wirtschaftlichen und sparsamen Mittelverwendung entspricht. Insbesondere Nachträge, die möglicherweise aufgrund von § 132 Abs. 3 GWB ohne neues EU-weites Vergabeverfahren beim bisherigen Auftragnehmer beauftragt werden könnten, müssten anderenfalls in einem nationalen Verfahren ausgeschrieben werden.

4.2 Vertragspartner

Öffentliche Aufträge werden gemäß § 103 Abs. 1 GWB zwischen einem oder mehreren öffentlichen Auftraggebern oder Sektorenauftraggebern und **einem oder mehreren Unternehmen** abgeschlossen. Der im europäischen Vergaberecht in diesem Zusammenhang verwendete Begriff des Wirtschaftsteilnehmers ist weiter gefasst. Er umfasst gemäß Art. 2 Abs. 1 Nr. 10 RL 2014/14/EU natürliche oder juristische Personen oder öffentliche Einrichtungen, einschließlich jedes vorübergehenden Zusammenschlusses von Unternehmen, die auf dem Markt die Ausführung von Bauleistungen, die Errichtung von Bauwerken, die Lieferung von Waren bzw. die Erbringung von Dienstleistungen anbieten.

Der Unternehmensbegriff des nationalen Vergaberechts ist daher in diesem unionsrechtlichen (funktionalen) Sinne auszulegen. Er setzt weder privatrechtliche Organisation noch ein Gewinnstreben oder eine dauerhafte oder regelmäßige Geschäftstätigkeit voraus.[123]

Praxistipp

 Aufgrund des funktionalen Unternehmensbegriffs können grundsätzlich auch öffentliche Auftraggeber als Anbieter von Waren, Bau- und Dienstleistungen an Vergabeverfahren teilnehmen. Voraussetzung ist, dass die Teilnahme kommunalwirtschaftsrechtlich zulässig ist, was im Einzelfall zu prüfen ist.

Auftraggebern steht es frei, Leistungen am Markt zu beschaffen. Das Vergaberecht zwingt sie hierzu nicht,[124] sondern erlaubt auch die **Selbstausführung** oder die **gemeinsame Ausführung mit anderen öffentlichen Auftraggebern** ebenso wie die **Aufgabenübertragung** an interne Einheiten auf der Grundlage eines Inhouse-Geschäftes. Für diese Konstellationen ist der objektive Anwendungsbereich des Vergaberechts **nicht** eröffnet.

4.2.1 Inhouse-Geschäfte

Inhouse-Geschäfte sind Verträge über die Erbringung von Bau- oder Dienstleistungen oder die Lieferung von Waren, die ein öffentlicher Auftraggeber **mit einer** von ihm zwar formal personenverschiedenen, trotzdem aber (nur) **ihm zuzuordnenden juristischen Person des öffentlichen oder privaten Rechts** abschließt (sog. vertikale Inhouse-Geschäfte).[125]

Diese Zuordnung erfolgt gemäß § 108 Abs. 1 GWB nach **drei Kriterien**:

* Der Auftraggeber übt über die juristische Person eine ähnliche Kontrolle wie über seine eigenen Dienststellen aus.

---

123 EuGH, Urt. v. 23.12.2009, Rs. C-305/08, CoNISMa, Rn. 30.
124 EuGH, Urt. v. 22.12.2010, Rs. C-215/09, Öulun kauunki, Rn. 31.
125 EuGH, Urt. v. 13.1.2005, Rs. C-84/03, Kommission ./. Spanien, Rn. 38; Urt. v. 18.11.1999, Rs. C-107/98, Teckal, Rn. 49 f.

- Die Tätigkeiten der juristischen Person dienen zu mehr als 80 % der Ausführung von Aufgaben, mit denen sie von dem öffentlichen Auftraggeber oder von einer anderen juristischen Person, die von diesem kontrolliert wird, betraut wurde (Tätigkeit im Wesentlichen für den öffentlichen Auftraggeber).

- An der juristischen Person besteht keine direkte Kapitalbeteiligung; hiervon ausgenommen sind nicht beherrschende Formen der privaten Kapitalbeteiligung und Formen der privaten Kapitalbeteiligung ohne Sperrminorität, die durch gesetzliche Bestimmungen vorgeschrieben sind und die keinen maßgeblichen Einfluss auf die kontrollierte juristische Person vermitteln.

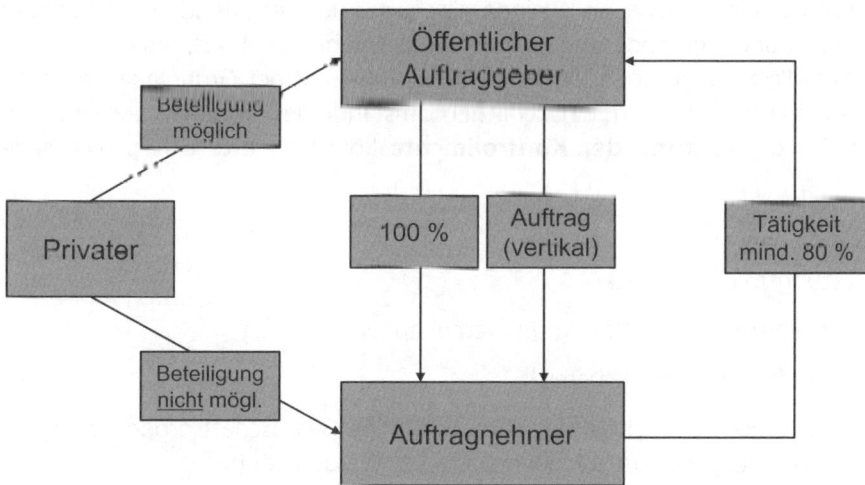

Abb. 8: Vertikale Inhouse-Geschäfte

Daneben sind unter den im Einzelnen in § 108 Abs. 3 sowie Abs. 4 und 5 GWB genannten Voraussetzungen auch inverse und horizontale Inhouse-Geschäfte sowie Inhouse-Geschäfte als Joint Venture möglich. § 108 Abs. 6 GWB regelt den Sonderfall der öffentlich öffentlichen Zusammenarbeit. § 108 Abs. 8 GWB stellt klar, dass auch öffentliche Auftraggeber, die eine Sektorentätigkeit ausüben, öffentliche Aufträge unter den Voraussetzungen des § 108 Abs. 1 bis 7 GWB ohne Durchführung eines EU-weiten Vergabeverfahrens inhouse bzw. im Wege einer öffentlich-öffentlichen Zusammenarbeit vergeben dürfen.

4.2.1.1 Kontrolle wie über seine eigenen Dienststellen

Der Auftraggeber muss über die juristische Person eine Kontrolle wie über eine eigene Dienststelle ausüben. Dienststellenartige Kontrolle bedeutet dabei nicht, dass eine identische Kontrolldichte herrscht wie im Verhältnis eines Verwaltungsträgers über eine seiner Einheiten. Gefordert wird von der Rechtsprechung vielmehr ein unter Berücksichtigung aller Umstände des Einzelfalls vergleichbares Niveau.[126] Wenn der öffentliche Auftraggeber einen ausschlaggebenden Einfluss auf die strategischen Ziele und die wesentlichen Ent-

---

126 BayObLG, Beschl. v. 22.1.2002, Verg 18/01.

scheidungen der juristischen Person ausübt, wird eine dienststellenartige Kontrolle gemäß § 108 Abs. 2 GWB vermutet. Die Kontrolle kann auch durch eine andere juristische Person ausgeübt werden, die von dem öffentlichen Auftraggeber auf diese Weise kontrolliert wird.

Jede noch so geringe Minderheitsbeteiligung eines privaten Gesellschafters schließt eine dienststellenartige Kontrolle aus. Gemischtwirtschaftliche Unternehmen sind daher nicht „inhouse" und können im Ergebnis nicht ohne Durchführung eines formellen Vergabeverfahrens beauftragt werden.[127] Das wird nunmehr durch § 108 Abs. 1 Nr. 3 GWB klargestellt.

Umgekehrt ist eine Stellung als Alleingesellschafter der betreffenden juristischen Person zwar ein nicht unbedeutendes Indiz, sie reicht allein aber nicht aus, um eine dienststellenartige Kontrolle zu begründen.[128] Die Kontrolle muss auf der Grundlage des Statuts und aller sonstigen rechtlichen und tatsächlichen Umstände des Einzelfalls auch konkret möglich sein. Bei der **Prüfung der Kontrolldichte** können **weitere Aspekte** bedeutsam sein:[129]

- die Organisationsform,
- der satzungsmäßige Zweck,
- eine ggf. vorgesehene Öffnung für Fremdkapital,
- der geografische Tätigkeitsbereich,
- der Umfang der Vollmachten des operativ tätigen Gesellschaftsorgans, die ohne Kontrolle des öffentlichen Auftraggebers ausgeübt werden können.

Es ist unbedeutend, ob die zu beauftragende juristische Person öffentlich-rechtlich oder privatrechtlich organisiert ist. Daraus folgt, dass beispielsweise **auch Zweckverbände** von ihren Mitgliedern inhouse beauftragt werden können.[130] Möglich ist auch, dass mehrere öffentliche Auftraggeber gemeinschaftlich die Geschäftsanteile an der juristischen Person halten.[131] Derartige Unternehmen sind selbst dann einem öffentlichen Auftraggeber zuzuordnen, wenn dieser neben anderen öffentlichen Auftraggebern nur Minderheitsgesellschafter ist. Voraussetzung ist aber, dass (trotz der Minderheitsbeteiligung) tatsächlich die Möglichkeit einer Beteiligung an der Kontrolle des Unternehmens wie z.B. durch Entsendung eines Vertreters in die Leitungsorgane besteht.[132]

---

127 EuGH, Urt. v. 11.1.2005, Rs. C-26/03, Stadt Halle, Rn. 49.
128 BGH, Urt. v. 3.7.2008, I ZR 145/05.
129 Vgl. EuGH, Urt. v. 13.10.2005, Rs. C-458/03, Parking Brixen, Rn. 67.
130 OLG Düsseldorf, Beschl. v. 21.6.2006, VII-Verg 17/06.
131 EuGH, Urt. v. 10.9.2009, Rs. C-573/07, Sea, Rn. 45.
132 EuGH, Urt. v. 29.11.2012, Rs. C-182 u. 183/11, Econord SpA, Rn. 31, 33.

Praxistipp

 *In Holdingstrukturen ist der Einfluss eines die Anteile der Holdinggesellschaft halten-
den öffentlichen Auftraggebers auf Enkel- oder Urenkelgesellschaften grundsätzlich
geringer ausgeprägt. Daher erscheint es zur Erhöhung der Rechtssicherheit sinnvoll,
einen Durchgriff des öffentlichen Auftraggebers auf das inhouse zu beauftragende
Unternehmen über entsprechende Kontroll- und Mitspracherechte in der Satzung sicherzustellen.*

4.2.1.2 Tätigkeit im Wesentlichen für den öffentlichen Auftraggeber

Die juristische Person muss im Wesentlichen für den sie beauftragenden öffentlichen Auftraggeber tätig sein. Diese von der Rechtsprechung entwickelte Voraussetzung wurde
durch den Gesetzgeber auf der Grundlage der unionsrechtlichen Vorgaben konkretisiert:
Die Tätigkeiten der juristischen Person müssen danach zu mehr als 80 % der Ausführung
von Aufgaben dienen, mit denen sie von dem öffentlichen Auftraggeber oder von einer
anderen, von ihm kontrollierten juristischen Person betraut wurde.

Sinn und Zweck des Wesentlichkeitskriteriums ist die Verhinderung von Wettbewerbsver-
fälschungen. Wenn eine durch einen öffentlichen Auftraggeber beauftragte juristische
Person am Marktgeschehen teilnimmt, besteht kein Grund, sie dadurch zu privilegieren,
dass sie außerhalb des Vergaberechts Aufträge direkt von der öffentlichen Hand erhält.[133]

Tätigkeiten, die der Ausführung von Aufgaben dienen, mit denen die juristische Person
von dem öffentlichen Auftraggeber oder einer von ihm kontrollierten juristischen Person
betraut wurde, setzen voraus, dass der dabei erzielte Umsatz auf die Vergabeentscheidung, d.h. **auf das Inhouse-Geschäft, zurückzuführen** sein muss. Erforderlich ist daher
stets ein Kausalzusammenhang zwischen der Rechtsbeziehung (dem Inhouse-Geschäft)
und dem Umsatz. Die Person des Begünstigten – sei es der öffentliche Auftraggeber selbst
oder der Nutzer der Leistungen – ist dabei nicht von Bedeutung.[134] Der vorausgesetzte
Kausalzusammenhang fehlt, wenn das jeweilige Entgelt im Wettbewerb mit anderen Unternehmen erzielt wurde und daher auf der freien Entscheidung des Nutzers und gerade
nicht auf dem Inhouse-Geschäft beruht.[135]

Umsätze von 100%igen Tochtergesellschaften des Unternehmens sind in die Betrachtung
mit einzubeziehen, wenn für Mutter und Tochter ein gemeinsamer konsolidierter Abschluss vorliegt, der Geschäftsbericht die Ertragslage beider Gesellschaften zusammenfasst
und gruppeninterne Vorgänge eliminiert und die Tochter nur mit personeller und sachlicher Ausstattung der Mutter arbeitsfähig ist.[136]

133 OLG Hamburg, Beschl. v. 14.12.2010, 1 Verg 5/10; EuGH, Urt. v. 11.5.2006, Rs. C-340/04, Carbotermo, Rn. 60.
134 EuGH, Urt. v. 11.5.2006, Rs. C-340/04, Carbotermo, Rn. 66 f.; BT-Drs. 18/6281, S. 80.
135 OLG Hamburg, Beschl. v. 14.12.2010, 1 Verg 5/10; OLG Frankfurt, Beschl. v. 30.8.2011, 11 Verg 3/11.
136 OLG Celle, Beschl. v. 29.10.2009, 13 Verg 8/09.

Praxistipp

 Bei der organisationsrechtlichen Gestaltung kommunaler Unternehmen ist es verga-berechtlich riskant, Fremdgeschäfte an eine Enkelgesellschaft der Kommune zu über-tragen, die wirtschaftlich und operativ von ihrer Mutter abhängt. Die Inhouse-Fähig-keit des Tochterunternehmens bleibt erhalten, wenn das Fremdgeschäft an eine au-tonome Schwestergesellschaft ausgegliedert wird.

Der Anteil des Fremdgeschäfts am Gesamtumsatz der juristischen Person muss weniger als 20 % betragen. Damit wird das durch die Rechtsprechung entwickelte Wesentlichkeitskri-terium präzisiert, wonach die beauftragte juristische Person im Wesentlichen für den öf-fentlichen Auftraggeber tätig sein muss.[137]

Die Berechnung erfolgt nach dem durchschnittlichen Gesamtumsatz der letzten drei Jahre vor Vergabe des öffentlichen Auftrags oder anhand eines anderen sog. tätigkeitsgestütz-ten Wertes wie der Kosten, die in Bezug auf Liefer-, Bau- oder Dienstleistungen entstanden sind. Hilfsweise darf auf glaubhafte Prognosen über die zukünftige Geschäftsentwicklung abgestellt werden, wenn keine oder keine aussagekräftigen Umsatzangaben oder Anga-ben zu Kosten vorliegen.

4.2.1.3 Keine direkte private Kapitalbeteiligung

Die weitere Voraussetzung des § 108 Abs. 1 Nr. 3 GWB, wonach an der inhouse zu beauf-tragenden juristischen Person keine direkte private Kapitalbeteiligung bestehen darf, hat eine überwiegend klarstellende Funktion. Schon nach der Rechtsprechung des EuGH schließt eine noch so geringe Kapitalbeteiligung aus, dass die juristische Person von dem öffentlichen Auftraggeber im Sinne von § 108 Abs. 1 Nr. 1 GWB wie eine eigene Dienst-stelle kontrolliert wird.[138] Unbedeutend ist, wenn zum Zeitpunkt der Auftragsvergabe die Möglichkeit der Beteiligung Privater besteht.[139]

Aus § 108 Abs. 1 Nr. 3 GWB folgt im Umkehrschluss aber auch, dass lediglich mittelbare Kapitalbeteiligungen wie beispielsweise über eine stille Gesellschaft einem Inhouse-Ge-schäft nicht entgegenstehen, weil solche Beteiligungen in der Regel nicht zu einer nachtei-ligen Beeinflussung des Wettbewerbs zwischen privaten Unternehmen führen.[140]

Auch in den ausdrücklich in § 108 Abs. 1 Nr. 3 GWB genannten Ausnahmefällen direkter Kapitalbeteiligung bleibt eine Inhouse-Vergabe möglich. Voraussetzung ist, dass es sich dabei um nicht beherrschende Formen der privaten Kapitalbeteiligung und Formen der pri-vaten Kapitalbeteiligung ohne Sperrminorität handelt, die durch gesetzliche Bestimmun-gen vorgeschrieben sind und die keinen maßgeblichen Einfluss auf die kontrollierte juristi-sche Person vermitteln. Beispiele hierfür sind öffentlich-rechtliche Verbände mit privater Zwangsmitgliedschaft. Die Zwangsmitgliedschaft muss in Übereinstimmung mit höherran-

137 EuGH, Urt. v. 18.11.1999, Rs. C-107/98, Teckal, Rn. 50.
138 EuGH, Urt. v. 11.1.2005, Rs. C 26/03, Stadt Halle, Rn. 49.
139 EuGH, Urt. v. 10.9.2009, Rs. C-573/07, Sea, Rn. 49; anders noch BGH, Urt. v. 3.7.2008, I ZR 145/05.
140 BT-Drs. 18/6281, S. 81.

gigem Unionsrecht gesetzlich angeordnet sein. Eine vertragliche Pflicht ist nicht ausreichend.

Die Vergabe öffentlicher Aufträge an eine kontrollierte juristische Person auf der Grundlage von § 108 Abs. 1 GWB bleibt schließlich selbst dann möglich, wenn privates Kapital
an dem kontrollierenden öffentlichen Auftraggeber beteiligt ist.[141]

4.2.1.4 Inverse und Horizontale Inhouse-Geschäfte

Vergaberechtsfreie Inhouse-Geschäfte sind gemäß § 108 Abs. 3 S. 1 Alt. 1 GWB auch möglich, wenn sie von einer kontrollierten juristischen Person, die zugleich öffentlicher Auftraggeber im Sinne des § 99 Nr. 1 bis 3 GWB ist, an den kontrollierenden öffentlichen Auftraggeber vergeben werden (Tochter beauftragt Muttergesellschaft). Dasselbe gilt im horizontalen Verhältnis zweier Schwestergesellschaften, wenn zwischen diesen beiden juristischen
Personen unmittelbar zwar kein Kontrollverhältnis besteht, beide aber durch denselben öffentlichen Auftraggeber kontrolliert werden. In beiden Fällen ist eine Beteiligung privaten
Kapitals an der beauftragten juristischen Person ausgeschlossen.

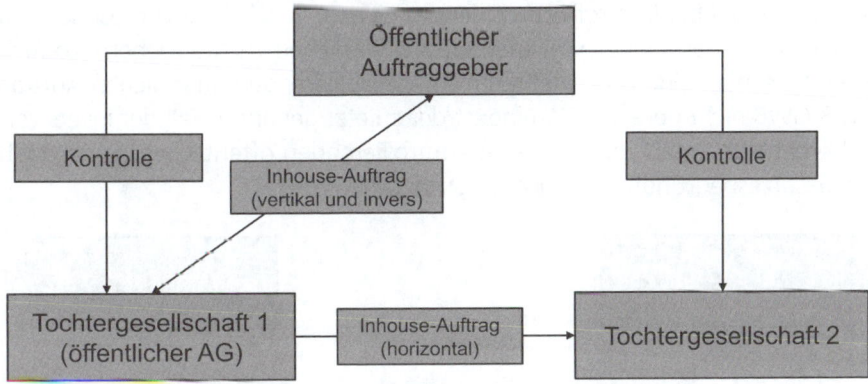

Abb. 9: Vertikale, inverse und horizontale Inhouse-Geschäfte

Praxistipp

*Nach dem Gesetzeswortlaut von § 108 Abs. 3 S. 1 GWB „gilt" § 108 Abs. 1 GWB
auch in den Fällen, in denen im inversen oder im horizontalen Verhältnis Inhouse-Geschäfte abgeschlossen werden sollen, wenn eine private Kapitalbeteiligung an der
zu beauftragenden juristischen Person ausgeschlossen ist.*

*Aus dieser Formulierung folgt nicht, dass die Wesentlichkeitsvoraussetzung des
§ 108 Abs. 1 Nr. 2 GWB nicht gilt. Auch wenn sich diese Voraussetzung nicht unmittelbar aus § 108 Abs. 3 GWB ergibt, sind öffentliche Auftraggeber gut beraten,*

---

141 So ausdrücklich Erwägungsgrund 32 S. 5 Richtlinie 2014/24/EU.

> *inverse und horizontale Inhouse-Geschäfte nur dann zu vereinbaren, wenn die zu beauftragende juristische Person im Wesentlichen, d. h. zu mehr als 80 % für den öffentlichen Auftraggeber tätig ist, der sie inhouse beauftragt, oder für eine von diesem öffentlichen Auftraggeber kontrollierte andere juristische Person.*

4.2.1.5 Inhouse-Geschäfte als Joint Venture

§ 108 Abs. 4 GWB stellt auch solche öffentlichen Aufträge von der Pflicht zur Anwendung des Vergaberechts frei, die von einem öffentlichen Auftraggeber an eine juristische Person vergeben werden, selbst wenn diese nicht im Sinne von § 108 Abs. 1 Nr. 1 und Abs. 2 GWB einer alleinigen dienststellenartigen Kontrolle dieses öffentlichen Auftraggebers unterliegt. Eine gemeinsam mit anderen öffentlichen Auftraggebern ausgeübte entsprechende Kontrolle ist ausnahmsweise ausreichend.[142] Die zu beauftragende juristische Person muss mehr als 80 % ihrer Tätigkeiten für die beherrschenden öffentlichen Auftraggeber erbringen, und es darf wiederum kein privates Kapital an ihr beteiligt sein.

Eine Auftragsvergabe zwischen zwei Schwestergesellschaften, die jeweils durch mehrere öffentliche Auftraggeber kontrolliert werden, ist nicht in § 108 GWB vorgesehen. Auch die inverse Inhouse-Vergabe einer von mehreren öffentlichen Auftraggebern kontrollierten juristischen Person an einen von mehreren sie kontrollierenden öffentlichen Auftraggeber ist in § 108 GWB nicht geregelt. Zumindest der zuletzt genannte Fall der invers vertikalen Inhouse-Vergabe an einen von mehreren kontrollierenden öffentlichen Auftraggeber soll nach der Gesetzesbegründung jedoch möglich sein.[143]

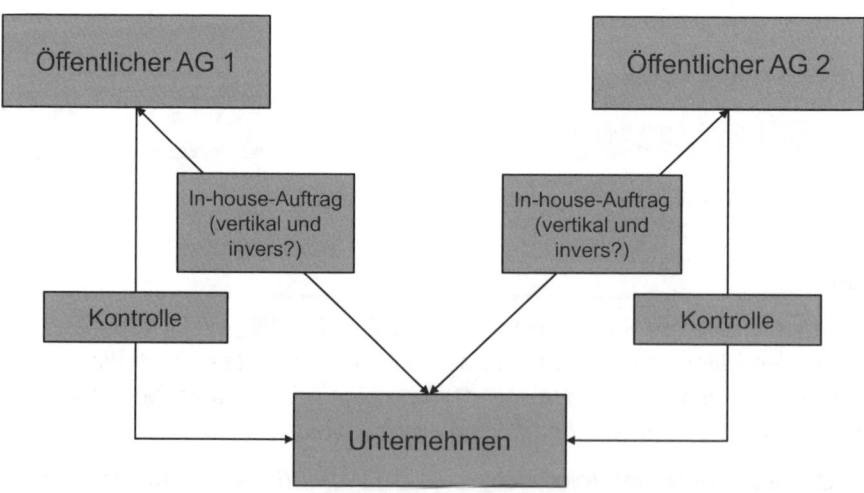

Abb. 10: Inhouse-Geschäfte als Joint Venture

---

142 EuGH, Urt. v. 29.11.2012, Rs. C-182/11 und C-183/11, Econord SpA.
143 BT-Drs. 18/6281, S. 81.

4.2.1.6 Späterer Wegfall der Inhouse-Fähigkeit

Sofern eine juristische Person zu einem beliebigen späteren Zeitpunkt nach Abschluss eines Inhouse-Geschäftes in bedeutendem Umfang Fremdgeschäfte betreibt und damit den in § 108 Abs. 1 Nr. 2 GWB vorausgesetzten Umsatz von mehr als 80 % unterschreitet, fällt die Inhouse-Fähigkeit dieses Unternehmens nachträglich fort. Auch kann hinsichtlich des Kontrollkriteriums nachträglich eine Veränderung eintreten, wenn der ursprünglich das Unternehmen wie eine eigene Dienststelle kontrollierende öffentliche Auftraggeber Geschäftsanteile veräußert.

Nicht abschließend geklärt sind die Auswirkungen für den ursprünglich ohne formelles Vergabeverfahren inhouse abgeschlossenen Vertrag. Die bloße Übertragung von Geschäftsanteilen ist vergaberechtlich zwar neutral und stellt keine Beschaffung von Leistungen dar. Nach den in § 132 GWB normierten Grundsätzen der wesentlichen Vertragsänderung spricht aber viel dafür, dass die Fortsetzung dieses Ursprungsvertrags zum Zeitpunkt des erstmaligen Fremdgeschäftsbetriebs bzw. der wirksamen Übertragung der Geschäftsanteile der Durchführung eines formellen Vergabeverfahrens bedarf.[144] Die Aufnahme der Fremdgeschäftstätigkeit ist vergaberechtlich erlaubt.[145]

4.2.2 Öffentlich-öffentliche Zusammenarbeit

Die Möglichkeiten der Zusammenarbeit zwischen öffentlichen Auftraggebern sind vielfältig. Es gibt auf Dauer angelegte, institutionalisierte Formen wie **Zweckverbände** und nicht institutionalisierte, projektbezogene Formen wie **Arbeitsgemeinschaften** auf der Grundlage von Verwaltungsvereinbarungen. Eine weitere Unterscheidung ist möglich zwischen rechtsfähigen und nicht rechtsfähigen oder zwischen privat- und öffentlich-rechtlichen Formen der Zusammenarbeit. Landesgesetzliche Regelungen über die kommunale Zusammenarbeit unterscheiden weiterhin zwischen mandatierenden und delegierenden Vereinbarungen. Gegenstand einer Delegation ist die Übertragung einer Aufgabe in den Zuständigkeitsbereich eines oder mehrerer anderer Verwaltungsträger.[146] Gegenstand eines Mandats ist bei unveränderten Zuständigkeiten die Verpflichtung einer Partei, eine Aufgabe für eine andere Partei durchzuführen. Diese Unterscheidung ist nicht nur auf kommunaler Ebene, sondern – im Rahmen des verfassungsrechtlich Zulässigen – auch auf Landesebene sowie zwischen Bund und Ländern möglich und üblich. Zweckvereinbarungen zwischen Bundesländern werden in der Regel staatsvertraglich abgeschlossen und oftmals institutionalisiert.[147]

Ob mandatierende und delegierende Zweckvereinbarungen als öffentlicher Auftrag dem Vergaberecht unterliegen, ist umstritten.[148]

---

144 EuGH, Urt. v. 10.9.2009, Rs. C-573/07, Sea, Rn. 53; OLG Düsseldorf, Beschl. v. 28.7.2011, VII-Verg 20/11.
145 OLG München, Beschl. v. 21.5.2008, Verg 5/08.
146 Vgl. § 23 Abs. 1 und 2 GkG NRW.
147 Z.B. Staatsvertrag über die Errichtung eines Gemeinsamen Juristischen Prüfungsamtes der Länder Berlin und Brandenburg.
148 Vgl. die Nachweise aus der Rechtsprechung bei OLG Düsseldorf, Beschl. v. 6.7.2011, VII-Verg 39/11.

Nach europäischem Vergaberecht ist unerheblich, ob eine Kooperationsform nach nationalem Recht als mandatierend oder als delegierend zu qualifizieren ist.

Nachdem der **EuGH** anerkennt, dass eine **Zusammenarbeit** von Gebietskörperschaften bei der Wahrnehmung einer ihnen gemeinsam obliegenden öffentlichen Aufgabe **ohne Durchführung eines Vergabeverfahrens** grundsätzlich möglich ist,[149] haben der europäische Richtliniengeber und der deutsche Gesetzgeber die hierfür aufgestellten Voraussetzungen übernommen. Gemäß § 108 Abs. 6 Nr. 1 bis 3 GWB bestehen folgende Voraussetzungen:

- Der Vertrag muss eine Zusammenarbeit zwischen den beteiligten öffentlichen Auftraggebern begründen oder erfüllen, um sicherzustellen, dass die von ihnen zu erbringenden öffentlichen Dienstleistungen im Hinblick auf die Erreichung gemeinsamer Ziele ausgeführt werden,

- die Durchführung der Zusammenarbeit darf ausschließlich durch Überlegungen im Zusammenhang mit dem öffentlichen Interesse bestimmt werden und

- die öffentlichen Auftraggeber müssen auf dem Markt weniger als 20 Prozent der Tätigkeiten erbringen, die durch die Zusammenarbeit nach Nummer 1 erfasst sind.

Diese Voraussetzungen müssen kumulativ erfüllt sein.[150]

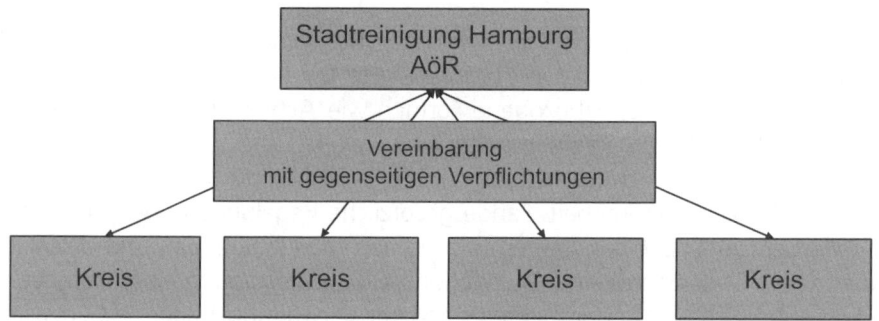

Abb. 11: Positivbeispiel EuGH, Urt. v. 9.6.2009, Rs. C-480/06, Stadtreinigung Hamburg

Die **bloße Zuständigkeitsübertragung** von einem auf einen anderen Verwaltungsträger ist schon kein entgeltlicher Vertrag mit einem Unternehmen über die Erbringung von Leistungen im Sinne von § 103 Abs. 1 GWB, weil bereits der hierfür erforderliche **Beschaffungsbezug nicht gegeben** ist.[151]

Der übertragende Verwaltungsträger beschafft nicht, er entledigt sich vielmehr einer Aufgabe. Öffentliche Stellen bleiben bei der Wahrnehmung öffentlicher Aufgaben unter sich, private Dritte werden nicht beteiligt

149 EuGH, Urt. v. 13.6.2013, Rs. C-386/11, Piepenbrock, Rn. 38; Urt. v. 19.12.2012, Rs. C-159/11, Lecce, Rn. 35 und Urt. v. 9.6.2009, Rs. C-480/06, Stadtreinigung Hamburg, Rn. 38, 44, 47.
150 EuGH, Urt. v. 19.12.2012, Rs. C-159/11, ASL, Rn. 36.
151 BT-Drs. 18/6281, S. 80.

Wenn Zuständigkeiten nicht übertragen, sondern wenn die Wahrnehmung bestimmter Aufgaben organisationsrechtlich neu geordnet und ggf. in einer von mehreren Verwaltungsträgern neu gegründeten Einrichtung gebündelt werden, spricht ebenfalls viel dafür, dass eine solche Maßnahme als verwaltungsinterner Vorgang vergaberechtlich irrelevant ist.

Da hierfür keine Rechtsform vorgeschrieben ist, müssen die beteiligten Verwaltungsträger nicht zwingend eine neue Einrichtung gründen, sondern können die Aufgabenwahrnehmung auch einzelvertraglich mit einem weiteren Verwaltungsträger gestalten.[152]

Eine andere und vergaberechtlich jeweils getrennt zu beantwortende Frage ist, wie die übertragene oder verwaltungsintern neu organisierte Sachzuständigkeit wahrgenommen wird. Werden die mit der Aufgabe zusammenhängenden Leistungen selbst erbracht oder inhouse weiter beauftragt, ist Vergaberecht auch insoweit nicht anwendbar. Werden die Leistungen dagegen am Markt nachgefragt, gilt das Vergaberecht.

Verträge, die mittelbar die Erfüllung einer öffentlichen Aufgabe betreffen, können dann nicht als vergaberechtsfreie öffentlich-öffentliche Zusammenarbeit geschlossen werden, wenn die gesetzliche Pflicht zur Wahrnehmung lediglich einen der beteiligten öffentlichen Auftraggeber betrifft und sich die Rolle des anderen öffentlichen Auftraggebers auf die Erbringung marktgängiger Hilfstätigkeiten beschränkt. So ist zwar der Betrieb öffentlicher Einrichtungen eine öffentliche Aufgabe, die Erbringung von Reinigungsleistungen in öffentlichen Gebäuden jedoch nicht.[153]

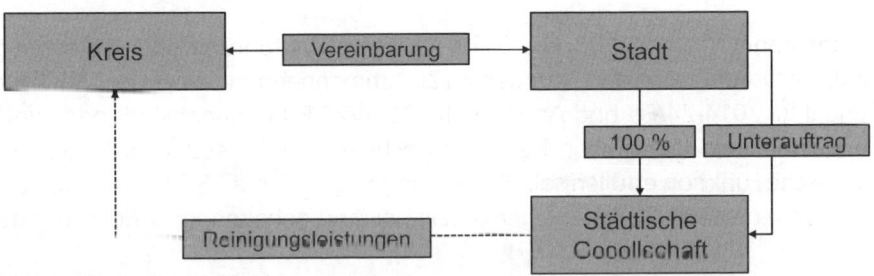

Abb. 12: Negativbeispiel EuGH, Urt. v. 13.6.2013, Rs. C-386/11, Piepenbrock

Praxistipp

 *Die **formelle Bezeichnung** einer Vereinbarung zwischen Verwaltungsträgern als „mandatierend" oder „delegierend" ist **ohne Bedeutung**. Entscheidend für die Eröffnung des objektiven Anwendungsbereichs des Vergaberechts ist der materielle Gehalt der getroffenen Vereinbarungen. Eine grundsätzlich vergaberechtsfreie Vereinbarung liegt nur vor, wenn öffentliche Aufgaben übertragen werden. Hilfstätigkeiten sind keine öffentlichen Aufgaben.*

---

152 Vgl. EuGH, Urt. v. 9.6.2009, Rs. C-480/06, Stadtreinigung Hamburg, Rn. 47.
153 OLG Düsseldorf, Beschl. v. 6.11.2013, VII-Verg 39/11.

4.3 Gegenstand öffentlicher Aufträge

4.3.1 Lieferaufträge (§ 103 Abs. 2 GWB)

Lieferaufträge sind Verträge zur Beschaffung von Waren, die insbesondere Kauf, Ratenkauf oder Leasing, Miet- oder Pachtverhältnisse mit oder ohne Kaufoption betreffen und die auch Nebenleistungen umfassen können. Waren sind alle beweglichen körperlichen Gegenstände sowie Gas und elektrischer Strom,[154] die einen Geldwert haben und Gegenstand von Handelsgeschäften sein können.[155] Andere, nicht ausdrücklich genannte Vertragsarten über die Beschaffung von Waren unterfallen ebenso § 103 Abs. 2 GWB wie Verträge, in denen die Parteien die Abholung der Ware durch den Auftraggeber und nicht eine Lieferung vereinbaren.

Da weder das europäische noch das nationale Vergaberecht den Begriff der **Lieferkonzession** ausdrücklich geregelt haben, sind unter Zugrundelegung des weiten Entgeltbegriffs auch solche Verträge öffentliche Lieferaufträge im Sinne von § 103 Abs. 2 GWB, bei denen der Auftragnehmer als Gegenleistung ausschließlich das Recht zur Vermarktung der Ware erhält und das damit verbundene Risiko trägt.[156] Die gleichzeitige Einordnung derartiger Verträge als Rahmenvereinbarung und als öffentlicher Lieferauftrag ist möglich.

4.3.2 Bauaufträge (§ 103 Abs. 3 GWB)

Bauaufträge können nach § 103 Abs. 3 S. 1 GWB die Ausführung oder gleichzeitige Planung und Ausführung von Bauleistungen im Zusammenhang mit einer der Tätigkeiten, die in Anhang II RL 2014/24/EU und Anhang I RL 2014/25/EU genannt sind, oder eines Bauwerks umfassen, das Ergebnis von Tief- oder Hochbauarbeiten ist und eine wirtschaftliche oder technische Funktion erfüllen soll. Bauleistungen sind gemäß § 1 VOB/A Arbeiten jeder Art, durch die eine bauliche Anlage hergestellt, instand gehalten, geändert oder beseitigt wird.

Das auch im Rahmen eines öffentlichen Bauauftrages erforderliche Beschaffungselement setzt ein unmittelbar wirtschaftliches Interesse des Auftraggebers an der Bauleistung voraus. Das bedeutet nicht, dass er zwingend Eigentümer des zu errichtenden Bauwerks oder von Teilen davon werden muss. Auch sonst ist keine Beschaffung in einem gegenständlich oder körperlich zu verstehenden Sinne erforderlich.[157] Beschaffung in diesem Sinne setzt aber eine einklagbare Pflicht zur Erbringung der Bauleistung voraus. Grundlage eines entsprechenden Leistungsanspruchs des Auftraggebers muss dabei der Bauvertrag selbst sein.[158]

Bauen durch Dritte nach den vom Auftraggeber genannten Erfordernissen soll Umgehungsgeschäfte in den Fällen vermelden, in denen der öffentliche Auftraggeber nicht

---

154 EuGH, Urt. v. 13.3.2001, Rs. C-379/98, PreussenElektra ./. Schleswag.
155 EuGH, Urt. v. 10.12.1968, Rs. 7/68, Kommission ./. Italien.
156 Offen Innvend OLG Düsseldorf, Beschl. v. 17.1.2008, VII-Verg 57/08.
157 EuGH, Urt. v. 25.3.2010, Rs. C-451/08, Helmut Müller, Rn. 54.
158 EuGH, Urt. v. 25.3.2010, Rs. C-451/08, Helmut Müller, Rn. 60, 62.

selbst als Bauherr auftritt, sondern den Auftragnehmer als Bauherren in die Leistungskette einbindet. Der Auftragnehmer leitet die Vorgaben des öffentlichen Auftraggebers an den bauausführenden Dritten weiter. Die vom öffentlichen Auftraggeber vorgegebenen Erfordernisse müssen sich dabei aus einem mit dem Auftragnehmer geschlossenen Vertrag ergeben.

4.3.3 Dienstleistungsaufträge (§ 103 Abs. 4 GWB)

§ 103 Abs. 4 GWB ist ein **Auffangtatbestand** und erfasst alle Aufträge, die nicht Liefer- oder Bauauftrag sind.

Da die dem vierten Teil des GWB zugrunde liegenden europäischen Vergaberichtlinien die Grundfreiheiten des EU-Primärrechts umsetzen, ist insoweit auch ein Rückgriff auf die Begriffsdefinition aus Art. 57 AEUV möglich. Dienstleistungen sind danach Leistungen, die **in der Regel gegen Entgelt** erbracht werden, soweit sie nicht den Vorschriften über den freien Waren- und Kapitalverkehr und über die Freizügigkeit der Personen unterliegen. Als Dienstleistungen gelten insbesondere gewerbliche, kaufmännische, handwerkliche und freiberufliche Tätigkeiten. Soweit das europäische Primärrecht allerdings Tätigkeiten, die dauernd oder zeitweise mit der Ausübung hoheitlicher Gewalt gemäß Art. 62, 51 AEUV verbunden sind, vom Anwendungsbereich der Dienstleistungsfreiheit ausnimmt, hat der deutsche Gesetzgeber diese Ausnahme nunmehr erstmals in § 116 Abs. 1 Nr. 1 lit. e GWB in Bezug auf Rechtsdienstleistungen, im Übrigen jedoch ausdrücklich nicht übernommen. Die damit verbundene Erweiterung des objektiven Anwendungsbereichs des nationalen Vergaberechts in Teil 4 des GWB ist unionsrechtlich erlaubt.[159]

Dienstleistungsaufträge sind nicht zu verwechseln mit Dienstverträgen im Sinne der §§ 611 ff. BGB. Auch und gerade **zivilrechtliche Werkverträge** (§§ 631 ff. BGB) können öffentliche Dienstleistungsaufträge im Sinne des Vergaberechts sein.

Verfahrenserleichterungen sind gemäß § 130 GWB für die sogenannten sozialen und anderen besonderen Dienstleistungen vorgesehen. Dabei handelt es sich um die in Anhang XIV der Richtlinie 2014/24/EU und in Anhang XVII der Richtlinie 2014/25/EU abschließend genannten Leistungen, wie zum Beispiel Arbeitsmarktleistungen (z.B. Integrationskurse), Beherbergung (z.B. auch Flüchtlingsunterbringung), außergerichtliche Rechtsberatung, Dienstleistungen des Gesundheits- und Sozialwesens und bestimmte Postdienstleistungen.

Praxistipp

 Einige Postdienstleistungen sind „besondere" Dienstleistungen, für die Verfahrenserleichterungen gelten, andere Postdienstleistungen sind „gewöhnliche" Dienstleistungen, für die keine Erleichterungen gelten. Die Einordnung richtet sich nach den CPV-Codes. So gilt für die Leistung „Personenbeförderung auf der Straße" (CPV 60160000-7) reguläres Vergaberecht, während „Briefpostdienste" (CPV 64112000) nach dem vereinfachten Verfahrensrecht für soziale und andere besondere Dienst-

---

159 BGH, Beschl. v. 1.12.2008, X ZB 31/08.

leistungen vergeben werden können. Bei der Vergabe von Postdienstleistungsaufträgen oder entsprechenden Konzessionen ist daher genau zu prüfen, was Hauptvertragsgegenstand sein soll. Danach entscheidet sich, ob der Auftrag oder die Konzession unter den erleichterten Voraussetzungen vergeben werden kann, die für besondere Dienstleistungen gelten. Kann der Hauptgegenstand des Auftrags nicht sicher ermittelt werden, gilt im Zweifel das strengere Vergaberecht für „gewöhnliche" Dienstleistungsaufträge.

Die Verfahrenserleichterungen betreffen insbesondere höhere Schwellenwerte für die Anwendung des EU-Vergaberechts (750.000 EUR bzw. 1 Mio. EUR im Sektorenbereich), die freie Wahl der Verfahrensart (nur mit Ausnahme des Verhandlungsverfahrens ohne Teilnahmewettbewerb), vereinfachte Bekanntmachungen, freie Fristenbestimmung, erleichterte Regeln für Rahmenvereinbarungen, Auftragsänderungen und erweiterte Möglichkeiten für Zuschlagskriterien.

Der Begriff der sozialen und anderen besonderen Dienstleistungen gilt, verbunden mit entsprechenden Verfahrenserleichterungen, auch unterhalb der Schwellenwerte (§ 49 UVgO).

Der Begriff der freiberuflichen Leistungen hat im EU-Vergaberecht keine Bedeutung mehr. Freiberufliche Leistungen können daher nur dann unter erleichterten Voraussetzungen beauftragt werden, wenn es dabei gleichzeitig um soziale oder besondere Dienstleistungen im Sinne von § 130 GWB handelt. Eine Ausnahme gilt für Architekten- und Ingenieurleistungen, für die gemäß §§ 73 ff. VgV ebenfalls ein erleichtertes Verfahrensrecht gilt. Unterhalb der Schwellenwerte besteht für sämtliche freiberuflichen Leistungen dagegen die Möglichkeit, Aufträge im Wege der Freihändigen Vergabe bzw. der Verhandlungsvergabe zu vergeben, ohne dass weitere Voraussetzungen erfüllt sein müssen.

4.3.4 Wettbewerbe (§ 103 Abs. 6 GWB)

Wettbewerbe sind nach § 103 Abs. 6 GWB Auslobungsverfahren,[160] die dem Auftraggeber aufgrund vergleichbarer Beurteilung durch ein Preisgericht mit oder ohne Verteilung von Preisen zu einem Plan verhelfen sollen. Die in der Praxis relevantesten Anwendungsbereiche sind die Raumplanung, der Städtebau, das Bauwesen und die Datenverarbeitung.

Ein Wettbewerb ist einem Vergabeverfahren regelmäßig vorgeschaltet. Es werden Lösungen und Bewerber ermittelt, die sich als am besten zur Projektrealisierung geeignet erweisen, wobei kein Anspruch des Erstplatzierten auf Auftragserteilung besteht.[161]

Nähere Regelungen zum Ablauf eines Wettbewerbs und zur Zusammensetzung des Preisgerichts enthalten die §§ 69 ff. VgV und für den Sektorenbereich die §§ 60 ff. SektVO.

---

160 Anstelle des bislang verwendeten Begriffs „*Auslobungsverfahren*" übernimmt der Gesetzgeber im Rahmen der Eins-zu-eins-Umsetzung des Richtlinienrechts nunmehr den Begriff „*Wettbewerb*" aus Art. 2 Abs. 1 Nr. 21 RL 2014/24/EU und Art. 2 Nr. 17 RL 2014/25/EU, BT-Drs. 18/6281, 74.
161 VK Niedersachsen, Beschluss v. 23.1.2012, VgK-57/2011 m.w.N.

4.3.5 Verteidigungs- oder sicherheitsspezifische Aufträge (§ 104 GWB)

Für den objektiven Anwendungsbereich des Vergaberechts besteht in den Bereichen Verteidigung und Sicherheit im Vergleich zu anderen Bereichen keine Besonderheit. Entgeltliche Verträge im verteidigungs- und sicherheitsrelevanten Bereich sind **öffentliche Aufträge**. Für sie wurde mit der VSVgV für Liefer- und Dienstleistungsaufträge und mit dem dritten Abschnitt der VOB/A für Bauaufträge lediglich ein besonderes, von anderen Bereichen abweichendes Vergabeverfahrensrecht geschaffen.

Öffentliche Aufträge im verteidigungs- und sicherheitsrelevanten Bereich sind im Einzelnen in § 104 Abs. 1 GWB genannt. Es handelt sich dabei um Aufträge, die folgende Leistungen zum Gegenstand haben:

- Lieferung von Militärausrüstung einschließlich dazugehöriger Teile, Bauteile oder Bausätze;

- Lieferung von Ausrüstung, die im Rahmen eines Verschlusssachenauftrags vergeben wird einschließlich der dazugehörigen Teile, Bauteile oder Bausätze;

- Bauleistungen, Lieferungen und Dienstleistungen in unmittelbarem Zusammenhang mit der vorgenannten Ausrüstung in allen Phasen des Lebenszyklus der Ausrüstung;

- Bau- und Dienstleistungen speziell für militärische Zwecke oder Bau- und Dienstleistungen, die im Rahmen eines Verschlusssachenauftrags vergeben werden.

Der „Verschlusssachenauftrag" als Unterfall eines verteidigungs- und sicherheitsrelevanten Auftrags ist wiederum in § 104 Abs. 3 GWB als Auftrag für Sicherheitszwecke definiert, bei dessen Erfüllung oder Erbringung Verschlusssachen nach § 4 des Gesetzes über die Voraussetzungen und das Verfahren von Sicherheitsüberprüfungen des Bundes oder nach den entsprechenden Bestimmungen der Länder verwendet werden oder der Verschlusssachen in diesem Sinne erfordert oder beinhaltet.

Für verteidigungs- oder sicherheitsspezifische Aufträge unterhalb der Schwellenwerte besteht hinsichtlich der Vergabeverfahrensart mit Ausnahme der Verhandlungsvergabe ohne Teilnahmewettbewerb Wahlfreiheit für öffentliche Auftraggeber.

4.3.6 Gemischte Verträge

Gemischte Verträge sind in der Praxis nicht selten.

Verträge mit **unterschiedlichen Leistungsarten** müssen nach einem einheitlichen Verfahrensrecht beauftragt werden. Die Einordnung ist aber nicht nur deshalb von besonderer Praxisbedeutung, weil sich danach die für das Vergabeverfahren maßgebliche Vergabeordnung richtet – entweder die VOB/A für die Vergabe von Bauaufträgen oder die VgV für die Vergabe von Liefer- und Dienstleistungsaufträgen.

Darüber hinaus müssen Verträge über Leistungen aus unterschiedlichen Leistungsbereichen (z.B. Verteidigung und Sicherheit, Versorgungssektoren) oder Verträge mit unterschiedlichen Gestaltungen (öffentlicher Auftrag oder Konzession) einheitlichen Verfahrensregeln zugeordnet werden können.

Schließlich müssen auch Beschaffungen nach einem einheitlichen Vergaberegime durchgeführt werden, die sowohl der Ausübung einer Sektorentätigkeit dienen als auch der Ausübung von Tätigkeiten außerhalb des Sektorenbereichs. Derartige Zuordnungsregeln enthalten die §§ 110 bis 112 GWB.

Praxistipp

 Abgrenzungsregeln für gemischte Verträge sind ausdrücklich nur für das EU-Vergaberecht in den §§ 110 bis 112 GWB vorgesehen. Eine Orientierung an diesen Regeln ist jedoch auch im Unterschwellenbereich möglich.

4.3.6.1 Gemischte Verträge über verschiedene Leistungen

Öffentliche Dienstleistungsaufträge und -konzessionen, die soziale oder andere besondere Dienstleistungen und gleichzeitig „gewöhnliche" Dienstleistungen zum Gegenstand haben, werden abhängig von dem jeweiligen Wert der Teilleistung gemäß § 110 Abs. 2 Nr. 1 GWB dem einen oder dem anderen Bereich zugeordnet. Dasselbe Abgrenzungskriterium gilt nach § 110 Abs. 2 Nr. 2 GWB für öffentliche Aufträge, die **Liefer- und Dienstleistungen zum Gegenstand haben**.

Die Abgrenzung kann Probleme bereiten, wenn bereits unklar ist, was Liefer- und was Dienstleistung ist. Wenn bestimmte Produkte nach Beratung und dabei ermittelten individuellen Wünschen und Bedürfnissen angefertigt werden, sind weder die Beratung noch die Herstellung als Dienstleistung einzuordnen. Hintergrund ist, dass der Warenbegriff der europäischen Vergaberichtlinien nicht danach differenziert, ob ein Produkt individuell oder standardisiert hergestellt wird.[162]

Für die Einordnung von gemischten öffentlichen Aufträgen, die sowohl Bau- als auch Dienstleistungen zum Gegenstand haben, ist dagegen nicht allein der Wert des jeweiligen Leistungsteils maßgeblich. Zusätzlich sind weitere, insbesondere funktionale Aspekte in die Betrachtung mit einzubeziehen. Wenn ein Bauwerk nur unvermeidliche Folge einer Dienstleistung ist oder wenn Bauleistungen Dienstleistungen ergänzen, sind die tatsächlich zu erbringenden Bauleistungen lediglich von untergeordneter Bedeutung. Wenn die Dienstleistung dagegen für ein funktionsfähiges Bauwerk erforderlich ist, spricht mehr für einen öffentlichen Bauauftrag.

Beispiele für gemischte Verträge, die als öffentlicher Bauauftrag einzuordnen sind:

- Wartung und Störungsbeseitigung von Lichtsignalanlagen,[163]

- Lieferung und Montage von Laborausrüstung,[164]

- Sanierung und Erneuerung einer Brandmeldeanlage.[165]

---

162 EuGH, Urt. v. 11.6.2009, Rs. C-300/07, Oymanns, Rn. 64, 66.
163 BayObLG, Beschl. v. 29.3.2000, Verg 2/00.
164 OLG Jena, Beschl. v. 31.7.2002, 6 Verg 5/01.
165 BayObLG, Beschl. v. 23.7.2003, Verg 17/02.

4.3.6.2 Gemischte Verträge in unterschiedlichen Regelungsbereichen

Grundsätzlich sind Leistungen nach den Verfahrensregeln zu vergeben, welche für diese gelten. Werden Leistungen, für die bei separater Beauftragung unterschiedliche Regelungen gelten würden, in einem Vertrag zusammengefasst, entstehen Abgrenzungsfragen.

Dem Auftraggeber soll es bei objektiv trennbaren Leistungen gemäß § 111 Abs. 1 GWB zwar freistehen, die Leistungen getrennt oder zusammen in einem Auftrag zu vergeben. Die Zusammenfassung der Leistungen darf aber nicht dazu missbraucht werden, die Vergabe aus dem Anwendungsbereich der Vergaberechts herauszunehmen (§ 111 Abs. 5 GWB). Die Zusammenfassung von Leistungen in einem Auftrag ist darüber hinaus aufgrund des Losaufteilungsgebots nur zulässig, wenn wirtschaftliche oder technische Gründe dies erfordern (§ 97 Abs. 4 S. 3 GWB).[166]

Im Falle einer danach nur ausnahmsweise erlaubten Gesamtvergabe der Leistungen gilt gar kein Vergaberecht (bei Aufträgen, die teilweise nicht vergaberechtspflichtige Leistungen enthalten, gemäß § 111 Abs. 3 Nr. 1 GWB) oder jedenfalls das weniger strenge Vergaberecht (bei verteidigungs- und sicherheitsspezifischen Leistungen gemäß § 111 Abs. 3 Nr. 2 GWB), wenn die Gesamtvergabe aus objektiven Gründen gerechtfertigt ist.

Obwohl eine solche Voraussetzung in § 111 Abs. 3 Nr. 3 bis 5 GWB nicht ausdrücklich enthalten ist, dürfen Leistungen im und außerhalb des Sektorenbereichs (§ 111 Abs. 3 Nr. 3 GWB), im Anwendungsbereich des Konzessionsvergaberechts und des allgemeinen Vergaberechts (§ 111 Abs. 3 Nr. 4 GWB) sowie im und außerhalb des vierten Teils des GWB (§ 111 Abs. 3 Nr. 5 GWB)[167] nur dann in einem Vertrag zusammengefasst vergeben werden, wenn wirtschaftliche oder technische Gründe dies erfordern. Anderenfalls müssen diese Leistungen bereits aufgrund von § 97 Abs. 4 S. 2 GWB getrennt beauftragt werden, so dass für jede Teilleistung gemäß § 111 Abs. 2 GWB das für sie anwendbare Verfahrensrecht gilt.

Der Auftraggeber oder Konzessionsgeber muss die Gründe, auf die er sich zur Rechtfertigung einer Gesamtvergabe beruft, beweisen können und sollte sie daher in der Vergabeakte umfassend und nachvollziehbar begründen. Wegen des Missbrauchsverbots gemäß § 111 Abs. 5 GWB ist die Aussicht auf ein weniger strenges oder gar kein Vergabeverfahrensrecht kein objektiver Grund, der eine Gesamtvergabe rechtfertigt.

Bei objektiv nicht trennbaren Teilleistungen stellt sich die Frage nach wirtschaftlichen oder technischen Gründen für eine Gesamtvergabe schon nicht. Derartige Leistungen müssen zusammen beauftragt werden. In diesem Fall richtet sich das anwendbare Verfahrensrecht gemäß § 111 Abs. 4 GWB nach dem Hauptgegenstand des Vertrages.

---

166 Kapitel 7, Abschnitt 7.1.2.2 g)
167 § 111 Abs. 3 Nr. 5 GWB wird beispielsweise gemischte Verträge betreffen, die teilweise auch die Nutzung öffentlicher Verkehrswege nach § 46 EnWG zum Gegenstand haben.

Praxisbeispiel

 Sofern ein Vertrag sowohl Leistungen umfasst, die als Bau-, Liefer- oder Dienstleistung einzuordnen sind, als auch eine vergaberechtsfreie Miete (§ 107 Abs. 1 Nr. 2 GWB), ist zunächst zu prüfen, ob und ggf. welche Leistungen voneinander trennbar sind.[168]

*Zu den **untrennbar mit der Miete verbundenen Leistungen** zählt die üblicherweise in Gewerbeimmobilien vorhandene standardisierte Infrastruktur wie beispielsweise Stromanschlüsse, Telekommunikationsanschlüsse, Klimatisierung der Räumlichkeiten, ggf. Videoüberwachungssysteme und/oder Einlass- und Wachdienstpersonal, Reinigungspersonal, Hausmeisterdienste, Winterdienst, Gärtner etc. Eine Immobilie besteht naturgemäß nicht nur aus dem Rohbau, sondern auch aus der nach der Vorstellung des Eigentümers erforderlichen Gebäudeausstattung. Dies gilt gleichermaßen für immobilienbezogene Dienstleistungen wie Sicherheits- oder Reinigungsdienste. Das Vergaberecht verlangt nicht, dass der private Eigentümer einer Immobilie bestehende Verträge über derartige Leistungen kündigt, wenn ein öffentlicher Auftraggeber sich als Mieter diese Leistungen gleichzeitig mittelbar einkauft.*

***Trennbare Leistungen** sind etwa solche Leistungen, die der Mieter aus Anlass der Anmietung des Objektes zusätzlich einkauft, weil sie zur Erfüllung seiner besonderen individuellen Bedürfnisse erforderlich sind und die bereits im Gebäude vorhandene Infrastruktur nicht ausreicht. Hierzu können Bauleistungen gehören, wenn der Neumieter das Raumprogramm verändern will oder muss, indem er beispielweise Räume teilt oder vergrößert oder auch anbaut. Hierzu können auch Dienstleistungen gehören, wie im Falle des Betriebs eines Rechenzentrums beispielsweise die Herstellung einer unterbrechungsfreien Stromversorgung oder die gesonderte Beauftragung von zusätzlichen Sicherheitsdienstleistungen, wenn vermieterseitig entweder keine entsprechenden Leistungen vorgehalten werden oder diese nicht ausreichen.*

Derartige trennbare Leistungen müssen bei Erreichen des jeweils maßgeblichen Schwellenwerts im Rahmen von EU-weiten Vergabeverfahren beauftragt werden.

4.3.6.3 Gemischte Verträge für unterschiedliche Tätigkeiten

§ 112 GWB enthält eine weitere Zuordnungsregelung für Aufträge und Konzessionen, die teilweise der Ausübung einer Sektorentätigkeit dienen und teilweise anderen Zwecken. Der nicht erkennbare Unterschied zu § 111 Abs. 3 Nr. 3 GWB soll nach der Gesetzesbegründung darin bestehen, dass von § 112 GWB Sachverhaltskonstellationen umfasst sind, in denen die Anwendbarkeit unterschiedlicher Vergaberechtsregime nicht daraus resultiert, dass wie bei § 111 GWB verschiedene Beschaffungskomponenten umfasst sind, sondern ein und dieselbe Beschaffung im Rahmen eines öffentlichen Auftrags oder einer Konzession für die Ausübung verschiedener Tätigkeiten des Auftraggebers bestimmt ist.

---

168 Vgl. EuGH, Urt. v. 6.5.2010, Rs. C-145/08 und 149/08, Loutraki, Rn. 48.

§ 111 Abs. 3 Nr. 3 GWB soll die Vergabe öffentlicher Aufträge betreffen, bei denen die verschiedenen Teile des Auftrags für ein und dieselbe Tätigkeit bestimmt sind, von denen ein Teil dem Sektorenvergaberecht und ein anderer Teil dem allgemeinen Vergaberecht unterfallen soll.[169] Dieser Fall existiert allerdings nicht. Wenn verschiedene Auftragsteile für ein und dieselbe Tätigkeit bestimmt sind, dann fällt der Auftrag oder die Konzession entweder unter das allgemeine Vergaberecht oder unter das Sektorenvergaberecht. Die Richtlinienbestimmungen, die der Gesetzgeber mit § 111 Abs. 3 Nr. 3 GWB umsetzen will,[170] betreffen gerade die Aufträge und Konzessionen, die zum Zwecke unterschiedlicher Tätigkeiten vergeben werden sollen.

§ 112 Abs. 3 GWB bestimmt, dass sich die Vergabe von öffentlichen Aufträgen oder Konzessionen, die mehrere Tätigkeiten betreffen, nach den Regeln richtet, die für die Tätigkeit gelten, für die der Auftrag hauptsächlich bestimmt ist. Es kommt danach darauf an, welcher Tätigkeit das Beschaffungsvorhaben vorrangig dient und entspricht.[171] Der Wert der jeweiligen Einzeltätigkeit ist für die Bestimmung des Hauptgegenstands lediglich ein Kriterium von mehreren, wenngleich ein gewichtiges.

Hinzu können im Einzelfall weitere funktionale Aspekte treten. Es ist jeweils zu prüfen, wo bei einer wertenden Gesamtbetrachtung nach dem Willen der Vertragsparteien der rechtliche und wirtschaftliche Schwerpunkt des Vertrages liegen soll. Hierbei spielt das Leistungsbestimmungsrecht des öffentlichen Auftraggebers eine zentrale Rolle.

Praxistipp

 Die Zusammenfassung von Leistungen zum Zwecke der Ausübung einer Sektorentätigkeit und zum Zwecke anderer Tätigkeiten ist erlaubt. Besonders praxisrelevant ist eine solche Zusammenfassung von Leistungen in den Bereichen Trinkwasser und Abwasser. Zwar darf die Zusammenfassung nicht mit dem Ziel erfolgen, den Gesamtauftrag nach dem weniger strengen Sektorenvergaberecht beauftragen zu können. Der Auftraggeber ist aber auch nicht gezwungen, die Leistungen zu trennen, wenn eine getrennte Vergabe seinen berechtigten Interessen und Zwecken gegenüber einer Gesamtvergabe weniger gerecht wird. Die für und gegen eine Zusammenfassung sprechenden Gründe sind sorgfältig zu prüfen, und die Abwägung ist entsprechend zu dokumentieren.

4.4 Rahmenvereinbarungen

Rahmenvereinbarungen sind gemäß § 103 Abs. 5 GWB Vereinbarungen zwischen einem oder mehreren öffentlichen Auftraggebern oder Sektorenauftraggebern und einem oder mehreren Unternehmen, die dazu dienen, die Bedingungen für die öffentlichen Aufträge, die während eines bestimmten Zeitraums vergeben werden sollen, festzulegen, insbesondere in Bezug auf den Preis. Für die Vergabe von Rahmenvereinbarungen gelten, soweit

---

169 BT-Drs. 18/6281, S. 86.
170 Art. 3 Abs. 5 RL 2014/24/EU, 5 Abs. 4 UAbs. 2 und 3 RL 2014/25/EU.
171 VK Rheinland-Pfalz, Beschl. v. 3.6.2013, VK 2-10/13.

nichts anderes bestimmt ist, dieselben Vorschriften wie für die Vergabe entsprechender öffentlicher Aufträge.

Nähere Regelungen zur Ausgestaltung enthalten die **Vergabeordnungen**.

Rahmenvereinbarungen dürfen nicht missbräuchlich in der Weise eingesetzt werden, dass der Wettbewerb beeinträchtigt werden könnte. Die **vorgeschriebene Laufzeit von vier Jahren** darf daher grundsätzlich nicht überschritten werden. Die strikte Laufzeitbegrenzung gilt nicht für Rahmenvereinbarungen unterhalb der für das EU-Vergaberecht maßgeblichen Schwellenwerte und auch nicht für Rahmenvereinbarungen im Sektorenbereich. Für soziale und andere besondere Dienstleistungen ist eine Laufzeit von höchstens sechs Jahren erlaubt.

In der Ausgestaltung ist zu differenzieren zwischen Rahmenvereinbarungen

- mit einem einzigen Unternehmen und

- mit mehreren Unternehmen.

Sofern eine Vereinbarung mit mehreren Unternehmen abgeschlossen werden soll, müssen auf einer **ersten Stufe** anhand der allgemeinen Regeln des Vergaberechts mindestens drei Unternehmen ausgewählt werden, sofern eine ausreichende Anzahl wertbarer Angebote eingeht. Auf einer **zweiten Stufe** erfolgt der Leistungsabruf während der Laufzeit nach den in der Rahmenvereinbarung festgelegten Bedingungen. Sind nicht alle Bedingungen in der Rahmenvereinbarung abschließend festgelegt, muss der Auftraggeber unter den Parteien der Rahmenvereinbarung erneut zum Wettbewerb aufrufen.

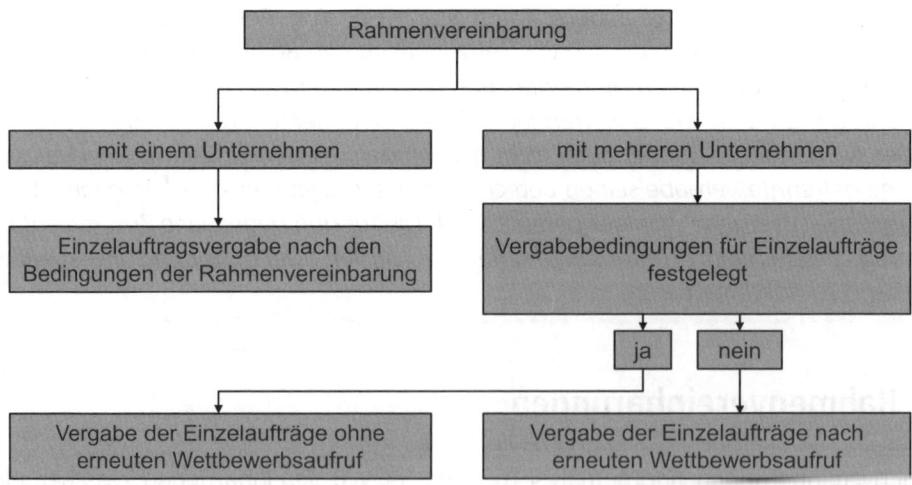

Abb. 13: Rahmenvereinbarungen

4.5 Ausnahmen vom objektiven Anwendungsbereich

Ausgenommen vom Anwendungsbereich des Vergaberechts sind nur die ausdrücklich in den §§ 107 bis 109, 116 bis 118, 137 bis 140 und 149 f. GWB genannten entgeltlichen Verträge. Dieser Ausnahmekatalog ist abschließend. Es existieren daneben keine anderen Ausnahmetatbestände, insbesondere nicht für Verträge über Tätigkeiten, die mit der Ausübung öffentlicher Gewalt im Sinne von Art. 51, 62 AEUV verbunden sind, die nicht ausdrücklich in einer der Ausnahmeregelungen genannt sind.[172]

Die Ausnahmen sind systematisch nach Regelungsadressaten gegliedert. Während bestimmte Ausnahmen für alle Auftraggeber, also für öffentliche Auftraggeber, Konzessionsgeber und Sektorenauftraggeber gelten (§§ 107 bis 109 GWB), gibt es andere, auf die sich nur öffentliche Auftraggeber (§§ 116, 118 GWB) Sektorenauftraggeber (§§ 137 bis 140 GWB) oder Konzessionsgeber (§ 149 GWB) berufen können. Daneben bestehen besondere Ausnahmeregelungen für die Vergabe von verteidigungs- oder sicherheitsspezifischen Aufträgen (§ 117 GWB) oder Konzessionen (§ 150 GWB).

Abb. 14: Ausnahmen vom Vergaberecht im Überblick

Neben den bereits dargestellten Ausnahmen bei öffentlich-öffentlicher Zusammenarbeit im Sinne von § 108 GWB sind die in der Praxis bedeutsamsten Ausnahmen vom Vergaberecht in den §§ 107, 116 GWB und für den Sektorenbereich in § 137 GWB geregelt.

---

172 BGH, Beschl. v. 1.12.2008, X ZB 31/08.

1. Schiedsgerichts- und Schlichtungsdienstleistungen
2. Erwerb, die Miete oder die Pacht von Grundstücken, vorhandenen Gebäuden oder anderem unbeweglichem Vermögen sowie Rechten daran, ungeachtet ihrer Finanzierung
3. Arbeitsverträge
4. Dienstleistungen des Katastrophenschutzes, des Zivilschutzes und der Gefahrenabwehr von gemeinnützigen Organisationen

Abb. 15: Allgemeine Ausnahmen gemäß § 107 Abs. 1 GWB

1. Rechtsdienstleistungen bei streitigen Verfahren
2. Forschungs- und Entwicklungsleistungen
3. Erwerb, Entwicklung, Produktion von Sendematerial für audiovisuelle Mediendienste / Hörfunkmediendienste
4. finanzielle Dienstleistungen im Zusammenhang mit Wertpapieren oder anderen Finanzinstrumenten und Transaktionen mit Zentralbanken und europäischen Institutionen der Finanzmarktstabilisierung
5. Kredite und Darlehen
6. Dienstleistungen, die an einen öff. Auftraggeber i.S.v. § 99 Nr. 1 bis 3 GWB vergeben werden, der ein ausschließliches Recht hat, die Leistung zu erbringen

Abb. 16: Besondere Ausnahmen gemäß §§ 116 Abs. 1, 137 Abs. 1 GWB

Ausnahmetatbestände sind eng auszulegen. Öffentliche Auftraggeber, Sektorenauftraggeber und Konzessionsgeber, die sich auf eine Ausnahme berufen, sind für das Vorliegen der ausnahmebegründenden Voraussetzungen darlegungs- und beweisbelastet.[173]

Ausnahmetatbestände sind bieterschützend und unterliegen uneingeschränkt der Nachprüfung. Da der Rechtsweg zu den Nachprüfungsinstanzen nicht der Disposition der Parteien unterliegt, sind die in Betracht kommenden Ausnahmetatbestände selbst dann von Amts wegen zu prüfen, wenn sich der Auftraggeber nicht auf sie beruft.[174]

173 Vgl. EuGH, Urt. v. 2.10.2008, Rs. C-151/06, Kommission ./. Italienische Republik, Rn. 23; Urt. v. 8.4.2008, Rs. C-337/05, Agusta, Rn. 58.
174 Vgl. OLG Düsseldorf, Beschl. v. 1.8.2012, VII-Verg 10/12.

5. Schwellenwerte und Wertgrenzen

Wie bereits in Kapitel 1 dargestellt, unterscheidet sich das Vorgehen bei der Vergabe öffentlicher Aufträge deutlich danach, ob der Wert des zu vergebenden Auftrags den einschlägigen Schwellenwert erreicht bzw. überschreitet oder darunterbleibt. Daneben setzen die Landesvergabegesetze, VOL/A bzw. UVgO und VOB/A sowie zahlreiche Verwaltungserlasse weitere Wertgrenzen, unterhalb bzw. oberhalb derer Besonderheiten zu beachten sind.

In diesem Kapitel werden zunächst die EU-Schwellenwerte (Kapitel 5.1) und die weiteren relevanten Wertgrenzen (Kapitel 5.2) vorgestellt. Im Anschluss daran werden die vergaberechtlichen Anforderungen an die Berechnung des Auftragswerts erläutert (Kapitel 5.3). Schließlich wird noch auf die Besonderheit der sogenannten „binnenmarktrelevanten Leistungen" eingegangen, deren Festlegung sich nicht an starren Werten, sondern an auftragsindividuellen Merkmalen orientiert (Kapitel 5.4).

5.1 Schwellenwerte

Die Schwellenwerte ziehen die grundsätzliche Trennlinie zwischen nationalen und EU-weiten Vergabeverfahren:

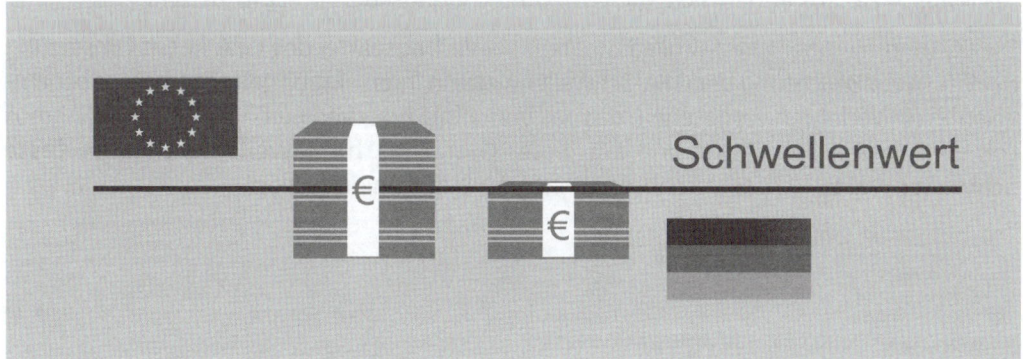

Abb. 17: Trennlinie Schwellenwerte

- Im Bereich **unterhalb der Schwellenwerte** sind die europäischen Vergaberichtlinien nicht anwendbar. Rechtsgrundlage für das Beschaffungsverfahren der öffentlichen Hand bilden hier vielmehr das **Bundes- und Landeshaushaltsrecht**, ausgestaltet durch den jeweils ersten Abschnitt der VOB/A und der VOL/A bzw. die UVgO.[175] Aufgrund der Tatsache, dass es sich beim Haushaltsrecht um **reines Innenrecht** der öffentlichen Verwaltung handelt, können Wettbewerber aus den Vorschriften über die Auftragsvergabe hier grundsätzlich keine subjektiven Rechte für sich ableiten. Das Nachprüfungsverfahren zu den Vergabekammern und Oberlandesgerichten ist – mit Ausnahme landesrechtlicher Besonderheiten in Sachsen-Anhalt und Thüringen – nicht eröffnet. Der Auftraggeber ist nicht verpflichtet, seine Vergabeverfahren EU-weit bekannt zu machen, sondern kann sich auf nationalen, bei kleinen oder Kleinstaufträgen u.U. auch auf einen regionalen oder sogar lokalen Wettbewerb beschränken.[176]

- Im Bereich **ab den EU-Schwellenwerten** wird das Vergaberecht europarechtlich determiniert. Der Wettbewerbsgrundsatz überlagert das (gleichwohl auch hier geltende) Haushaltsrecht und verleiht ihm „Zähne". Gemäß § 97 Abs. 6 GWB haben Unternehmen in diesem Bereich einen **einklagbaren Anspruch** darauf, dass der Auftraggeber die Bestimmungen über das Vergabeverfahren einhält. Dieser unterliegt strengeren und durch die vergaberechtliche Rechtsprechung sehr konkret ausgeformten Regelungen und ist grundsätzlich verpflichtet, seine Beschaffungsabsicht EU-weit anzukündigen und Unternehmen aus sämtlichen EU-Mitgliedsstaaten zum Wettbewerb zuzulassen.

Die Schwellenwerte haben ihren **Ursprung im Government Procurement Agreement (GPA)**, dem Beschaffungsübereinkommen der Welthandelsorganisation.[177] Dessen Geltungsbereich wurde von Anbeginn auf öffentliche Aufträge beschränkt, die die dort genannten Werte erreichen oder überschreiten. Da das GPA ein multilaterales Abkommen ist, sind die Schwellenwerte dort in sogenannten **Sonderziehungsrechten (SZR)** ausgewiesen.

Dabei handelt es sich um eine künstliche Währung, die 1969 vom Internationalen Währungsfonds IWF eingeführt wurde. Der Wechselkurs eines Sonderziehungsrechts ist durch einen „Währungskorb" wichtiger Weltwährungen definiert. Durch Schwankungen dieser Währungen untereinander sowie einer von Zeit zu Zeit geänderten Zusammensetzung dieses Währungskorbs ändert sich auch der Umrechnungskurs von Euro zu SZR.

Die EU (und hierüber ihre Mitgliedsstaaten) als Vertragspartei des GPA hat in Umsetzung der Pflicht zur Beachtung der GPA-Schwellenwerte in ihren aktuell geltenden Vergaberichtlinien[178] ein Verfahren vorgesehen, das das Verhältnis zwischen Euro und SZR im Rhythmus von zwei Jahren aktualisiert und auf dieser Grundlage **für jeweils zwei Jahre feste Schwellenwerte** für das Vergaberecht innerhalb der Union festlegt.

---

175 Vgl. hierzu Kap. 1.3.2.
176 Vgl. hierzu Kap. 7.2.
177 Siehe hierzu näher im Kap. 1.3.7.
178 Richtlinien 2014/23/EU, 2014/24/EU und 2014/25/EU sowie 2009/81/EG

Für die Jahre 2016 und 2017 gelten folgende Schwellenwerte[179]:

Liefer- und Dienstleistungsaufträge der obersten und oberen Bundesbehörden sowie vergleichbarer Bundeseinrichtungen	135.000 Euro
Liefer- und Dienstleistungsaufträge von Sektorenauftraggebern zum Zwecke der Ausübung einer Sektorentätigkeit	418.000 Euro
Liefer- und Dienstleistungsaufträge im Bereich Verteidigung und Sicherheit	418.000 Euro
Liefer- und Dienstleistungsaufträge aller anderen öffentlichen Auftraggeber	209.000 Euro
Aufträge für soziale und andere besondere Dienstleistungen nach § 130 GWB	750.000 Euro
Bauaufträge	5.225.000 Euro
Bau- und Dienstleistungskonzessionen	5.225.000 Euro

Die jeweilige Festlegung dieser Schwellenwerte erfolgt auf europäischer Ebene in Gestalt von EU-Verordnungen, die für ihre Geltung – anders als Richtlinien – keiner Umsetzung in nationales Recht bedürfen. Sie gelten damit für den relevanten Zeitraum also direkt in den EU-Mitgliedsstaaten.

§ 106 GWB nimmt über eine sogenannte dynamische Verweisung auf die jeweils aktuellen EU-Schwellenwertverordnungen Bezug, sodass – anders als früher – keine Änderung der deutschen Rechtsvorschriften mehr nötig ist, wenn die Schwellenwerte wieder angepasst werden. Zugleich gibt das Bundeswirtschaftsministerium die geänderten Schwellenwerte nach deren Veröffentlichung unverzüglich im Bundesanzeiger bekannt.

5.2 Sonstige Wertgrenzen

Darüber hinaus sehen zahlreiche Vorschriften des deutschen Vergaberechts weitere Wertgrenzen vor, an die unterschiedliche Rechtsfolgen geknüpft sind.

5.2.1 Bagatelllose

§ 3 Abs. 9 VgV[180] enthält in der Praxis weitgehend unbekannte und in sich unsystematische Wertgrenzen für die Vergabe sogenannter **Bagatelllose**. Danach dürfen Auftragge-

---

179 Delegierte Verordnung (EU) Nr. 2015/2172 der Kommission vom 24.11.2015, ABl. EU Nr. L 307, S. 9 (für die neuen Schwellenwerte bei der Vergabe von Konzessionen); Delegierte Verordnung (EU) Nr. 2015/2170 der Kommission vom 24.11.2015, ABl. EU Nr. L 307, S. 5 (für die neuen Schwellenwerte bei der Vergabe von öffentlichen Aufträgen); Delegierte Verordnung (EU) Nr. 2015/2171 der Kommission vom 24.11.2015, ABl. EU Nr. L 307, S. 7 (für die neuen Schwellenwerte im Sektorenbereich). Für EU-Mitgliedsstaaten, die den Euro (noch) nicht eingeführt haben, gelten die in der Mitteilung der EU-Kommission vom 3.12.2011 (2011/C 353/01) festgelegten Gegenwerte der nationalen Währungen.
180 Für den Sektorenbereich gilt § 2 Abs. 9 SektVO, für die Vergabe von Aufträgen im Bereich Verteidigung und Sicherheit § 3 Abs. 7 VSVgV.

ber aus einem öffentlichen Auftrag, der den einschlägigen Schwellenwert erreicht oder übersteigt (und daher EU-weit bekannt gemacht werden muss), ein bestimmtes Kontingent kleinerer Lose dem europaweiten Wettbewerb entziehen und national vergeben. Damit will die EU als Urheber dieser Vorschrift bewirken, dass auch bei einem binnenmarktweiten Wettbewerb sichergestellt werden kann, dass zumindest ein Teil des Auftragsvolumens in jedem Fall an die heimische Wirtschaft beauftragt werden kann.

Lose, die hierfür in Betracht kommen, müssen zwei Voraussetzungen erfüllen:

- Zum einen darf ihre jeweilige absolute Größe nicht größer als 80.000 Euro (bei Liefer- und Dienstleistungsaufträgen) bzw. 1.000.000 Euro (bei Bauaufträgen) sein. Lose, die ein größeres Volumen aufweisen, fallen also per se nicht unter diese Ausnahme.

- Zum anderen dürfen nur so viele Bagatelllose, die die erste Voraussetzung erfüllen, ausgenommen werden, bis deren Summe ein Kontingent von 20 % des Gesamtauftragswerts (also die Summe sämtlicher Lose dieses Auftrags) erreicht.

Praxisbeispiel

 Ein Dienstleistungsauftrag besteht aus zehn Teillosen à 50.000 Euro. Der Gesamtauftragswert beträgt also 500.000 Euro, der Auftrag ist damit EU-weit auszuschreiben. Unter Bezugnahme auf § 3 Abs. 9 VgV kann der Auftraggeber jedoch zwei Teillose (à 50.000 Euro = 100.000 Euro = 20 % von 500.000 Euro) von diesem Vergabeverfahren ausnehmen und national vergeben.

Wenngleich die Bagatelllose weiterhin Teil des Oberschwellenauftrags sind (und damit auch bei der Berechnung des Auftragswerts zu berücksichtigen sind), unterfallen sie – wenn sie einmal als solche bestimmt sind – nicht mehr dem Anwendungsbereich des GWB-Vergaberechts und können daher auch nicht Gegenstand eines Nachprüfungsverfahrens sein. Aus Gründen der Transparenz muss die Festlegung, welche Lose als Bagatelllose qualifiziert werden, bereits zu Beginn des Vergabeverfahrens erfolgen, und die Benennung der festgelegten Bagatelllose muss in der Bekanntmachung veröffentlicht werden.

5.2.2 Wertgrenzen zur Verfahrensvereinfachung

Zahlreiche Wertgrenzenregelungen sehen Verfahrenserleichterungen für die Vergabe von kleinen und kleinsten Aufträgen vor. Sie erlauben dem Auftraggeber, Aufträge, deren Volumen bestimmte Grenzwerte nicht erreichen, freihändig zu vergeben oder beschränkt auszuschreiben[181], ohne dass es hierfür einer besonderen Begründung (z.B. Eilbedürftigkeit der Beschaffung oder stark eingeschränkter Kreis von Anbietern) bedarf.

§ 3a Abs. 2 Nr. 1 VOB/A erlaubt die **beschränkte Ausschreibung** von Bauleistungen bis zu einem Auftragswert von

- 50.000 Euro für Ausbaugewerke (ohne Energie- und Gebäudetechnik), Landschaftsbau und Straßenausstattung,

---

181 Zu den Verfahrensarten siehe auch Kapitel 6.

- 150.000 Euro für Tief-, Verkehrswege- und Ingenieurbau sowie

- 100.000 Euro für alle übrigen Gewerke.

Nach § 3a Abs. 4 Satz 2 VOB/A können Bauaufträge bis zu einem Auftragswert von 10.000 Euro ohne weitere Begründung freihändig vergeben werden.

In den Jahren 2009 und 2010 wurden diese Vorschriften durch **Sonderregelungen** des Bundes und der Länder im Rahmen des sog. **Konjunkturpakets II** überlagert, die im Baubereich beschränkte Ausschreibungen bis 1.000.000 Euro und freihändige Vergaben bis 100.000 Euro Auftragssumme ohne weitere Begründung erlaubten. Im Bereich der Liefer- und Dienstleistungsvergaben galt eine Wertgrenze von 100.000 Euro, unterhalb derer der Auftraggeber sogar ohne weitere Begründung zwischen einer beschränkten Ausschreibung und einer freihändigen Vergabe entscheiden konnte. Nach Auslaufen des „KoPa II" ist der Bund zu den Regelungen in VOB/A und VOL/A zurückgekehrt. Zahlreiche Bundesländer haben ihre Ausnahmevorschriften – in teilweise modifizierter Form – jedoch über den 31.12.2010 hinaus beibehalten; sie gelten in einigen Bundesländern noch heute, teilweise sogar ohne zeitliche Begrenzung.[182] In Ansehung der erforderlichen umfassenden Leistungen im Zusammenhang mit der Unterbringung von Flüchtlingen haben derzeit einige Bundesländer in vergleichbaren Erlassen ebenfalls Freigrenzen für die freie Wahl der Beschränkten Ausschreibung und der Freihändigen Vergabe eingeführt.

Die **VOL/A** ermächtigt in **§ 3 Abs. 5 lit. i)** Bund und Länder, die Vergabe von Liefer- und Dienstleistungsaufträgen unterhalb einer bestimmten Wertgrenze ohne weitere Begründung freihändig zu gestatten. Hiervon haben Bund und zahlreiche Länder mit Wertgrenzen zwischen 5.000 und 10.000 Euro Gebrauch gemacht. § 8 Abs. 4 Nr. 17 UVgO enthält eine vergleichbare Ermächtigungsgrundlage. Neu ist, dass nach § 8 Abs. 4 Nr. 17 Halbsatz 2 UVgO eine solche Wertgrenze auch für die Vergabe von Liefer- oder Dienstleistungsaufträgen einer Auslandsdienststelle im Ausland oder einer inländischen Dienststelle, die im Ausland für einen dort zu deckenden Bedarf beschafft, festgesetzt werden kann.

Schließlich sieht **§ 3 Abs. 6 VOL/A** vor, dass Kleinstaufträge bis 500 Euro im **Direktkauf** ohne ein formales Vergabeverfahren beauftragt werden können.[183] Der Auftraggeber muss hierbei nicht einmal die geringen Anforderungen an eine freihändige Vergabe beachten, ist aber ausdrücklich an die Haushaltsgrundsätze der Wirtschaftlichkeit und Sparsamkeit gebunden.

5.2.3 Wertgrenzen zur Erhöhung der Transparenz

Weiterhin existieren Wertgrenzen, deren Erreichen oder Überschreiten besondere **Transparenzpflichten** hinsichtlich des zugrunde liegenden Auftrags auslösen:

- So verlangt § 19 Abs. 5 VOB/A, dass Auftraggeber fortlaufend auf **Internetportalen oder** ihren **Beschafferprofilen** über beabsichtigte Beschränkte Ausschreibungen nach

---

182 So z.B. § 25a Abs. 2 und 3 der Gemeindehaushaltsverordnung des Landes Brandenburg.
183 § 14 UVgO sieht hier eine erhöhte Grenze von 1.000 Euro vor.

§ 3a Abs. 2 Nr. 1 VOB/A ab einem voraussichtlichen Auftragswert von 25.000 Euro informieren.

- Nach erfolgter Auftragsvergabe fordert § 20 Abs. 3 VOB/A die **Veröffentlichung einiger Kerninformationen** über den vergebenen Auftrag und den Auftragnehmer: Bei Beschränkten Ausschreibungen ohne Teilnahmewettbewerb ab einem Auftragswert von 25.000 Euro und bei Freihändigen Vergaben ab einem Auftragswert von 15.000 Euro. Die VOL/A sieht Vergleichbares in § 19 Abs. 2 vor, jedoch einheitlich für Beschränkte Ausschreibungen und Freihändige Vergaben (jeweils ohne Teilnahmewettbewerb) ab einem Auftragswert von 25.000 Euro.[184]

5.2.4 Landesrechtliche Wertgrenzen

Schließlich sehen zahlreiche Landesvergabegesetze vor, dass kleine und kleinste öffentliche Aufträge gar nicht oder nur teilweise in den Anwendungsbereich fallen. Entsprechende Wertgrenzen enthalten z.B. § 1 BbgVergG, § 1 Abs. 5 TVgG NRW oder § 1 Abs. 1 ThürVgG.

5.3 Berechnung des Auftragswerts

Wie bereits erwähnt, richtet sich die Entscheidung, ob der jeweilige Schwellenwert oder die Wertgrenze über- oder unterschritten wird, nach dem Volumen des entsprechenden öffentlichen Auftrags. Je größer dieser ist, desto wirtschaftlich attraktiver ist der Auftrag für die anbietende Wirtschaft und desto höhere und strengere Anforderungen werden an seine Vergabe gestellt. Andererseits gewährt das Vergaberechtsregime umso größere Vereinfachungen und sogar Ausnahmen, je kleiner und wirtschaftlich unbedeutender die entsprechenden Aufträge sind.

Die **Bestimmung des Auftragswerts** beruht auf einer **Schätzung** und ist Sache des Auftraggebers. Er hat dabei die in § 3 VgV geregelten Vorgaben zwingend zu beachten, wenn der Auftragswert (voraussichtlich) in dem Bereich ab dem jeweils einschlägigen Schwellenwert liegt.[185] Aber auch bei kleinen Aufträgen, bei denen es zu bestimmen gilt, ob eine der vorgenannten Wertgrenzen überschritten wird oder nicht, ist § 3 VgV zumindest als Auslegungshilfe heranzuziehen; einige Landesvergabegesetze nehmen die Vorschrift über die Auftragswertberechnung sogar ausdrücklich in Bezug.[186]

Bei der Schätzung des Auftragswerts sind zunächst **drei Kernaspekte** zu beachten, die § 3 VgV ausdrücklich normiert:

- Der Auftragswert bestimmt sich nach der **voraussichtlichen Gesamtvergütung** (§ 3 Abs. 1 VgV). Hierbei sind grundsätzlich alle geldwerten Aspekte, die in Zusammenhang mit dem zu vergebenden Auftrag stehen, zu berücksichtigen. Will sich der Auftragge-

---

184 Dies ist auch in § 30 UVgO weiterhin so vorgesehen.
185 Für Aufträge im Sektorenbereich enthält § 2 SektVO, für Aufträge im Bereich Verteidigung und Sicherheit § 3 VSVgV nahezu identische Regelungen.
186 Vgl. etwa § 1 Abs. 1 ThürVgG.

ber spätere Vertragsverlängerungen oder eine Erweiterung des Leistungsumfangs als Option vorbehalten, sind diese Leistungen ebenfalls zu berücksichtigen. Besteht ein Auftrag aus mehreren Losen, so ist der Wert aller Lose auch dann maßgeblich für den Auftragswert, wenn die Lose später gesondert beauftragt werden (§ 3 Abs. 8 VgV). Prämien und sonstige Zahlungen an die Teilnehmer am Vergabeverfahren (z.B. Kostenerstattungen in einem wettbewerblichen Dialog) sind bei der Schätzung des Auftragswerts ebenso zu berücksichtigen wie Preisgelder bei Planungswettbewerben (§ 3 Abs. 12 VgV).

- Dem Auftraggeber ist es **untersagt**, den Auftragswert in der Absicht zu schätzen, den jeweiligen Schwellenwert (oder eine entsprechende Wertgrenze) nicht zu erreichen und ihn daher dem strengeren Regime ab dem Schwellenwert oder der Wertgrenze **zu entziehen** (§ 3 Abs. 2 VgV). Der Auftraggeber darf den Auftragswert also nicht künstlich „klein rechnen" oder in unterschiedliche Aufträge unterteilen, ohne hierfür einen sachlichen Grund zu haben.

- Schließlich normiert § 3 Abs. 3 VgV als maßgeblichen Zeitpunkt für die erforderliche Schätzung des Auftragswerts den **Beginn des Vergabeverfahrens**. Dies ist in der Regel der Zeitpunkt, an dem die Bekanntmachung der beabsichtigten Auftragsvergabe abgesendet wird. Bei Verhandlungsverfahren ohne Teilnahmewettbewerb sowie beschränkten Ausschreibungen oder freihändigen Vergaben ist es der Zeitpunkt der Versendung der Vergabeunterlagen bzw. der Kontaktaufnahme mit einem oder mehreren Unternehmen.

Vor diesem Hintergrund trifft eine pflichtgemäße Schätzung nach der vergaberechtlichen Rechtsprechung jenen Auftragswert, den ein umsichtiger und sachkundiger öffentlicher Auftraggeber nach sorgfältiger Prüfung des relevanten Marktsegments und auf dem Boden einer betriebswirtschaftlichen Finanzplanung veranschlagen würde.[187]

Diesen Anforderungen kann der Auftraggeber etwa dadurch genügen, dass er den Markt für die auszuschreibende Leistung zuvor erkundet, sich bei verschiedenen Anbietern Preise nennen lässt, ggf. auf die besondere Expertise von Sachverständigen zurückgreift oder auch – solange keine zu großen Zeiträume dazwischen liegen – auf angebotene Preise aus vorangegangenen Beschaffungen derselben Leistung zurückgreift.

Wenngleich in den meisten Fällen die Auftragswertschätzung kein besonderes Problem darstellt, wenn der jeweils maßgebliche Schwellenwert oder die maßgebliche Wertgrenze deutlich über- oder unterschritten wird,[188] entstehen Schwierigkeiten regelmäßig dort, wo eine Auftragswertschätzung geringfügig unter dem relevanten Schwellenwert bzw. der Wertgrenze liegt.

Zwar steht dem Auftraggeber auch hier ein Einschätzungsspielraum zu; sollte er im Ergebnis seiner Schätzung den relevanten Schwellenwert oder die relevante Wertgrenze jedoch knapp unterlaufen und sich im späteren Vergabeverfahren herausstellen, dass die überwie-

---

187 OLG Düsseldorf, Beschl. v. 30.7.2003, VII-Verg 5/03.
188 Von nicht unerheblicher Bedeutung ist bei gemischten Aufträgen jedoch vielfach, ob es sich um einen Bauauftrag handelt, bei dem der hohe Schwellenwert von 5,225 Mio. Euro gilt, oder der Auftrag als Liefer- bzw. Dienstleistung anzusehen ist und damit der hierfür geltende sehr viel geringere Schwellenwert einschlägig ist. Vgl. zu dieser Abgrenzung Kap. 4.3.

gende Anzahl oder sogar sämtliche Bieter zu Preisen angeboten haben, die deutlich über der Grenze liegen, könnte sich der Auftraggeber dem Verdacht ausgesetzt sehen, den Auftrag – entgegen § 3 Abs. 2 VgV – absichtlich klein gerechnet zu haben.

Praxistipp

 Bleibt der Auftragswert nach Schätzung knapp unterhalb des Schwellenwerts, so muss der Auftraggeber höchst sorgfältig handeln. Die Auftragswertschätzung sollte in einem solchen Fall noch einmal „nachgerechnet" werden, ggf. auch unter Einbeziehung eines Sachverständigen. Das Ergebnis sollte besonders sorgfältig dokumentiert werden.

Gleiches gilt für die Frage, welche (Teil-)Leistungen gemeinsam vergeben werden und daher auch bei der Auftragswertschätzung gemeinsam berücksichtigt werden müssen. In der Regel ist dann von einem gemeinsamen Auftrag auszugehen, wenn zwischen den einzelnen Leistungsteilen ein sachlicher und/oder zeitlicher Zusammenhang besteht. Auftragstrennungen, die zu einem Unterlaufen des Schwellenwerts bzw. der Wertgrenze führen, bedürfen einer belastbaren sachlichen Begründung und sind sorgfältig zu dokumentieren.

Stellt sich im Verlauf eines Vergabeverfahrens heraus, dass die Schätzung des Auftragswerts **grob fahrlässig oder** sogar **absichtlich** unter dem Schwellenwert blieb, so kann hierin unter Umständen ein schwerwiegender Fehler liegen, der den Auftraggeber zur Aufhebung des begonnenen Vergabeverfahrens zwingt. Insofern kann es sich bei Aufträgen, deren geschätzter Wert dem einschlägigen Schwellenwert sehr nahekommt, anbieten, diese freiwillig nach den strengeren Vorschriften des Oberschwellenbereichs auszuschreiben und zu vergeben. Für die Bekanntmachung im Amtsblatt der EU (Tenders Electronic Daily – TED) sieht § 40 Abs. 4 VgV diese Möglichkeit ausdrücklich vor.

Für die Schätzung des Auftragswerts bei Dauerschuldverhältnissen oder Laufzeitverträgen gibt § 3 Abs. 10 VgV entsprechende Hinweise.

Sämtliche Schwellenwerte und Wertgrenzen des Vergaberechts verstehen sich jeweils **ohne die gesetzliche Mehrwertsteuer**. Daher ist diese auch bei der Schätzung des Auftragswerts nicht zu berücksichtigen.

5.4 Binnenmarktrelevante Leistungen im Unterschwellenbereich

Wenngleich die europäischen Vergaberichtlinien (und in Umsetzung damit auch der 4. Teil des GWB, vgl. § 106 Abs. 1 GWB) nur für öffentliche Aufträge gelten, die den jeweils einschlägigen Schwellenwert erreichen oder überschreiten, geht der Europäische Gerichtshof in ständiger Rechtsprechung davon aus, dass es auch im Bereich unterhalb der Schwellenwerte öffentliche Aufträge gibt, die aufgrund ihrer Rahmenbedingungen relevant für den EU-Binnenmarkt sind. **Binnenmarktrelevanz** bedeutet, dass sich auch Unternehmen aus anderen EU-Mitgliedsstaaten aufgrund der jeweiligen Besonderheit des Auftrags für eine Leistungserbringung und damit für eine Beteiligung am Wettbewerb um diesen Auftrag interessieren.[189] Der EuGH sieht bei diesen Aufträgen den Auftraggeber in der Pflicht, auch außerhalb des Anwendungsbereichs des europäischen Vergaberechts jedenfalls die Grundprinzipien des EU-Vertrags zu berücksichtigen. In Umsetzung der Pflicht zu **Gleichbehandlung**, **Nichtdiskriminierung** und **Transparenz** obliegen ihm dabei unter Umständen erhöhte Anforderungen, die auch über das hinausgehen können, was das nationale Vergaberecht vorsieht.[190]

Wann eine solche Binnenmarktrelevanz bei einem öffentlichen Auftrag im Unterschwellenbereich vorliegt, obliegt der Einschätzung und Entscheidung des jeweiligen Auftraggebers. Anders als bei den Schwellenwerten existieren hier allerdings keine starren Grenzwerte, bei deren Erreichen bestimmte Rechtsfolgen ausgelöst werden. Vielmehr muss in jedem **Einzelfall** entschieden werden, ob und wenn ja, welche besonderen Umstände eine solche Binnenmarktrelevanz begründen. Die EU-Kommission nennt dabei als relevante Bezugspunkte

- den Auftragsgegenstand,

- den geschätzten Auftragswert,

- die Besonderheiten des betreffenden Sektors sowie

- die geografische Lage des Orts der Leistungserbringung.

Praxisbeispiel

 Ein Dienstleistungsauftrag über die Erstellung eines Gutachtens wird auch bei weitaus geringerem Auftragsvolumen für ausländische Anbieter eher von Interesse sein als ein Bauauftrag, der eine örtliche Präsenz mit Gerät und Personal am Ort der Baustelle erfordert.

Andererseits wird sich ein polnisches Bauunternehmen durchaus für einen kleinen öffentlichen Bauauftrag interessieren, den die Stadt Frankfurt/Oder ausschreibt, während es denselben Auftrag wegen des hohen Anreiseaufwands als uninteressant ansehen dürfte, wenn er durch die Stadt Kassel ausgeschrieben würde.

Festzuhalten ist, dass Auftraggeber, die Unterschwellenaufträge nach der VOB/A bzw. der VOL/A oder zukünftig nach der UVgO ausschreiben und vergeben, in den meisten Fällen auch die Anforderungen der Grundprinzipien an die Vergabe eines binnenmarktrelevanten Auftrags erfüllen dürften. Insofern bedarf es hier in der Regel keiner weiteren Maßnahmen.

---

189 Vergleichbare Bereiche mit binnenmarktrelevanten Aufträgen sehen EuGH und EU-Kommission im Bereich der Vergabe von Dienstleistungskonzessionen unterhalb der Schwellenwerte sowie bei der Vergabe bestimmter Dienstleistungen. Vgl. hierzu in Kap. 4.3.

190 Zu nennen ist hier beispielsweise die Pflicht, beabsichtigte Auftragsvergaben in solchen Medien bekannt zu machen, dass auch ausländische Unternehmen hiervon erfahren und sich an dem Vergabeverfahren beteiligen können. Weitere Aspekte enthält die Mitteilung der EU-Kommission zu Auslegungsfragen in Bezug auf das Gemeinschaftsrecht, das für die Vergabe öffentlicher Aufträge gilt, die nicht oder nur teilweise unter die Vergaberichtlinien fallen (2006/C 179/02). Dieses Dokument ist abrufbar über die Website der EU-Kommission (vgl. Kap. 11.4.2).

6. Die Verfahrensarten

Gegenstand dieses Kapitels ist die Frage, auf welche Weise sich öffentliche Auftraggeber Bau-, Liefer- oder Dienstleistungen auf dem Markt beschaffen können. Das Vergaberecht setzt öffentlichen Auftraggebern dafür klare Vorgaben: Leistungen müssen grundsätzlich in einem bestimmten Verfahren beschafft werden. Welche unterschiedlichen Verfahrensarten den Auftraggebern dafür zur Verfügung stehen, wird im Folgenden erläutert. Die Besonderheiten bei der Vergabe von Konzessionen werden abschließend in Kapitel 6.8 dargestellt.

Praxistipp

Öffentliche Auftraggeber müssen öffentliche Aufträge grundsätzlich im Rahmen eines Vergabeverfahrens vergeben. Eine Ausnahme stellt § 3 Abs. 6 VOL/A dar: Danach können Waren oder Dienstleistungen ohne Vergabeverfahren im Wege eines Direktkaufs beschafft werden, sofern der Netto-Auftragswert 500 Euro nicht übersteigt.[1]

Für den Bereich der europaweiten Vergabe, also **ab den EU-Schwellenwerten** (Oberschwellenbereich), sind die Verfahrensarten abschließend in § 119 Abs. 1 GWB genannt. Danach stehen für die Vergabe von öffentlichen Aufträgen zur Verfügung

- das offene Verfahren,
- das nicht offene Verfahren,
- das Verhandlungsverfahren mit und ohne Teilnahmewettbewerb,
- der wettbewerbliche Dialog und
- die Innovationspartnerschaft.[2]

---

1   § 14 UVgO sieht eine Grenze von 1.000 Euro vor. Sie wird gelten, sobald Bund bzw. Länder die UVgO als Ersatz für die VOL/A eingeführt haben (vgl. hierzu Kap. 1.3.6.3).
2   Die in § 120 GWB aufgeführten besonderen Methoden und Instrumente wie das dynamische Beschaffungssystem, die elektronische Auktion und der elektronische Katalog werden in Kapitel 6.7 behandelt.

Aufträge **unterhalb der Schwellenwerte** (Unterschwellenbereich) können öffentliche Auftraggeber vergeben im Wege

- der Öffentlichen Ausschreibung,

- der Beschränkten Ausschreibung mit und ohne Teilnahmewettbewerb sowie

- der Freihändigen Vergabe mit und ohne Teilnahmewettbewerb.[3]

Die Verfahrensarten im Ober- und Unterschwellenbereich weichen trotz unterschiedlicher Begrifflichkeiten dabei nicht völlig voneinander ab, sondern weisen zum Teil sogar einen identischen Inhalt auf. So decken sich die Öffentliche Ausschreibung strukturell und systematisch mit dem offenen Verfahren, die Beschränkte Ausschreibung mit dem nicht offenen Verfahren und die Freihändige Vergabe weitgehend mit dem Verhandlungsverfahren. Der wettbewerbliche Dialog und die Innovationspartnerschaft kommen im Unterschwellenbereich hingegen nicht vor.

Die Verfahrensarten im Unterschwellenbereich, also die Öffentliche Ausschreibung, Beschränkte Ausschreibung und die Freihändige Vergabe (zukünftig Verhandlungsvergabe), kommen ausschließlich bei Vergaben nach dem 1. Abschnitt der VOL/A (bzw. nach der UVgO) und dem 1. Abschnitt der VOB/A in Betracht.

Die Aufzählung der Verfahrensarten ist abschließend (sog. „numerus clausus" der Verfahrensarten). Öffentliche Auftraggeber können daher allein auf eine der normierten Verfahrensarten zurückgreifen. Eine Verfahrensart darf zudem nicht durch Elemente anderer Verfahrensarten ergänzt werden.[4]

Sollten sich Bieter bzw. Bewerber im Zusammenhang mit der Wahl des Verfahrens in ihren Rechten verletzt fühlen, steht es ihnen bei Aufträgen im Oberschwellenbereich frei, dies durch die Vergabekammer in einem Nachprüfungsverfahren überprüfen zu lassen.

Praxistipp

 § 119 GWB beschreibt die Vergabearten für europaweite Ausschreibungen lediglich in Grundzügen. Die Einzelheiten der Vergabeverfahren ergeben sich für öffentliche Auftraggeber aus der VgV und der VSVgV sowie der VOB/A-EU und der VOB/A-VS. Für Sektorenauftraggeber sind Details zu den Verfahrensarten in der SektVO geregelt.

Im Unterschwellenbereich sind die Vergabearten im jeweils 1. Abschnitt von VOB/A und VOL/A sowie der UVgO abschließend dargestellt.

---

3 §§ 8 Abs. 1, 12 UVgO bezeichnen dieses Verfahren jetzt als „Verhandlungsvergabe".
4 Vgl. EuGH, Urt. v. 25.4.1996, C-87/94, Wallonische Busse; zur Ausnahme bei Konzessionsvergaben siehe Kap. 6.8.

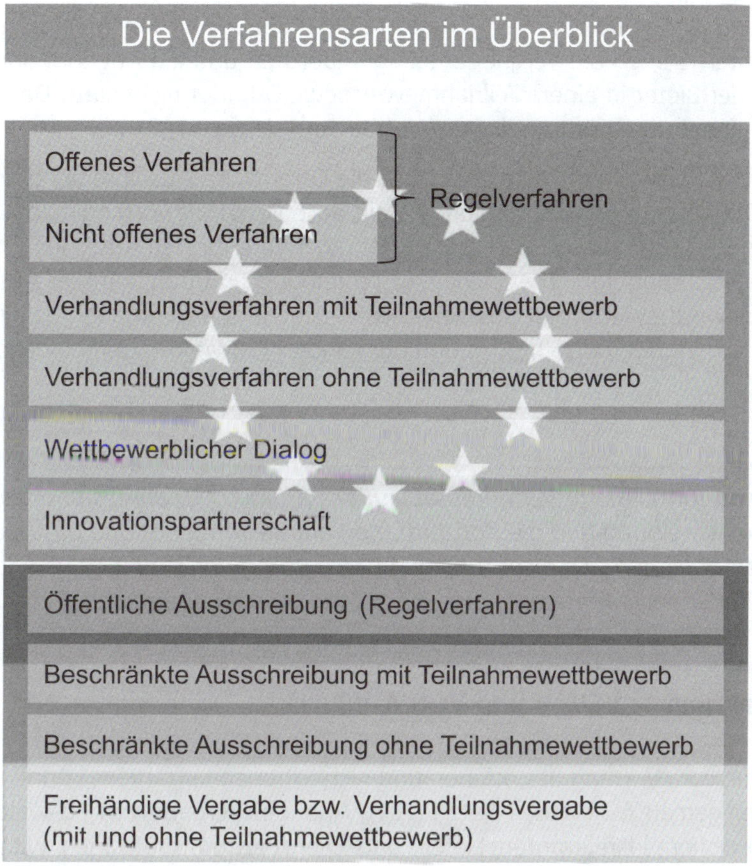

Die Verfahrensarten im Überblick

Offenes Verfahren

Nicht offenes Verfahren

— Regelverfahren

Verhandlungsverfahren mit Teilnahmewettbewerb

Verhandlungsverfahren ohne Teilnahmewettbewerb

Wettbewerblicher Dialog

Innovationspartnerschaft

Öffentliche Ausschreibung (Regelverfahren)

Beschränkte Ausschreibung mit Teilnahmewettbewerb

Beschränkte Ausschreibung ohne Teilnahmewettbewerb

Freihändige Vergabe bzw. Verhandlungsvergabe
(mit und ohne Teilnahmewettbewerb)

Abb. 18: Die Verfahrensarten im Überblick

6.1 Offenes Verfahren/Öffentliche Ausschreibung

Das offene Verfahren ist in § 119 Abs. 3 GWB definiert als ein Verfahren, in dem der öffentliche Auftraggeber eine unbeschränkte Anzahl von Unternehmen zur Abgabe von Angeboten auffordert.[5]

Diese Verfahrensart stellt im **Oberschwellenbereich** zusammen mit dem nicht offenen Verfahren[6] das vorrangig anzuwendende Regelverfahren dar.[7] Alle anderen Verfahrensarten können hingegen nur dann gewählt werden, wenn die jeweiligen Anwendungsvoraussetzungen vorliegen. Ausnahmen von diesem Grundsatz sehen die VSVgV, VOB/A-VS und SektVO vor; zudem gibt es Besonderheiten für die Vergabe von sozialen und anderen besonderen Dienstleistungen sowie für die Vergabe von Architekten- und Ingenieurleistungen (vgl. hierzu unter Kapitel 6.1.1 bis 6.1.3).

---

5 Vgl. auch § 3 EU Nr. 1 VOB/A.
6 Dazu sogleich unter Kapitel 6.2.
7 Vgl. § 119 Abs. 2 Satz 1 GWB, § 14 Abs. 2 Satz 1 VgV, § 3a EU Abs. 1 VOB/A.

Im Unterschied zu den übrigen Verfahrensarten können beim offenen Verfahren alle interessierten Unternehmen die Vergabeunterlagen abrufen und ein Angebot abgeben. Eine Vorauswahl der Bieter in einem Teilnahmewettbewerb findet nicht statt. Das offene Verfahren stellt damit den größtmöglichen Wettbewerb sicher.

Unterhalb der Schwellenwerte entspricht die Öffentliche Ausschreibung dem offenen Verfahren. Die Öffentliche Ausschreibung stellt dort alleine die vorrangig vom Auftraggeber zu wählende Verfahrensart dar.[8] Der Vorrang der Öffentlichen Ausschreibung bzw. zukünftig der Gleichrang von Öffentlicher Ausschreibung und Beschränkter Ausschreibung mit Teilnahmewettbewerb folgt aus den haushaltsrechtlichen Vorgaben des § 30 HGrG[9], der Haushaltsordnungen des Bundes und der Länder[10] sowie der Gemeindehaushaltsverordnungen.[11]

Praxistipp

 Der streng formalisierte Verfahrensablauf des offenen Verfahrens und der Öffentlichen Ausschreibung und die Konzentration auf das Angebot und das Nachverhandlungsverbot eignen sich nicht für jeden Beschaffungsvorgang. Das Vergaberecht gestattet daher ausnahmsweise auch die Anwendung einer anderen Verfahrensart.

6.1.1 Ausnahme 1: VSVgV und VOB/A-VS

Als Ausnahme vom Vorrang des offenen und nicht offenen Verfahrens können öffentliche Auftraggeber gemäß § 11 Abs. 1 Satz 1 VSVgV bei der Vergabe von EU-weiten verteidigungs- und sicherheitsrelevanten Liefer- und Dienstleistungsaufträgen wählen, ob sie diese Aufträge im nicht offenen Verfahren oder im Verhandlungsverfahren mit Teilnahmewettbewerb vergeben wollen. Darüber hinaus steht ihnen in Ausnahmefällen das Verhandlungsverfahren ohne Teilnahmewettbewerb (§ 12 VSVgV) oder der wettbewerbliche Dialog (§ 13 VSVgV) zur Verfügung. Das offene Verfahren sieht die VSVgV somit gar nicht vor. Dies wird damit begründet, dass die Inhalte solcher Aufträge oftmals vertraulich oder geheimhaltungsbedürftig sind und nicht im offenen Verfahren jedermann uneingeschränkt zur Verfügung gestellt werden sollen. Der vorgeschaltete Teilnahmewettbewerb, der hier bei allen anderen Verfahrensarten die Regel ist, dient also als erste Prüfungsinstanz der Verfahrensteilnehmer. Die eigentlichen Vergabeunterlagen erhalten dann nur Unter-

---

8 Vgl. § 3a Abs. 1 VOB/A; § 3 Abs. 2 Satz 1 VOL/A. Die Unterschwellenvergabeordnung (UVgO), die ab 2017 die VOL/A für Vergaben von Liefer- und Dienstleistungen im Unterschwellenbereich ablösen wird, sieht in § 8 Abs. 2 ebenfalls die Wahlmöglichkeit des Auftraggebers zwischen der Öffentlichen Ausschreibung und der Beschränkten Ausschreibung mit Teilnahmewettbewerb vor. Auch die VOB/A Abschnitt 1 soll im Laufe des Jahres 2017 erneut angepasst werden und dann ebenfalls dem Auftraggeber die Wahlmöglichkeit zwischen der Öffentlichen Ausschreibung und der Beschränkten Ausschreibung mit Teilnahmewettbewerb geben.

9 Haushaltsgrundsätzegesetz vom 19.8.1969 (BGBl. I S. 1273), das zuletzt durch Artikel 1 des Gesetzes vom 15.7.2013 (BGBl. I S. 2398) geändert worden ist. Es ist vorgesehen, § 30 HGrG im Frühjahr 2017 dahingehend anzupassen, dass auch hier der Gleichrang von Öffentlicher Ausschreibung und Beschränkter Ausschreibung mit Teilnahmewettbewerb manifestiert wird.

10 §§ 55 RHO, LHO. § 55 BHO soll im Frühjahr 2017 dahingehend geändert werden, dass die Öffentliche Ausschreibung und die Beschränkte Ausschreibung mit Teilnahmewettbewerb als Regelverfahren gelten. Die Länder werden voraussichtlich ebenfalls § 55 der Landeshaushaltsordnungen anpassen.

11 Z.B. § 25 GemHVO NRW.

nehmen, die als zuverlässig bzw. vertrauenswürdig eingestuft worden sind bzw. entsprechende Sicherheits- und Geheimschutzauflagen erfüllen.

Gleiches gilt gemäß § 3 VS Abs. 2 VOB/A für die EU-weite Vergabe von verteidigungs- und sicherheitsrelevanten Bauleistungen. Auch diese können im nicht offenen Verfahren oder im Verhandlungsverfahren mit Teilnahmewettbewerb vergeben werden; das Verhandlungsverfahren ohne Teilnahmewettbewerb oder der wettbewerbliche Dialog sind dagegen nur unter den in § 3a VS Abs. 2 VOB/A bzw. § 3a VS Abs. 3 VOB/A genannten Voraussetzungen zulässig. Ein offenes Verfahren gibt es bei Bauvergaben nach der VOB/A-VS ebenfalls nicht.

6.1.2 Ausnahme 2: SektVO

Auch im Sektorenbereich gilt der Vorrang des offenen bzw. des nicht offenen Verfahrens nicht. Sektorenauftraggeber haben gemäß § 13 Abs. 1 SektVO vielmehr die freie Wahl zwischen dem offenen Verfahren, dem nicht offenen Verfahren, dem Verhandlungsverfahren mit Teilnahmewettbewerb und dem wettbewerblichen Dialog. Auf das Verhandlungsverfahren ohne Teilnahmewettbewerb kann dagegen nur unter den in § 13 Abs. 2 SektVO genannten Ausnahmefällen zurückgegriffen werden.

6.1.3 Ausnahme 3: besondere Dienstleistungen

Schließlich gibt es auch innerhalb der VgV Bereiche, in denen der Vorrang des offenen und nicht offenen Verfahrens bei Oberschwellenvergaben nicht gilt.

a) Soziale und andere besondere Dienstleistungen: Hier ist zum einen die Vergabe von sozialen und anderen besonderen Dienstleistungen zu erwähnen.[12] Der Auftraggeber kann nach § 65 Abs. 1 VgV auch die Verfahrensarten Verhandlungsverfahren mit Teilnahmewettbewerb, wettbewerblicher Dialog und Innovationspartnerschaft frei wählen, ohne dass die jeweiligen Anwendungsvoraussetzungen erfüllt sein müssen. Das Verhandlungsverfahren ohne Teilnahmewettbewerb steht hingegen auch hier nur nach den Voraussetzungen des § 14 Abs. 4 VgV zur Verfügung. Mit der weitgehend freien Wahl der Verfahrensart will der Auftraggeber hier Verfahrenserleichterungen bei Dienstleistungen geben, deren Beschaffung mit den strengen Regeln des Vergaberechts oftmals schwer zu bewerkstelligen ist. Für den Unterschwellenbereich, der hier aufgrund des besonderen Schwellenwerts erst bei 750.000 Euro endet, sieht § 49 der UVgO, die ab 2017 die VOL/A ablösen wird, ebenfalls die freie Wahl von Öffentlicher Ausschreibung, Beschränkter Ausschreibung mit Teilnahmewettbewerb und Verhandlungsvergabe mit Teilnahmewettbewerb vor.

b) Architekten- und Ingenieurleistungen: Zum anderen gibt es auch eine Ausnahme bei der Vergabe von Architekten- und Ingenieurleistungen.[13] Hier können öffentliche Auf-

---

12 Welche Dienstleistungen dies im Einzelnen sind, wird in Kap. 4.3.3 erläutert. Die weiteren Verfahrensbesonderheiten für diese Dienstleistungen werden in Kap. 7 dargestellt.

13 Früher waren diese als freiberufliche Leistungen in der VOF enthalten. Nach Wegfall der VOF im Rahmen der Vergaberechtsmodernisierung vom April 2016 sind die Besonderheiten jetzt in den §§ 78 ff. VgV geregelt.

traggeber auch das Verhandlungsverfahren mit Teilnahmewettbewerb und den wettbewerblichen Dialog als Regelverfahren verwenden. Daneben gibt es noch das Verhandlungsverfahren ohne Teilnahmewettbewerb, welches aber auch hier nur unter den in § 14 Abs. 4 VgV genannten Fällen zulässig ist. Im Unterschwellenbereich gilt die VOL/A für solche Aufträge nicht (§ 1 Satz 2, 2. Anstrich VOL/A). Daher gibt es hinsichtlich der Verfahrensart auch keine bindenden Vorgaben. § 50 UVgO verlangt für unterschwellige freiberufliche Leistungen, dass diese grundsätzlich im Wettbewerb zu vergeben sind. Dabei soll so viel Wettbewerb geschaffen werden, wie dies nach der Natur des Geschäfts oder nach den besonderen Umständen möglich ist.

6.2 Nicht offenes Verfahren/Beschränkte Ausschreibung

6.2.1 Merkmale

Das nicht offene Verfahren ist seit der Vergaberechtsmodernisierung vom April 2016 bei Oberschwellenvergaben dem offenen Verfahren gleichgestellt.[14] Es hat mit dem offenen Verfahren die Formstrenge gemeinsam, unterscheidet sich von diesem aber insbesondere dadurch, dass vor der Abgabe der Angebote die Eignung der interessierten Unternehmen in einem gesonderten Teilnahmewettbewerb geprüft wird.

Der wesentliche Unterschied des nicht offenen Verfahren gegenüber dem offenen Verfahren ist also, dass mit der EU-weiten Bekanntmachung zunächst ein öffentlicher Teilnahmewettbewerb eingeleitet wird, in dessen Ergebnis nur die geeigneten Bewerber (oder eine Auswahl hiervon) zur Angebotsabgabe aufgefordert werden.

Im Unterschwellenbereich entspricht dem nicht offenen Verfahren die Beschränkte Ausschreibung, die dort in der Alternative mit und ohne Teilnahmewettbewerb vorgesehen ist.

Anders als im Oberschwellenbereich ist die Beschränkte Ausschreibung bei Unterschwellenverfahren (noch) nicht Regelverfahren. Sie kann daher nur dann durchgeführt werden, wenn die nachfolgend unter 6.2.2 genannten Zulässigkeitsvoraussetzungen gegeben sind. Soweit eine Beschränkte Ausschreibung ohne Teilnahmewettbewerb erlaubt ist, kann der Auftraggeber Unternehmen, die ihm als geeignet bekannt sind, direkt ansprechen und zur Abgabe eines Angebots auffordern. Diese Unternehmen müssen sich also nicht erst über einen Teilnahmewettbewerb qualifizieren. § 3 Abs. 1 VOL/A verlangt, dass bei einer Beschränkten Ausschreibung grundsätzlich mindestens drei Unternehmen zur Angebotsabgabe aufgefordert werden. Zudem ist unter den Bewerbern regelmäßig zu wechseln.

6.2.2 Zulässigkeit

Im Unterschwellenbereich ist die Beschränkte Ausschreibung nur nach den in VOL/A und VOB/A genannten und nachfolgend dargestellten Ausnahmefällen zulässig. Die Besonderheiten nach der UVgO, die die VOL/A ablösen wird, sind in Kapitel 6.2.2.3 dargestellt.

---

14 Vgl. § 119 Abs. 2 Satz 1 GWB, § 14 Abs. 2 Satz 1 VgV, § 3a EU Abs. 1 VOB/A.

6.2.2.1 Liefer- und Dienstleistungen

Für **Liefer- und Dienstleistungen** ergeben sich diese aus § 3 Abs. 3 und 4 VOL/A.

a) *Beschränkter Kreis geeigneter Unternehmen* – Die Vergabe von Aufträgen kann nach § 3 Abs. 3 lit. a) VOL/A als Beschränkte Ausschreibung mit Teilnahmewettbewerb erfolgen, wenn die Leistung „nach ihrer Eigenart nur von einem beschränkten Kreis von Unternehmen in geeigneter Weise ausgeführt werden kann". Ein solcher Fall liegt nach dem Wortlaut der Regelung insbesondere dann vor, wenn für die Leistung eine „außergewöhnliche Eignung" im Sinne von § 2 Abs. 1 Satz 1 VOL/A erforderlich ist. Die Beschränkte Ausschreibung ist danach nur dann zulässig, wenn der Auftraggeber nach einer sorgfältigen Prognose zum Ergebnis kommt, dass die Leistung aufgrund objektiver Gründe nur von einem beschränkten Kreis von Unternehmen erbracht werden kann. Dies hat er zu dokumentieren. Ein solcher Fall ist aufgrund des Verweises auf § 2 Abs. 1 Satz 1 VOL/A jedenfalls dann gegeben, wenn für die zu beschaffende Leistung ein besonderes Maß an Fachkunde, Leistungsfähigkeit oder Zuverlässigkeit erforderlich ist. In dem dann durchzuführenden Teilnahmewettbewerb kann diese Prognose bestätigt bzw. überprüft werden.

b) *Unzweckmäßigkeit der öffentlichen Ausschreibung aus anderen Gründen* – Weiter ist die Beschränkte Ausschreibung nach § 3 Abs. 3 lit. b) VOL/A zulässig, wenn eine öffentliche Ausschreibung aus „anderen Gründen unzweckmäßig" ist. Dieser Ausnahmetatbestand stellt letztlich eine Auffangregelung für alle in § 3 Abs. 3 VOL/A ausdrücklich nicht geregelten, aber mit diesen vergleichbaren Fällen dar und wird von der Rechtsprechung (daher) nur in engen Grenzen angewandt.[15] Die Unzweckmäßigkeit einer öffentlichen Ausschreibung kann sich z.B. aus Gründen der Dringlichkeit und Geheimhaltung ergeben. Zu beachten ist, dass sich die Frage, ob eine „Dringlichkeit" vorliegt, allein anhand objektiver Gründen beantwortet und dazu nur äußere und unverschuldete Umstände in Betracht kommen. Hat der Auftraggeber daher die Dringlichkeit z.B. durch eine verzögerte Ausschreibungsvorbereitung verursacht, scheidet eine Dringlichkeit aus.[16]

c) *Unwirtschaftliches Ergebnis* – Nach § 3 Abs. 4 lit. a) VOL/A kann die Vergabestelle auf eine Beschränkte Ausschreibung zurückgreifen, wenn eine zuvor durchgeführte öffentliche Ausschreibung mangels wirtschaftlicher Angebote erfolglos geblieben ist und aus diesem Grunde aufgehoben werden musste. In diesem Fall darf auch auf einen Teilnahmewettbewerb verzichtet werden, soweit die bisherigen Verfahrensteilnehmer erneut zur Abgabe eines Angebots aufgefordert werden.

d) *Unverhältnismäßiger Aufwand* – Nach § 3 Abs. 4 lit. b) VOL/A kann auf die Beschränkte Ausschreibung (ohne Teilnahmewettbewerb) zurückgegriffen werden, wenn die öffentliche Ausschreibung für den Auftraggeber und die Bewerber einen Aufwand verur-

---

15 OLG Naumburg, Beschl. v. 10.11.2003, 1 Verg 14/03.
16 Zu den Fällen der äußersten Dringlichkeit, die ein Verhandlungsverfahren ohne Teilnahmewettbewerb bzw. eine Freihändige Vergabe rechtfertigen, siehe Kap.6.3.2.5

sachen würde, der zu dem erreichbaren Vorteil oder dem Wert der Leistung im Missverhältnis stehen würde. Sinn und Zweck dieser Ausnahmebestimmung ist es, Bietern und Auftraggebern gleichermaßen unnötigen, sachlich nicht gerechtfertigten Aufwand zu ersparen.[17] Dies ist z.B. bei besonders kleinen Aufträgen der Fall.

6.2.2.2 Bauleistungen

Bauleistungen im Sinne von § 1 VOB/A können beschränkt ausgeschrieben werden, wenn die Fälle des § 3a Abs. 2 VOB/A (dann ohne Teilnahmewettbewerb) bzw. des § 3a Abs. 3 VOB/A (dann mit Teilnahmewettbewerb) vorliegen.

a) *Unterschreitung bestimmter Auftragswerte* – § 3a Abs. 2 Nr. 1 VOB/A erklärt die Beschränkte Ausschreibung ohne Teilnahmewettbewerb ohne weitere Voraussetzungen bis zu folgenden Netto-Auftragswerten für zulässig:

- 50.000 Euro für Ausbaugewerke (ohne Energie- und Gebäudetechnik), Landschaftsbau und Straßenausstattung,

- 150.000 Euro für Tief-, Verkehrswege- und Ingenieurbau,

- 100.000 Euro für alle übrigen Gewerke.

Wie sich aus der Formulierung ergibt, beziehen sich diese Wertgrenzen auf Gewerke, die in der Regel Fachlose eines Bauauftrags darstellen. Wenn bei einer Bauvergabe nur einzelne Fachlose diese Wertgrenzen unterschreiten, andere Fachlose hingegen nicht, kann die Ausnahmeregelung insgesamt nicht angenommen werden. Dann wäre es allenfalls möglich, das jeweilige Gewerk in einem eigenen, gesonderten Vergabeverfahren auszuschreiben.[18]

b) *Aufhebung* – § 3a Abs. 2 Nr. 2 VOB/A erklärt die Beschränkte Ausschreibung ohne Teilnahmewettbewerb für zulässig, wenn eine öffentliche Ausschreibung kein annehmbares Ergebnis gehabt hat. Ein Angebot gilt als „nicht annehmbar", wenn es nach einem der in § 16 VOB/A geregelten Gründe ausgeschlossen werden musste.[19]

c) *Unzweckmäßigkeit der öffentlichen Ausschreibung* – Nach dem Auffangtatbestand des § 3a Abs. 2 Nr. 3 VOB/A kann auf eine Beschränkte Ausschreibung ohne Teilnahmewettbewerb zurückgegriffen werden, wenn die öffentliche Ausschreibung „aus anderen Gründen" unzweckmäßig ist. Die Regelung deckt sich mit § 3 Abs. 3 lit. b) VOL/A, weshalb auf die Ausführungen oben in diesem Kapitel 6.2.2.1 verwiesen wird.

d) *Beschränkter Kreis geeigneter Unternehmen* – Eine Beschränkten Ausschreibung mit Teilnahmewettbewerb kommt nach § 3a Abs. 3 Nr. 1 VOB/A in Betracht, wenn die Leistung nach ihrer Eigenart nur von einem beschränkten Kreis von Unternehmen in geeigneter Weise ausgeführt werden kann, besonders, wenn außergewöhnliche Zuverlässigkeit oder Leistungsfähigkeit (z.B. Erfahrung, technische Einrichtungen oder fachkundige Arbeitskräfte) erforderlich sind. Die Vorschrift ist vergleichbar mit § 3 Abs. 3 lit. a)

---

17 OLG Naumburg, Beschl. v. 10.11.2003, 1 Verg 14/03.
18 Dabei muss aber allerdings § 3 Abs. 2 VgV beachtet werden, wenn die isolierte Ausschreibung dazu führen würde, dass der EU-Schwellenwert des Auftrags unterschritten würde. Vgl. hierzu Kap. 5.3.
19 Völlink, in: Ziekow/Völlink, Vergaberecht, 2. Aufl., München 2013, § 3 VOB/A Rn. 25.

VOL/A, so dass auf die dortigen Ausführungen im Kapitel 6.2.2.1 verwiesen werden kann.

e) *Unverhältnismäßiger Aufwand* – Nach § 3a Abs. 3 Nr. 2 VOB/A kann die Beschränkte Ausschreibung schließlich angewandt werden, wenn eine Bearbeitung des Angebots wegen der Eigenart der Leistung einen außergewöhnlich hohen Aufwand erfordert. Diese Regelung dient – entgegen dem möglicherweise ersten Eindruck – allerdings nicht nur der Vereinfachung des Ausschreibungsverfahrens für die Bieter, sondern wegen § 8b Abs. 2 Nr. 1 Satz 2 VOB/A insbesondere auch dem Schutz der öffentlichen Haushalte.[20] Nach dieser Regelung können Bieter nämlich von der Vergabestelle Entschädigungszahlungen verlangen, wenn diese die Bieter angewiesen hatte, im Rahmen der Ausschreibung Entwürfe, Pläne, Zeichnungen oder sonstige dort genannte Unterlagen auszuarbeiten, und die Bieter ein Angebot eingereicht haben.

6.2.2.3 Zukünftige Rechtslage

Ab 2017 wird die Unterschwellenvergabeordnung (UVgO) den Abschnitt 1 der VOL/A als Regelwerk für die Vergabe von Liefer- und Dienstleistungsaufträgen im Unterschwellenbereich ablösen. Sie erlaubt dem Auftraggeber, neben der Öffentlichen Ausschreibung dann auch ohne weitere Voraussetzungen eine Beschränkte Ausschreibung mit Teilnahmewettbewerb durchzuführen. Die Beschränkte Ausschreibung ohne Teilnahmewettbewerb wird dann aber auch weiterhin nur möglich sein, wenn zuvor eine Öffentliche Ausschreibung oder eine Beschränkte Ausschreibung mit Teilnahmewettbewerb aufgehoben wurde und die ursprünglichen Bedingungen des Auftrags nicht grundlegend geändert werden bzw. wenn die Öffentliche Ausschreibung oder eine Beschränkte Ausschreibung mit Teilnahmewettbewerb nur mit unverhältnismäßigem Aufwand möglich wäre (§ 8 Abs. 3 UVgO).

Auch im Baubereich wird der Gleichrang von Öffentlicher Ausschreibung und Beschränkter Ausschreibung mit Teilnahmewettbewerb für Bauvergaben im Unterschwellenbereich durch eine (erneute) Änderung des Abschnitts 1 der VOB/A eingeführt werden; wann dies der Fall sein wird, ist derzeit noch nicht absehbar.

Praxistipp

Bei der Anwendung von § 3a Abs. 2 Nr. 1 VOB/A (Beschränkte Ausschreibung ohne Teilnahmewettbewerb bei Wertgrenzenunterschreitung) sollten öffentliche Auftraggeber auch immer § 19 Abs. 5 VOB/A im Blick haben. Danach haben Auftraggeber schon ab einem voraussichtlichen Auftragswert von 25.000 Euro (ohne Umsatzsteuer) fortlaufend auf Internetportalen oder in Beschafferprofilen über beabsichtigte Beschränkte Ausschreibungen nach § 3a Abs. 2 Nr. 1 VOB/A zu informieren. Auch wenn Auftraggeber in diesen Fällen auf einen Teilnahmewettbewerb verzichten können, wird über § 19 Abs. 5 VOB/A dennoch ein informeller Wettbewerb sichergestellt. Die VOL/A und die UVgO sehen eine solche Pflicht nicht vor.

---

20 Vgl. Völlink, in: Ziekow/Völlink, Vergaberecht, 2. Aufl., München 2013, § 3 VOB/A Rn. 35.

6.3 Verhandlungsverfahren/Freihändige Vergabe

6.3.1 Merkmale

Im Verhandlungsverfahren wendet sich die Vergabestelle bei Oberschwellenvergaben mit oder ohne Teilnahmewettbewerb an ausgewählte Unternehmen, um mit ihnen oder einem von ihnen über das/die Angebot(e) zu verhandeln.

Die Verhandlungsphase selbst stellt einen dynamischen, flexiblen Prozess dar, in dem der Auftragsinhalt und die Auftragsbedingungen so lange zwischen dem Auftraggeber und dem jeweiligen Bieter besprochen werden, bis geklärt ist, wie die Leistung konkret beschaffen sein soll, zu welchen Konditionen und insbesondere auch zu welchem Preis der Auftragnehmer diese erbringt.[21] Das Verhandlungsverfahren ermöglicht dem Auftraggeber und den Bietern auf diese Weise einen weitreichenden Spielraum für die Verfahrensgestaltung.

Praxistipp

 Das Verhandlungsverfahren eignet sich insbesondere für die Vergabe komplexer Aufträge, da die Auftragsbedingungen mit den Bietern umfassend erörtert und die Angebote der Bieter angepasst werden können.

Kennzeichen des Verhandlungsverfahrens ohne Teilnahmewettbewerb ist, dass der Auftraggeber ohne eine vorherige EU-weite Bekanntmachung unmittelbar mit einem oder mehreren Unternehmen Verhandlungen aufnimmt. Im Vergleich zum Verhandlungsverfahren mit Teilnahmewettbewerb entfällt somit der Teilnahmewettbewerb, und es wird unmittelbar in die Verhandlungsphase eingetreten.

Unterhalb der Schwellenwerte entspricht die Freihändige Vergabe dem Verhandlungsverfahren. Bei der Freihändigen Vergabe werden Aufträge ohne ein förmliches Verfahren vergeben (vgl. § 3 Abs. 3 VOB/A). Der Auftraggeber wendet sich unmittelbar an ein oder mehrere Unternehmen und verhandelt über die Auftragsbedingungen (vgl. § 3 Abs. 1 Satz 3 VOL/A). Wie das Verhandlungsverfahren, ist auch die Freihändige Vergabe kein regelfreier Raum. Es gelten auch hier die Grundsätze des Wettbewerbs, der Transparenz und der Gleichbehandlung.[22]

---

21 OLG Celle, Beschl. v. 16.1.2002, 13 Verg 1/02.
22 Die UVgO, die die VOL/A ab 2017 ablösen wird, bezeichnet die Freihändige Vergabe dann als „Verhandlungsvergabe", die in den Varianten mit und ohne Teilnahmewettbewerb vorgesehen ist und deren Einsatzmöglichkeit an verschiedene Zulässigkeitsvoraussetzungen geknüpft ist (vgl. § 8 Abs. 4 UVgO). Die Änderung der Bezeichnung ist zu begrüßen, da in der Praxis die „Freihändige Vergabe" oftmals als Möglichkeit missverstanden wird, Aufträge direkt zu vergeben, obwohl auch hier vielfach die Pflicht besteht, den Auftrag mit mehreren geeigneten Unternehmen unter Beachtung der Grundprinzipien zu verhandeln.

Praxistipp

Die Freihändige Vergabe kennt grundsätzlich keinen Teilnahmewettbewerb. Es steht öffentlichen Auftraggebern allerdings frei, im Rahmen der Freihändigen Vergabe einen Teilnahmewettbewerb vorzuschalten, um auf diese Weise zu versuchen, die Anzahl der Angebote zu erhöhen. Der Teilnahmewettbewerb kann zudem genutzt werden, einen Bieterkreis zu erschließen, der dem Auftraggeber noch nicht bekannt ist.

6.3.2 Zulässigkeit

Das EU-weite **Verhandlungsverfahren** hat Ausnahmecharakter (vgl. § 119 Abs. 2 Satz 2 GWB) und darf nur in den gesetzlich ausdrücklich vorgesehenen Fallgruppen angewendet werden. Die Voraussetzungen für das Verhandlungsverfahren ergeben sich für den **Liefer- und Dienstleistungsbereich** aus § 14 Abs. 3 VgV (Verhandlungsverfahren mit Teilnahmewettbewerb) und aus § 14 Abs. 4 VgV (Verhandlungsverfahren ohne Teilnahmewettbewerb). Für den **Baubereich** sind die Voraussetzungen in § 3a EU Abs. 2 und Abs. 3 VOB/A geregelt. Sektorenauftraggeber können gem. SektVO frei wählen, ob sie von einem Verhandlungsverfahren mit Teilnahmewettbewerb Gebrauch machen. Gleiches gilt für die Vergabe von sozialen und anderen besonderen Dienstleistungen, für die Vergabe von Architekten- und Ingenieurleistungen sowie für die Vergabe von Aufträgen im Bereich Verteidigung und Sicherheit.

Im Unterschwellenbereich ergibt sich der Ausnahmecharakter der Freihändigen Vergabe aus § 3 Abs. 2 Satz 2 VOL/A und § 3a Abs. 4 VOB/A bzw. der Ausnahmecharakter der Verhandlungsvergabe aus § 8 Abs. 4 UVgO.

Die Ausnahmetatbestände, nach denen Aufträge im Verhandlungsverfahren (mit und ohne Teilnahmewettbewerb) oder mit der Freihändigen Vergabe bzw. der Verhandlungsvergabe ausgeschrieben werden können, sind zahlreich. Allein die Freihändige Vergabe kommt nach § 3 Abs. 5 VOL/A in zwölf unterschiedlichen Fallvarianten vor, die Verhandlungsvergabe nach § 8 Abs. 4 UVgO sogar in 17 Fällen. Vor diesem Hintergrund wird im Folgenden nur auf die praxisrelevantesten Regelungen eingegangen.

Das **Verhandlungsverfahren mit Teilnahmewettbewerb** ist u.a. in den folgenden Fällen zulässig:

a) *Besonderheit des Leistungsgegenstands* – § 14 Abs. 3 VgV und § 3a EU Abs. 2 Nr. 1 VOB/A nennen verschiedene Fallgruppen, in denen die Leistung in einem Verhandlungsverfahren mit Teilnahmewettbewerb vergeben werden kann. Dies ist zunächst der Fall, wenn die Bedürfnisse des Auftraggebers nicht ohne die Anpassung bereits verfügbarer Lösungen erfüllt werden können. Das Verhandlungsverfahren ist auch erforderlich, wenn der Auftrag konzeptionelle oder innovative Lösungen umfasst oder wenn er von seiner Art, Komplexität oder dem rechtlichen oder finanziellen Rahmen her zunächst mit den Bietern in Verhandlungen erörtert werden muss. Schließlich sind Verhandlungen auch dann erlaubt, wenn technische Spezifikationen im Voraus nicht mit ausreichender Genauigkeit erstellt werden können. Diesen Fallgruppen gemeinsam ist das, was früher als „nicht eindeutig und erschöpfend beschreibbar" bezeichnet wurde: ein Auftragsgegenstand, der wenig konturiert ist und dessen Lösung maßgeblich durch die Bieter gestaltet wird. Im Sinne einer Vergleichbarkeit der Angebote sind hier jeweils Verhandlungen erforderlich – und erlaubt. Als Ausnahmefälle zu den Regelverfahren kommen die Tatbestände allerdings nur dann in Betracht, wenn der Auftraggeber die Leistung nicht anders spezifizieren und konkretisieren kann, etwa durch den Einsatz von Beratern.

Im Unterschwellenbereich erlauben § 3 Abs. 5 lit. h) VOL/A und § 3a Abs. 4 Nr. 3 VOB/A unter vergleichbaren Umständen die Durchführung einer Freihändigen Vergabe; § 8 Abs. 4 Nr. 1 bis 3 und 5 UVgO erlaubt dann eine Verhandlungsvergabe.

b) *Keine ordnungsgemäßen oder nur unannehmbare Angebote* – Ein Verhandlungsverfahren mit Teilnahmewettbewerb kommt nach §§ 14 Abs. 3 Nr. 5 VgV, 3a EU Abs. 2 Nr. 2 VOB/A in Betracht, wenn in einem zuvor durchgeführten offenen oder nicht offenen Verfahren keine ordnungsgemäßen oder nur unannehmbare Angebote eingereicht worden sind. Als nicht ordnungsgemäß werden dabei insbesondere Angebote angesehen, die nicht den Vergabeunterlagen entsprechen, nicht fristgerecht eingereicht wurden, nachweislich auf kollusiven Absprachen oder Korruption beruhen oder nach Einschätzung des Auftraggebers ungewöhnlich niedrig sind. Als unannehmbar gelten insbesondere Angebote von Bietern, die nicht über die erforderlichen Qualifikationen verfügen, und Angebote, deren Preis die Haushaltsmittel übersteigt. Wenn der Auftraggeber in das neue Verfahren alle geeigneten Unternehmen einbezieht, die form- und fristgerechte Angebote im vorherigen offenen bzw. nicht offenen Angebot abgegeben haben, darf er sogar von der Durchführung eines Teilnahmewettbewerbs absehen. Er kann dann die betreffenden Unternehmen direkt zur Abgabe eines (weiteren) Angebots und zu Verhandlungen hierüber einladen.

Im Unterschwellenbereich ermöglichen § 3a Abs. 4 Nr. 4 VOB/A und § 3 Abs. 5 lit. a) VOL/A in diesen Fällen eine Freihändige Vergabe; § 8 Abs. 4 Nr. 4 UVgO erlaubt dann eine Verhandlungsvergabe.

Ohne Teilnahmewettbewerb können öffentliche Aufträge im **Verhandlungsverfahren** nach § 14 Abs. 4 VgV und § 3a EU Abs. 3 VOB/A z.B. in diesen Fällen vergeben werden:

c) *Ausschließlichkeitsrechte eines Bieters* – Wenn die zu beschaffende Leistung nur von einem einzigen Unternehmen erbracht werden kann, erübrigt sich naturgemäß die Durchführung eines Wettbewerbs. § 14 Abs. 4 Nr. 2 VgV und § 3a EU Abs. 3 Nr. 3 VOB/A erlauben in diesem Fall, direkt mit diesem Bieter in Verhandlungen um den Auftrag zu treten. Gründe, die zu einer derartigen Beschränkung des Bieterkreises führen können, sind

- die Schaffung eines einzigartigen Kunstwerks oder dessen Erwerb,

- das Vorliegen technischer Gründe wie z.B. Kompatibilitätsaspekte,

– das Bestehen ausschließlicher Rechte, z.B. gewerblicher Schutzrechte, die es nur einem Unternehmen erlauben, die Leistung zu erbringen.[23]

Da die Beschränkung auf einen einzigen Bieter zur maximalen Einschränkung des Wettbewerbs führt, stellt die Rechtsprechung die **höchsten Anforderungen** an diesen Ausnahmetatbestand. Bei der Feststellung, dass es nur ein Unternehmen gibt, das für die Ausführung des Auftrags aufgrund der vorgenannten Umstände in Betracht kommt, muss daher höchste Sorgfalt angelegt werden. Eine einfache Marktrecherche (z.B. Internet) reicht hier in keinem Falle aus. Zu beachten ist auch, dass der Auftraggeber eine solche Situation nicht dadurch herbeiführen darf, indem er den Auftragsgegenstand so zuschneidet, dass er nur genau auf ein Unternehmen passt. Zwar hat er bei der Festlegung dessen, was er beschafft, einen weiten Spielraum; er darf ihn aber nicht zu unsachlichen Festlegungen im vorgenannten Sinne missbrauchen.[24] Erlaubt ist hingegen eine sachlich begründete Spezifizierung auch dann, wenn sie im Ergebnis dazu führt, dass die so entstandene Leistung nur von einem Unternehmen erbracht werden kann.[25]

Im Unterschwellenbereich ermöglichen § 3a Abs. 4 Nr. 1 VOB/A und § 3 Abs. 5 lit. l) VOL/A in diesen Fällen eine Freihändige Vergabe; § 8 Abs. 4 Nr. 10 UVgO erlaubt dann eine Verhandlungsvergabe.

d) *Forschungszwecke* – Nach § 14 Abs. 4 Nr. 4 VgV ist das Verhandlungsverfahren ohne Teilnahmewettbewerb auch dann statthaft, wenn es sich um die Lieferung von solchen Waren handelt, die nur zum Zwecke von Forschung, Versuchen, Untersuchungen, Entwicklungen oder Verbesserungen hergestellt werden, wobei unter diese Bestimmung nicht eine Serienfertigung zum Nachweis der Marktfähigkeit des Produkts oder zur Deckung der Forschungs- und Entwicklungskosten fällt. Die maßgebliche Frage ist in diesen Fällen regelmäßig, ob die zu beschaffende Leistung „nur zum Zwecke von Forschung, Versuchen und Untersuchungen, Entwicklungen oder Verbesserungen hergestellt" wird. Das OLG Düsseldorf hat darauf hingewiesen, dass die Voraussetzungen dieses Ausnahmetatbestands nur dann vorliegen, wenn die zu liefernde Ware selbst Gegenstand der beabsichtigten Forschung ist.[26] Dagegen könne die Beschaffung von Produkten, die benötigt werden, um Forschungen, Versuche etc. durchzuführen, nicht im Verhandlungsverfahren ohne vorherige Bekanntmachung durchgeführt werden. Das OLG Düsseldorf scheint somit danach zu unterscheiden, ob der zu beschaffende Gegenstand das Mittel für die Forschungsdurchführung darstellt oder selbst den Gegenstand der Forschung darstellt. Für Entwicklungsleistungen, die im Anschluss in Serie beschafft werden sollen, bietet sich die Durchführung einer Innovationspartnerschaft an.[27]

---

23 VK Bund, Beschl. v. 18.2.2016, VK 2-137/15.
24 Das sieht jetzt auch ausdrücklich § 14 Abs. 6 VgV vor. Danach darf das Verhandlungsverfahren ohne Teilnahmewettbewerb nur dann eingesetzt werden, wenn der mangelnde Wettbewerb nicht das Ergebnis einer künstlichen Einschränkung der Auftragsvergabeparameter ist.
25 Vgl. hierzu OLG Düsseldorf, Beschl. v. 22.5.2013, VII-Verg 16/12.
26 OLG Düsseldorf, Beschl. v. 3.3.2010, VII-Verg 46/09.
27 Vgl. hierzu Kap. 6.5.

Im Unterschwellenbereich ermöglicht § 3 Abs. 5 lit. c) VOL/A in diesen Fällen eine Freihändige Vergabe; § 8 Abs. 4 Nr. 6 und 7 UVgO erlaubt dann eine Verhandlungsvergabe.

e) *Dringlichkeit* – Auf ein Verhandlungsverfahren ohne Teilnahmewettbewerb kann nach § 14 Abs. 4 Nr. 3 VgV, § 3a EU Abs. 3 Nr. 4 VOB/A in Fällen **äußerster Dringlichkeit** zurückgegriffen werden. Voraussetzung ist, dass

- ein unvorhergesehenes Ereignis eingetreten ist,

- äußerst dringliche, zwingende Gründe vorliegen, die die Einhaltung der in anderen Verfahren vorgeschriebenen Fristen nicht zulassen, und

- ein kausaler Zusammenhang zwischen dem unvorhergesehenen Ereignis und der Dringlichkeit besteht.

Als **unvorhersehbar** gelten solche Ereignisse, die nichts mit dem üblichen wirtschaftlichen oder sozialen Leben zu tun haben.[28] Vorhersehbar ist dagegen, wenn unter Rückgriff auf bestehende Statistiken ein zukünftiger Beschaffungsbedarf aus objektiver Sichtweise frühzeitig erkennbar ist oder der Beschaffungsbedarf Folge einer Nicht- oder Schlechtleistung eines Vertragspartners ist, sofern dem durch rechtzeitige Aufnahme von Vertragsstrafen oder Streitschlichtungsmechanismen hätte begegnet werden können.[29]

Dringlichkeit wird grundsätzlich nur bei unaufschiebbaren, nicht durch den Auftraggeber verursachten Ereignissen angenommen, bei denen eine gravierende Beeinträchtigung für die Allgemeinheit und die staatliche Aufgabenerfüllung droht, wie z.B. durch einen schweren, nicht wiedergutzumachenden Schaden.[30] Der Auftraggeber darf die Dringlichkeit nicht durch eigenes Verhalten herbeigeführt haben. Beispiele sind Naturkatastrophen oder die Unterbringung und Versorgung von Flüchtlingen.[31]

Schließlich muss zwischen dem unvorhergesehenen Ereignis und der aus dem Ereignis folgenden Dringlichkeit ein **Ursachenzusammenhang** bestehen.[32]

Im Unterschwellenbereich ermöglichen § 3 Abs. 5 lit. g) VOL/A und § 3a Abs. 4 Nr. 2 VOB/A eine Freihändige Vergabe; § 8 Abs. 4 Nr. 9 UVgO erlaubt dann eine Verhandlungsvergabe.

Praxistipp

 Aus Gründen der Verhältnismäßigkeit darf in allen diesen Fällen die Beschaffung nur soweit im Verhandlungsverfahren bzw. freihändig erfolgen, wie es zur unmittelbaren Bekämpfung der Notsituation erforderlich ist. Wird also beispielsweise aufgrund eines Hochwassers eine Brücke zerstört, besteht der im vereinfachten Verfahren beschaffbare Ersatz lediglich in einer Behelfsbrücke. Die Gelegenheit zu nutzen und aufgrund der entstandenen Notsituation eine (vielleicht schon seit längerem beab-

---

28 Rundschreiben des BMWi vom 9.1.2015 (S. 2).
29 Rundschreiben des BMWi vom 9.1.2015 (S. 3).
30 Rundschreiben des BMWi vom 9.1.2015 (S. 3).
31 Rundschreiben des BMWi vom 24.8.2015.
32 Rundschreiben des BMWi vom 9.1.2015 (S. 3).

sichtigte) neue dauerhafte Brückenlösung in einer „Eilvergabe" zu beschaffen, ist hingegen nicht erlaubt.

f) *Kleinstaufträge* – Im Unterschwellenbereich erlauben VOB/A und VOL/A sowie UVgO zudem, dass Kleinstaufträge bis zu einer bestimmten **Wertgrenze** ebenfalls freihändig bzw. im Wege der Verhandlungsvergabe vergeben werden dürfen. Im Bereich der VOB/A beträgt die Wertgrenze 10.000 Euro (§ 3a Abs. 4 Satz 2). In der VOL/A gibt § 3 Abs. 5 lit. i) Bundes- und Landesministerien die Möglichkeit, eigene Wertgrenzen festzulegen. Diese liegen in der Regel zwischen 5.000 und 10.000 Euro. Gleiches sieht § 8 Abs. 4 Nr. 17 UVgO vor. Nach Nr. 17 Halbsatz 2 kann dies auch für Auslandsdienststellen vorgenommen werden. In einigen Bundesländern existieren aber auch Regelungen, die dauerhaft freihändige Vergaben im Liefer- und Dienstleistungsbereich bis 100.000 Euro erlauben.[33]

6.4 Wettbewerblicher Dialog

6.4.1 Merkmale

Die Verfahrensart des wettbewerblichen Dialogs soll öffentlichen Auftraggebern ermöglichen, besonders komplexe Aufträge zu vergeben. Als besonders komplexe Aufträge gelten z.B. bedeutende integrierte Verkehrsinfrastrukturprojekte, große IT-Netzwerke oder große Bauprojekte.

Der wettbewerbliche Dialog unterscheidet sich vom Verhandlungsverfahren darin, dass hier über den Auftragsgegenstand und nicht – wie beim Verhandlungsverfahren – über die Angebote der Bieter verhandelt wird. Im Unterschied zum Verhandlungsverfahren setzen die Erörterungen daher auch bereits vor Abgabe eines Angebotes ein.

Gegenüber dem offenen und dem nicht offenen Verfahren ist der wettbewerbliche Dialog nachrangig. Mit dem Verhandlungsverfahren steht er hingegen gleichrangig nebeneinander, was sich aus § 14 Abs. 3 VgV ergibt. Die Besonderheiten beim Ablauf eines wettbewerblichen Dialogs werden in Kapitel 7.7 dargestellt.

Praxistipp

 Die Teilnahme an einem wettbewerblichen Dialog ist für Unternehmen sehr aufwändig. Da der Auftraggeber durch die in der Dialogphase entwickelten Lösungsmöglichkeiten von den Beiträgen und vom Know-how der Bieter profitiert, kann er Prämien und Zahlungen an die Teilnehmer vorsehen (§ 18 Abs. 10 VgV) und damit die Attraktivität einer Verfahrensteilnahme erhöhen.

Der wettbewerbliche Dialog steht mittlerweile nicht nur den öffentlichen Auftraggebern im Bau- und Liefer-/Dienstleistungsbereich zur Verfügung, sondern seit der Vergaberechtsmodernisierung auch den Auftraggebern im Sektorenbereich (§ 17 SektVO).

33 Z.B. § 25a Abs. 3 GemHVO Brandenburg.

6.4.2 Zulässigkeit

Der wettbewerbliche Dialog kommt gem. § 14 Abs. 3 VgV, § 3a EU Abs. 4 VOB/A unter denselben Voraussetzungen in Betracht wie das Verhandlungsverfahren mit Teilnahmewettbewerb. Insofern kann auf Kapitel 6.3.2 und die dortigen Ausführungen zum Verhandlungsverfahren mit Teilnahmewettbewerb verwiesen werden. In der Praxis bietet sich der wettbewerbliche Dialog besonders dann an, wenn der Auftrag aufgrund konkreter Umstände, die mit der Komplexität oder dem rechtlichen oder finanziellen Rahmen oder den damit einhergehenden Risiken zusammenhängen, nicht ohne Verhandlungen vergeben werden kann, wie es § 14 Abs. 3 Nr. 3 VgV, § 3a EU Abs. 4 i.V.m. Abs. 2 Nr. 1 lit. c) VOB/A vorsehen. Die frühere Voraussetzung, dass der Auftraggeber objektiv nicht in der Lage sein darf, die notwendigen technischen Mittel anzugeben, mit denen seine Bedürfnisse und Ziele erfüllt werden können oder die rechtlichen und finanziellen Bedingungen des Vorhabens anzugeben, ist im Rahmen der Vergaberechtsmodernisierung deutlich aufgeweicht worden. Der wettbewerbliche Dialog wird damit zunehmend eine Alternative zum Verhandlungsverfahren mit Teilnahmewettbewerb.

6.5 Innovationspartnerschaft

6.5.1 Merkmale

Mit der Vergaberechtsmodernisierung hat der deutsche Gesetzgeber im April 2016 das neue Verfahren der **Innovationspartnerschaft** eingeführt. Es entstammt den EU-Vergaberichtlinien. Nach § 119 Abs. 7 GWB ist es ein Verfahren, mit dem zunächst innovative, noch nicht auf dem Markt verfügbarer Leistungen entwickelt werden sollen, um im Anschluss daran die aus der Entwicklung hervorgehenden Leistungen zu erwerben. Diese Situation einer Entwicklung von Prototypen mit anschließender Beschaffung der Serie kommt nicht selten vor. Das Vergaberecht kam in diesen Fällen bisher zumeist nicht vollständig zum Einsatz, da die Forschungs- und Entwicklungsleistungen in der Regel freihändig bzw. im Verhandlungsverfahren ohne Teilnahmewettbewerb vergeben werden[34]. Serienfertigungen im Anschluss an Entwicklungsaufträge müssen zumeist ebenfalls in einem Verhandlungsverfahren ohne Teilnahmewettbewerb vergeben werden, da der Entwickler in der Regel Inhaber der Ausschließlichkeitsrechte ist. Hier soll die Innovationspartnerschaft durch ein kombiniertes Verfahren, an dem mehrere Wettbewerber teilnehmen, eingreifen. Dabei verhandelt der Auftraggeber nach einem EU-weiten Teilnahmewettbewerb mit den hierbei ausgewählten Unternehmen über die Erst- und Folgeangebote.[35]

6.5.2 Zulässigkeit

Die Innovationspartnerschaft ist lediglich für den Oberschwellenbereich vorgesehen. Nach § 19 Abs. 1 VgV, § 3a EU Abs. 5 VOB/A kann der öffentliche Auftraggeber eine Innovati-

---

34 Vgl. Kap. 6.3.2 d).
35 Eine nähere Beschreibung des Verfahrensablaufs enthält Kapitel 7.8.

onspartnerschaft ausschreiben und eingehen, wenn er eine **innovative Leistung** entwickeln lassen und die Entwicklung im Anschluss erwerben will. Die Innovativität einer Leistung ist dann gegeben – und das ist zugleich die einzige Zulässigkeitsvoraussetzung für dieses Verfahren –, wenn der Beschaffungsbedarf, der Gegenstand der Innovationspartnerschaft werden soll, nicht durch auf dem Markt bereits verfügbare Bau-, Liefer- oder Dienstleistungen befriedigt werden kann. In einem solchen Fall wären diese Produkte oder Leistungen in dem dafür vorgesehenen Verfahren (also offenes, nicht offenes oder Verhandlungsverfahren oder wettbewerblicher Dialog) zu beschaffen.

Die Innovationspartnerschaft steht auch dem Sektorenauftraggeber zur Verfügung. Bei der Vergabe von Aufträgen im Bereich Verteidigung und Sicherheit ist sie hingegen nicht vorgesehen.

6.6 Planungswettbewerbe

Der Auftraggeber kann nach §§ 69 ff. VgV schließlich auch Planungswettbewerbe durchführen. Nach § 103 Abs. 6 GWB sind Wettbewerbe **Auslobungsverfahren**, die dem Auftraggeber aufgrund vergleichender Beurteilung durch ein **Preisgericht** mit oder ohne Verteilung von Preisen zu einem Plan oder einer Planung verhelfen soll. Planungswettbewerbe werden insbesondere auf den Gebieten der Raumplanung, des Städtebaus und des Bauwesens oder auch der Datenverarbeitung (etwa bei der Planung komplexer Datennetze) durchgeführt. Sofern sie Architekten- und/oder Ingenieurleistungen betreffen, gelten die §§ 78 ff. VgV als Spezialvorschriften.

Wenn im Anschluss an einen Planungswettbewerb ein Dienstleistungsauftrag (betreffend die Umsetzung der Planung) vergeben wird, kommt dafür in der Regel nur der Gewinner des Preiswettbewerbs in Betracht, da dieser Rechteinhaber ist. In diesem Fall erlaubt § 14 Abs. 4 Nr. 8 VgV ein Verhandlungsverfahren ohne Teilnahmewettbewerb mit diesem. Sofern für die Erbringung der Dienstleistung sämtliche Preisträger eines Wettbewerbs in Betracht kommen, sind alle Preisträger in das Verhandlungsverfahren einzubinden.

6.7 Besondere Methoden und Instrumente

Neben den verschiedenen Verfahrensarten sieht das Vergaberecht auch noch unterschiedliche **Verfahrensvarianten** vor. Diese werden in § 120 GWB auch als „besondere Methoden" bzw. „Instrumente im Vergabeverfahren" bezeichnet. Diese Varianten stellen keine eigenen Verfahrensarten dar, sondern lassen sich mit diesen kombinieren. Vorgesehen sind im Oberschwellenbereich (auch für den Sektorenbereich) das **dynamische Beschaffungssystem**, die **elektronische Auktion** und der **elektronische Katalog**. Für Unterschwellenvergaben sieht die VOL/A ausdrücklich nur das dynamische Beschaffungssystem vor, das dort dynamisches elektronisches Verfahren heißt. Obwohl nicht geregelt, kann aber auch die elektronische Auktion durchgeführt werden.[36] Die Rahmenvereinbarung ist hingegen

---

36 Die Unterschwellenvergabeordnung (UVgO), die ab 2017 den Abschnitt 1 der VOL/A ablösen wird, sieht in §§ 18 und 19 dann auch die elektronische Auktion und die elektronischen Kataloge als besondere Methoden bzw. Instrumente für die Vergabe von Liefer- und Dienstleistungsaufträgen im Unterschwellenbereich vor.

keine Verfahrensvariante in diesem Sinne, sondern eine Alternative zum öffentlichen Auftrag.[37]

6.7.1 Dynamisches Beschaffungssystem

Nach § 120 Abs. 1 GWB ist das dynamische Beschaffungssystem ein zeitlich befristetes, ausschließlich elektronisches Verfahren zur Beschaffung marktüblicher Leistungen, bei denen die allgemein auf dem Markt verfügbaren Spezifikationen den Anforderungen des Auftraggebers genügen. Das dynamische Beschaffungssystem kann nur im nicht offenen Verfahren eingesetzt werden.[38]

Voraussetzung für die Anwendung des dynamischen Beschaffungssystems ist die **Beschaffung marktüblicher Leistungen**, bei denen die allgemein auf dem Markt verfügbaren Spezifikationen den Anforderungen des Auftraggebers genügen. Diesen Anforderungen genügen nur solche Leistungen, die keine konzeptionelle oder planerische Vorarbeit erfordern und deshalb unmittelbar auf dem Markt abgerufen werden können. Es wird also überwiegend bei der Beschaffung von Standardprodukten zum Einsatz kommen. Die VOB/A-EU verzichtet daher auch darauf, das Verfahren aufzunehmen, wenngleich es bei Bauvergaben nicht ausgeschlossen ist. Das Verfahren und seine Rahmenbedingungen sind sehr ausführlich in den §§ 22 bis 24 VgV beschrieben. Inhaltlich handelt es sich um eine Art Rahmenvereinbarung, zu der während der gesamten Laufzeit Bieter mit unverbindlichen Angeboten hinzutreten können; das dynamische Beschaffungsverfahren kann auch jederzeit von den Bietern wieder verlassen werden. Will der Auftraggeber seinen konkreten Beschaffungsbedarf aus dem dynamischen Beschaffungssystem decken, werden alle zu diesem Zeitpunkt am System teilnehmenden Bieter aufgefordert, ein verbindliches Angebot abzugeben (§ 23 Abs. 6 VgV).

In der Praxis findet das dynamische Beschaffungssystem bislang kaum Anwendung.

6.7.2 Elektronische Auktionen

Die elektronische Auktion dient gemäß § 120 Abs. 2 GWB der elektronischen Ermittlung des wirtschaftlichsten Angebots und stellt neben dem dynamischen Beschaffungssystem eine der Möglichkeiten dar, im Rahmen der Vergabe öffentlicher Aufträge die IT-Technologie zu nutzen. Sie ist ein sich schrittweise wiederholendes Verfahren, das im Anschluss an eine vollständige erste Bewertung aller Angebote erfolgt. In dieser nachgelagerten Phase sollen sich die Bieter auf einer elektronischen Plattform in einem begrenzten Zeitfenster gegenseitig so lange unterbieten, bis das Angebot mit dem niedrigsten Preis oder das unter Berücksichtigung verschiedener Faktoren günstigste Angebot ermittelt worden ist, auf das der Zuschlag erteilt werden kann. Die elektronische Auktion wird daher auch als „**inverse Auktion**" oder „**Absteigerung**" bezeichnet.

---

37 Die Rahmenvereinbarung wurde bereits in Kapitel 4.4 vorgestellt.
38 § 22 Abs. 2 VgV; im Unterschwellenbereich verlangt § 5 Abs. 1 Satz 4 VOL/A, dass das Verfahren als offenes Verfahren unter Einhaltung der Vorschriften über der Öffentlichen Ausschreibung durchzuführen ist. § 17 Abs. 2 UVgO sieht hingegen die Durchführung einer Beschränkten Ausschreibung mit Teilnahmewettbewerb vor.

Die elektronische Auktion stellt keine eigene Verfahrensart dar, sondern wird – soweit im Einzelfall zulässig und möglich – als zusätzlicher Schritt vor der Zuschlagserteilung in ein Vergabeverfahren eingebaut. Sie kann im offenen, nicht offenen und im Verhandlungsverfahren eingesetzt werden. Typischer Beschaffungsgegenstand sind **marktgängige Artikel und Dienstleistungen**. Geistig-schöpferische Dienstleistungen können nicht Gegenstand einer elektronischen Auktion sein, da es hier regelmäßig nicht in dem Maße auf den Preis ankommt bzw. die Rahmenbedingungen nicht in dem Maße vergleichbar gestaltet werden können, wie es für eine elektronische Auktion erforderlich wäre. §§ 25 und 26 VgV regeln Details über die Durchführung der elektronischen Auktion, auf die auch § 18 UVgO verweist.

In der Praxis hat sich diese bereits seit 2004 existierende (und seit 2009 im deutschen Vergaberecht vorgesehene) Beschaffungsvariante ebenfalls noch nicht etabliert. In den wenigen Fällen, in denen eine elektronische Auktion durchgeführt wurde, fielen die wirtschaftlichen Einsparungen durchweg recht bescheiden aus.

6.7.3 Elektronische Kataloge

Schließlich kann der Auftraggeber elektronische Kataloge bei der Vergabe öffentlicher Aufträge einsetzen. Ein elektronischer Katalog ist nach § 120 Abs. 3 GWB ein auf der Grundlage der Leistungsbeschreibung erstelltes **Verzeichnis der zu beschaffenden Leistungen in einem elektronischen Format**. Wenngleich er in jedem Verfahren eingesetzt werden kann, bietet sich seine Verwendung insbesondere bei Rahmenvereinbarungen oder dynamischen Beschaffungssystemen an. Elektronische Kataloge können Abbildungen, Preisinformationen und Produktbeschreibungen umfassen. § 27 VgV enthält hierzu weitere Details, auf die auch § 19 UVgO Bezug nimmt. Wenngleich der elektronische Katalog nur für Beschaffungen im Oberschwellenbereich vorgesehen ist, steht einem Einsatz bei unterschwelligen Vergabeverfahren aber nichts im Weg.[39] Letztlich handelt es sich bei dem elektronischen Katalog um eine Vereinfachung bei der Darstellung der Leistungsbeschreibung bzw. der Abfrage von Angebotsinformationen über eine elektronische Tabelle.

6.8 Verfahrensarten bei Konzessionsvergaben

Abschließend soll noch kurz auf die Besonderheiten bei der Verfahrenswahl im Zusammenhang mit der Vergabe von **Bau- und Dienstleistungskonzessionen** eingegangen werden. Wie bereits erläutert, findet bei Konzessionsvergaben ab dem einschlägigen EU-Schwellenwert von 5.225.000 Euro (netto) die Konzessionsvergabeverordnung (KonzVgV) Anwendung.

Während bei der Vergabe von öffentlichen Aufträgen die in den Kapiteln 6.1 bis 6.7 dargestellten Verfahrensarten und besonderen Methoden zum Einsatz kommen (und dabei nicht verändert werden dürfen), gibt es für die Verfahrensarten bei einer Konzessionsvergabe keine Festlegungen. § 151 Satz 2 GWB und § 12 Abs. 1 Satz 2 KonzVgV erlauben es dem

---

39 Siehe hierzu auch Fußnote 226; die UVgO sieht elektronische Kataloge in § 19 ausdrücklich vor.

Konzessionsgeber, das Verfahren (und damit auch die Verfahrensart) **frei auszugestalten**. Nach § 12 Abs. 2 KonzVgV kann es ein- oder zweistufig gestaltet werden. Es kann also ein Teilnahmewettbewerb vorgeschaltet werden, und es kann hierauf auch verzichtet werden. Ebenso dürfen Verhandlungen geführt werden (§ 12 Abs. 2 Satz 2 KonzVgV).

In der Praxis wird der Konzessionsgeber sein Verfahren regelmäßig an dem **Verhandlungsverfahren mit Teilnahmewettbewerb** ausrichten. § 12 Abs. 1 Satz 2 KonzVgV schlägt dies auch vor. Denn dieses Verfahren gewährt gleichzeitig den größtmöglichen Wettbewerb und die größtmögliche Flexibilität. Solange keine Grundprinzipien beeinträchtigt werden, kann der Konzessionsgeber aber auch ein ganz eigenes Verfahren gestalten oder vorhandene Verfahrensarten modifizieren. So kann beispielsweise ein wettbewerblicher Dialog mit anschließenden Verhandlungen durchgeführt werden.

Für die Vergabe von Konzessionen, die den einschlägigen Schwellenwert nicht erreichen, ist zu differenzieren: Für Baukonzessionen verlangt § 23 Abs. 2 VOB/A, dass die §§ 1 bis 22 VOB/A sinngemäß anzuwenden sind. Daher sollte auch hier der Vorrang der Öffentlichen Ausschreibung gelten, wobei vielfach aufgrund der Komplexität des Auftragsgegenstands eher auf die Freihändige Vergabe (ggf. mit vorgeschaltetem Teilnahmewettbewerb) zurückgegriffen werden dürfte. Auch Modifikationen der in der VOB/A vorgesehenen Verfahrensarten sind nicht ausgeschlossen. Für Dienstleistungskonzessionen im Unterschwellenbereich gilt die VOL/A bzw. die UVgO nicht, so dass auch hier unter Beachtung der Grundprinzipien größtmögliche Gestaltungsfreiheit bei der Verfahrensgestaltung gilt.

7. Vorbereitung und Ablauf eines Vergabeverfahrens

Das EU-Vergaberecht (VgV, SektVO, KonzVgV, VSVgV und VOB/A[40]) bietet ebenso viele Gestaltungsmöglichkeiten wie Fallstricke. Dasselbe gilt für die nationalen Vergaberegelungen im Unterschwellenbereich.

Abhängig von der Vergabeverfahrensart besteht eine Regelungsdichte unterschiedlichen Ausmaßes. Das offene und das nicht offene Verfahren verleihen dem Vergabeverfahren eine praxisbewährte Struktur und bieten den Verfahrensbeteiligten dadurch ein erhöhtes Maß an Rechtssicherheit. Das Verhandlungsverfahren, der wettbewerbliche Dialog oder das neu eingeführte Verfahren der Innovationspartnerschaft eröffnen größere Handlungsspielräume für das Verfahren, erhöhen aber dadurch, dass die allgemeinen Vergabegrundsätze des Wettbewerbs, der Transparenz und der Bietergleichbehandlung lediglich einen groben Rechtsrahmen vorgeben, das Fehler- und Angriffspotenzial.

Die Vorbereitung des Vergabeverfahrens dient der Ermittlung aller relevanten Verfahrensgrundlagen. Nach der Ermittlung des konkreten Beschaffungsbedarfs sind die Vergabeunterlagen zu erstellen. Ohne in rechtlicher und in tatsächlicher Hinsicht vollständig ermittelte Verfahrensgrundlagen, die sich entsprechend in den Vergabeunterlagen abbilden müssen, darf ein Vergabeverfahren grundsätzlich nicht eingeleitet werden. Man spricht in diesem Fall von fehlender Vergabe- oder Ausschreibungsreife.

Das Vergabeverfahren kann in die folgenden wesentlichen Abschnitte gegliedert werden:

- Verfahrenseinleitung durch Auftragsbekanntmachung

- Angebotsphase

- Prüfung und Wertung der Angebote

---

40 Im Folgenden wird im Interesse einer vereinfachten Darstellung einheitlich von den Verfahrensordnungen gesprochen. Sofern einzelne Verfahrensordnungen Besonderheiten aufweisen, wird darauf gesondert eingegangen.

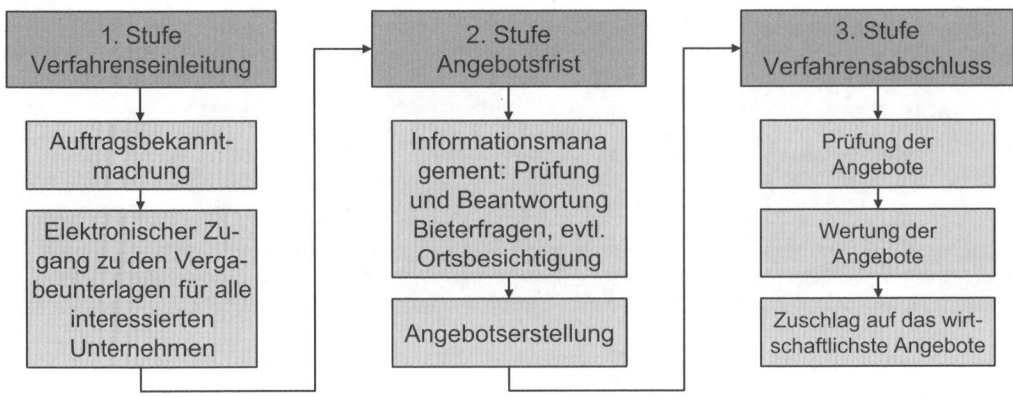

Abb. 19: Vergabeverfahren ohne Teilnahmewettbewerb im Überblick

Im Folgenden werden diese für alle Verfahrensarten bedeutsamen Abschnitte beschrieben. Anschließend werden einige Besonderheiten von Verfahrensarten mit vorgeschaltetem Teilnahmewettbewerb dargestellt.

7.1 Erstellung der Vergabeunterlagen

Die Vergabeunterlagen umfassen alle Angaben, die erforderlich sind, um dem Bewerber oder Bieter des Vergabeverfahrens eine Entscheidung zur Teilnahme am Vergabeverfahren zu ermöglichen. Sie beinhalten i.d.R.:

• das Anschreiben (Aufforderung zur Abgabe eines Angebots)

• die Bewerbungsbedingungen mit den Regeln zur Durchführung des Vergabeverfahrens

• die Vertragsunterlagen (Leistungsbeschreibung und Vertragsbedingungen)

und darüber hinaus weitere Unterlagen, die erforderlich sind, um eine Entscheidung zur Verfahrensteilnahme zu ermöglichen.

Praxistipp

Nach dem Leitbild der Vergabeordnungen klar strukturierte Vergabeunterlagen tragen zur Transparenz des Vergabeverfahrens bei und erleichtern den Bietern die Angebotserstellung. In den Bewerbungsbedingungen sollten daher nur die Festlegungen zum Vergabeverfahren einschließlich der Eignungs- und der Zuschlagskriterien, in der Leistungsbeschreibung nur die Anforderungen an die zur Vergabe ausgeschriebene Leistung und in den Vertragsbedingungen nur die Regelungen der rechtlichen Beziehungen zwischen Auftraggeber und Auftragnehmer enthalten sein. Dopplungen sollten vermieden werden.

Die Vergabeunterlagen sind allen interessierten Unternehmen in einem offenen Verfahren unverzüglich, spätestens aber innerhalb von sechs Tagen nach Interessenbekundung zu übersenden. Eine Beschränkung auf die Unternehmen, die sich gewerbsmäßig mit der Ausführung von Leistungen der ausgeschriebenen Art befassen, ist unzulässig.

Praxistipp

 Die verbreitete Praxis, bei umfangreichen und komplexen Vergabeverfahren eine **Frist** *zur Abforderung der Vergabeunterlagen festzulegen, ist vergaberechtlich* **unzulässig***. Interessierte Unternehmen haben auch nach Ablauf einer etwaig festgelegten Frist einen ggf. vor den Nachprüfungsinstanzen durchsetzbaren Anspruch auf Übersendung der Vergabeunterlagen.*

7.1.1 Anschreiben und Bewerbungsbedingungen

Da der Auftraggeber bereits mit der Bekanntmachung alle erforderlichen Informationen geben muss, die für die Entscheidung über eine Verfahrensteilnahme von Bedeutung sind, kann sich das Anschreiben auf die ausdrückliche Angebotsaufforderung oder die Aufforderung zur Abgabe von Teilnahmeanträgen beschränken.

Die Bewerbungsbedingungen enthalten neben formalen Verfahrensregeln wie Fristen, formalen und inhaltlichen Anforderungen an die Angebote oder an Teilnahmeanträge insbesondere die Eignungskriterien und die Zuschlagskriterien, soweit diese nicht bereits in der Auftragsbekanntmachung genannt sind.

Praxistipp

 Auch wenn dies nicht ausdrücklich vorgeschrieben ist, hat es sich als zweckmäßig erwiesen, alle mit dem Angebot oder Teilnahmeantrag einzureichenden Angaben, Erklärungen und Nachweise in einer Liste („Checkliste") zusammenzufassen. Das erleichtert den Bietern bzw. Bewerbern die Erstellung der Angebote bzw. der Teilnahmeanträge.

7.1.1.1 Festlegung der Eignungskriterien und -nachweise

Zur Entscheidung über Eignung oder Nichteignung eines Bieters oder Bewerbers benötigt der Auftraggeber eine belastbare Tatsachengrundlage. Diese Tatsachengrundlage muss er sich grundsätzlich im konkreten Vergabeverfahren anhand der geforderten Nachweise schaffen.

a) Mit dem Auftragsgegenstand in Verbindung stehende, angemessene Kriterien

Welche Anforderungen an die Eignung die Bieter bzw. Bewerber erfüllen und welche Nachweise sie zum Nachweis ihrer Eignung einreichen müssen, entscheidet der Auftraggeber aufgrund seines Ermessens bei der Verfahrensgestaltung weitgehend frei.[41]

---

41 OLG Düsseldorf, Beschl. v. 21.12.2011, VII-Verg 74/11.

Seine **Grenzen** findet das Auftraggeberermessen zunächst im Auftragsgegenstand selbst. Eignungskriterien müssen gemäß § 122 Abs. 4 GWB mit dem Auftragsgegenstand in Verbindung und zu diesem in einem angemessenen Verhältnis stehen.

Praxisbeispiel

 Der Auftraggeber hat Reinigungsdienstleistungen für ein kommunales Krankenhaus mit 1.000 Betten EU-weit zur Vergabe ausgeschrieben. Er verlangt von den Bietern im Rahmen der Eignungsprüfung Angaben über die Mitarbeiterzahlen in den letzten drei Jahren vor Ablauf der Angebotsfrist. Dabei handelt es sich um eine zulässige Forderung, da die Mitarbeiterzahlen Aussagekraft über die Leistungsfähigkeit der Bieter haben. Er verlangt außerdem den Nachweis eines Fachbetriebes im Sinne des Wasserhaushaltsgesetzes. Diese Forderung ist unzulässig, wenn die Erbringung der ausgeschriebenen Leistungen auch ohne einen solchen Nachweis möglich ist. Es besteht keine Verbindung zu dem Auftragsgegenstand.

Das Auftraggeberermessen bei der Festlegung der Eignungsanforderungen und -nachweise ist zusätzlich begrenzt durch die allgemeinen vergaberechtlichen Grundsätze des Wettbewerbs, der Transparenz und des Gleichbehandlungsgebots.

Daher darf der Auftraggeber den Vergabewettbewerb nicht bereits dadurch einschränken, dass er Anforderungen an die Eignung festlegt und Eignungsnachweise verlangt, die zwar mit dem Auftragsgegenstand zusammenhängen und durch ihn gerechtfertigt sind, die aber von vornherein nur ein sehr begrenzter Bieter- oder Bewerberkreis erfüllen kann. Eignungsanforderungen und -nachweise müssen angemessen sein.[42] Insbesondere Mindestanforderungen an die Eignung sind nur ausnahmsweise zulässig.[43] Grundsätzlich müssen auch Newcomer die Möglichkeit erhalten, sich um den Zuschlag zu bewerben.[44] Unangemessen wäre es insbesondere, einen Mindestumsatz vorzuschreiben, der das Zweifache des geschätzten Auftragswerts überschreitet. Ausnahmen sind nur möglich, wenn mit dem Auftrag besondere Risiken verbunden sind, die besonders hohe Anforderungen an die wirtschaftliche und finanzielle Leistungsfähigkeit der Bieter rechtfertigen. Derartige Gründe, die eine Ausnahme rechtfertigen, sind in der Vergabeakte zu dokumentieren.

Praxisbeispiel

 Vergabe von Reinigungsdienstleistungen wie im Praxisbeispiel zuvor. Der Auftraggeber verlangt zum Nachweis der technischen und beruflichen Leistungsfähigkeit die Nennung von mindestens zehn Referenzen aus den letzten drei Jahren vor Ablauf der Angebotsfrist. Die dabei erbrachten Leistungen müssen nach Art und Umfang mit den zur Vergabe ausgeschriebenen Leistungen vergleichbar sein (Reinigungsdienstleistungen in Krankenhäusern mit mindestens 1000 Betten). Die Zulässigkeit dieser Anforderung erscheint zweifelhaft. Zwar besteht ersichtlich eine Verbindung mit dem Auftragsgegenstand. Der Bieterwettbewerb wird jedoch von vornherein

42 OLG Düsseldorf, Beschl. v. 21.12.2011, VII-Verg 74/11 mit dem richtigen Hinweis auf Art. 44 Abs. 2 UAbs. 2 Richtlinie 2004/18/EG und Beschl. v. 2.1.2000, VII-Verg 93/05.
43 EuGH, Urt. v. 18.10.2012, Rs. C-218/11, Hochtief, Rn. 32.
44 Vgl. OLG München, Beschl. v. 12.11.2012, Verg 23/12.

auf einige große Reinigungsunternehmen verengt. Es ist insbesondere nicht erkennbar, aus welchem sachlichen, auftragsbezogenen Grund Bieter zwingend über besondere Erfahrungen im Krankenhaussektor verfügen müssen. Zudem erscheint die festgelegte Mindestzahl an nachzuweisenden Referenzen (zehn) unangemessen.

b) Vorrangig: Eignungsnachweis durch Eigenerklärungen

Die Verfahrensordnungen sehen ausdrücklich vor, dass Eigenerklärungen vorrangig gegenüber Fremdnachweisen und Bescheinigungen Dritter zu fordern sind. Hintergrund ist das Bestreben, die oftmals als sehr formalistisch und aufwändig empfundene Eignungsprüfung zu vereinfachen. Die Bieter und Bewerber, die sich früher oftmals mit einem hohen personellen und zeitlichen Aufwand Bescheinigungen besorgen mussten, können Eigenerklärungen abgeben.

Als Instrument zum – vorläufigen – Eignungsnachweis kann zudem die Einheitliche Europäische Eignungserklärung (EEE) genutzt werden, die es Bietern bzw. Bewerbern ermöglicht, ihre Eignung und das Nichtvorliegen von Ausschlussgründen vorläufig ohne Vorlage von Belegen von Dritten durch Verwendung eines EU-weiten Standardformulars nachzuweisen. Die EEE kann unentgeltlich mit einem von der Europäischen Kommission zur Verfügung gestellten Webdienst[45] elektronisch ausgefüllt, ausgedruckt und sodann mit den weiteren Unterlagen des Angebots oder Teilnahmeantrags an den Auftraggeber versandt werden. Die Verwendung einer EEE ist für den Bieter bzw. Bewerber eines Vergabeverfahrens freiwillig. Wird die EEE in einem Vergabeverfahren vorgelegt, so ist der Auftraggeber verpflichtet, sie zu akzeptieren. Im Regelfall fordert der Auftraggeber dann nur noch den für den Zuschlag vorgesehenen Bieter auf, die weiteren erforderlichen Unterlagen einzureichen.

Ausnahmsweise ist es weiterhin möglich, Fremdnachweise wie z.B. Bankauskünfte zu fordern. Eine besondere Begründung in der Vergabeakte ist dann nicht erforderlich, wenn der Fremdnachweis in dem Online-Dokumentenarchiv e-Certis genannt ist. Wenn der Auftraggeber einen im Online-Dokumentenarchiv e-Certis enthaltenen Nachweis nicht ausdrücklich genannten Nachweis fordern will (z.B. einen Meisterbrief), ist dies ebenfalls möglich. Die Verbindung mit dem Auftragsgegenstand und die Angemessenheit der Forderung sind aber in der Vergabedokumentation zu begründen.[46]

---

45 https://webgate.acceptance.ec.europa.eu/espd/filter?lang=de.
46 OLG Düsseldorf, Beschl. v. 21.12.2011, VII-Verg 74/11: Meisterbrief Gebäudereiniger-Handwerk oder vergleichbarer Nachweis.

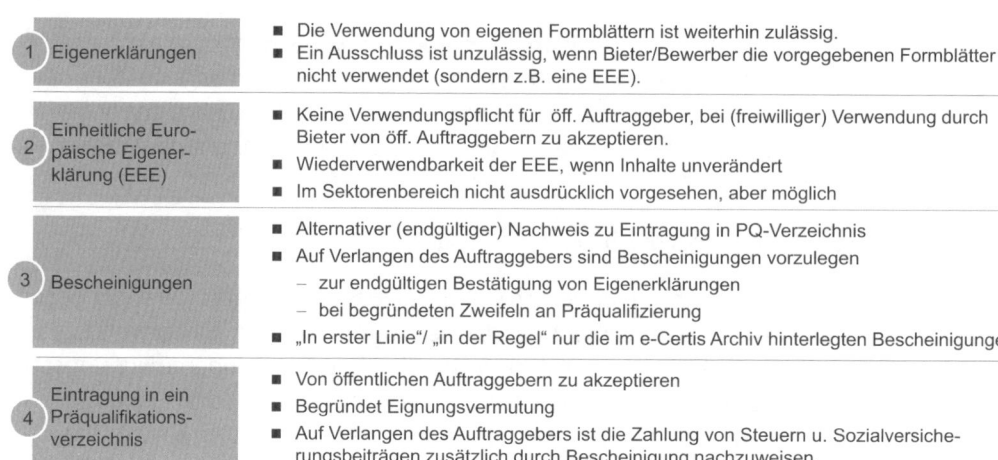

Abb. 20: Anforderungen an die Eignungsnachweisführung im Überblick

c) Nachweis der technischen und beruflichen Leistungsfähigkeit durch Referenzen

Der Auftraggeber kann als Nachweis für die **technische und berufliche Leistungsfähigkeit** eine Liste der wesentlichen in den letzten drei Jahren erbrachten Leistungen mit Angabe der Leistungszeit sowie der öffentlichen oder privaten Auftraggeber verlangen. Bei der Vergabe von Bauaufträgen gilt ein Bezugszeitraum von fünf Jahren. Sofern es zur Sicherstellung eines ausreichenden Wettbewerbs erforderlich ist, kann der Auftraggeber auch Referenzen berücksichtigen, die mehr als drei Jahre bzw. bei der Vergabe von Bauaufträgen mehr als fünf Jahre zurückliegen.

Der Auftraggeber kann Mindestanforderungen definieren. Er kann insbesondere verlangen, dass Bieter oder Bewerber nur dann als geeignet gelten, wenn sie eine Mindestanzahl an vergleichbaren (oder gleichwertigen) Leistungen in dem definierten Zeitraum nachweisen. Über die Vergleichbarkeit der Referenzaufträge mit dem zur Vergabe ausgeschriebenen Auftrag entsteht in der Praxis häufig Streit.

Praxistipp

 Auftraggeber sollten die Vergleichbarkeitskriterien so genau wie möglich definieren (Art der Leistung, Auftragsvolumen, öffentliche oder private Auftraggeber, Leistungszeitraum, Komplexität des Auftrages). Innerhalb dieses Maßstabes verbleibt ausreichend Beurteilungsspielraum, da die nachgewiesenen Referenzaufträge nicht identisch, sondern nur vergleichbar sein müssen.

Legt der Auftraggeber keinen ausdrücklichen Maßstab für die Vergleichbarkeit fest, ist ein sehr weites Verständnis zugrunde zu legen. Eine Vergleichbarkeit zwischen ausgeschriebener Leistung und Referenzleistung ist immer gegeben, wenn die Referenz einen tragbaren Rückschluss auf die Leistungsfähigkeit des Bieters zulässt. Dabei verbietet sich im Hinblick auf die Gewährung eines bestmöglichen Wettbewerbs eine restriktive Auslegung. Eine solche würde zu faktisch abgeschlossenen Teilmärkten führen, in denen Newcomer keine

Möglichkeit erhielten, ihre Leistungsfähigkeit darzulegen und Ausschreibungen nur unter bereits erfahrenen Bietern vergeben werden könnten.[47]

Praxistipp

 Es kann nach Auffassung des OLG Düsseldorf abschreckende Wirkung haben, wenn eine Höchstzahl an berücksichtigungsfähigen Referenzen in der Bekanntmachung festgelegt wird. In diesem Fall bestehe die Gefahr, dass die Vergabestelle auf einer „zu schmalen Tatsachenbasis" über die Leistungsfähigkeit der Bieter entscheide. Es kann nicht ausgeschlossen werden, dass sich andere Nachprüfungsinstanzen in anderen Bundesländern dieser Auffassung anschließen. Die Festlegung einer Höchstzahl an Referenzen ist daher vergaberechtlich riskant. Sie kann zur Aufhebung des Vergabeverfahrens durch die Nachprüfungsinstanzen führen.

d) Sonderfall: Präqualifizierungsverfahren

§ 122 Abs. 3GWB sieht die Möglichkeit der Zulassung von Präqualifizierungsverfahren vor, die in den Verfahrensordnungen unterschiedlich ausgeprägt und teilweise landesgesetzlich weiter ausgestaltet ist.[48] Dabei handelt es sich um eine generelle Bewertung und Eignungsprüfung eines Unternehmens durch eine am Vergabeverfahren nicht beteiligte Stelle, unabhängig von der konkreten Einzelvergabe. Im Sektorenbereich bieten **Qualifizierungssysteme** eine zusätzliche Hilfestellung für Auftraggeber auf Märkten, auf denen der potenzielle Bieter-/Bewerberkreis eng umrissen ist. Die Einrichtung eines Qualifizierungssystems ist bekannt zu machen.

Praxistipp

 Die Absicht einer Auftragsvergabe kann zugleich mittels der Bekanntmachung über das Bestehen eines Qualifizierungssystems bekanntgegeben werden, die nach dem im Anhang VII der Durchführungsverordnung (EU) 2015/1986 enthaltenen Muster erstellt wird. Der Auftraggeber hat den interessierten Unternehmen die für das Qualifizierungsverfahren festgelegten objektiven Kriterien und Vorschriften auf Antrag zur Verfügung zu stellen und sie über etwaige Aktualisierungen zu informieren. Die potenziellen Bieter bzw. Bewerber werden damit in die Pflicht genommen, sich eigenständig über die Voraussetzungen zur Teilnahme an einem Vergabeverfahren zu informieren. Ist dem Vergabeverfahren ein Qualifizierungsverfahren vorgeschaltet, werden die Aufträge im Wege eines nicht offenen Verfahrens oder eines Verhandlungsverfahrens unter den qualifizierten Bewerbern vergeben.

Gegen die Entscheidung über die Nichtaufnahme in ein Präqualifikationsverzeichnis oder ein Qualifizierungssystem oder gegen den Entzug einer Präqualifikation kann das betroffene Unternehmen Rechtsmittel einlegen. Entscheidungen im Zusammenhang mit Qualifi-

---

47 Vgl. OLG München, Beschl. v. 12.11.2012, Verg 23/12.
48 Z.B. Unternehmer- und Lieferantenverzeichnis des Landes Berlin für öffentliche Aufträge (ULV), https://ssl.stadtentwicklung.berlin.de/ULVAuskunft/index.jsp; vgl. auch das bundesweite Verfahren PQ VOL (www.pq-vol.de).

zierungssystemen im Sektorenbereich sind durch die Vergabekammern und Vergabesenate nachprüfbar. Entscheidungen zu Präqualifikationen nach VOB/A und VgV sind dagegen keine Entscheidungen eines öffentlichen Auftraggebers in einem Vergabeverfahren, sodass der Rechtsweg zu den Nachprüfungsinstanzen nach §§ 155 ff. GWB nicht eröffnet ist.[49] Insoweit sind ggf. die Zivilgerichte anzurufen.

7.1.1.2 Festlegung und Gewichtung der Zuschlagskriterien

Neben den Eignungskriterien sind die Zuschlagskriterien ein wesentlicher Regelungsinhalt der Bewerbungsbedingungen.

a) Auftraggeberermessen

Gemäß § 127 Abs. 1 Satz 1 GWB wird der Zuschlag auf das **wirtschaftlichste Angebot** erteilt. Das gesamte Vergabeverfahren dient damit nicht allein, aber vordergründig dem Ziel, dem Auftraggeber zu einem aus seiner Sicht wirtschaftlichen Vertrag zu verhelfen. Die Wirtschaftlichkeit definiert der Auftraggeber auf der Grundlage eines weiten Ermessens. Er allein entscheidet im Grundsatz nicht nur, welche Leistung er beschaffen möchte, sondern auch, nach welchen Kriterien er sie beschaffen möchte.[50]

Zuschlag wird auf das nach dem besten Preis-Leistungsverhältnis wirtschaftlichste Angebot erteilt, § 127 Abs. 1 S. 1 u. 3 GWB. Bei der Wertung des Preises sind gemäß § 127 Abs. 2 GWB gesetzliche Vorgaben zu beachten, beispielsweise die gesetzlichen Vergütungsregeln für bestimmte Berufsstände (z.B. die HOAI für die Ausschreibung von Architektenleistungen).

Praxistipp

 Grundsätzlich ist eine effektive Überprüfung der Bietererklärungen zu den Zuschlagskriterien vorgeschrieben. Dabei ist es im Interesse einer effizienten und raschen Durchführung von Vergabeverfahren jedoch erlaubt, auf die Richtigkeit von Bietereigenerklärungen zu vertrauen. Wenn jedoch konkrete Anhaltspunkte dafür vorliegen, ggf. aufgrund entsprechender Informationen eines Wettbewerbers, dass die Eigenerklärungen nicht zutreffend könnten, ist der Auftraggeber zur näheren Aufklärung verpflichtet.

Zuschlagskriterien müssen mit dem Auftragsgegenstand in Verbindung stehen, § 127 Abs. 3 S. 1 GWB. Das bedeutet, dass sie sich in irgendeiner Weise und in irgendeiner Phase ihres Lebenszyklus auf die gemäß dem Auftrag zu erbringenden Leistungen beziehen müssen. Eine Verbindung mit dem Auftragsgegenstand ist auch dann zu bejahen, wenn sich eines der gewählten Zuschlagskriterien auf Prozesse bezieht, das nur mittelbar im Zusam-

---

49 Der Verein für die Präqualifikation von Bauunternehmen e.V. sieht ein gesondertes Beschwerdeverfahren vor, das zivilgerichtlich überprüfbar ist.
50 EuG, Urt. v. 29.1.2013, Rs. T-532/10, Consepuri/EFSA, Rn. 54; OLG Düsseldorf, Beschl. v. 18.10.2006, VII-Verg 37/06; OLG Naumburg, Beschl. v. 5.12.2008, 1 Verg 9/08; Art 53 Abs. 1 lit a) Richtlinie 2004/18/EG, 55 Abs. 1 lit. a) Richtlinie 2004/17/EG: „das aus Sicht des öffentlichen Auftraggebers wirtschaftlichste Angebot".

menhang mit der Leistung steht, weil es etwa Vorgaben zur Herstellung, Bereitstellung oder Entsorgung der Leistung bestimmt.

Qualität, einschließlich • Technischer Wert • Ästhetik • Zweckmäßigkeit • Zugänglichkeit • Design für alle (Barrierefreiheit) • Soziale, ökologische, innovative Aspekte	Organisation, Qualifikation und Erfahrung des mit der Ausführung des Auftrags betrauten Personals, wenn die Qualität des eingesetzten Personals erheblichen Einfluss auf das Niveau der Auftragsausführung haben kann
Kundendienst und technische Hilfe	Lieferbedingungen, -verfahren, Termine, Ausführungsfristen

Abb. 21: Mögliche Zuschlagskriterien

Das europäische Vergaberecht definiert zugleich die Ermessensgrenze bei der Festlegung der Zuschlagskriterien und ihrer Gewichtung: die Verbindung mit dem Auftragsgegenstand und die Angemessenheit. Wenngleich hier im Ausgangspunkt ebenfalls ein weites Auftraggeberermessen besteht, ist dieses Ermessen nicht grenzenlos. So kann es beim Einkauf von standardisierten Waren oder Dienstleistungen unangemessen sein, den Zuschlag allein auf der Grundlage qualitativer Kriterien zu erteilen. Umgekehrt erscheint es bei geistig-schöpferischen Leistungen wie z.B. bei Architektenleistungen insbesondere vor dem Hintergrund des durch die HOAI vorgegebenen Preisrechts problematisch, die Entscheidung über das wirtschaftlichste Angebot allein auf der Grundlage des günstigsten Preises zu treffen.

Praxistipp

 Es ist nach deutschem Vergaberecht zulässig, den Preis oder die Qualität als alleiniges Zuschlagskriterium festzulegen. Der Preis wird insbesondere dann als alleiniges Zuschlagskriterium zweckmäßig sein, wenn es um die Beschaffung von standardisierten Leistungen geht, bei denen qualitative Unterschiede der angebotenen Leistung nicht oder kaum messbar sind. Der öffentliche Auftraggeber kann auch Festpreise oder Festkosten vorgeben, sodass das wirtschaftlichste Angebot ausschließlich nach qualitativen, umweltbezogenen oder sozialen Zuschlagskriterien bestimmt wird. Aus haushaltsrechtlichen Gründen muss eine Auftragsvergabe allein nach nicht-preislichen Kriterien aber besonders begründet werden.

b) Unterkriterien, Bewertungsmaßstäbe, Wertungsmatrizen

Zuschlagskriterien und Gewichtung sind in der Auftragsbekanntmachung oder in den Vergabeunterlagen anzugeben. Wie die Zuschlagskriterien und ihre Gewichtung sind den Bietern auch Unterkriterien und Bewertungsmaßstäbe bekannt zu geben, wenn der Auftraggeber Unterkriterien und Bewertungsmaßstäbe vorher festgelegt hat. Für die Auftragsvergabe unterhalb der für das EU-Vergaberecht maßgeblichen Schwellenwerte ist nicht ausdrücklich vorgeschrieben, alle Kriterien einschließlich etwaiger Unterkriterien und ihrer Gewichtung bekannt zu geben. Ob eine Pflicht hierzu aus dem Transparenzgrundsatz abgeleitet werden kann, ist umstritten.

Praxistipp

 Auch unterhalb der Schwellenwerte für das EU-Vergaberecht erscheint es sinnvoll, den Bietern vorab mitzuteilen, anhand welcher Kriterien und Unterkriterien und mit welcher Gewichtung das wirtschaftlichste Angebot ermittelt werden soll. Dadurch werden die Bieter besser in die Lage versetzt, ihr Angebot den Vorstellungen des Auftraggebers entsprechend auszuarbeiten, was insgesamt ein wirtschaftlicheres Ausschreibungsergebnis verspricht.

Einmal festgelegte Zuschlagskriterien dürfen aus Gründen der Transparenz später grundsätzlich nicht mehr geändert werden.

Eine Konkretisierung durch **Unterkriterien** ist allerdings bis zum Ende der Angebotsfrist grundsätzlich möglich. Nach der Rechtsprechung des EuGH bestehen hierfür folgende Voraussetzungen:

* Unterkriterien dürfen die bekannt gemachten Zuschlagskriterien nicht verändern,

* Unterkriterien dürfen Angebotserstellung nicht beeinflussen,

* Unterkriterien dürfen nicht geeignet sein, Bieter zu diskriminieren.

Praxistipp

 Wenn der Auftraggeber mögliche Auswirkungen von Unterkriterien auf die Angebotserstellung nicht ausschließen kann, ist eine angemessene Verlängerung der Angebotsfrist der sicherste Weg.

Zu den Wertungskriterien gehört auch eine etwaige Umrechnungsformel bei der Vergabe von Punktwerten je Kriterium. Bei der Verwendung nicht-preislicher Zuschlagskriterien müssen die Bieter wissen, wie mögliche Nachteile bei der Bewertung des Preises ggf. mit einem qualitativ hochwertigen Leistungsversprechen ausgeglichen werden können. Es ist nicht nur anzugeben, wie viele Bewertungspunkte vergeben werden sollen, sondern es muss auch eine zusätzliche Binnendifferenzierung innerhalb der Kriterien erfolgen, wenn innerhalb eines Kriteriums mehrere Leistungsaspekte abgefragt wurden, damit Bieter klar erkennen konnten, auf welche Leistungsaspekte es dem Auftraggeber besonders ankam, um das Angebot danach ausrichten zu können.[51]

Das gilt nach der Rechtsprechung auch grundsätzlich bei funktionalen Ausschreibungen.[52] Die Bekanntgabe der Bewertungsmatrix soll den Bietern ermöglichen, ihre Angebote optimal auf die bekannt gegebenen Bedürfnisse des Auftraggebers abzustellen. Bei nicht hinreichend bestimmten Kriterien fehlt den Bietern eine sichere Leitlinie, anhand derer sie ihre

---

51 OLG Düsseldorf, Beschl. v. 19.6.2013, VII-Verg 8/13; vgl. zuletzt auch VK Bund, Beschl. v. 1.2.2016, VK2-3/16.
52 OLG Düsseldorf, Beschl. v. 12.6.2013, VII-Verg 7/13, und Beschl. v. 14.2.2001, VII-Verg 14/00.

Angebote vorbereiten können.[53] Allerdings zwingt das Vergaberecht den Auftraggeber auch nicht zu Unmöglichem oder Unzumutbarem. Gerade bei gestalterisch-schöpferischen Leistungen wäre eine detaillierte Beschreibung oder Untergliederung eines qualitativen Zuschlagskriteriums nur eine Scheinlösung.[54] Würde der Auftraggeber ein eigenes detailliertes Lösungskonzept erarbeiten, an dem er die Lösungen der Bieter messen wollen würde, so müsste er dieses Konzept den Bietern als Wertungsmaßstab aus Gründen der Transparenz vorab zur Kenntnis geben. Dann aber würde es für die Bieter ausreichen, das Konzept des Auftraggebers zu übernehmen, um eine optimale Bewertung zu erzielen. Das würde allerdings dem Ziel des Auftraggebers, hier von den Bietern eigene und möglicherweise auch innovative Lösungen zu erhalten, widersprechen. Exakte Vorgaben des Auftraggebers für die Punktwerte würden hier die von den Bietern zu erbringenden Eigenleistungen vorwegnehmen.[55] Auf der letzten Ebene der Angebotswertung hat der Auftraggeber grundsätzlich einen Wertungsspielraum. Dieser darf nicht dadurch eingeschränkt werden, dass er vergaberechtlich in jedem Fall daran gebunden wird, im Voraus in mehrstufige Unterkriterien und entsprechende Gewichtungen aufgegliederte Bewertungsregeln aufzustellen und den Bietern bekannt zu geben.[56]

Praxistipp

 Wertungsmatrizen sollten so einfach wie möglich gestaltet werden. Die Vergabe von Punktwerten und etwaige Preisumrechnungsformeln sollten leicht verständlich sein. Je komplexer ein Bewertungsverfahren ausgestaltet ist, desto höher sind der Begründungsaufwand und das Fehlerpotenzial. Erkennt die Vergabekammer bei Defiziten in der Darstellung des Bewertungsverfahrens einen Verstoß gegen den Transparenzgrundsatz, kann das Vergabeverfahren in den Stand vor Bekanntgabe der Kriterien zurückversetzt werden. Da es sich dabei nach der Auffassung vieler Vergabekammern und Oberlandesgerichte um einen besonders schwerwiegenden Vergaberechtsverstoß handelt, ist hierfür noch nicht einmal eine Rüge des betroffenen Dieters erforderlich.

c) Sonderfall: Energieeffizienz als Zuschlagskriterium

Bei der Beschaffung energieverbrauchsrelevanter Waren, technischer Geräte oder Ausrüstungen ist im Rahmen der Ermittlung des wirtschaftlichsten Angebots die Energieeffizienz „angemessen" zu berücksichtigen. Dasselbe gilt, wenn Bau- oder Dienstleistungen beschafft werden, für deren Ausführung energieverbrauchsrelevante Waren, technische Geräte oder Ausrüstungen wesentliche Voraussetzungen sind.

Energieverbrauchsrelevante Waren, technische Geräte oder Ausrüstungen sind nach Maßgabe der unionsrechtlichen Vorgaben der Richtlinien 2010/30/EU und 2012/27/EU solche Gegenstände, deren Nutzung den Verbrauch an Energie beeinflusst und die in der EU in den Verkehr gebracht und/oder in Betrieb genommen werden, einschließlich Teilen, die

---

53 OLG Düsseldorf, Beschl. vom 3.3.2010, VII-Verg 48/09.
54 OLG Düsseldorf, Beschl. vom 3.3.2010, VII-Verg 48/09.
55 VK Bund, Beschl. vom 24.10.2014, VK2-85/14.
56 EuGH, Urt. v. 14.7.2016, Rs. C-6/15, TNS Dimarso, Rn. 27 ff.; OLG Frankfurt, Beschl. v. 3.6.2016, 11 VII-Verg 4/16.

zum Einbau in ein unter die Richtlinie fallendes energieverbrauchsrelevantes Produkt bestimmt sind, als Einzelteile für Endverbraucher in den Verkehr gebracht und/oder in Betrieb genommen werden und getrennt auf ihre Umweltverträglichkeit geprüft werden können.

Grundlage für die **Bewertung der Energieeffizienz** sind (wie stets) die Angebotsinhalte, die auf der Grundlage der Anforderungen in der Leistungsbeschreibung erstellt worden sind. Ob und inwieweit die Berücksichtigung der Energieeffizienz „angemessen" ist, muss der Auftraggeber wie bei der Festlegung anderer Zuschlagskriterien und ihrer Gewichtung auch mit Blick auf den konkreten Auftragsgegenstand entscheiden. Dabei erscheint es insbesondere dann, wenn der Auftraggeber bereits besonders hohe Mindestanforderungen an die Energieeffizienz der Leistung festgelegt hat, gerechtfertigt, bei der Definition der Zuschlagskriterien vollständig darauf zu verzichten (bzw. mit 0 % zu gewichten).

Im **Sektorenbereich** gilt die Pflicht zur Berücksichtigung der Energieeffizienz und Umweltauswirkungen beim Einkauf von Straßenfahrzeugen.

Ob die vergaberechtlichen Bestimmungen der Verfahrensordnungen über die energieeffiziente Beschaffung bieterschützende Wirkung haben, wird in der Rechtsprechung bislang nicht eindeutig beurteilt.[57]

Praxistipp

 Da die Festlegung und Gewichtung von Zuschlagskriterien immer mit dem konkreten Auftragsgegenstand zusammenhängen müssen, sind pauschale Angaben zu einer Mindestgewichtung ebenso wenig hilfreich wie die Auffassung, man dürfe das Energieeffizienzkriterium nicht „marginalisieren". Gleichwohl erscheint es aus Auftraggebersicht zur Vermeidung von Nachprüfungsanträgen sicherer, das Energieeffizienzkriterium eher höher als geringer zu gewichten, wenn man die bieterschützende Wirkung der Regelungen insoweit unterstellt.

d) Trennung von Eignungs- und Zuschlagskriterien

Aus dem für Zuschlagskriterien erforderlichen Zusammenhang mit dem Auftragsgegenstand lässt sich auch das Gebot der Trennung von Eignungs- und Zuschlagskriterien ableiten.

Die Eignungsprüfung ist unternehmensbezogen, Aspekte der Wirtschaftlichkeit i.S.v. § 127 Abs. 1 GWB spielen keine Rolle. Die Angebotsbewertung ist dagegen leistungsbezogen und bieterunabhängig. Angebote von Bietern, die nicht über die erforderliche Eignung verfügen, kommen für den Zuschlag nicht in Betracht.

Das Gebot der Trennung von Eignungs- und Zuschlagskriterien ist eine lang anerkannte, aber in der Praxis immer noch oft missachtete Grundregel bei der Gestaltung und Durchführung von Vergabeverfahren. Vergabebekanntmachungen und -unterlagen sind nicht

---

57 Vgl. OLG Düsseldorf, Beschl. v. 1.8.2012, VII-Verg 105/11: „[...] wird solchen (materiell) gesetzlichen Vorschriften ein bieterschützender Charakter nicht abzusprechen sein"; dagegen aber VK Rheinland-Pfalz, Beschl. v. 13.11.2015, VK 1-16/15: „Bei den [...] Vorgaben zur Energieeffizienz handelt es sich nicht um bieterschützende Vorschriften. Sie dienen nicht dem Schutz des Wettbewerbs und der Wettbewerbschancen der Bieter, sondern allgemeinen umweltpolitischen Zielen."

selten, in denen neben dem Preis beispielsweise die Referenzen eines Bieters als Zuschlagskriterium vorgesehen werden.

IV.2)   ZUSCHLAGSKRITERIEN

IV.2.1)   Zuschlagskriterien
          Wirtschaftlich günstigstes Angebot die nachstehenden Kriterien
          1.   Preis. Gewichtung 70
          2.   Referenzen/Eignung. Gewichtung30

Abb. 22: Unzulässige Vermischung von Eignungs- und Zuschlagskriterien

Die Grenzen zwischen Kriterien der Eignungsprüfung und der Angebotswertung können gerade in hochsensiblen Dienstleistungsbereichen allerdings fließend sein. In diesen Bereichen kann die Qualität der Leistung auch von Aspekten abhängen, die klassischerweise der Eignung zugeordnet werden. Daraus folgt aber nicht, dass derartige Aspekte in keinem Fall bei der Zuschlagsentscheidung berücksichtigt werden können. Für die Abgrenzung kommt es unter Berücksichtigung des jeweiligen Einzelfalls vorrangig auf die Vorgaben der Leistungsbeschreibung und die auf dieser Grundlage erstellten Angebote an. Nachdem es in der Rechtsprechung bereits anerkannt war, dass Auftraggeber auch die Organisation, die Qualifikation und die Erfahrung des bei der Durchführung des betreffenden Auftrags eingesetzten Personals bewerten dürfen, wenn diese Kriterien Einfluss auf die Qualität der Auftragsausführung haben können,[58] hat der Gesetzgeber dies in § 58 Abs. 2 Satz Nr. 2 VgV und in § 52 Abs. 2 Satz Nr. 2 SektVO inzwischen klargestellt.

Praxisbeispiel

 Ein Auftraggeber schreibt einen Auftrag über die Planungsleistungen für die Sanierung einer Tiefgarage EU-weit aus. Ein Ingenieurbüro, das unabhängig vom ausgeschriebenen Auftrag bereits über das für die Auftragsausführung erforderliche und entsprechend qualifizierte und erfahrene Personal verfügt, wird insoweit in aller Regel technisch und beruflich leistungsfähig sein. Ein positiv zu bewertendes, sich ggf. von anderen Bietern abgrenzendes Angebot wird aber erst dann vorliegen, wenn der Einsatz dieser hoch qualifizierten und erfahrenen Mitarbeiter für den konkreten Auftrag verbindlich zugesagt wird. Der Einsatz dieser hoch qualifizierten Mitarbeiter verspricht insoweit eine qualitativ höherwertigere Leistung als der Einsatz von Mitarbeitern, die in der Vergangenheit keine oder weniger Erfahrung mit der Ausführung vergleichbarer Planungsleistungen gesammelt haben. Es handelt sich um ein durch den Auftragsgegenstand gerechtfertigtes Kriterium, welches eine qualitative Abgrenzung der einzelnen Angebote voneinander erlaubt.

Ungeachtet dieser Neuregelung gelten weiterhin die übergeordneten Grundsätze der Transparenz und der Bietergleichbehandlung, wenn ein eindeutiges grenzüberschreiten-

---

58 Vgl. EuGH, Urt. v. 26.3.2015, Rs. C-601/13, Ambisig; OLG Düsseldorf, Beschl. vom 19.6.2013, VII-Verg 4/13; OLG Frankfurt, Beschl. v. 28.5.2013, 11 Verg 6/13; OLG Naumburg, Beschl. v. 12.4.2012, 2 Verg 1/12; OLG Celle, Beschl. v. 12.1.2012, 13 Verg 9/11.

des Interesse besteht.[59] Eine Vermischung von Eignungs- und Zuschlagskriterien im dem Sinne, dass ein besonders geeigneter Bieter größere Aussichten auf den Zuschlag hat, ist durch den Transparenz- und den Gleichbehandlungsgrundsatz weiterhin verboten („Kein Mehr an Eignung").

Praxistipp

 Auftraggeber sind weiterhin gut beraten, genau abzugrenzen. Bieterbezogene Aspekte, die nicht Gegenstand des konkreten Leistungsversprechens sind, müssen bei der Zuschlagsentscheidung außen vor bleiben (z.B. beim Bieter vorhandenes besonders qualifiziertes Personal, das aber für die Leistungserbringung aufgrund anderweitiger Aufträge nicht zur Verfügung steht und auch nicht gleichwertig ersetzt werden kann). Bieterbezogene Kriterien sind dagegen möglich, wenn sie zugleich auch leistungsbezogen („mit dem Auftragsgegenstand in Verbindung stehend") sind (z.B. der angebotene Einsatz besonders qualifizierten Personals verspricht eine qualitativ höherwertigere und daher besser zu bewertende Leistung).

e) Innovative, umweltbezogene oder soziale Aspekte

Nach § 127 Abs. 1 Satz 3 GWB können bei der Ermittlung des wirtschaftlichsten Angebotes neben dem Preis oder den Kosten und der Qualität auch umweltbezogene oder soziale Aspekte berücksichtigt werden. Voraussetzung ist auch insoweit, dass derartige Kriterien in Verbindung mit dem Auftragsgegenstand stehen. Darüber hinaus ist gemäß § 128 Abs. 2 GWB unter derselben Voraussetzung (Verbindung mit dem Auftragsgegenstand) die Festlegung entsprechender Ausführungsbedingungen möglich. Ausführungsbedingungen sind Vertragsregeln, die Auftragnehmer bei der Ausführung der ausgeschriebenen Leistung zwingend einzuhalten haben. Anderenfalls drohen, abhängig von der konkreten Vertragsgestaltung, vertragliche Sanktionen, z.B. Vertragsstrafen. Einige landesvergaberechtliche Regelungen schreiben derartige Sanktionen im Fall von Verstößen gegen Ausführungsbedingungen sogar zwingend vor. Derartige Ausführungsbedingungen können alternativ oder zusätzlich auch als Zuschlagskriterium festgelegt werden.[60]

Während in der vergaberechtlichen Rechtsprechung in der Vergangenheit verbreitet eine „sachlich nachvollziehbare **Konnexität**" zwischen dem Kriterium und dem Beschaffungsgegenstand vorausgesetzt wurde,[61] wird nach der gesetzlichen Regelung in § 127 Abs. 3 GWB inzwischen auch für soziale Zuschlagskriterien oder Ausführungsbedingungen lediglich noch eine Verbindung mit dem Auftragsgegenstand vorausgesetzt. Nicht ausreichend ist es jedoch, wenn diese Verbindung nur nach der subjektiven Vorstellung des Auftraggebers vorliegt. Sie muss vielmehr **objektiv nachweisbar** sein. Allgemeine, rein unternehmensbezogene Anforderungen ohne Bezug zum Auftragsgegenstand sind weiterhin vergaberechtlich unzulässig.

---

59 EuGH, Urt. v. 18.11.2010, Rs. C-226/09, Dolmetsch- und Übersetzungsleistungen, Rn. 31 f. und Urt. v. 13.7.2007, Rs. C-507/03, Irische Post, Rn. 26 ff.
60 VK Schleswig-Holstein, Beschl. v. 14.1.2010, VK-SH 25/09; Rechten/Röbke, LKV 2011, 337, 339 f.
61 VK Münster, Beschl. v. 9.10.2009, VK 19/09.

Mindestlohn- und Tariftreueregelungen auf der Grundlage landesvergabegesetzlicher Regelungen sind mit (höherrangigem) Unionsrecht unvereinbar, wenn ein bei der Vergabe öffentlicher Aufträge vorgeschriebenes Mindestentgelt auf die Arbeitsnehmer eines Nachunternehmens mit Sitz in einem anderen Mitgliedsstaat erstreckt wird und die Arbeitnehmer den Auftrag ausschließlich in diesem anderen Mitgliedsstaat ausführen. Insoweit begründet die Verpflichtung zur Zahlung eines Mindestentgelts einen Verstoß gegen die in Art. 56 AEUV normierte Dienstleistungsfreiheit.[62]

7.1.2 Vertragsunterlagen

Die Vertragsunterlagen bestehen nach dem Leitbild der Verfahrensordnungen aus den Vertragsbedingungen und der Leistungsbeschreibung.

Praxistipp

 Aus Gründen der Transparenz ist es sinnvoll, Vertragsbedingungen und Leistungsbeschreibung voneinander zu trennen. Anforderungen an die zu erbringende Leistung sollten daher ausschließlich in der Leistungsbeschreibung und rechtliche Regelungen zur Abwicklung des Auftrags sollten ausschließlich in den Vertragsbedingungen enthalten sein. Schlanke Vertragsunterlagen, die Wiederholungen vermeiden, erleichtern den Bietern die Angebotserstellung, vermeiden Widersprüche und erhöhen für Auftraggeber und Auftragnehmer die Rechtssicherheit. Ein Verweis aus den besonderen Vertragsbedingungen auf die Leistungsbeschreibung bzw. das Leistungsverzeichnis ist erforderlich, aber auch ausreichend.

7.1.2.1 Vertragsbedingungen

Die Vertragsbedingungen regeln das **Rechtsverhältnis** zwischen Auftraggeber und Auftragnehmer. Sie können u.a. Ausführungsfristen, Abnahme- und Vergütungsregelungen, Regelungen zu Leistungsänderungen, ein Gewährleistungsregime, sonstige Haftungsregelungen, Verjährungsfristen und Sicherheitsleistungen, Vergütungs-, Preisanpassungs-, Laufzeit- und Streitbeilegungsregelungen enthalten.

Vertragsbedingungen können allgemeine, zusätzliche, besondere und ggf. technische Vertragsbedingungen umfassen. Dabei sind die allgemeinen Vertragsbedingungen der VOB/B zwingend und der VOL/B in der Regel in den Vertrag einzubeziehen. Die entsprechenden Bestimmungen der VOB/A und der VgV sind **bieterschützend**.[63] Ein nur ausnahmsweise zulässiger Verzicht auf die Einbeziehung ist sorgfältig in der Vergabeakte zu begründen. Für die Beauftragung freiberuflicher Leistungen, im Sektorenbereich und bei der Konzessionsvergabe besteht keine Pflicht zur Einbeziehung der VOB/B und der VOL/B.

Zusätzliche Vertragsbedingungen können die VOB/B bzw. die VOL/B für die allgemein beim Auftraggeber vorhandenen Verhältnisse ergänzen. Sie dürfen den VOB/B bzw. den VOL/B

---

62 EuGH, Urt. v. 18.9.2014, Rs. C-549/13, Bundesdruckerei, Rn. 32.
63 VK Münster, Beschl. v. 2.10.2014, VK 13/14; VK Sachsen, Beschl. v. 5.12.2011, 1/SVK/043-11.

nicht widersprechen. Besondere Vertragsbedingungen ergänzen einzelfallbezogen die allgemeinen und die zusätzlichen Vertragsbedingungen. In der Praxis werden besondere Vertragsbedingungen allgemein auch als Vertragsentwurf bezeichnet.

7.1.2.2 Leistungsbeschreibung

a) Gestaltungsermessen

Bei der Erstellung der Leistungsbeschreibung steht für den Auftraggeber sein **weites Ermessen** bei der Definition des Leistungsgegenstandes im Ausgangspunkt. Der Auftraggeber bestimmt allein, was er wie beschaffen will. Sein Ermessen ist nur durch die allgemeinen vergaberechtlichen Grundsätze des Wettbewerbs, der Transparenz und der Bietergleichbehandlung begrenzt.

Ausdruck des weiten Auftraggeberermessens ist auch, dass er frei entscheiden kann, ob er die Leistung konstruktiv oder funktional beschreibt und ob er Mindestanforderungen an die Leistung festlegt oder Gestaltungsspielräume für die Bieter eröffnen möchte.

b) Eindeutige und erschöpfende Leistungsbeschreibung

Die Leistungsbeschreibung ist im Ausgangspunkt eine technisch-fachliche Unterlage, auf deren Grundlage die Bieter ihre Angebote erstellen. Sie hat aber in hohem Maße auch eine vergaberechtliche Bedeutung, da sich eine fehlerhafte Leistungsbeschreibung unmittelbar auf den Bieterwettbewerb auswirken kann. Wenn und soweit im Bieterkreis kein einheitliches Verständnis von den Festlegungen der Leistungsbeschreibung besteht und die Bieter ihre Angebote dementsprechend nach ihrem individuellen Verständnis erstellen und die Preise kalkulieren, ist die Vergleichbarkeit der Angebote beeinträchtigt. Die Zuschlagserteilung auf ein (mit den anderen nicht vergleichbares) Angebot kann in der Folge eine Verletzung des Gleichbehandlungsgrundsatzes bedeuten.

Ein **Sonderfall** ist die **fehlerhafte Leistungsbeschreibung**. Hierzu das folgende

Praxisbeispiel.[64]

Praxisbeispiel

 Ein Bieter erkennt, dass tatsächlich weniger als die angegebenen Mengen zur Erfüllung der ausgeschriebenen Bauaufgabe erforderlich sind. Diese Erkenntnis darf er seiner Preiskalkulation zugrunde legen und sich dadurch einen Vorteil im Bieterwettbewerb verschaffen. Es besteht für ihn keine vergaberechtliche Hinweispflicht gegenüber der Vergabestelle. Einen Wettbewerbsvorteil hat der Bieter aber nur dann, wenn der Fehler der Vergabestelle und allen anderen Bietern verborgen bleibt. Wenn die Vergabestelle den Fehler ihrerseits erkennt, reduziert sich der „Vorteil" für den Bieter darauf, dass er nicht ausgeschlossen werden darf (nicht er hat einen Fehler begangen, sondern die Vergabestelle!). Den Zuschlag kann er aus Gründen der

---

64 Nach OLG Düsseldorf, Beschl. v. 12.1.2015, VII Verg 29/14; OLG München, Beschl. v. 4.4.2013, Verg 4/13, und OLG Dresden, Beschl. v. 23.7.2013, Verg 2/13.

Gleichbehandlung gleichwohl nicht für sich beanspruchen. Die Vergabestelle muss vielmehr nachbessern und mit einem korrigierten Leistungsverzeichnis gleiche Wettbewerbsbedingungen für alle Bieter schaffen. Das gilt auch nach erfolgter Submission. Die Korrektur durch Wiedereröffnung der Angebotsfrist und Übersendung neuer Vergabeunterlagen ist dabei das mildere Mittel gegenüber der Aufhebung. Wichtig ist, dass den Bietern die Möglichkeit eröffnet wird, ihre Angebote insgesamt (und nicht nur in den geänderten Positionen) neu zu erstellen. Eine nur auf die betroffenen Positionen beschränkte Zurückversetzung ist nur möglich, wenn die von der Änderung betroffenen Positionen die Preisstruktur der Angebote nicht mitbestimmt haben. Eine Zurückversetzung hat dann freilich dieselbe Wirkung wie eine Aufhebung und Neuausschreibung, schafft aber für alle Bieter (auch in Kenntnis des ersten Submissionsergebnisses) identische Ausgangsbedingungen für die Angebotserstellung.

Herrschen ungleiche Wettbewerbsbedingungen aufgrund einer fehlerhaften oder missverständlichen Leistungsbeschreibung, handelt es sich um einen schwerwiegenden Fehler. Die Vergabekammer kann das Verfahren im Nachprüfungsfall selbst dann aus dem Stadium der Angebotsprüfung und -wertung in den Stand vor Versendung der Vergabeunterlagen zurückversetzen, wenn dies nicht zuvor gerügt wurde.

Unterschiedliche mögliche Verständnisse von Festlegungen der Leistungsbeschreibung werden nicht selten aber auch erst in der Phase der Auftragsabwicklung deutlich, wenn sich die Vertragsparteien über das Leistungssoll uneinig sind. Vergaberechtlich wie vertragsrechtlich gilt, dass **Unklarheiten immer zulasten des Auftraggebers** gehen.[65] Ein Ausschluss vom Vergabeverfahren ist nicht zulässig, wenn der Auftraggeber die Festlegung, von der ein Angebot ggf. abweicht, nicht eindeutig und klar formuliert hat. Für das geschuldete Leistungssoll ist der Auftraggeber in der zivilrechtlichen Auseinandersetzung darlegungs- und beweispflichtig.

Aus Auftraggebersicht ist es vor diesem Hintergrund umso wichtiger, das Gebot der eindeutigen und erschöpfenden Leistungsbeschreibung streng einzuhalten und vergaberechtlich zu prüfen. Es gilt auch für die Vergabe von Rahmenvereinbarungen. Dass das in Aussicht genommene Auftragsvolumen einer Rahmenvereinbarung lediglich „so genau wie möglich" zu ermitteln und bekannt zu geben ist, nicht aber abschließend festgelegt wird, versteht sich von selbst und liegt in der Natur der Rahmenvereinbarung. Ein Widerspruch oder eine Einschränkung des Gebots eindeutiger und erschöpfender Leistungsbeschreibung ist insoweit nicht erkennbar.[66]

Eine Leistungsbeschreibung ist als Vertragsunterlage der Auslegung zugänglich. Die Auslegung hat sowohl im Vergabeverfahren als auch in der späteren Vertragsdurchführung Bedeutung. Maßgeblich ist dabei die Sicht des angesprochenen Empfängerkreises („durchschnittlich fachkundiger Bieter").

---

65 VK Nordbayern, Beschl. v. 14.6.2013, 21.VK.3194-15/13.
66 Siehe aber OLG Düsseldorf, Beschl. v. 20.2.2013, VII-Verg 44/12.

Praxistipp

 Etwaige Unklarheiten bei der Auslegung einer Leistungsbeschreibung gehen stets zulasten der Vergabestelle. Ein Angebotsausschluss wegen Unterschreitens einer unklar formulierten Mindestanforderung wäre daher unzulässig.

c) Unzumutbare Risiken

Als Ausprägung des Gebotes eindeutiger und erschöpfender Leistungsbeschreibung bzw. des dahinter stehenden Gleichbehandlungsgrundsatzes kann das Verbot der Aufbürdung ungewöhnlicher Wagnisse angesehen werden.

In der Rechtsprechung ist umstritten, ob das Verbot ungewöhnlicher Wagnisse noch gilt.[67] Dieser Streit sorgt in der Vergabepraxis insbesondere deshalb für Verunsicherung, weil das Verbot für Bauvergaben auch im Übergang von der VOB/A 2012 zur VOB/A 2016 ausdrücklich fortgilt. Zu dieser Verunsicherung trägt wesentlich bei, dass auch die Vertreter der Auffassung, nach der das Verbot der Aufbürdung ungewöhnlicher Wagnisse nicht mehr gelte, es für vergaberechtlich unzulässig halten, wenn dem Auftragnehmer unzumutbare Risiken aufgebürdet werden.[68]

Praxistipp

 Bis zu einer höchstrichterlichen Klärung der Streitfrage, ob die Aufbürdung ungewöhnlicher Wagnisse weiterhin vergaberechtlich unzulässig ist, sind Auftraggeber gut beraten, das Leistungsverwendungsrisiko zumindest nicht vollständig auf die Bieter zu übertragen. Klauseln, nach denen der Auftraggeber nicht zur Abnahme der Leistung verpflichtet ist, sondern seinen Bedarf ggf. auch anderweitig decken kann, sind vor diesem Hintergrund besonders kritisch zu prüfen. Sicherer erscheint es, Mindest- und Höchstabnahmemengen festzulegen, um den Bietern eine belastbare, vergleichbare Angebote ermöglichende Kalkulationsgrundlage zu geben.

Ungeachtet dieser Streitfrage gilt: Branchentypische Risiken sind weder ungewöhnlich noch unzumutbar, sondern für den erfahrenen und fachkundigen Bieter vorhersehbar und kalkulierbar.[69]

---

67 OLG Dresden, Beschl. v. 2.8.2011, WVerg 4/11; OLG Jena, Beschl. v. 11.8.2011, 9 Verg 7/11 gegen OLG Düsseldorf, Beschl. v. 7.12.2011, VII-Verg 96/11; OLG München, Beschl. v. 6.8.2012, Verg 14/12; OLG Koblenz, Beschl. v. 29.11.2012, 1 Verg 6/12.
68 OLG Düsseldorf, Beschl. v. 7.12.2011, VII-Verg 96/11.
69 OLG Düsseldorf, Beschl. v. 20.2.2013, VII-Verg 44/12; VK Baden-Württemberg, Beschl. v. 28.11.2006, 1 VK 66/06.

Praxisbeispiel

 Praxisbeispiele für zulässige Risiken

- *Eine Vertragsverlängerungsoption um 12 Monate ist allgemein üblich.[70]*

- *Vertragsstrafenregelungen in SPNV-Verträgen z.B. für ein Unterschreiten einer vertraglich zugesicherten Zugbegleitquote oder einer bestimmten Sitzplatzkapazität sind branchenüblich.[71]*

Praxisbeispiel für ein unzulässiges Risiko

- *Zuschlagserteilung unter aufschiebenden externen und nicht beeinflussbaren Bedingungen (Zuschlag in einem Parallelverfahren).[72]*

d) Produktneutrale Vergabe

Auch das **Gebot der produktneutralen Vergabe** steht sowohl systematisch als auch inhaltlich in unmittelbarem Zusammenhang zum Gebot eindeutiger und erschöpfender Leistungsbeschreibung.

Grundsätzlich müssen Leistungsbeschreibungen produktneutral ausgestaltet sein. Verboten sind demnach auch die verdeckte Ausschreibung eines Leitfabrikats[73] oder die Festlegung von Leistungsanforderungen, die den Wettbewerb auf einen Anbieter verengen.[74] Wenn eine Leistungsbeschreibung oder ein Leistungsverzeichnis jedoch Produktvorgaben beinhaltet, begründet dies noch nicht zwingend auch einen Vergabefehler.

(1) Ausnahme 1: Produktvorgabe ist durch den Auftragsgegenstand gerechtfertigt

Eine Abweichung vom Gebot produktneutraler Vergabe ist zunächst möglich, wenn die Produktvorgabe „durch den Auftragsgegenstand gerechtfertigt" ist.

Als **sach- und auftragsbezogene Aspekte** anerkannt sind solche, die sich z.B. aus der besonderen Aufgabenstellung, aus technischen oder gestalterischen Anforderungen oder aus der Nutzung der Sache ergeben wie etwa die Zweckmäßigkeit einer einheitlichen Wartung. Auch wirtschaftliche Erwägungen können eine Rolle spielen.[75] Die Gründe müssen jedoch gewichtig sein, weil es sich (als Abweichung von den EU-rechtlich garantierten Grundfreiheiten) um einen eng auszulegenden Ausnahmetatbestand handelt.

Das OLG Düsseldorf stellt in diesem Zusammenhang stark auf das Leistungsbestimmungsrecht des Auftraggebers ab.[76] Als sachliche Rechtfertigung für eine Produktvorgabe genüge danach, wenn diese einen sachlichen Bezug zum Auftragsgegenstand aufweist. Ein Vergabeverstoß liege dagegen vor, wenn der Auftraggeber seiner Entscheidung für die

---

70 VK Bund, Beschl. v. 20.7.2005, VK1-62/05.
71 VK Niedersachsen, Beschl. v. 15.5.2008, VgK-12/2008.
72 VK Bund, Beschl. v. 24.1.2008, VK3- 151/07.
73 OLG München, Beschl. v. 2.8.2007, Verg 7/07.
74 VK Düsseldorf, Beschl. v. 17.2.2011, VK-44/2010-L.
75 OLG Frankfurt, 28.10.2003, 11 Verg 9/03; OLG Düsseldorf, Beschl. v. 3.3.2010, VII-Verg 46/09.
76 OLG Düsseldorf, Beschl. v. 22.5.2013, VII-Verg 16/12; Beschl. v. 1.8.2012, VII-Verg 10/12; Beschl. v. 15.6.2010, VII-Verg 10/10.

Produktvorgabe sachfremde, willkürliche oder diskriminierende Erwägungen zugrunde gelegt hat. Inhaltliche Vertretbarkeit, Nachvollziehbarkeit oder Richtigkeit der Entscheidung für die Produktvorgabe würden dagegen nicht durch die Nachprüfungsinstanzen geprüft.[77] Ohne Belang sei auch, ob der Auftraggeber zur Erkundung alternativer Produkte bzw. Lösungsmöglichkeiten eine Markterkundung durchgeführt habe.[78]

Praxistipp

Ob sich die auftraggeberfreundliche Auffassung des OLG Düsseldorf zur sachlichen Rechtfertigung von Produktvorgaben durchsetzt, ist ungewiss. Diese Auffassung wird in der Literatur stark kritisiert, und es ist nicht ausgeschlossen, dass andere Vergabesenate hierzu eine strengere Ansicht vertreten. Daher erscheint es aus Auftraggebersicht bis zu einer höchstrichterlichen Klärung am sichersten, in jedem Einzelfall aus fachlicher Sicht genau zu prüfen, ob und aus welchem konkret durch den jeweiligen Auftrag gerechtfertigten Grund mit einer hohen Detailtiefe bestimmte produktspezifische Anforderungen an die Leistung vorgegeben werden müssen. Auch wenn das OLG Düsseldorf eine Markterkundung nicht für zwingend erforderlich hält, kann es zur Erhöhung der Rechtssicherheit sinnvoll sein, sich vor Einleitung eines Vergabeverfahrens einen Überblick über alternative Lösungsmöglichkeiten zu verschaffen. Darüber hinaus können Markterkundungen auch aus haushalts- und aus beihilferechtlichen Gründen geboten sein, bevor der Auftraggeber sich auf ein bestimmtes Produkt oder eine bestimmte Dienstleistung festlegt.

(2) Ausnahme 2: Leistung ist nicht hinreichend genau und allgemein verständlich beschreibbar

Wenn die Leistung „nicht hinreichend genau und allgemein verständlich beschrieben werden kann" und der Zusatz „oder gleichwertig" jeweils enthalten ist, darf nach den Verfahrensordnungen ebenfalls vom Gebot produktneutraler Vergabe abgewichen werden.

Praxistipp

In der Praxis ist es nicht unüblich, dass die Vergabestellen Leitfabrikate (offen oder verdeckt) verwenden, Datenblätter in ihre Leistungsverzeichnisse übernehmen und die vergaberechtliche Zulässigkeit dadurch herstellen wollen, dass sie den Zusatz „oder gleichwertig" aufnehmen. Diese Vorgehensweise ist aber nur zulässig, wenn die Leistung nicht hinreichend genau und allgemein verständlich (also ohne Übernahme eines spezifischen Produktdatenblattes) beschrieben werden kann. Diese objektive Unmöglichkeit, die Leistung hinreichend genau und allgemein zu beschreiben, ist ebenfalls sorgfältig zu prüfen und ggf. in der Vergabeakte nachvollziehbar zu begründen. Nicht ausreichend ist die Begründung, dass es „einfacher" ist, auf ein

---

77 OLG Düsseldorf, Beschl. v. 15.6.2010, VII-Verg 10/10; Beschl. v. 17.2.2010, VII-Verg 42/09; vgl. auch OLG Dresden, Beschl. v. 17.5.2011, WVerg 3/11.
78 OLG Düsseldorf, Beschl. v. 27.6.2012, VII-Verg 7/12; Beschl. v. 1.8.2012, VII-Verg 10/12; a.A. OLG Celle, Beschl. v. 22.5.2008, 13 Verg 1/08; OLG Jena, Beschl. v. 26.6.2006, 9 Verg 2/06.

> *bereits bekanntes Leitprodukt zu verweisen, als sich die Mühe einer allgemeinen Beschreibung zu machen.*

Die Gleichwertigkeit eines Alternativprodukts ist anhand der allgemeinen Leistungsbeschreibung und der Tauglichkeit des Alternativprodukts für den von der Vergabestelle vorgesehenen Gebrauch zu ermitteln. Maßgebend ist eine funktionale und nicht formale Betrachtungsweise, da ansonsten fast nie Gleichwertigkeit vorliegen und faktisch ein Zwang zur Verwendung bestimmter Produkte entstehen würde. Erfüllt ein Alternativprodukt solche Merkmale des in der Leistungsbeschreibung genannten Produkts nicht, die für den geplanten Einsatz nicht von Bedeutung sind, ist es gleichwertig.[79]

e) Wahl- und Bedarfspositionen

Die in der Praxis verbreitet auch als Alternativpositionen bezeichneten Wahlpositionen sind Leistungspositionen, bei denen sich der Auftraggeber noch nicht auf einen bestimmten Leistungs- oder Ausführungsinhalt oder eine bestimmte Ausführungsform festgelegt hat. Bedarfspositionen, auch als Eventualpositionen bezeichnet, sind Leistungspositionen, von denen der Auftraggeber bei Versendung der Ausschreibungsunterlagen noch nicht weiß, ob sie neben Grundleistungen als zusätzliche Leistungen erforderlich werden.

Praxisbeispiele

- Grundposition: Lieferung von 10.000 näher bezeichneten Druckern bei einer Gewährleistungspflicht von 48 Monaten.

- Wahlposition: Lieferung von 10.000 Druckern bei einer Gewährleistungsfrist von 60 Monaten.

- Bedarfsposition: Lieferung von weiteren 2.500 Druckern bei einer Gewährleistungspflicht von 48 Monaten.

Wahl- und Bedarfspositionen beeinträchtigen die eindeutige und erschöpfende Leistungsbeschreibung und begründen die Gefahr intransparenter, willkürlicher Vergabeentscheidungen.[80]

Wahl- und Bedarfspositionen sind daher nur bei Vorliegen eines sachlich gerechtfertigten Grundes zulässig. Ein solcher **Sachgrund** kann darin bestehen, dass dem Auftraggeber beispielsweise nur begrenzte Haushaltsmittel zur Verfügung stehen, sodass er gehalten ist, die kostengünstigere Variante zu beauftragen.[81] Folgende **Rahmenbedingungen** sind bei der Ausschreibung von Wahl- und Bedarfspositionen zu berücksichtigen:

- Wahlpositionen sind in der Leistungsbeschreibung unmissverständlich als solche zu kennzeichnen.

- Die Kriterien sind anzugeben, die für eine Inanspruchnahme der Bedarfs-/Wahlposition maßgebend sein sollen, damit die Bieter das Risiko kalkulieren und bei der Angebotserstellung berücksichtigen können.

---

79 Anschaulich hierzu VK Bremen, Beschl. v. 15.11.2006, VK 2/06.
80 OLG Düsseldorf, Beschl. v. 28.2.2008, VII-Verg 57/06.
81 OLG München, Beschl. v. 27.1.2006, Verg 1/06; OLG Düsseldorf, Beschl. v. 24.3.2004, VII-Verg 7/04.

- Vor der Angebotswertung muss der Auftraggeber entscheiden, ob er die Grundposition oder die Wahlposition beauftragen will. Änderungen nach Zuschlagserteilung sind vertraglich möglich (vgl. § 2 Nr. 1 und 3 VOL/B).

- Angebote auf Bedarfspositionen sind bei der Wertung zu berücksichtigen.

f) Nebenangebote

Nebenangebote sind Vorschläge eines Bieters, die eine andere technische Lösung beinhalten als die, die in der Leistungsbeschreibung vorgegeben ist.[82] Die Zulassung von Nebenangeboten muss der Auftraggeber bereits in der Bekanntmachung angeben. Möglich ist auch, Nebenangebote allein oder in Kombination mit einem Hauptangebot vorzuschreiben. Zur Gewährleistung der Vergleichbarkeit von Haupt- und Nebenangeboten sind **Mindestanforderungen** festzulegen, die auch die Nebenangebote erfüllen müssen.[83] Nebenangebote, die diese Mindestanforderungen nicht erfüllen, dürfen nicht berücksichtigt werden.

Nebenangebote sind aus Auftraggebersicht ein beliebtes Instrument, um alternative, selbst nicht vorhergesehene Lösungsmöglichkeiten für den eigenen Beschaffungsbedarf aufgezeigt zu bekommen. Rechtlich möglich ist es, Nebenangebote auch dann zuzulassen, wenn der Preis das alleinige Zuschlagskriterium ist. Zweckmäßiger kann es allerdings sein, der Entscheidung über den Zuschlag bei der Zulassung von Nebenangeboten auch qualitative Aspekte zugrunde zu legen. Denn wenn die vorhandenen qualitativen Angebotsunterschiede unberücksichtigt bleiben, besteht die Gefahr, dass das mit der Zulassung von Nebenangeboten eigentlich verfolgte Ziel, den Bietern die Möglichkeit zu geben, sich durch die Nutzung ihres kreativen Potenzials einen Vorteil im Vergabewettbewerb zu verschaffen, verfehlt wird.[84]

g) Losweise Vergabe

Aus den Vergabeunterlagen muss auch hervorgehen, ob die Leistung in Lose aufgeteilt wird. Die rechtliche Grundlage für die **losweise Auftragsvergabe** bildet § 97 Abs. 4 Satz 2 GWB. Danach sind Leistungen in der Menge aufgeteilt (Teillose) und getrennt nach Art oder Fachgebiet (Fachlose) zu vergeben.

(1) Gesamtvergabe ausnahmsweise möglich

Ein Verzicht auf eine losweise Vergabe ist ausnahmsweise zulässig. Das folgt zum einen bereits aus § 97 Abs. 4 Satz 3 GWB, wonach ausdrücklich mehrere Teil- oder Fachlose zusammen vergeben werden dürfen, wenn wirtschaftliche oder technische Gründe dies erfordern. Zum anderen folgt dies aus dem Wirtschaftlichkeitsgrundsatz gemäß § 97 Abs. 1 Satz 2 GWB, mit dem das Gebot mittelstandsfreundlicher Vergabe abzuwägen ist.[85]

---

82 OLG Saarbrücken, Beschl. v. 18.5.2016, 1 Verg 1/16.
83 EuGH Urt. v. 16.10.2003, Rs. C-421/01, Traunfellner, Rn. 33.
84 BGH, Beschl. v. 7.1.2014, X ZB 15/13.
85 OLG Schleswig, Beschl. v. 30.10.2012, 1 Verg 5/12; vgl. auch OLG Düsseldorf, Beschl. v. 8.9.2011, VII-Verg 48/11, VK Hessen, Beschl. v. 10.9.2007, 69 d VK-29/2007.

Praxistipp

 Der erforderliche Abwägungsprozess zwischen den Bieterinteressen und dem Interesse des Auftraggebers an einer wirtschaftlichen Auftragsvergabe ist stets sorgfältig zu begründen und zu dokumentieren. Floskelhafte Begründungen für den Verzicht auf eine losweise Vergabe im Sinne von „Die Losaufteilung erschien der Vergabestelle nicht wirtschaftlich" sind nicht ausreichend.

Auftraggeber sind zwar nicht verpflichtet, umfangreiche externe Sachverständigengutachten mit Wirtschaftlichkeitsrechnungen für oder gegen eine losweise Vergabe zu beauftragen. Für die Vergabedokumentation erscheint es aus Auftraggebersicht allerdings rechtssicherer, belastbares (eigenes) Zahlenmaterial zur Akte zu nehmen. Da die Gesamtvergabe nach dem Wortlaut von § 97 Abs. 4 Satz 3 GWB eine restriktiv zu handhabende Ausnahme darstellt, müssen die eine Gesamtvergabe rechtfertigenden wirtschaftlichen oder technischen Gründe nicht nur lediglich anerkennenswert sein, sondern im Ergebnis überwiegen.

- In wirtschaftlicher Hinsicht kann der Verzicht auf eine losweise Vergabe gerechtfertigt sein, wenn die Losbildung und -vergabe für das Vergabeverfahren einschließlich Prüfung und Wertung der Angebote sowie für Vertragsabschluss und -durchführung einen Aufwand verursacht, bei dem eine wirtschaftliche Beschaffung im Vergleich zu der Eigenausführung insgesamt nicht mehr gewährleistet wäre.[86] Dies kann bejaht werden, wenn z.B. die ordnungsgemäße Durchführung des Auftrags nicht oder nur mit unverhältnismäßigem Aufwand gesichert werden kann oder die Überwachung und Verfolgung von Gewährleistungsansprüchen ungewöhnlich erschwert wird.[87] Bloße finanzielle Nachteile, die aufgrund des erhöhten zeitlichen, organisatorischen und personellen Aufwands stets mit der losweisen Vergabe einhergehen, die aber in der wirtschaftlichen Gesamtschau im Vergleich zur Eigenausführung immer noch einen Wirtschaftlichkeitsgewinn versprechen, rechtfertigen demnach keine Gesamtvergabe.[88] Wenn ein Wirtschaftlichkeitsvergleich zwischen losweiser Vergabe und Gesamtvergabe nicht möglich erscheint, gelten der gesetzliche Regelfall und damit die Pflicht zur losweisen Vergabe.[89]

- *Technische Gründe* können eine Gesamtvergabe rechtfertigen, wenn eine Fachlosbildung einerseits objektiv zwar möglich erscheint und insoweit auch ausschreibungskonform auf entsprechend zu erstellende Leistungsbeschreibungen bzw. -verzeichnisse angeboten werden kann, wenn andererseits diese fachlosweise angebotenen Leistungen aber insgesamt nicht „zusammenpassen", sodass der öffentliche Auftraggeber seinen eigens definierten Beschaffungsbedarf in technischer Hinsicht auf diese Weise nicht befriedigen kann.[90]

---

86 OLG Düsseldorf, Beschl. v. 21.3.2012, VII-Verg 92/11.
87 VK Niedersachsen, Beschl. v. 30.9.2015, VgK-30/2015.
88 OLG Düsseldorf, Beschl. v. 11.7.2007, VII-Verg 10/07.
89 OLG Koblenz, Beschl. v. 4.4.2012, 1 Verg 2/11.
90 OLG Koblenz, Beschl. v. 4.4.2012, 1 Verg 2/11; als technisch anerkennungswürdige Gründe kommen bspw. bautechnische Kopplungen benachbarter Baukörper in Betracht, vgl. VK Bund, Beschl. v. 8.10.2003, VK 2-78/03.

Praxistipp

 Neben der durch wirtschaftliche oder technische Gründe gerechtfertigten Möglichkeit, von vornherein auf eine Losaufteilung zu verzichten, kann der Auftraggeber vergaberechtlich zulässig alle Lose eines Auftrags an einen Bieter vergeben, wenn dieser Bieter auf alle Lose das wirtschaftlichste Angebot abgegeben hat. Der Auftraggeber ist daher nicht verpflichtet, aus Gründen der mittelstandsfreundlichen Vergabe oder des Wettbewerbs ein unwirtschaftliches Losangebot zu bezuschlagen, wenn er zuvor Lose gebildet und nicht eine Loslimitierung als Vergabebedingung festgelegt hat.

(2) Unterscheidung zwischen Fach- und Teillosen

Bei der Fachlosbildung teilt der öffentliche Auftraggeber die Leistungen in qualitativ abgrenzbare Fachgebiete bzw. Gewerbezweige auf. Ob eine Fachlosbildung geboten ist, richtet sich insbesondere auch danach, ob sich für die betreffende Leistung zum Zeitpunkt der Entscheidung des öffentlichen Auftraggebers für oder gegen die Fachlosbildung ein eigenständiger Markt herausgebildet hat.[91] Im Bereich der Vergabe öffentlicher Bauaufträge können die Allgemeinen Technischen Vertragsbedingungen (ATV) der VOB/C ein Anhaltspunkt dafür sein, welche Gewerke für eine Fachlosbildung infrage kommen.

Für die Vergabe öffentlicher Dienstleistungsaufträge ist bei Gebäudereinigungsdienstleistungen anerkannt, dass sich für Glasreinigungsarbeiten ein eigenständiger Markt herausgebildet hat, sodass diese Leistungen grundsätzlich als Fachlose zur Vergabe ausgeschrieben werden müssen, sofern technische oder wirtschaftliche Gründe nicht eine Gesamtvergabe rechtfertigen.[92]

Bei der Teillosbildung wird eine Gesamtleistung mengenmäßig oder räumlich in abgrenzbare Teilleistungen aufgeteilt. Teillosbildungen kommen insbesondere in Betracht bei größeren Lieferaufträgen, beim Autobahnneubau durch Vergabe der Bauleistungen in einzelnen Streckenabschnitten und insbesondere auch bei der Vergabe von ÖPNV-Leistungen in einzelnen Linien oder Linienbündeln.

Praxistipp

 Das Gesetz sieht nicht nur die losweise Vergabe an sich als Regelfall vor, sondern schreibt die Bildung von Fach- und Teillosen vor. Ausnahmen hiervon sind (wie stets) nur bei Vorliegen wirtschaftlicher oder technischer Gründe möglich.

Keine Vorgabe enthält § 97 Abs. 4 Satz 2 GWB hingegen hinsichtlich der Anzahl und der Größe der zu bildenden Lose. Insoweit steht die Auftragsgestaltungsfreiheit des Auftraggebers im Vordergrund und bildet den Ausgangspunkt seiner Überlegungen. Der Auftraggeber kann insofern grundsätzlich frei über die Größe und den Zuschnitt der Lose entschei-

---

91 OLG Düsseldorf, Beschl. v. 11.1.2012, VII-Verg 52/11.
92 Vgl. OLG Düsseldorf, Beschl. v. 11.1.2012, VII-Verg 52/11; OLG Koblenz, Beschl. v. 4.4.2012, 1 Verg 2/11; VK Köln, Beschl. v. 6.3.2012, VK VOL 45/2011.

den.[93] Bei der Ausübung seiner Auftragsgestaltungsfreiheit wird er sich aber daran orientieren müssen, dass kleine und mittlere Unternehmen sich im Ergebnis auch tatsächlich um einzelne Lose bewerben können. Eine Verpflichtung zur Bildung von Kleinstlosen, die es sämtlichen Wirtschaftsteilnehmern ermöglichen würde, sich am Wettbewerb zu beteiligen, besteht nicht. Der Auftraggeber als Nachfrager muss durch seine Ausschreibungen nicht bestimmte Märkte oder Marktteilnehmer bedienen.[94]

Jedoch hat der Auftraggeber vor einer Entscheidung für eine Gesamtvergabe und gegen eine losweise Vergabe zu prüfen, ob eine sogenannte „verkürzte Fachlosvergabe", bei der mehrere Lose zusammengefasst werden, nicht als milderes Mittel gegenüber einer Gesamtvergabe vorzugswürdig ist.[95]

(3) Loslimitierung

Einen Sonderfall bildet die Loslimitierung, die insbesondere bei der Vergabe von hochsensiblen Dienstleistungsaufträgen in Bereichen der öffentlichen Daseinsvorsorge häufig ge wählt wird. Loslimitierungen sind aber auch bei der Vergabe von Bauaufträgen möglich. Sie treten dabei in zwei möglichen Erscheinungsformen auf:

- Bei der *Angebotslimitierung* schreibt der Auftraggeber Leistungen losweise zur Vergabe aus, wobei die Bieter allerdings nicht die Möglichkeit erhalten, auf alle Lose ein Angebot abzugeben.

- Bei der *Zuschlagslimitierung* hingegen können die Bieter auf mehrere oder gar auf alle Lose ein Angebot unterbreiten. Jeder Bieter kann den Zuschlag allerdings nur für ein Los oder bestimmte Loskombinationen erhalten.

Nach der Rechtsprechung waren Loslimitierungen bislang aufgrund ihrer wettbewerbsbeschränkenden Wirkung nur zulässig, wenn hierfür ein sachlicher Grund besteht.[96] Insbesondere in Leistungsbereichen, in dem die jederzeitige Leistungsmöglichkeit etwa aus Gründen der Daseinsvorsorge oder der Verteidigungsbereitschaft sichergestellt werden muss, wurde es als gerechtfertigt angesehen, wenn der öffentliche Auftraggeber das Risiko eines Leistungsausfalls streuen und auf mehrere Auftragnehmer verteilen will. Ob Loslimitierungen auch nach Aufnahme einer ausdrücklichen Rechtsgrundlage (§§ 30 Abs. 1 VgV, 5 EU Abs. 2 Nr. 3 VOB/A) besonders gerechtfertigt werden müssen, ist unklar. Für eine Begründungspflicht spricht weiterhin, dass eine Loslimitierung eine Einschränkung des Bieterwettbewerbs bedeutet. Darüber hinaus sind bei der Verfahrensgestaltung und -durchführung der Verhältnismäßigkeitsgrundsatz (§ 97 Abs. 1 GWB) und das haushaltsrechtliche Gebot der sparsamen und wirtschaftlichen Mittelverwendung zu beachten.

---

93 OLG Karlsruhe, Beschl. v. 6.4.2011, 15 Verg 3/11.
94 VK Bund, Beschl. v. 27.9.2011, VK 2-100/11.
95 OLG Düsseldorf, Beschl. v. 11.7.2009, VII-Verg 10/07.
96 OLG Düsseldorf, Beschl. v. 17.01.2013, VII-Verg 35/12; Beschl. v. 7.12.2011, VII-Verg 99/11; Beschl. v. 15.6.2000, VII-Verg 6/00.

Praxistipp

*Auftraggeber sind zur Vermeidung von Nachprüfungsanträgen weiterhin gut bera-
ten, von Loslimitierungen nur dann Gebrauch zu machen, wenn es aus sachlichen
Gründen erforderlich erscheint und der verfolgte Zweck nicht auf andere, gleich geeignete Weise ebenso gut erreicht werden kann.*

(4) Losweise Prüfung und Wertung der Angebote

Die Verfahrensdurchführung, d.h. insbesondere die Prüfung und Wertung der Angebote,
erfolgt ebenfalls losweise. Daher werden immer nur die Angebote zum jeweiligen Los untereinander verglichen und bewertet. Andere Vorgehensweisen (z.B. die Zulassung von
pauschalen Nebenangeboten) sind möglich, müssen aber mit Blick auf die Transparenzpflicht ausdrücklich mitgeteilt werden.

Abb. 23: Losvergabe

7.2 Einleitung des Vergabeverfahrens durch Auftragsbekanntmachung

7.2.1 Beginn des formellen Vergabeverfahrens

Die Auftragsbekanntmachung markiert den Beginn eines formellen Vergabeverfahrens.
Für EU-weite Vergaben oberhalb der Schwellenwerte besteht eine Pflicht zur Veröffentlichung der Vergabeabsicht im Supplement zum Amtsblatt der EU mit den in der Verordnung (EU) Nr. 2015/1986 vorgeschriebenen Standardformularen. Dazu übermittelt der
Auftraggeber die Auftragsbekanntmachung unter Nutzung elektronischer Mittel an das

Amt für Veröffentlichungen der Europäischen Union, das die Bekanntmachung im Supplement zum Amtsblatt der EU sowie in der TED-Datenbank (Tenders Electronic Daily – die Online-Version des Supplements des Amtsblattes der EU) veröffentlicht.

Darüber hinaus sind auch nationale Bekanntmachungen für EU-weite Vergabeverfahren möglich, verfahrensrechtlich maßgeblich aber ist stets die Veröffentlichung im EU-Amtsblatt.[97] Eine Veröffentlichung in nationalen Bekanntmachungsmedien darf nicht vor Veröffentlichung der Bekanntmachung durch das Amtsblatt der EU oder vor dem Ablauf von 48 Stunden nach Bestätigung des Eingangs der Bekanntmachung erfolgen.

Mit der Bekanntmachung der Vergabeabsicht wird das Vergabeverfahren **verbindlich eingeleitet**, es entsteht ein vorvertragliches Schuldverhältnis zwischen dem Auftraggeber und den Bietern bzw. Bewerbern. Im Rahmen dieses vorvertraglichen Schuldverhältnisses trifft den Auftraggeber gemäß § 241 Abs. 2 BGB auch die Pflicht zur Rücksichtnahme auf die durch das formalisierte Vergaberecht ausgeformten Rechte der Bieter und Bewerber. Eine Verletzung dieser Rechte kann Schadensersatzansprüche begründen.[98]

7.2.2 Vergabe- /Ausschreibungsreife

Vor Versendung der Bekanntmachung müssen grundsätzlich alle rechtlichen und tatsächlichen Grundlagen des Vergabeverfahrens feststehen. Der Auftraggeber muss daher grundsätzlich seinen Beschaffungsbedarf sowohl qualitativ als auch mengenmäßig vollständig ermittelt und festgelegt haben. Ausschreibungs- bzw. Vergabereife setzt daher auch voraus, dass alle Vergabeunterlagen fertiggestellt sind.

Von diesem Grundsatz ausgehend, sind **Ausnahmen** möglich. Bedarfs- oder Wahlpositionen können zur Vergabe ausgeschrieben werden. Kann der Beschaffungsbedarf mengenmäßig nicht abschließend festgelegt werden, hat der Auftraggeber die Möglichkeit, eine Rahmenvereinbarung auszuschreiben.

Die für die Vergabereife erforderliche Klärung aller rechtlichen und tatsächlichen Grundlagen beinhaltet auch, dass die Finanzierung der zur Vergabe ausgeschriebenen Leistungen gesichert sein muss. Eine Ausschreibung zu vergabefremden Zwecken, z. B. zur Markterkundung oder zur Kosten- oder Preisermittlung, ist unzulässig.[99] Markterkundungen außerhalb formeller Vergabeverfahren sind jedoch jederzeit möglich. Bieter oder Bewerber können allerdings nicht mit Aussicht auf Erfolg fehlende Vergabereife geltend machen, wenn der Auftraggeber transparent macht, dass und ggf. welche Rahmenbedingung noch offen ist. Die Bekanntmachung der Vergabeabsicht unter dem Vorbehalt, dass die für die Finanzierung der ausgeschriebenen Leistungen erforderlichen Mittel noch von dem zuständigen parlamentarischen Gremium freigegeben werden müssen (sog. Haushaltsvorbehalt), verletzt insoweit keine Bieterrechte.[100]

---

97 OLG Naumburg, Beschl. v. 26.2.2004, 1 Verg 17/03, vgl. auch § 16 Abs. 3 SektVO.
98 BGH, Urt. v. 9.6.2011, X ZR 143/10.
99 OLG Naumburg, Beschl. v. 17.5.2006, 1 Verg 3/06; BayObLG, Beschl. v. 17.2.2005, Verg 27/04.
100 KG, Beschl. v. 22.8.2001, KartVerg 3/01.

7.2.3 Vermeidung von Interessenkonflikten und Ausgleich von Wettbewerbsvorsprüngen

Auftraggeber müssen bei allen Entscheidungen in einem Vergabeverfahren beachten, dass Interessenkonflikte der auf Auftraggeberseite beteiligten Personen ausgeschlossen sind. Voreingenommene Personen dürfen an derartigen Entscheidungen nicht mitwirken. Als voreingenommen gelten der Bieter und der Bewerber und die sie in diesem Verfahren vertretenden oder beratenden Personen, bei Bietern oder Bewerbern beschäftigte oder tätige natürliche Personen, natürliche Personen, die für ein eingeschaltetes Unternehmen tätig sind, das zugleich geschäftliche Beziehungen zu Auftraggebern und zu Bietern/Bewerbern hat und die näheren Verwandten der im Übrigen als voreingenommen geltenden natürlichen Personen.

Praxistipp

Um Interessenkonflikte frühzeitig zu identifizieren und vergaberechtliche Risiken zu reduzieren, sind Auftraggeber gut beraten, mögliche Interessenkonflikte bei allen auf Auftraggeberseite an einem Vergabeverfahren beteiligten Personen abzufragen und entsprechende Erklärungen vor Einleitung des Vergabeverfahrens zu verlangen.

Aufgrund der Pflicht des Auftraggeber, Vergabeunterlagen grundsätzlich allen interessierten Unternehmen in elektronischer Form zum Download zur Verfügung zu stellen, ist die früher verbreitete Praxis, Unternehmen, die den Auftraggeber bei der Vorbereitung eines Vergabeverfahrens beraten oder sonst unterstützt haben (sog. Projektanten), von der Beteiligung an diesem Vergabeverfahren auszuschließen und ihnen schon die Vergabeunterlagen nicht zur Verfügung zu stellen, auch tatsächlich nicht (mehr) möglich. Erforderlich ist ein konkreter wettbewerbserheblicher Vorteil des Projektanten; ein nur durch die Unterstützung des Auftraggebers begründeter „böser Schein" reicht nicht aus.

Der Auftraggeber muss Maßnahmen ergreifen, damit der Wettbewerb durch die Teilnahme des Projektanten nicht verfälscht wird.[101] Ein automatischer Verfahrensausschluss des Projektanten wäre in jedem Fall unzulässig. Als milderes Mittel muss der Auftraggeber zunächst den übrigen Bietern oder Bewerbern alle Informationen zur Verfügung stellen, die auch dem Projektanten im Rahmen seiner Unterstützungstätigkeit zugänglich waren. Nur wenn ein Ausgleich des Wettbewerbsvorteils auf diesem Wege nicht möglich ist, wofür der Auftraggeber im Nachprüfungsfall darlegungs- und beweisbelastet ist, kommt als letztes Mittel ein Verfahrensausschluss in Betracht. Der Projektant ist vor einem Ausschluss anzuhören, und ihm ist Gelegenheit zu geben, nachzuweisen, dass der Wettbewerb durch seine Verfahrensteilnahme nicht verfälscht wird.

---

101 Vgl. auch EuGH, Urt. v. 3.3.2005, Rs. C-21 und 34/03, Fabricom.

Praxistipp

 Insbesondere bei der Vergabe von Dienstleistungsaufträgen haben nicht nur Projekt-anten, sondern frühere Auftragnehmer in der Regel einen Wettbewerbsvorteil ge-genüber anderen Unternehmen, weil sie bereits mit den auftragsgegenständlichen Leistungen, den tatsächlichen und rechtlichen Rahmenbedingungen sowie den da-mit verbundenen kommerziellen Chancen und Risiken vertraut sind. Derartige Vor-teile früherer Auftragnehmer sind regelmäßigen Vergabeverfahren im Dienstleis-tungsbereich aber immanent, und Auftraggeber sind nicht verpflichtet, sie auszuglei-chen.

7.2.4 Mindestinhalt der Bekanntmachung

Die Auftragsbekanntmachung wird nach den Mustern entsprechend der Anhänge II, V, XVII und XXIV der Durchführungsverordnung (EU) 2015/1986 erstellt und muss mindes-tens die darin abgefragten Informationen vollständig enthalten.

Für das in der Praxis am häufigsten verwendete Standardformular 2 zur Bekanntgabe der Vergabeabsicht, das weitestgehend dem Standardformular 5 für den Sektorenbereich, dem Standardformular 17 für Vergaben in den Bereichen Verteidigung und Sicherheit und dem Standardformular 24 für Konzessionsvergaben entspricht, ergibt sich daraus die fol-gende Gliederung:

- Auftraggeber,

- Auftragsgegenstand,

- Rechtliche, wirtschaftliche, finanzielle und technische Informationen,

- Verfahren,

- Weitere Angaben.

Für Ausschreibungen unterhalb der Schwellenwerte ist weder eine EU-weite Bekanntma-chung noch die Verwendung der Standardformulare vorgeschrieben. Stattdessen legen die Verfahrensordnungen den Mindestinhalt normativ fest und orientieren sich dabei an den Inhalten der EU-Standardformulare. Bekanntmachungen haben folgenden Mindestinhalt, wobei im Baubereich in besonders zu begründenden Ausnahmefällen Abweichungen möglich sind:

- Auftraggeber/Vergabestelle,

- Gewähltes Vergabeverfahren/Verfahrensart,

- Form, in der Teilnahmeanträge oder Angebote einzureichen sind, Hinweise zur E-Ver-gabe, sofern zutreffend,

- Art und Umfang der Leistung/Auftragsart,

- Ort der Ausführung/der Leistungserbringung,

- Zweck der baulichen Anlage oder des Auftrags, wenn auch Planungsleistungen gefordert werden (nur Bauvergaben),

- Angaben zu Anzahl, Größe und Art der Lose, sofern zutreffend (nur Liefer- und Dienstleistungsvergaben, für den Baubereich aber ggf. unter „Auftragsart" aufzuführen),

- Angaben zur Ausführungsfrist, Leistungszeitraum,

- Ggf. Angaben zur Zulässigkeit von Nebenangeboten,

- Kontaktstelle für die Anforderung von Vergabeunterlagen/zusätzlichen Informationen, elektronische Adresse für den Abruf der Vergabeunterlagen (ausdrücklich nur für Liefer- und Dienstleistungsvergaben)

- Angaben zu Kosten für die Vergabeunterlagen (ausdrücklich nur für Bauvergaben),

- Teilnahme- oder Bewerbungsfrist und spätester Tag für die Aufforderung zur Angebotsabgabe (Verfahren mit Teilnahmewettbewerb),

- Angebotsfrist,

- Anschrift, an die die Angebote (ggf. auch elektronisch) zu richten sind (nur Bauvergaben),

- Angebotssprache (nur Bauvergaben),

- Angaben zum Eröffnungstermin (nur Bauvergaben),

- Ggf. Angaben zu vertraglichen Sicherheitsleistungen,

- Wesentliche Finanzierungs- und Zahlungsbedingungen (für Liefer- und Dienstleistungs-Vergaben alternativ in den Vergabeunterlagen zu nennen),

- Rechtsform einer Bietergemeinschaft nach Auftragsvergabe (nur Bauvergaben),

- Geforderte Eignungsnachweise,

- Zuschlagskriterien (nur Liefer- und Dienstleistungs-Vergaben, alternativ in den Vergabeunterlagen zu nennen),

- Bindefrist (nur Bauvergaben),

- Angaben zur Stelle zur Überprüfung behaupteter Vergabeverstöße (nur Bauvergaben).

Das Bekanntmachungsmedium ist nicht vorgeschrieben. Erforderlich ist bei der Vergabe von Liefer- und Dienstleistungen lediglich, dass Bekanntmachungen zentral über die Suchfunktion auf www.bund.de ermittelt werden können. Für die Vergabe von Bauaufträgen ist das nicht zwingend vorgeschrieben.

Praxistipp

Da sich die Bestimmungen der Verfahrensordnungen zu Bekanntmachungen unterhalb der EU-Schwellenwerte an den Inhalten der für EU-Bekanntmachungen vorgeschriebenen Standardformulare orientieren, können diese auch für die Bekanntmachung von Aufträgen unterhalb der Schwellenwerte verwendet werden. Das ist ins-

besondere bei solchen Aufträgen sinnvoll, die trotz ihres Auftragsvolumens unterhalb der Schwellenwerte Binnenmarktrelevanz haben und daher für Unternehmen im EU-Ausland von Interesse sein könnten.

7.2.5 Festlegung des Verfahrensgegenstands

Mit der Bekanntmachung wird der Gegenstand des Vergabeverfahrens festgelegt.

Dabei soll höchstmögliche EU-weite Transparenz hergestellt werden. Alle interessierten Unternehmen sollen ein gleiches Verständnis der Bekanntmachung und des Vergabegegenstandes bekommen können. Daher müssen die Auftragsgegenstände durch einen numerischen Code, das sogenannte *Common Procurement Vocabulary (CPV)*, beschrieben werden. Das ist insbesondere bei Bekanntmachung der Vergabeabsicht in der Datenbank TED der Europäischen Union hilfreich, weil die dort zur Vergabe ausgeschriebenen Aufträge unter anderem durch die Suchfunktion „CPV" eingegrenzt werden können.

Praxistipp

*Die CPV-Codes sind ein wichtiges Mittel zur Schaffung EU-weiter Transparenz für öffentliche Auftragsvergaben. Die Verwendung der Codes ist hilfreich, um den nationalen Beschaffungsmarkt einem größtmöglichen EU-weiten Interessentenkreis zu öffnen. Auftraggeber sind daher gut beraten, die für den jeweiligen Auftragsgegenstand zutreffenden Codes sorgfältig zu recherchieren. Die Pflicht zur Verwendung der CPV-Codes ist als Ausfluss des Transparenzgrundsatzes **bieterschützend**. Verletzungen können vor den Nachprüfungsinstanzen geltend gemacht werden.*

7.2.6 Verfahrensfristen

7.2.6.1 Oberschwellenbereich

Folgende Fristen sind für EU-weite Vergabeverfahren bedeutsam:

- Teilnahmefrist (nur Verfahren mit vorgeschaltetem Teilnahmewettbewerb),

- Angebotsfrist,

- Frist für Beantwortung von Bieterfragen zur Erteilung zusätzlicher Auskünfte,

- Zuschlags- und Bindefrist.

Eine **Sonderrolle** nehmen die **Rechtsmittelfristen** der §§ 135 Abs. 2 Satz 2, 161 Abs. 3 Satz 1 Nr. 4 GWB ein, die, um wirksam zu sein, ebenfalls in der Bekanntmachung angegeben werden müssen.

Bei der Festlegung der Fristen für den Eingang der Angebote und der Teilnahmeanträge hat der Auftraggeber die Komplexität der Leistung und die Zeit für die Ausarbeitung der Angebote angemessen zu berücksichtigen. Dies führt dazu, dass die vorgeschriebenen

Mindestfristen erheblich überschritten werden müssen, wenn die konkreten Besonderheiten des Auftragsgegenstands und dessen Vergabe es erfordern. Für Konzessionsvergaben bestehen keine Mindestfristen.

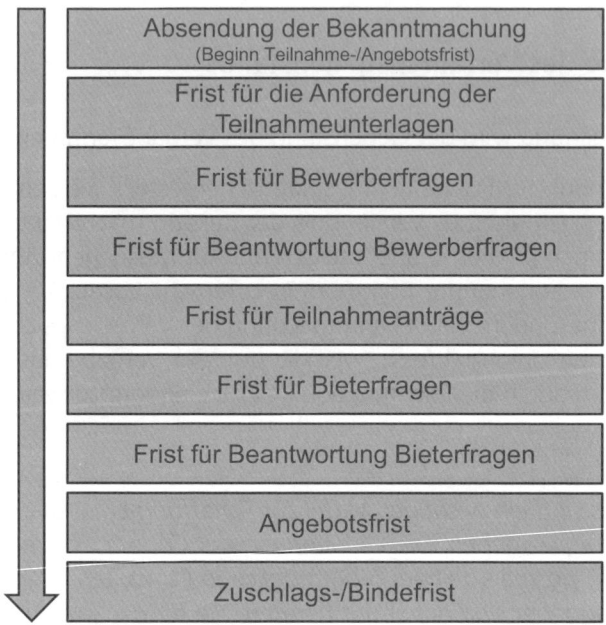

Abb. 24: Verfahrensfristen im Überblick

a) Teilnahmefrist

Im nicht offenen Verfahren, im wettbewerblichen Dialog, in der Innovationspartnerschaft und im Verhandlungsverfahren beträgt die Frist für den Antrag auf Teilnahme regelmäßig mindestens 30 Tage, gerechnet vom Tag nach der Absendung. In Fällen besonderer Dringlichkeit kann die Frist im nicht offenen und im Verhandlungsverfahren auf mindestens 15 Tage verkürzt werden.

b) Angebotsfrist

Im offenen Verfahren beträgt die **Angebotsfrist** regelmäßig mindestens 35 Tage, gerechnet vom Tag nach der Absendung der Auftragsbekanntmachung. Der Auftraggeber kann die Frist um fünf Tage auf mindestens 30 Tage verkürzen, wenn er die elektronische Übermittlung der Angebote akzeptiert. Bei besonderer Dringlichkeit kann die Angebotsfrist im offenen Verfahren auf mindestens 15 Tage verkürzt werden. Dies ist auch möglich, wenn der Auftraggeber eine Vorinformation veröffentlicht hat, sofern die Vorinformation alle im Zeitpunkt ihrer Veröffentlichung nach der Durchführungsverordnung (EU) 2015/1986 geforderten Angaben aufführt und die Vorinformation wenigstens 35 Tage und nicht mehr als zwölf Monate vor dem Tag der Absendung der Auftragsbekanntmachung an das Amt für Veröffentlichungen der EU übermittelt wurde. Die Angebotsfrist im nicht offenen Verfahren beträgt regelmäßig mindestens 30 Tage, gerechnet vom Tag nach der Absendung zur Aufforderung der Angebotsabgabe. Sie kann ebenfalls um fünf Tage verkürzt werden, wenn der Auftraggeber die elektronische Übermittlung der Angebote akzeptiert – sie beträgt in diesem Fall mindestens 25 Tage. In Fällen besonderer Dringlichkeit kann die Angebotsfrist im nicht offenen Verfahren unabhängig von der Wahl des Mediums auf eine Mindestfrist von zehn Tagen verkürzt werden. Wurde eine Vorinformation veröffentlicht, ist die Verkürzung der Angebotsfrist im nicht offenen Verfahren ebenfalls auf mindestens zehn Tage möglich.

Im Sektorenbereich beträgt die Angebotsfrist für das offene Verfahren mindestens 35 Tage und beim Betrieb eines dynamischen Beschaffungssystems mindestens zehn Tage; die Teilnahmefrist für das nicht offene Verfahren beträgt mindestens 30 Tage. Die Fristen werden ab dem Tag nach der Absendung der Auftragsbekanntmachung bzw. der Aufforderung zur Angebotsabgabe gerechnet.

Im nicht offenen Verfahren und im Verhandlungsverfahren können die Fristen „im gegenseitigen Einverständnis" festgelegt werden. Ist die einvernehmliche Bestimmung einer Frist nicht möglich, beträgt sie mindestens zehn Tage. Dies gilt gleichfalls für das nicht offene Verfahren und das Verhandlungsverfahren mit vorherigem Teilnehmerwettbewerb im Sektorenbereich, wo Auftraggeber und ausgewählte Bewerber einvernehmlich eine Angebotsfrist festlegen können, die zehn Tage nicht unterschreiten darf. Sind die Vergabeunterlagen ausnahmsweise nicht über elektronische Mittel, sondern auf andere geeignete Weise zu übermitteln, verlängert sich die Angebotsfrist im offenen und nicht offenen Verfahren sowie im Verhandlungsverfahren um fünf Tage, sofern kein Fall besonderer Dringlichkeit vorliegt.

Angebotsfristen müssen ggf. auch verlängert werden, wenn der Auftraggeber beispielsweise rechtzeitig angeforderte Zusatzinformationen nicht spätestens sechs Tage – bei Dringlichkeit sind es vier Tage – vor Ablauf der Angebotsfrist allen Bietern bzw. Bewerbern in gleicher Weise zur Verfügung stellt.

c) Anforderung der Vergabeunterlagen/zusätzliche Auskünfte

Der Auftraggeber hat allen beteiligten Unternehmen spätestens sechs Tage – bei Dringlichkeit spätestens vier Tage – vor dem Schlusstermin für den Eingang der Angebote zusätzliche Informationen zu den Vergabeunterlagen zur Verfügung zu stellen, sofern sie rechtzeitig angefordert wurden. Unterbleibt die Erteilung der angeforderten Informationen durch den Auftraggeber oder nimmt der Auftraggeber wesentliche Änderungen der Vergabeunterlagen vor, so ist die Angebotsfrist zu verlängern.

Die einzelnen Fristen sowie deren Verkürzungsmöglichkeiten sind nachfolgend noch einmal tabellarisch zusammengestellt (alle Angaben sind in Kalendertagen):

	Offenes Verfahren	Nicht offenes Verfahren		Verhandlungsverfahren		Wettbew. Dialog / Innovations- partnerschaft	
Bewerbungsfrist							
Grundfall	-	30		30		30	
ausnahmsweise		bis zu 15		bis zu 15		VgV/ VOB/A	-
						SektVO	bis zu 15
Angebotsfrist							
Grundfall	35	VgV/ VOB/A	30	VgV/ VOB/A	30	-	
		SektVO	einvernehmlich / 10	SektVO	einvernehmlich / 10		
bei elektronischer Angebotsabgabe	30	VgV/ VOB/A	25	VgV/ VOB/A	25		
		SektVO	-	SektVO	-		
bei Dringlichkeit	bis zu 15	VgV/ VOB/A	bis zu 10	VgV/ VOB/A	bis zu 10	-	
		SektVO	-	SektVO	-		
nach Veröffentlichung Vorinformation	bis zu 15	VgV/ VOB/A	bis zu 10	VgV/ VOB/A	bis zu 10		
		SRL	-	SektVO	-		

Abb. 25: Teilnahme- und Angebotsfristen

d) Zuschlags- und Bindefrist

Die Mitteilung einer **Zuschlags- und Bindefrist** ist nicht (mehr) in allen Verfahrensord-nungen vorgesehen. Sowohl aus zivil- als auch aus vergaberechtlicher Sicht erscheint das gleichwohl sinnvoll, wenn nicht sogar zwingend. Fehlt die Vorgabe einer Zuschlags- und Bindefrist und binden sich die Bieter dementsprechend für unterschiedliche Zeiträume, kann die Vergleichbarkeit der Angebote beeinträchtigt sein.

Nach Ablauf der Zuschlags- und Bindefrist ist das Vergabeverfahren nicht automatisch be-endet, die Angebote sind jedoch erloschen, §§ 146, 147 Abs. 2 BGB. Ein gleichwohl erteil-ter „Zuschlag" der Vergabestelle ist dann ein neues Angebot (§ 150 Abs. 1 BGB), das der Annahme durch den Bieter bedarf.

Zur Fristenberechnung wird auf die Verordnung (EG) Nr. 1182/71 zurückgegriffen. Die Re-gelungen entsprechen den §§ 187 ff. BGB. Bei der Vergabe von Bauaufträgen ist zu beach-ten, dass die Angebotsfrist erst mit der Öffnung des ersten Angebots endet. Bis dahin kön-nen Angebote zurückgezogen oder geändert werden. Mit der Angebotsöffnung beginnt gleichzeitig die Zuschlags- und Bindefrist.

7.2.6.2 Unterschwellenbereich

Das nationale Vergaberecht unterhalb der Schwellenwerte für EU-weite Vergabeverfahren kennt kein derart formalisiertes Fristenregime.

Da nationales Vergaberecht in seinem Ausgangspunkt Haushaltsrecht ist, verfolgen auch die Fristenregelungen der Verfahrensordnungen primär den Zweck, die Voraussetzungen für ein möglichst wirtschaftliches Wettbewerbsergebnis zu schaffen.

Damit möglichst vielen Unternehmen eine Teilnahme an der Ausschreibung ermöglicht wird, sind ausreichende Angebots- und Teilnahmefristen festzulegen. Zu kurze Fristen haben potenziell wettbewerbsbehindernde Wirkung.

Praxistipp

 Bei der Fristenbemessung sollte der Auftraggeber den Zeitraum zugrunde legen, der für die Erstellung eines Teilnahmeantrags bzw. eines Angebots durchschnittlich erforderlich sein wird, damit auch kleine und mittlere Unternehmen, die nicht über große Vertriebsabteilungen verfügen, die Möglichkeit der Verfahrensteilnahme haben.

Mit Blick auf ein möglichst wirtschaftliches Ausschreibungsergebnis kann aber auch von Bedeutung sein, wenn die Leistung besonders dringlich beschafft werden muss. Insofern kann es unter Inkaufnahme eines in diesem Fall kleineren Teilnehmerfeldes gerechtfertigt sein, Verfahrensfristen zu verkürzen, um zu gewährleisten, dass der Auftraggeber die Leistung zu dem Zeitpunkt erhält, zu dem er sie tatsächlich benötigt. Für die Vergabe von Bauaufträgen besteht auch in dringlichen Fällen eine Mindestangebotsfrist von 10 Tagen. Bei der Bemessung von Verfahrensfristen können weitere Aspekte eine Rolle spielen. Wenn die Bieter oder Bewerber beispielsweise über die Ausschreibungsunterlagen hinausgehende Erkundigungen einholen oder den Ort der Leistungserbringung besichtigen müssen, kann eine längere Frist erforderlich werden, als wenn derartige Erkundigungen nicht erforderlich sind.

7.2.7 Eignungskriterien und -nachweise

Welche Nachweise die Bieter bzw. Bewerber zum Nachweis ihrer Eignung vorlegen müssen, ist gemäß § 122 Abs. 4 S. 2 GWB in der Bekanntmachung anzugeben. Ein Verweis auf die Vergabeunterlagen ist nicht ausreichend.[102] Ein Link zu den elektronischen Vergabeunterlagen ist nur dann ausreichend, wenn die Bieter mit dem Link unmittelbar zu den Eignungskriterien und -nachweisen geführt werden.[103] Wenn die Bieter erst die verlinkten Unterlagen durchsuchen müssen, liegt in der Regel ein Bekanntmachungsdefizit vor.[104]

Praxistipp

 Welche Eignungsnachweise von den Bietern oder Bewerbern vorzulegen sind, muss der Auftraggeber in der Bekanntmachung festlegen. Ein Verweis auf die Vergabeunterlagen ist nicht zulässig. Daran ändert grundsätzlich auch der Umstand nichts, dass die Vergabeunterlagen über einen Internetlink abrufbar sein müssen. Bieter müssen anhand der Bekanntmachung auf einen Blick erkennen können, welche Anforderungen gestellt werden. Möglich ist aber, die in der Bekanntmachung definierten inhaltlichen Anforderungen an die Eignung in den Vergabeunterlagen weiter zu erläutern.

---

102 OLG Düsseldorf, Beschl. v. 28.11.2012, VII-Verg 8/12; OLG Jena, Beschl. v. 18.5.2009, 9 Verg 4/09; VK Südbayern, Beschl. v. 05.12.2013, Z3-3-3194-1-38-10/13.
103 OLG Düsseldorf, 16.11.2011, VII-Verg 60/11.
104 VK Bund, 22.02.2016, VK2-135/15.

Enthält die Bekanntmachung nicht die geforderten Eignungsnachweise, so kann ein Bieter nicht wegen Unvollständigkeit des Angebots oder Teilnahmeantrags ausgeschlossen werden.[105] Unklar ist aber, auf welcher Grundlage dann die Eignung zu prüfen ist, wenn der Auftraggeber die Eignungsnachweise fehlerhaft nicht bereits in der Bekanntmachung genannt hat. Ein Verzicht auf die Eignungsprüfung ist nicht möglich.[106]

Einige Nachprüfungsinstanzen nehmen an, dass Bieter oder Bewerber, die die geforderten, aber in der Bekanntmachung nicht genannten Nachweise nicht eingereicht haben, trotz eines vergleichsweise niedrigeren „Eignungsniveaus" als geeignet zu gelten haben. Dies sei eine hinzunehmende Folge der Entscheidung des Normgebers, dem gemeinschaftsrechtlichen Transparenzgebot Geltung zu verschaffen.[107] Das Spannungsverhältnis zum Gleichbehandlungsgrundsatz wird zum Teil dadurch aufgelöst, dass die Eignung aller Bieter oder Bewerber positiv bejaht wird, wenn die Eignungsnachweise fehlerhaft nicht bereits in der Bekanntmachung aufgeführt sind.[108] Andere Nachprüfungsinstanzen nehmen an, dass die Eignungsprüfung anhand der „bekannten Umstände" durchzuführen sei.[109] Dabei können auch außerhalb des Vergabeverfahrens gewonnene Erkenntnisse zugrunde gelegt werden.[110] Schließlich bleibt immer die Möglichkeit, die Angebotsfrist bzw. die Frist zur Einreichung von Teilnahmeanträgen wiederzueröffnen und eine korrigierte Vergabebekanntmachung zu versenden, die die geforderten Eignungsnachweise enthält.[111]

Praxistipp

 Wenn die Bekanntmachung nicht die geforderten Eignungsnachweise enthält, erscheint es aus Auftraggebersicht zur Heilung des Transparenzmangels und zur Vermeidung einer Ungleichbehandlung bei der Eignungsprüfung am sichersten, die Angebotsfrist bzw. die Frist zur Einreichung von Teilnahmeanträgen wiederzueröffnen und eine korrigierte Vergabebekanntmachung zu versenden, die die geforderten Eignungsnachweise enthält. Außerhalb der geforderten Eignungsnachweise gewonnene Erkenntnisse (z.B. Creditreform-Auskunft, eigene Erfahrung mit einem Bieter/Bewerber aus früheren Projekten) sollten bei der Eignungsprüfung lediglich ergänzend herangezogen werden.

7.2.8 Elektronischer Zugang zu den Vergabeunterlagen

Die Vergabeunterlagen werden allen interessierten Unternehmen ab dem Tag der Veröffentlichung einer Auftragsbekanntmachung in elektronischer Form **unentgeltlich, uneingeschränkt, vollständig** und **direkt** zur Verfügung gestellt.

---

105 OLG Düsseldorf, Beschl. v. 28.11.2012, VII-Verg 8/12.
106 VK Thüringen, Beschl. v. 2.11.2012, 250-4003.20-4299/201-018-SM; a.A. für Bauvergaben nach der VOB/A 2012: VK Niedersachsen, Beschl. v. 2.4.2013, VgK-04/2013.
107 OLG Düsseldorf, Beschl. v. 28.11.2012, VII-Verg 8/12, allerdings mit der Besonderheit, dass der betreffende Bewerber zugesichert hatte, sich die für die Leistungsfähigkeit und Fachkunde erforderlichen Kenntnisse bis zum Vertragsbeginn anzueignen.
108 VK Düsseldorf, Beschl. v. 17.2.2011, VK-44/2010-L.
109 OLG Jena, Beschl. v. 18.5.2009, 9 Verg 4/09.
110 OLG Jena, Beschl. v. 18.5.2009, 9 Verg 4/09; OLG Brandenburg, Beschl. v. 14.9.2010, Verg W 8/10; OLG München, Beschl. v. 5.10.2012, Verg 15/12 und Beschl. v. 1.7.2013, Verg 8/13.
111 VK Thüringen, Beschl. v. 2.11.2012, 250-4003.20-4299/201-018-SM.

Abb. 26: Elektronischer Zugang zu den Vergabeunterlagen

Unentgeltlicher Zugang zu Vergabeunterlagen bedeutet, dass keine Kosten für die Vervielfältigung der Vergabeunterlagen gefordert werden dürfen. Anders ist es nur, wenn der Auftraggeber auf Anfrage eines Interessenten freiwillig Unterlagen in Papierform versendet. Dabei handelt es sich um eine Zusatzleistung, auf die Bieter keinen Anspruch haben und für dessen Erbringung er demgemäß auch ein Entgelt verlangen darf. Erste Entscheidungen deuten darauf hin, dass der kosten- und registrierungspflichtige Zugang zu Vergabeunterlagen jedenfalls dann keine Bieterrechte verletzt, wenn der Bieter, der den Verstoß rügt, ein Angebot abgegeben hat.[112]

Uneingeschränkter Zugang zu Vergabeunterlagen erfordert den Einsatz einer allgemein gängigen, ggf. webbasierten Software, die Bewerber nicht vor unüberwindbare technische Hindernisse stellen darf.

Praxistipp

Ein uneingeschränkter Zugang meint insbesondere auch einen in zeitlicher Hinsicht uneingeschränkten Zugang. Störungen lassen sich zwar auch bei Hochverfügbarkeit nie vollständig ausschließen. Bei länger anhaltenden Ausfällen sind Auftraggeber aber gut beraten, wenn sie die Angebots- oder Teilnahmeantragstristen angemessen verlängern.

Vollständiger Zugang zu den Vergabeunterlagen bedeutet in zweistufigen Verfahren mit Teilnahmewettbewerb nicht, dass ab dem Tag der Veröffentlichung der Auftragsbekanntmachung bereits alle Unterlagen zum Download zur Verfügung stehen müssen. Vollständiger Zugang erfordert lediglich, dass alle Unterlagen *in elektronischer Form* zugänglich sein müssen, die zum jeweiligen Stand des Verfahrens für die Unternehmen zur Entscheidung über die Teilnahme am Vergabeverfahren und für die Teilnahme selbst, d.h. für die Ausarbeitung von Teilnahmeanträgen und von Angeboten, relevant sind.

---

112 VK Baden-Württemberg, Beschl. v. 18.10.2016, 1 VK 41/16.

Praxistipp

 Wenngleich in einem zweistufigen Vergabeverfahren nicht alle Vergabeunterlagen bereits im Teilnahmewettbewerb zum Download zur Verfügung gestellt werden müssen, ist der Grundsatz der Vergabe- oder Ausschreibungsreife zu beachten. Ein Vergabeverfahren darf danach erst eingeleitet werden, wenn alle Vergabeunterlagen fertiggestellt sind.

Direkter Zugang zu Vergabeunterlagen ist nur gewährleistet, wenn sich Bieter nicht vorab registrieren müssen. Eine solche Registrierungspflicht ist vergaberechtlich daher ausdrücklich verboten, selbst wenn sie innerhalb weniger Minuten erfolgen würde.[113]

Praxistipp

 Eine freiwillige Registrierung beim Auftraggeber ist erlaubt und sinnvoll. Wenn Auftraggeber wissen, welche Unternehmen sich potenziell für das Vergabeverfahren interessieren, kann er ggf. erforderliche zusätzliche Informationen aufgrund von Anfragen anderer Unternehmen allen registrierten Unternehmen direkt übermitteln. Anderenfalls besteht aus Bietersicht eine Holschuld für zusätzliche Informationen, d.h. sie müssen regelmäßig unter dem in der Auftragsbekanntmachung angegebenen Internetlink nachschauen, ob dort ggf. zusätzliche Informationen hinterlegt sind.

7.3 Angebotsphase

Mit der Absendung der Bekanntmachung zur Veröffentlichung beginnt der Lauf der Angebotsfrist in einem offenen Verfahren.

7.3.1 (Öffentliche) Aufforderung zur Angebotsabgabe und Versand der Vergabeunterlagen

Mit der Auftragsbekanntmachung wird im offenen Verfahren gemäß § 119 Abs. 3 GWB eine unbeschränkte Anzahl von Unternehmen öffentlich zur Angebotsabgabe aufgefordert. In anderen Verfahrensarten als dem offenen Verfahren dürfen nur die vom Auftraggeber ausgewählten Unternehmen ein Angebot abgeben.

---

113 Das wurde früher noch anders gesehen: VK Bund, Beschl. v. 7.2.2008, VK3-169/07.

7.3.2 Informationsmanagement bis zum Ablauf der Angebotsfrist

Während der Angebotsfrist besteht die Möglichkeit, zusätzliche Auskünfte beim Auftraggeber einzuholen. Insofern trifft den Auftraggeber eine doppelte Pflicht zur Transparenz:

- Er muss auf Anfrage sachdienliche Auskünfte erteilen und

- er darf sachliche Auskünfte nicht nur dem fragenden Bieter erteilen, sondern ist zur Publizität bei der Auskunfterteilung verpflichtet, wenn die erteilten Auskünfte von allgemeiner Bedeutung für die Erstellung der Angebote sind.

Der Informationsanspruch der Bieter und Bewerber ist, rechtlich betrachtet, das Spiegelbild ihrer Erkundigungsobliegenheit. Sie sind zwar nicht verpflichtet, die Vergabeunterlagen nach Erhalt einer detaillierten Prüfung zu unterziehen, insbesondere nicht auf Vergaberechtsfehler und schon gar nicht durch Hinzuziehung externen vergaberechtlichen Sachverstands. Um sich nicht dem Risiko auszusetzen, wegen einer Abweichung von den Vorgaben der Vergabeunterlagen vom Verfahren ausgeschlossen zu werden oder Rechtsverluste für den Fall eines späteren Nachprüfungsverfahrens zu erleiden, sind sie aber gehalten, bei Durchsicht der Vergabeunterlagen auffallende Unklarheiten unverzüglich und offen gegenüber der Vergabestelle anzusprechen.[114]

Praxistipp

 Unabhängig von dem möglichen Rechtsverlust in einem späteren Nachprüfungsverfahren, sollten Bieter und Bewerber erkannte Unklarheiten in den Vergabeunterlagen auch deshalb unverzüglich und offen gegenüber der Vergabestelle ansprechen und entsprechende Rückfragen stellen, um nach Vertragsschluss Streitigkeiten über den Umfang des Leistungssolls zu vermeiden.

Eine proaktive Kommunikation zwischen Bewerbern und Auftraggebern ist im beiderseitigen Interesse. Da auch im Vergabeverfahren der Grundsatz von Treu und Glauben gemäß § 242 BGB gilt, kann sich ein Unternehmen nach Zuschlagserteilung nicht auf die Unwirksamkeit von Leistungspflichten berufen, wenn es sich im Vergabeverfahren darauf eingelassen hat.[115]

Der Informationsanspruch der Bieter und Bewerber steht in einem Spannungsverhältnis zum Interesse des Auftraggebers an einer zügigen Durchführung des Vergabeverfahrens.

Aus diesem Grund ist der Informationsanspruch zeitlich nicht unbegrenzt, sondern umfasst nur rechtzeitig beantragte Auskünfte über die Vergabeunterlagen. Die **Rechtzeitigkeit** in diesem Sinne ist **je nach Vergabeverfahrensart unterschiedlich** definiert. Im offenen Verfahren müssen Auskünfte spätestens sechs Kalendertage vor Ablauf der Angebotsfrist erbeten werden, im nicht offenen Verfahren und im beschleunigten Verhandlungsverfahren vier Tage vor Ablauf. Bei Sektorenvergaben besteht für alle Verfahrensarten eine Sechstagesfrist. Bei Vergabeverfahren nach der VSVgV gilt die Sechstagesfrist für das

---

114 Vgl. OLG Schleswig, Beschl. v. 15.4.2011, 1 Verg 10/10; OLG Düsseldorf, Beschl. v. 14.4.2010, VII-Verg 60/09; OLG Naumburg, Beschl. v. 5.12.2008, 1 Verg 9/08; VK Südbayern, Beschl. v. 19.12.2012, Z3-3-3194-1-53-10/12.
115 OLG Düsseldorf, Urt. v. 25.6.2003, U (Kart) 36/02.

nicht offene Verfahren und die Viertagesfrist für das beschleunigte Verhandlungsverfahren und schließlich bei Vergaben für freiberufliche Leistungen die Sechstagesfrist für das Regel- und die Viertagesfrist für das beschleunigte Verfahren.

Stellt der Auftraggeber nach Bieterrückfragen oder -rügen oder aufgrund anderer Erkenntnisse fest, dass einzelne Anforderungen oder Regelungen in den Vergabeunterlagen einen Vergabefehler begründen, muss er

- die Vergabeunterlagen insoweit korrigieren, ggf. unter Verlängerung der Frist zur Angebotsabgabe, oder

- in schwerwiegenden Fällen das Vergabeverfahren aufheben.[116]

Ein proaktives Informationsmanagement während der Angebotsphase kann auch die Durchführung einer Ortsbesichtigung umfassen. Das kann insbesondere bei solchen Leistungen sinnvoll sein, für deren Erbringung eine möglichst genaue Vorstellung von örtlichen Gegebenheiten erforderlich ist (Beispiel: Leistungen des Facility-Managements).

Eine **Ortsbesichtigung** befreit den Auftraggeber zwar nicht von seiner Pflicht zur eindeutigen und erschöpfenden Leistungsbeschreibung. Er hilft Bietern aber, die schriftlichen Ausführungen in einer Leistungsbeschreibung besser zu verstehen. Etwaige Risiken der Leistungserbringung können noch genauer kalkuliert werden und führen im Ergebnis zu einem wirtschaftlicheren Verfahrensergebnis.[117] Eine verpflichtende und ggf. zum Bieterausschluss führende Ortsbesichtigung ist aus Gründen der Bietergleichbehandlung angreifbar.[118] Falls die Erstellung der Angebote nur nach einer Ortsbesichtigung möglich ist, sind längere Fristen als die Mindestfristen festzusetzen, damit alle Unternehmen von den zur Angebotserstellung erforderlichen Informationen Kenntnis erlangen können.

Bei der Erteilung von Informationen und Auskünften gilt der Grundsatz des **Geheimwettbewerbs**. Insbesondere in einem eng umrissenen Marktumfeld mit einem überschaubaren Bieterkreis kann die Kenntnis der Bieter voneinander Einfluss auf ihr Wettbewerbsverhalten haben. Aus diesem Grund sind Antworten auf Bieterrückfragen zu anonymisieren, Ortsbesichtigungen bieterindividuell durchzuführen[119] und kollektive Bieterfragestunden kritisch zu betrachten.

Die praktische Umsetzung des Informationsmanagements kann im Rahmen der elektronischen Verfahrenskommunikation über sogenannte Transaktionsplattformen abgewickelt werden. Die „klassische" E-Mail-Kommunikation ist ebenso möglich. In der Auftragsbekanntmachung sind Hinweise auf die elektronische Durchführung des Vergabeverfahrens zu geben, insbesondere zu der Internetseite, auf der die elektronischen Vergabeunterlagen zum Download verfügbar sind, und zur Verfahrenskommunikation. Dabei ist es zweckmäßig, für die aus Auftraggeber- und Bietersicht bestehenden Vorteile einer freiwilligen Registrierung beim Auftraggeber zu werben.

---

116 Vgl. BGH, Beschl. v. 1.8.2006, X ZR 115/04 (zum Verhandlungsverfahren)
117 Vgl. auch OLG Brandenburg, Beschl. v. 15.3.2011, Verg W 5/11.
118 Offenlassend OLG Brandenburg, Beschl. v. 15.3.2011, Verg W 5/11.
119 Siehe hierzu z.B. das Rundschreiben Nr. 02/2013 des Senators für Wirtschaft, Arbeit und Häfen der Freien Hansestadt Bremen vom 28.6.2013, http://tinyurl.com/q4tv6ny.

Interessierte Unternehmen laden sich die Vergabeunterlagen herunter. Dadurch werden sie zu Bewerbern im vergaberechtlichen Sinne. In Vergabeverfahren mit vorgeschaltetem Teilnahmewettbewerb gilt dies gleichermaßen, wenn ergänzende Unterlagen wie z.B. Formblätter heruntergeladen werden.

In der Praxis haben sich Plattformen mit öffentlichen, d.h. für alle Bewerber zugänglichen Bereichen und individuellen Bereichen, als hilfreich erwiesen. Im öffentlichen Bereich wird das Informationsmanagement für alle Verfahrensteilnehmer abgewickelt. Dort kann die Vergabestelle diejenigen zusätzlichen Informationen und Unterlagen zur Verfügung stellen, die für die Erstellung von Teilnahmeanträgen und Angeboten für alle Bieter und Bewerber von Bedeutung sind. In individuellen Bereichen wird die unmittelbare Korrespondenz zwischen der Vergabestelle und den jeweiligen Verfahrensteilnehmern abgewickelt. Desktopbasierte e-Vergabe-Software kann verschiedene Funktionen erfüllen. Sie kann zum einen als Werkzeug der Kommunikation mit einer Vergabeplattform dienen. Sie kann außerdem als Hilfestellung für die Vergabestelle beim Erstellen von standardisierten Vergabeunterlagen und für Bieter und Bewerber beim Ausfüllen von Formularen dienen und bietet anbieterabhängig weitere Mehrwertdienste.

Die elektronische Vergabe ist grundsätzlich unabhängig von der im Einzelfall gewählten konkreten Vergabeverfahrensart. Es ist daher ohne Weiteres möglich, im Rahmen eines Verhandlungsverfahrens oder eines wettbewerblichen Dialogs erforderliche Termine und Besprechungen auch in einem elektronischen Verfahren durchzuführen. Grundsätzlich denkbar und technisch möglich im Rahmen des Informationsmanagements sind auch virtuelle Ortsbesichtigungen oder virtuelle Teststellungen.

Praxistipp

 Ortstermine sind aus Gründen des Geheimwettbewerbs bieterindividuell durchzuführen. Ergeben sich unmittelbar im Termin Fragen, sollten diese entsprechend den vorher allgemein für Bieterfragen festgelegten Regularien im Anschluss an den Termin schriftlich formuliert und die Antworten ggf. allen Bietern in anonymisierter Form gleich übersandt werden.

7.3.3 Grenzen für Änderungen der Vergabeunterlagen

Während der Angebotsphase kann aus unterschiedlichen Gründen das Bedürfnis für den Auftraggeber entstehen, die Vergabeunterlagen, insbesondere die Leistungsbeschreibung, zu ändern.

Bieter und Bewerber stellen Rückfragen, sie erheben Rügen bei erkannten Vergabeverstößen und fordern Abhilfe, oder die Vergabestelle erkennt ihrerseits Bedarf für eine Änderung der Vergabeunterlagen, etwa, weil sich im Verfahrensverlauf unvorhergesehen bestimmte Rahmenbedingungen für den Beschaffungsbedarf geändert haben (Mehrmengen, qualitative Änderungen). Hintergrund kann dabei sein, dass sich technische Regelwerke, die für die Ausführung der Leistung maßgeblich sind, geändert haben.

Insbesondere bei großvolumigen Netzausschreibungen im SPNV mit komplexen Anforderungen an die einzusetzenden Fahrzeuge oder den Fahrbetrieb treten die Bieter und Bewerber aus unterschiedlichen Gründen oftmals mit Änderungswünschen an die Vergabestelle heran. Bei mehrmonatigen Angebotsfristen sind Rückfragezahlen im mittleren dreistelligen Bereich nicht selten. Oftmals greifen die Aufgabenträger dabei Änderungswünsche der Bieter und Bewerber auf und ändern die Vergabeunterlagen, weil sie sich dadurch wirtschaftlichere Angebote versprechen.

Für die Frage der Zulässigkeit einer derartigen Änderungspraxis wird nach der Wesentlichkeit der beabsichtigten Änderung differenziert werden müssen, wobei eine Orientierung an den Kriterien für die Zulässigkeit von Vertragsänderungen sinnvoll erscheint.[120] Wesentliche Änderungen der Vergabeunterlagen wären demnach solche,[121]

- mit denen Bedingungen eingeführt werden, die die Zulassung anderer Bewerber oder Bieter oder die Annahme eines anderen als des ursprünglich angenommenen Angebots erlaubt oder das Interesse weiterer Teilnehmer am Vergabeverfahren geweckt hätten, wenn sie Gegenstand des ursprünglichen Vergabeverfahrens gewesen wären,

- mit denen der Umfang des ausgeschriebenen Auftrags in großem Umfang, das heißt in einem Umfang oberhalb der maßgeblichen Schwellenwerte, auf ursprünglich nicht vorgesehene Leistungen erweitert wird, oder

- mit denen das wirtschaftliche Gleichgewicht des zur Vergabe ausgeschriebenen Vertrags in einer ursprünglich nicht vorgesehenen Weise zugunsten des späteren Auftragnehmers geändert wird.

Eine nach diesen Grundsätzen als wesentlich einzuordnende Änderung ist gleichwohl nicht von vornherein ausgeschlossen. Sie erfordern in der Umsetzung nur tiefgreifendere Maßnahmen als unwesentliche Änderungen. Hintergrund ist die Überlegung, dass die Bieter darauf vertrauen dürfen, dass die grundlegenden Eckdaten der ausgeschriebenen Leistung und der damit zusammenhängenden Vergabebedingungen, insbesondere der Zuschlagskriterien, unverändert bleiben.[122]

Praxistipp

 Sind wesentliche Änderungen der Vergabeunterlagen, insbesondere der Leistungsbeschreibung beabsichtigt, muss der Auftraggeber das Vergabeverfahren faktisch neu beginnen. Die wesentliche Änderung ist EU-weit bekannt zu machen, die Angebotsfrist ist neu zu eröffnen bzw. um den bereits abgelaufenen Zeitraum zu verlängern. Damit wird den Marktteilnehmern die Gelegenheit eröffnet, ihre ursprüngliche Entscheidung für oder gegen eine Verfahrensteilnahme neu zu treffen. Unwesentliche Änderungen sind möglich, wenn innerhalb des bereits bekannten Teilnehmerkreises durch entsprechende Rundschreiben die erforderliche Transparenz geschaffen und die Angebotsfrist angemessen verlängert wird.

---

120 Vgl. EuGH, Urt. v. 10.5.2012, Rs. C-368/10, Max Havelaar, Rn. 55.
121 EuGH, Urt. v. 19.08.2008, Rs. C-454/06, pressetext, Rn. 35 ff.; vgl. auch EuGH, Urt. v. 29.4.2010, Rs. C-160/08, Kommission/Deutschland (Rettungsdienstleistungen), Rn. 99 f.
122 EuGH, Urt. v. 10.5.2012, Rs. C-368/10, Max Havelaar, Rn. 55.

7.3.4 Angebotsabgabe

Für die Abgabe eines elektronischen Angebots ist die Textform § 126b BGB grundsätzlich ausreichend. Eine fortgeschrittene oder eine **qualifizierte elektronische Signatur** nach Maßgabe des Signaturgesetzes sind nur erforderlich, wenn der Auftraggeber ein bestimmtes Sicherheitsniveau verlangt. Bei geringfügigen freihändigen Vergaben ist auch eine einfache (nicht qualifizierte) elektronische Signatur zulässig.

Schriftliche Angebote sind bis zum Ablauf einer Übergangsfrist bis zum 17. Oktober 2018 weiterhin möglich. Zentrale Beschaffungsstellen müssen schon zum 18. April 2017 auf die vollelektronische Vergabe umstellen. Bis zum Ablauf dieser Übergangsfristen entscheiden Auftraggeber autonom, welche Form der Angebotsübermittlung maßgeblich sein soll. Bieter haben ihrerseits keinen Anspruch darauf, Angebote auf einem bestimmten Weg übermitteln zu dürfen. Da Unternehmen aus unterschiedlichen Gründen oft nicht bereit sind, die technischen Voraussetzungen für eine elektronische Signatur zu schaffen, haben e-Vergabe-Anbieter nach alternativen Lösungen gesucht und das aus anderen Bereichen bekannte **Mantelbogenverfahren** in die Vergabepraxis eingeführt. Darunter versteht man die elektronische Angebotsabgabe in Verbindung mit der Abgabe eines handschriftlich unterzeichneten Formulars. Kartenleser und Signaturkarten werden dabei nicht benötigt. Die Angebotsunterlagen werden wie auch im vollelektronischen Verfahren digital an die Vergabestelle übermittelt. Vor dem Versenden wird eine Prüfsumme, eine Art Kennziffer der Angebotsunterlagen, berechnet. Diese Prüfsumme wird in einem gesonderten Formular, dem Mantelbogen, festgehalten, ausgedruckt und vom Bieter unterschrieben an die Vergabestelle gesandt. Die Vergabestelle prüft bei der Angebotsöffnung, ob die vom Bieter unterschriebene Prüfsumme mit der Prüfsumme des entschlüsselten digitalen Angebots übereinstimmt. Somit ist die Zuordnung eines elektronischen Angebots zu einem bestimmten Bieter sichergestellt. Das Mantelbogenangebot wird ebenso wie das schriftliche Angebot nur noch bis zum 17. Oktober 2018 bzw. für zentrale Beschaffungsstellen bis zum 17. April 2017 möglich sein.

Im Unterschwellenbereich werden Angebote ab dem 1. Januar 2020 ausschließlich in elektronischer Form akzeptiert. Bis dahin dürfen öffentliche Auftraggeber vorschreiben, dass Angebote auf dem Postweg oder per Fax übermittelt werden. Ab dem 1. Januar 2019 müssen sie in diesem Fall allerdings parallel auch elektronische Angebote zulassen. Diese Regeln gelten zukünftig nach § 38 Abs. 2 und 3 UVgO allerdings nur für die Vergabe von Liefer- und Dienstleistungsaufträgen. Bauaufträge sind im Unterschwellenbereich gemäß § 11 Abs. 4 VOB/A bereits jetzt mithilfe elektronischer Mittel einzureichen. Bis zum 18. Oktober 2018 sind gemäß § 13 Abs. 1 Nr. 1 S. 2 VOB/A jedoch auch schriftlich eingereichte Angebote zuzulassen.

Praxistipp

 Liefer- und Dienstleistungsaufträge können noch bis zum 31.12.2019 auf dem Post-weg eingereicht werden. Voraussetzung ist aber, dass der Auftraggeber dies so fest-legt. Anders als bei der Ausschreibung von Bauaufträgen haben Bieter keinen An-spruch auf die Einreichung schriftlicher Angebote, wenn sich der Auftraggeber be-reits vor dem 1. Januar 2020 auf die vollelektronische Vergabe festlegt.

7.4 Angebotsöffnung und Informationsmanagement

Die Angebotsöffnung ist in den Verfahrensordnungen unterschiedlich ausgestaltet, zum Teil (SektVO, VSVgV) ist sie gar nicht gesondert geregelt.

Unter Öffnung der Angebote ist traditionell das Aufschneiden des ersten Umschlags zu verstehen. Mit der Öffnung endet die Angebotsfrist in Verfahren zur Vergabe von Bauauf-trägen. Bis dahin sind die Angebote beim Eingang auf dem ungeöffneten Umschlag zu kennzeichnen und unter Verschluss zu halten. Die Unversehrtheit elektronischer Angebote ist durch organisatorische und technische Lösungen nach den Anforderungen des Auftrag-gebers und die Vertraulichkeit durch Verschlüsselung herzustellen. Die elektronische Signa-tur ist hierfür nur nachrangig von Bedeutung, da sie lediglich jeweils mittelbar die Datenin-tegrität gewährleistet. Zusätzlich ist eine Verschlüsselung erforderlich. Im „Öffnungster-min" werden die elektronisch signierten Angebote dann zentral entschlüsselt. Die Angebotsöffnung erfolgt stets in einem gesonderten **Eröffnungstermin**, bei dem Bieter nicht teilnahmeberechtigt sind. Einen öffentlichen Submissionstermin gibt es bei der Ver-gabe öffentlicher Bauaufträge nur noch im Unterschwellenbereich, solange schriftliche eingereichte Angebote zuzulassen sind. Nach Übergang in die vollelektronische Vergabe nach dem 18. Oktober 2018 wird es die öffentliche Submission unter Anwesenheit von Bietern und ihren Bevollmächtigten nicht mehr geben.

Der Eröffnungstermin ist von mindestens zwei Auftraggebervertretern durchzuführen, wo-bei nur für die Vergabe von Bauaufträgen eine Verhandlungsleitung ausdrücklich vorge-schrieben ist. Der Verhandlungsleiter soll nach den Bestimmungen des Vergabehandbuchs des Bundes (VHB 2008: RL 313 Ziffer 2.1) an der Bearbeitung der Vergabeunterlagen und der Vergabe- und Vertragsabwicklung nicht beteiligt sein.

Im Eröffnungstermin stellt der Verhandlungsleiter zuerst fest, ob der Verschluss der schrift-lichen Angebote unversehrt ist und die elektronischen Angebote verschlüsselt sind. Die Angebote werden geöffnet und in allen wesentlichen Teilen (z.B. durch Perforation) ge-kennzeichnet. Name und Anschrift der Bieter und die Endbeträge der Angebote oder ihrer einzelnen Abschnitte, ferner andere preisrelevante Angaben werden verlesen. Es wird be-kannt gegeben, ob und von wem und in welcher Zahl Nebenangebote eingereicht worden sind.

Über den Eröffnungstermin ist ein **Protokoll** anzufertigen. Darin ist bei der Bauauftrags-vergabe auch der Eingang verspäteter Angebote zu vermerken und (sofern bekannt) auch der Grund der Verspätung. Im Eröffnungstermin verliest der Verhandlungsleiter das Protokoll, unterzeichnet es oder versieht es mit einer elektronischen Signatur. Anwesende Bieter und Bevollmächtigten sind berechtigt, mit zu unterzeichnen oder ihrerseits eine elektronische Signatur anzubringen.

Nach Abschluss des Eröffnungstermins sind die Angebote mit ihren Anlagen sowie die Niederschrift aufzubewahren und vertraulich zu behandeln. Nur bei Bauvergaben haben die Bieter Anspruch auf Einsichtnahme in die Niederschrift des Eröffnungstermins. Die Aufbewahrung von Angebotsumschlägen und „anderer Beweismittel" ist ausdrücklich wiederum nur für die Submission bei Bauvergaben vorgesehen. Vergabekammern fordern für die Vollständigkeit der Vergabedokumentation, zum Teil aber auch bei Vergaben von Liefer- und Dienstleistungsaufträgen, die Aufbewahrung der Angebotsumschläge.

Hintergrund der Verpflichtung des Auftraggebers, Angebote und Anlagen vertraulich zu behandeln, ist zunächst, den Wettbewerb zu sichern und auch nach der Öffnung der Angebote durch ihre vertrauliche Behandlung zu verhindern, dass Außenstehende Einfluss auf Entscheidungen im Vergabeverfahren nehmen können.

Praxistipp

 Im Rahmen parlamentarischer Beteiligungsrechte müssen Vergabeinhalte und Wertungsergebnisse vorgestellt werden. Zur Wahrung des vergaberechtlichen Vertraulichkeitsgrundsatzes sollten konkrete Angebotsinhalte nicht offengelegt, sondern nur anonymisiert vorgestellt werden. Entsprechende Sitzungen sollten nichtöffentlich abgehalten werden.

Das **Vertraulichkeitsgebot** ist im Vergabeverfahren eine Regelung mit bieterschützender Wirkung, und seine Einhaltung kann daher im konkreten Einzelfall zum Gegenstand eines Nachprüfungsverfahrens gemacht werden. Ein entsprechender Nachprüfungsantrag ist jedoch nur dann begründet, wenn sich die entsprechenden Mängel gerade auch auf die Rechtsstellung des Antragstellers im Vergabeverfahren nachteilig ausgewirkt haben.[123]

Das Vertraulichkeitsgebot gilt auch über den Zeitpunkt der Zuschlagserteilung hinaus. Damit soll zusätzlich zu dem genannten Zweck erreicht werden, dass das geistige Eigentum der Bieter an ihren Angebotsinhalten gesichert, ihre Betriebs- und Geschäftsgeheimnisse gewahrt und der Wettbewerb auch nach Öffnung der Angebote gewährleistet werden.[124]

Unter Berücksichtigung von Betriebs- und Geschäftsgeheimnissen der Bieter können schließlich Informationsansprüche aus den Informationsfreiheitsgesetzen des Bundes und der Länder für „jedermann" bestehen.[125] Insofern besteht zwischen den Informationsrechten nach den Informationsfreiheitsgesetzen des Bundes und der Länder und dem vergaberechtlichen Vertraulichkeitsgebot nach Abschluss des Vergabeverfahrens kein Widerspruch. Im Gegenteil begrenzen sich die entsprechenden Vorschriften und die dahinter stehenden Interessen gegenseitig. Das Informationsinteresse des jeweiligen Antragstellers ist im Einzelfall mit dem Vertraulichkeitsinteresse des jeweiligen Bieters abzuwägen.

---

123 VK Niedersachsen, Beschl. v. 4.10.2011, VgK-26/2011.
124 VK Niedersachsen, Beschl. v. 4.10.2011, VgK-26/2011.
125 Vgl. z.B. VG Stuttgart, Urt. v. 17.5.2011, 13 K 2505/09.

7.5 Prüfung und Wertung der Angebote

Bei der Prüfung und Wertung der Angebote durchläuft der Auftraggeber grundsätzlich **vier Stufen**:

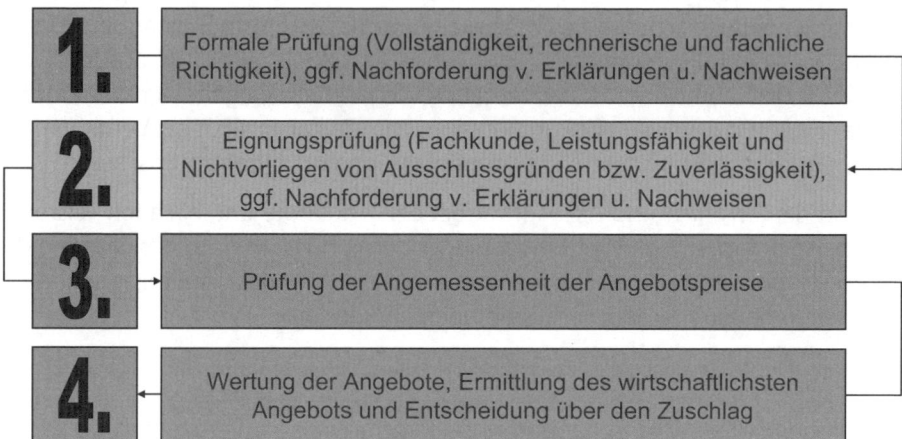

Abb. 27: Prüfung und Wertung der Angebote

7.5.1 Allgemeines

Die vier Wertungsstufen sind formal getrennt, unabhängig voneinander und grundsätzlich in chronologischer Reihenfolge zu durchlaufen. Insbesondere gilt das bereits angesprochene Verbot der Vermischung der Eignungsprüfung mit der Ermittlung des wirtschaftlichsten Angebots. Der chronologische Ablauf soll dazu beitragen, dass der Bestbieter nur unter den tatsächlich geeigneten Unternehmen ausgewählt wird. Die Eignungsprüfung soll vor Eintritt in die vierte Wertungsstufe abgeschlossen sein. In Verfahren mit vorgeschaltetem Teilnahmewettbewerb (nicht offenes Verfahren, Verhandlungsverfahren, wettbewerblicher Dialog und Innovationspartnerschaft) wird die Eignungsprüfung vorgezogen, um nur die geeigneten Unternehmen zur Angebotsabgabe auffordern zu müssen. Damit wird der Aufwand für die interessierten Unternehmen gering gehalten, weil sie keine Ressourcen in die Angebotserstellung investieren müssen, wenn sie nach Maßgabe der vom Auftraggeber definierten Kriterien schon nicht geeignet sind. Auftraggeber müssen dementsprechend nur Angebote von Unternehmen prüfen und werten, die sich im Rahmen des Teilnahmewettbewerbs qualifiziert haben und dementsprechend zur Angebotsabgabe aufgefordert worden sind.

Der grundsätzlich vorgesehene chronologische Ablauf bei der Angebotsprüfung und – wertung wird in der Praxis oftmals durchbrochen, was vergaberechtlich durchaus erlaubt ist. So muss der Auftraggeber bei der Vergabe öffentlicher Bauaufträge Fremdnachweise zur Bestätigung zuvor abgegebener Eigenerklärungen erst und nur von den Bietern fordern, die in die engere Wahl gelangt sind (§§ 16 EU und 16b VOB/A). Die Eignungsprüfung wird für diesen Bieterkreis also nach Eintritt in die vierte Wertungsstufe wiedereröffnet.

Auf diesen zusätzlichen Schritt kann verzichtet werden, wenn der Auftraggeber, was ihm freisteht (§§ 6 und 6 EU, jeweils Abs. 3 Nr. 2 Satz 3 VOB/A), von allen Bewerbern oder Bietern von vornherein Fremdnachweise verlangt.

Praxistipp

 Aus arbeitsökonomischen Gründen ist es möglich, von der durch die Verfahrensordnungen grundsätzlich vorgegebenen formalen Prüfungsreihenfolge ganz oder teilweise abzuweichen und die vierte Wertungsstufe vorzuziehen, solange die Stufen unabhängig voneinander geprüft werden und keine Vermischung von Eignungs- und Zuschlagskriterien erfolgt.

Ausnahmsweise kann und muss ggf. aus Gründen der Gleichbehandlung die Eignungsprüfung wieder aufgenommen werden, wenn die Vergabestelle Erkenntnisse erlangt, die die zuvor positiv festgestellte Eignung eines Bieters oder Bewerbers in Frage stellen. Denn auch nach einer formal bereits abgeschlossenen Eignungsprüfung darf ein Bieter oder Bewerber nicht darauf vertrauen, dass zunächst nicht bekannte nachteilige Tatsachen nicht verwertet werden. Der Grundsatz, dass der Zuschlag nicht auf das Angebot eines Bieters erteilt werden darf, der die für die Ausführung der Leistungen erforderliche Eignung nicht besitzt, gilt unabhängig von dem formalen Ablauf der Prüfung und Wertung der Angebote.

Schließlich sind bei der **Reihenfolge der einzelnen Prüfungsschritte** Unterschiede zwischen den Verfahrensordnungen zu verzeichnen. Während die Angebote nach der VgV (ebenso nach der VSVgV; die SektVO und die KonzVgV machen hierzu keine Vorgaben) zuerst auf ihre fachliche und rechnerische Richtigkeit zu überprüfen sind, erfolgt dieser Prüfungsschritt in der normativen Abfolge der §§ 16c EU, 16c VOB/A erst nach der Ausschluss- und der Eignungsprüfung. Während die Preisprüfung bei Vergaben nach der VgV als „klassische" dritte Wertungsstufe vor der Ermittlung des wirtschaftlichsten Angebots durchgeführt wird (ebenso in der Systematik der VSVgV; ohne Vorgaben wiederum die SektVO und die KonzVgV), erfolgt dieser Schritt bei Bauvergaben unter der Überschrift „Wertung" (§§ 16d EU und 16d VOB/A).

7.5.2 Erste Wertungsstufe

7.5.2.1 Formelle Angebotsprüfung und Nachforderung fehlender Erklärungen und Nachweise

Nach Ablauf der Angebotsfrist werden die rechtzeitig eingegangenen Angebote zunächst auf ihre Vollständigkeit und die Erfüllung der festgelegten **formalen Anforderungen** (z.B. Schriftform, elektronische Form) überprüft. Nicht fristgerecht eingegangene Angebote werden grundsätzlich ebenso ausgeschlossen wie Angebote, die nicht unterschrieben oder elektronisch signiert sind oder sonst nicht formgerecht eingegangen sind. Verspätet eingegangene Angeboten dürfen nur ausnahmsweise nicht ausgeschlossen werden, wenn der Bieter die Verspätung nicht zu vertreten hat. Hierfür muss der Bieter den Beweis erbringen. Grundsätzlich trägt aber der Bieter das Risiko der Übermittlung des eigenen Angebots und kann sich daher auch nicht auf Versäumnisse eines von ihm beauftragten Postdienstleisters berufen. Ausgeschlossen werden auch solche Angebote, die nicht die geforderten Preise enthalten oder nicht die geforderten oder nachgeforderten Erklärungen sowie nicht zugelassene oder nicht auf gesonderter Anlage erstellte und als solche eindeutig gekennzeichnete Nebenangebote.

Bei fehlenden Erklärungen und Nachweisen besteht vor einem Ausschluss aber die Möglichkeit und bei der Vergabe von Bauleistungen die Pflicht zur Nachforderung von fehlenden Erklärungen und Nachweisen innerhalb einer festzulegenden angemessenen Frist, die für die Vergabe von Bauleistungen bereits mit sechs Kalendertagen definiert ist. Ausgenommen hiervon sind Preisangaben, es sei denn, es handelt sich dabei um unwesentliche Einzelpositionen, deren Einzelpreise den Gesamtpreis nicht verändern oder die Wertungsreihenfolge und den Wettbewerb nicht beeinträchtigen.

a) Hintergrund der Nachforderungsregelungen

Bei der **Nachforderung** fehlender Erklärungen und Nachweise prallen unterschiedliche Interessen aufeinander:

Der Bestbieter, dessen Angebot unvollständig ist oder einen formalen Fehler aufweist, hat das Interesse, vermeintlich geringfügige Fehler auch nach Ablauf der Angebotsfrist noch korrigieren und seine Chance auf den Zuschlag wahren zu können. Die anderen Bieter, die vollständige und formal fehlerfreie Angebote eingereicht haben, sehen sich durch eine Nachforderung naturgemäß benachteiligt, weil ihre Zuschlagschance schwindet oder sogar gegen Null geht, wenn der Bestbieter bei Nachreichung der Unterlagen im Wettbewerb verbleibt und sein Angebot nicht ausgeschlossen wird.

Nach der früheren, auf die Rechtsprechung des BGH zurückgehenden Praxis vor Inkrafttreten der Nachforderungsregelungen war dieses Spannungsverhältnis zulasten des Bestbieters und seines formal fehlerhaften Angebots aufzulösen. Aus Gründen der Gleichbehandlung war sein Angebot zwingend auszuschließen.[126] Da diese bisherige Praxis oftmals als sehr formalistisch empfunden wurde und weil sie dazu führen konnte, dass der Auftraggeber nicht das wirtschaftlichste Angebot beauftragt,[127] gilt nunmehr, dass fehlende Nachweise nicht mehr zum Verfahrensausschluss führen und Erklärungen zwingend nachzufordern sind. Bei der Vergabe von Liefer- und Dienstleistungsaufträgen ober- und unterhalb der Schwellenwerte, in den Versorgungssektoren Energie, Trinkwasser und Verkehr sowie in den Bereichen Verteidigung und Sicherheit kann der Auftraggeber selbst über Nachforderung oder Ausschluss zu entscheiden.

b) Anwendungsbereich der Nachforderungsregelungen

In der Praxis hat sich ein sehr weites Verständnis des Anwendungsbereichs der Nachforderungsregelungen herausgebildet.

Erklärungen und Nachweise i.S.d. Nachforderungsregelungen sind sämtliche unternehmensbezogenen Eigen- und Fremderklärungen sowie alle leistungsbezogenen Erklärun-

---

126 BGH, Beschl. v. 18.2.2003, X ZB 43/02.
127 Vgl. OLG München, Beschl. v. 22.1.2009, Verg 26/08.

gen und Nachweise zum konkreten Leistungsangebot, soweit sie nicht die Zuschlagskriterien betreffen. Alle nachforderungsfähigen unternehmens- und leistungsbezogenen Nachweise und Erklärungen werden begrifflich auch als „Unterlagen" (§ 56 Abs. 2 VgV) bezeichnet. Neben körperlich zum Ende der Angebotsfrist nicht vorhandenen Erklärungen und Nachweisen können bei Liefer- und Dienstleistungsvergaben auch inhaltlich fehlerhafte bieterbezogene Unterlagen korrigiert werden. Bieterbezogene und leistungsbezogene Unterlagen können, wenn sie lückenhaft sind, vervollständigt werden. Damit hat der Verordnungsgeber der VgV mit der Vergaberechtsreform im Jahr 2016 eine in der Praxis bestehende Verunsicherung beendet, unter welchen Voraussetzungen ein heilbarer formaler Fehler vorliegt und wann von einem nicht heilbaren inhaltlichen Fehler auszugehen ist.[128] Außerdem war lange unklar, ob Auftraggeber ihr Ermessen vorab dahingehend ausüben dürfen, dass sie von vornherein auf Nachforderungen verzichten. Trotz Bekanntmachung eines solches Vorabverzichts wurde diese Praxis für unzulässig gehalten. § 56 Abs. 3 VgV gestattet jetzt ausdrücklich einen solchen Vorabverzicht. Weiterhin nicht erlaubt ist die Korrektur inhaltlicher Fehler im Angebot selbst. In diesen Fällen wird ein Angebot in der Regel wegen einer unzulässigen Änderung an den Vergabeunterlagen auszuschließen sein.[129] Im Baubereich bleibt die bisherige Regelung. Es besteht eine Nachforderungspflicht für fehlende Erklärungen und Nachweise (§§ 16a EU, 16 VOB/A). Inhaltliche Korrekturen, auch von bieterbezogenen Unterlagen, sind ausgeschlossen. Die weiter reichende Regelung aus dem Bereich der Liefer- und Dienstleistungsvergaben wurde ausdrücklich nicht übernommen. Die Nachforderungspflicht gilt nach der Auffassung des OLG Düsseldorf auch nicht für solche Erklärungen und Nachweise, die erst nach der Angebotsfrist von Bietern in der engeren Wahl auf gesondertes Verlangen des Auftraggebers eingereicht werden müssen.[130] Wenn Bieter nach Ablauf der Angebotsfrist fehlende Erklärungen und Nachweise auf eigene Initiative nachreichen, ohne dass der Auftraggeber sie nachgefordert hat, sind diese bei der Angebotsprüfung und -wertung vom Auftraggeber zwingend zu berücksichtigen.[131] Eine Ausnahme besteht nur bei Liefer- und Dienstleistungsvergaben, wenn der Auftraggeber auf Nachforderungen ermessensfehlerfrei verzichtet hat.

Praxistipp

 Bieter in der engeren Wahl, die nach Ablauf der Angebotsfrist auf gesondertes Verlangen des Auftraggebers Erklärungen und Nachweise einreichen müssen, sollten nicht darauf vertrauen, dass sie diese Erklärungen und Nachweise auch nach Ablauf einer für die Einreichung gesetzten Frist noch nachreichen dürfen. Unklar ist, ob Auftraggeber derartige erstmals nach Ablauf der Angebotsfrist angeforderten, aber von den Bietern nicht rechtzeitig eingereichte Erklärungen und Nachweise nachfordern dürfen. Obwohl ein ausdrückliches Verbot nicht besteht, sprechen bessere Argumente dafür, dass eine solche Nachforderung vor dem Hintergrund des Gleichbe-

---

128 Vgl. OLG Celle, Beschl. v. 24.4.2014, 13 Verg 2/14: Keine Nachforderung bei lückenhaften Referenzangaben, da von einem nicht heilbaren inhaltlichen Fehler auszugehen ist.
129 Vgl. bereits OLG Dresden, Beschl. v. 21.2.2012, Verg 0001/12.
130 OLG Düsseldorf, Beschl. v. 17.02.2016, VII-Verg 37/14.
131 OLG Düsseldorf, Beschl. v. 10.8.2011, VII-Verg 66/11.

handlungsgrundsatzes nicht erlaubt ist. Eine ggf. bestehende anderweitige „großzü-gigere" Nachforderungspraxis sollten Auftraggeber kritisch überprüfen.

Grundvoraussetzung für eine Nachforderung von Erklärungen und Nachweisen bleibt, dass die Erklärung oder der Nachweis eindeutig gefordert waren. Da die Nachforderungs-regelungen nicht den Zweck verfolgen, Versäumnisse des Auftraggebers bei der Formulie-rung der Anforderungen an die einzureichenden Erklärungen und Nachweise nach Ablauf der Angebotsfrist zu heilen, ist eine Nachforderung fehlender, aber nicht eindeutig gefor-derter Unterlagen nicht möglich.[132] Wenn die einzureichenden Eignungsnachweise nicht in der Bekanntmachung angegeben und daher nicht wirksam gefordert worden sind, ist eine Nachforderung ebenfalls nicht möglich.

Eine fehlende Erklärung oder ein fehlender Nachweis liegen auch dann nicht vor, wenn die Unterlage zwar formell eindeutig gefordert war, inhaltlich aber im konkreten Fall nicht ge-fordert werden durfte.

Praxisbeispiel

 Es ist vergaberechtlich unzulässig, von den Bietern oder Bewerbern zu fordern, be-reits mit dem Angebot nachzuweisen, dass sie über das im Auftragsfall einzuset-zende Personal oder das erforderliche technische Gerät verfügen. Es ist stattdessen ausreichend, wenn die Bieter oder Bewerber sich verpflichten, die entsprechenden technischen oder personellen Ressourcen im Auftragsfall zu beschaffen. Die Nachfor-derung eines gleichwohl schon mit dem Angebot geforderten, aber nicht geliefer-ten Verfügbarkeitsnachweises scheidet aus.

Schließlich ist zu beachten: Körperlich vorhandene, formal fehlerfreie und inhaltlich ein-deutige Erklärungen oder Nachweise, die aber nicht den festgelegten Anforderungen der Vergabeunterlagen entsprechen, können nicht über die Nachforderungsvorschriften ge-heilt werden.[133] Das wäre eine unzulässige Änderung des Angebots nach Ablauf der Ange-botsfrist. Zweifel über den Inhalt einer Erklärung oder eines Nachweises können im Wege der Aufklärung gelöst werden.[134]

c) Sonderfall: Fehlende Preisangaben

Preisangaben sind ebenfalls Erklärungen i.S.d. Nachforderungsregelungen.[135] Wenn sie fehlen, müssen sie bei Bauvergaben bzw. können bei allen anderen Vergaben nachgefor-dert werden. Voraussetzung ist jedoch, dass es sich um unwesentliche Einzelpositionen handelt, deren Einzelpreise den Gesamtpreis nicht verändern oder die Wertungsreihen-folge und den Wettbewerb nicht beeinträchtigen. Bei der Vergabe von Bauaufträgen sind Nachforderungen sogar nur auf eine einzelne unwesentliche Position beschränkt. Bei mehr als einer Position ist der Ausschluss zwingend, selbst wenn alle fehlenden Preisangaben

132 Vgl. OLG Naumburg, Beschl. v. 23.2.2012, 2 Verg 15/11.
133 OLG Koblenz, Beschl. v. 30.3.2012, 1 Verg 1/12.
134 OLG Düsseldorf, Beschl. v. 21.10.2015, VII-Verg 35/15.
135 OLG Düsseldorf, Beschl. v. 7.11.2012, VII-Verg 12/12.

unwesentlich sind, ein Gesamtpreis vorliegt und das Angebot daher grundsätzlich wertbar ist.[136]

d) Rechtsfolge

Bei der Vergabe von Bauaufträgen sind fehlende Erklärungen und Nachweise zwingend nachzufordern.

Bei der Vergabe von Liefer- und Dienstleistungsaufträgen, in den Versorgungssektoren Energie, Trinkwasser und Verkehr und in den Bereichen Verteidigung und Sicherheit entscheidet der Auftraggeber über die Nachforderung fehlender Erklärungen und Nachweise nach Ausübung pflichtgemäßen Ermessens („können nachgefordert werden"). Das bedeutet, dass der Auftraggeber im Einzelfall auf der Basis eines zutreffend und vollständig ermittelten Sachverhalts und unter Abwägung aller widerstreitenden Interessen entscheiden muss. Auf die pflichtgemäße Ermessensausübung haben die Bieter und Bewerber einen Anspruch, auf eine bestimmte Ermessensentscheidung für oder gegen die Nachforderung haben sie dagegen keinen Anspruch.[137] Eine ermessensfehlerfreie Entscheidung für oder gegen eine Nachforderung im Einzelfall erfordert einen vollständig ausermittelten Sachverhalt. Sie muss unter Beachtung der allgemeinen Grundsätze der Gleichbehandlung, des Wettbewerbs, der Transparenz und der wirtschaftlichen Auftragsvergabe getroffen werden. Nachforderungsentscheidungen und die tragenden Gründe müssen dokumentiert werden. Es ist ausdrücklich zulässig, vorab auf Nachforderungen zu verzichten, wenn diese Entscheidung den interessierten Unternehmen in der Auftragsbekanntmachung mitgeteilt wird, damit sie sich entsprechend darauf einstellen können. Obwohl eine entsprechende Klarstellung in die VSVgV nicht aufgenommen wurde, sind keine Gründe ersichtlich, weshalb zwischen Vergaben nach der VgV, der SektVO und der VSVgV unterschieden werden sollte. Dasselbe gilt im Unterschwellenbereich. Daneben ist es weiterhin möglich, auch ohne generellen Vorabverzicht auf Nachforderungen, im Einzelfall von einer Nachforderung abzusehen. Ein fehlender Vorabverzicht bedeutet daher keine Nachforderungspflicht in jedem Einzelfall wie im Bereich der Bauauftragsvergaben nach der VOB/A. Klar ist aber auch, dass der Verordnungsgeber im Interesse eines größtmöglichen Wettbewerbs und einer wirtschaftlichen Auftragsvergabe eine möglichst bieterfreundliche Nachforderungspraxis beabsichtigt. Die Anforderungen an die Begründung und die Dokumentation eines Nachforderungsverzichts sind daher in aller Regel höher als eine insbesondere unter Beachtung des Gleichbehandlungsgrundsatzes getroffene positive Nachforderungsentscheidung.

Als Ausprägung des Gleichbehandlungsgrundsatzes gilt für das offene und das nicht offene Verfahren ein striktes Nachverhandlungsverbot. Daraus folgt, dass eine Nachforderung von angebotsbezogenen Erklärungen und Nachweisen aus EU-vergaberechtlichen Gründen nur ausnahmsweise und nur dann zulässig sein, wenn gerade daraus keine Angebotsänderung resultiert. Hierzu der EuGH:[138]

---

136 KG, Beschl. v. 13.5.2013, Verg 10/12.
137 OLG Karlsruhe, Beschl. v. 23.3.2011, 15 Verg 2/11.
138 EuGH, Urt. v. 29.3.2012, Rs. C-599/10, SAG ELV u.a., Rn. 40.

„Jedoch verbietet Art. 2 der Richtlinie 2004/18 insbesondere nicht, dass die Angebote aus- nahmsweise in einzelnen Punkten [...] ergänzt werden, insbesondere wegen einer offen- sichtlich gebotenen bloßen Klarstellung oder zur Behebung sachlicher Fehler – vorausge- setzt diese Änderung läuft nicht darauf hinaus, dass in Wirklichkeit ein neues Angebot ein- gereicht wird."

Der Sinn und Zweck der Nachforderungsregelungen besteht nicht darin, die im Interesse der Gleichbehandlung und eines fairen Wettbewerbs bestehenden Angebots- und Aus- schlussfristen aufzuweichen.[139] Ihre Anwendung darf nicht den allgemeinen Grundsätzen des Vergabeverfahrens zuwiderlaufen. Obwohl die Nachforderung fehlender und die Er- gänzung unvollständiger leistungsbezogener Unterlagen ausdrücklich erlaubt ist, darf die Nachreichung leistungsbezogener Unterlagen nicht dazu führen, dass das Nachverhand- lungsverbot umgangen wird. Neben der Frage, ob eine Nachreichung Auswirkungen auf den Bieterwettbewerb hat, ist daher stets sorgfältig zu prüfen, ob eine nachgereichte leis- tungsbezogene Unterlage zu einer inhaltlichen Angebotsänderung führen kann. Daher kann es, soweit Nachforderungen im Ermessen des Auftraggebers stehen, angezeigt sein, von der Nachforderungsmöglichkeit nur zurückhaltend Gebrauch zu machen.[140] Im An- wendungsbereich der VOB/A muss die Pflicht des Auftraggebers zur Nachforderung bei Bauvergaben ausnahmsweise entfallen, wenn die Nachreichung zu einer inhaltlichen An- gebotsänderung führen würde.[141]

Praxistipp

 Angebotsändernden Nachreichungen steht im offenen und nicht offenen Verfahren das EU-rechtlich anerkannte Nachverhandlungsverbot als Ausprägung des Gleichbe- handlungsgrundsatzes entgegen. Daher erscheint es aus Auftraggebersicht sicherer, fehlende Nachweise und Erklärungen zum Angebot nur ausnahmsweise und nur dann nachzufordern, wenn sicher ausgeschlossen werden kann, dass die Nachforde- rung das Angebot inhaltlich verändert.

7.5.2.2 Prüfung der fachlichen und rechnerischen Richtigkeit

Weiterhin werden die Angebote im Rahmen der ersten Wertungsstufe auf ihre fachliche und rechnerische Richtigkeit überprüft.

Die fachliche Prüfung erfolgt auf Schlüssigkeit, Plausibilität und Nachvollziehbarkeit. Sie beinhaltet die Prüfung, ob die angebotene Leistung den Anforderungen der Leistungsbe- schreibung und den technischen Spezifikationen entspricht.[142] Bei der Prüfung der rechne- rischen Richtigkeit der Angebote wird in erster Linie geprüft, ob der Bieter Einzelpreise rich- tig addiert und Gesamtpreise richtig gebildet hat. Angebote, bei denen Änderungen an den Vergabeunterlagen vorgenommen worden sind, und Angebote mit zweifelhaften Än- derungen an den Eintragungen des Bieters werden ausgeschlossen. In der Praxis immer

---

139 OLG Naumburg, Beschl. v. 23.2.2012, 2 Verg 15/11.
140 Vgl. OLG Brandenburg, Beschl. v. 20.9.2011, Verg W 11/11.
141 OLG Naumburg, Beschl. v. 23.2.2012, 2 Verg 15/11.
142 VK Münster, Beschl. v. 13.7.2011, VK 08/11.

wieder zum Ausschluss führende unzulässige Änderungen an den Vergabeunterlagen liegen vor, wenn ein Bieter seinem Angebot die eigenen Allgemeinen Geschäftsbedingungen beifügt. Auch hier gilt, dass die Anforderung, gegen die ein Bieter verstoßen hat, aus der Sicht des durchschnittlich fachkundigen Bieters eindeutig sein muss. Verstöße gegen interpretierbare oder missverständliche bzw. mehrdeutige Angaben rechtfertigen keinen Ausschluss.[143]

Bei Zweifeln kann der Auftraggeber eine Aufklärung durchführen. Hierbei ist der Auftraggeber grundsätzlich frei in seiner Vorgehensweise. Er kann schriftliche Fragen stellen, zu einem Aufklärungsgespräch einladen oder technische Aspekte auch im Rahmen einer Teststellung prüfen, indem die angebotene Leistung einer Praxisprüfung unterzogen wird. Verweigert der betreffende Bieter die erbetenen Auskünfte, kann sein Angebot ausgeschlossen werden.[144]

Ein Anspruch des Bieters, der ein unklares Angebot eingereicht hat, auf Einräumung einer Klarstellungsmöglichkeit besteht grundsätzlich nicht.[145] Auf der anderen Seite kann ein Angebotsausschluss wegen Änderung oder Ergänzung der Vertragsunterlagen unverhältnismäßig und damit rechtswidrig sein, wenn nicht eindeutig ist, dass der jeweilige Bieter tatsächlich zwingende Vorgaben mit seinem Angebot nicht eingehalten hat.

In jedem Fall ist im offenen und im nicht offenen Verfahren auch bei Aufklärungen das **strikte Nachverhandlungsverbot** zu beachten. Aufklärungen dürfen nur zu Klarstellungen, nicht jedoch zu Änderungen an Angebotsinhalten führen.[146]

Die fachliche und rechnerische Angebotsprüfung erfolgt außerdem zur Ermittlung des wertungsrelevanten Angebotsinhalts oberhalb der auf der ersten Wertungsstufe zu prüfenden Einhaltung der (Mindest-)Anforderungen der Leistungsbeschreibung. Auch unter Berücksichtigung des einem Auftraggeber bei der Bewertung von Angeboten grundsätzlich zuzuerkennenden Beurteilungsspielraums wäre es vergabefehlerhaft, wenn die für seine Wertungsentscheidung erheblichen Tatsachen nicht hinreichend ermittelt worden sind und seine Wertungsentscheidung somit auf einen falschen oder unvollständigen Sachverhalt gestützt würde.[147] Ein Auftraggeber ist verpflichtet, ggf. sogar sachverständigen Rat hinzuziehen, soweit er aus praktischen oder fachlichen Gründen selbst nicht in der Lage ist, die geforderte Beschaffenheit eines Angebots in der für seine Wertungsentscheidung erheblichen fachlichen Hinsicht zu überprüfen. Bei Zweifeln über die fachliche Richtigkeit wertungsrelevanter Angebotsinhalte besteht jedenfalls wiederum die Möglichkeit, eine Aufklärung durchführen.

Hat ein Auftraggeber Angebotsinhalte detailliert und unter Hinzuziehung sachverständiger Expertise geprüft und Aufklärungen durchgeführt und den betreffenden Bieter für den Zuschlag vorgesehen, haben die nachrangig platzierten Bieter, die die fachlich-technische Umsetzbarkeit des bestplatzierten Angebots weiter in Zweifel ziehen, keinen Anspruch auf nochmalige Überprüfung. Insoweit ist auch das Interesse des Auftraggebers an einer zügi-

---

143 OLG Frankfurt, Beschl. v. 12.7.2016, 11 Verg 9/16; vgl. auch OLG Düsseldorf, Beschl. v. 24.9.2014, Verg 19/14.
144 OLG München, Beschl. v. 29.10.2013, Verg 11/13.
145 EuGH, Urt. v. 29.3.2012, Rs. C-599/10, SAG ELV u.a., Rn. 38 ff.
146 EuGH, Urt. v. 29.3.2012, Rs. C-599/10, SAG ELV u.a., Rn. 40.
147 VK Bund, Beschl. v. 12.1.2012, VK1-165/11.

gen Umsetzung von Beschaffungsabsichten und einem raschen Abschluss des Vergabeverfahrens zu berücksichtigen. Die **Grenzen der Zumutbarkeit** weiterer Prüfungen oder Aufklärungen werden durch den kurzen Zeitraum bestimmt, in dem die Entscheidung über die Auftragsvergabe zu treffen ist, sowie durch die begrenzten Ressourcen und administrativen Möglichkeiten des Auftraggebers.[148]

7.5.3 Zweite Wertungsstufe

7.5.3.1 Grundlagen der Eignungsprüfung

Aufträge dürfen nur an geeignete Bieter vergeben werden. Ein Bieter oder Bewerber ist gemäß § 122 Abs. 1 GWB geeignet, wenn er **fachkundig und leistungsfähig** ist und wenn er nicht nach den §§ 123, 124 GWB ausgeschlossen worden ist. Das bedeutet konkret, dass Bieter und Bewerber die durch den Auftraggeber im Einzelnen zur ordnungsgemäßen Ausführung des Auftrags oder der Konzession festgelegten Kriterien (Eignungskriterien) erfüllen müssen. Die Eignungskriterien dürfen ausschließlich die Befähigung und Erlaubnis zur Berufsausübung, die wirtschaftliche und finanzielle Leistungsfähigkeit und die technische und berufliche Leistungsfähigkeit betreffen. Der Gesetzgeber verwendet den althergebrachten Begriff der „Zuverlässigkeit" seit der Vergaberechtsreform 2016 nicht mehr, sondern schreibt vor, dass Auftraggeber das „Nichtvorliegen von Ausschlussgründen" prüfen müssen. Inhaltlich hat sich mit diesen geänderten Bezeichnungen nichts geändert. Die EU-Vergaberichtlinien verwenden den Begriff der Zuverlässigkeit insbesondere im Zusammenhang mit der möglichen Selbstreinigung von Bietern und Bewerbern weiterhin. Auch der deutsche Gesetzgeber fasst die Eignungskriterien im engeren Sinne und das Nichtvorliegen von Ausschlussgründen in § 122 GWB unter der Überschrift „Eignung" zusammen. Der Verordnungsgeber der VOB/A hält auch für Vergabeverfahren unterhalb der EU-Schwellenwerte an dem Begriff der Zuverlässigkeit fest.

Praxistipp

 Die Prüfung der Fachkunde und Leistungsfähigkeit und der Zuverlässigkeit bzw. des Nichtvorliegens von Ausschlussgründen sind Gegenstand der zweiten Wertungsstufe. Es ist in der Praxis oftmals zweckmäßig und vergaberechtlich erlaubt, bei Bietern oder Bewerbern keine Prüfung der Fachkunde und Leistungsfähigkeit durchzuführen, die aus einem der in §§ 123, 124 GWB genannten Gründe ausgeschlossen werden müssen.

Die Eignungsprüfung ist eine unternehmensbezogene Untersuchung, ob ein Unternehmen nach seiner personellen, finanziellen und technischen Ausstattung in der Lage sein wird, vertragsgerecht zu leisten:

- **Nichtvorliegen von Ausschlussgründen/Zuverlässigkeit**: Ein Bewerber ist zuverlässig, wenn er seinen gesetzlichen, insbesondere steuer- und sozialversicherungsrechtlichen Pflichten in der Vergangenheit nachgekommen ist und aufgrund der Erfüllung

---

148 OLG Düsseldorf, Beschl. v. 5.7.2012, VII-Verg 13/12.

früherer Verträge eine einwandfreie Ausführung erwarten lässt. Die Prüfung der Zuverlässigkeit erfolgt im Wesentlichen auf der Grundlage einer Analyse des Geschäftsgebarens des Bieters in der Vergangenheit. Eine mangelhafte Leistungserbringung im Rahmen früherer Verträge kann die Einschätzung eines Bewerbers als unzuverlässig rechtfertigen.[149] Für Vergabeverfahren oberhalb der EU-Schwellenwerte sind gemäß § 122 Abs. 1 GWB in diesem Zusammenhang die in §§ 123, 124 GWB genannten Ausschlussgründe zu prüfen; zu prüfen ist auch, ob ggf. trotz Vorliegen eines Ausschlussgrundes aufgrund einer erfolgreichen sogenannten Selbstreinigung eines Bieters oder Bewerbers gemäß § 125 GWB von einem Ausschluss abgesehen werden kann.

- **Fachkunde**: Fachkundig ist ein Bewerber, der über die speziellen und objektbezogenen Sachkenntnisse verfügt, die erforderlich sind, um eine Leistung fachgerecht vorbereiten und ausführen zu können.

- **Leistungsfähigkeit**: Leistungsfähig ist, wer als Unternehmer über die personellen, kaufmännischen, technischen und finanziellen Mittel verfügt, um den Auftrag fachlich einwandfrei und fristgerecht ausführen zu können.

a) Nichtvorliegen von Ausschlussgründen (Zuverlässigkeit)

Nach der Konzeption des Gesetzgebers ist zwischen zwingenden und fakultativen Ausschlussgründen zu unterscheiden. Die Tatbestände sind im Einzelnen in §§ 123, 124 GWB normiert.

Bieter bzw. Bewerber sind gemäß § 123 Abs. 1 GWB zu jedem Zeitpunkt des Vergabeverfahrens zwingend von der Teilnahme ausgeschlossen, wenn Auftraggeber Kenntnis davon haben, dass eine Person, deren Verhalten dem betroffenen Bieter oder Bewerber zuzurechnen ist, wegen einer der in § 123 Abs. 1 Nr. 1 bis 10 GWB aufgeführten Katalogtaten rechtskräftig verurteilt oder gegen das Unternehmen eine Geldbuße nach § 30 OWiG rechtskräftig festgesetzt worden ist. Hierbei handelt es sich um Straftaten wie etwa die Bildung terroristischer Vereinigungen (§ 129a StGB), Subventionsbetrug (§ 264 StGB) oder Vorteilsgewährung und Bestechung (§§ 333, 334 StGB), mithin um Straftaten, die insbesondere die Allgemeinheit schädigen. § 123 Abs. 4 GWB sieht die gleiche Rechtsfolge vor, wenn der Bewerber bzw. Bieter beispielsweise keine Steuern zahlt oder keine Sozialversicherungsbeiträge abführt. Da Unternehmen nicht wegen der in § 123 Abs. 1 GWB genannten Straftaten verurteilt werden können, ist eine normative Zurechnung individuellen Fehlverhaltens erforderlich. Die verurteilte Person muss nach der Zurechnungsnorm des § 123 Abs. 3 GWB als für die Leitung Verantwortlicher gehandelt haben; dazu gehört auch die Überwachung der Geschäftsführung oder die sonstige Ausübung von Kontrollbefugnissen in leitender Position.

Die fakultativen Ausschlussgründe sind in § 124 GWB abschließend definiert.

---

149 OLG Brandenburg, Beschl. v. 14.9.2010, Verg W 8/10; VK Nordbayern, Beschl. v. 12.6.2012, 21.VK–3194-10/12.

Verstoß gegen umwelt-, sozial- und arbeitsrechtliche Verpflichtungen bei der Ausführung öffentlicher Aufträge	Erhebliche oder fortdauernde Mängel im Rahmen früherer öffentlicher Aufträge mit Beendigung, Schadensersatz o.ä. Rechtsfolge
Zahlungsunfähigkeit, Insolvenzverfahren, Nichteröffnung mangels Masse, Liquidation, Einstellung der Tätigkeit	Schwerwiegende Täuschung in Bezug auf Ausschlussgründe oder Eignungskriterien
Nachweislich schwere Verfehlung im Rahmen der beruflichen Tätigkeit, die die Integrität infrage stellt	Versuch der Beeinflussung des Auftraggebers bei Entscheidungsfindung
Wettbewerbsbeschränkende Abreden	Versuch, vertrauliche Information zu erlangen zur Vorteilsgewinnung
Interessenkonflikt einer für den Auftraggeber tätigen Person	Übermittlung irreführender Informationen zur Beeinflussung der Vergabeentscheidung
Wettbewerbsverzerrung aufgrund Projektantentätigkeit eines Unternehmens	§§ 21 AEntG, 98c AufenthG, 19 MiLOG, 21 SchwarzArbG

Abb. 28: Fakultative Ausschlussgründe im Überblick

Auch im Rahmen der fakultativen Ausschlussgründe kann eine Zurechnung des individuellen Fehlverhaltens von Mitarbeitern des Bieters oder Bewerbers erforderlich sein, soweit die Ausschlussgründe selbst an individuelles Fehlverhalten anknüpfen, wie z.B. im Falle einer schwerwiegenden Täuschung in Bezug auf Ausschlussgründe oder Eignungskriterien. Allerdings fehlt eine übergreifende Zurechnungsnorm. Allein in § 124 Abs. 1 Nr. 3 GWB (Fall der nachweislich schweren Verfehlung im Rahmen der beruflichen Tätigkeit) wird auf § 123 Abs. 3 GWB Bezug genommen. Bei § 123 Abs. 3 GWB besteht darüber hinaus das Praxisproblem, dass diese Regelung keine Zurechnung des Verhaltens anderer Mitarbeiter über ein Organisationsverschulden leitender Mitarbeiter ermöglicht. Die Zurechnung von Fehlverhalten „einfacher Mitarbeiter" über allgemeines Zivilrecht (§§ 31, 278, 831 BGB) wäre möglicherweise interessengerecht, ist aber nach dem Gesetzeswortlaut kaum begründbar.

Praxistipp

 Angesichts fehlender Regelungen für die Zurechnung individuellen Fehlverhaltens im Rahmen der fakultativen Ausschlussgründe im Sinne von § 124 GWB sind Auftraggeber gut beraten, wenn sie ihr Ausschlussermessen unter Beachtung des Verhältnismäßigkeitsgrundsatzes zurückhaltend ausüben. Für das Vorliegen der Ausschlussgründe sind Auftraggeber beweispflichtig. Bieter und Bewerber müssen bei Zweifeln aber aktiv an einer Aufklärung mitwirken. Eine restriktive Anwendung der Ausschlussregelungen können ausgeschlossene Bieter oder Bewerber durch die Nachprüfungsinstanzen überprüfen lassen.

§ 124 GWB ist eine Ermessensregelung. Die Entscheidung über den Ausschluss oder Nichtausschluss eines Bieters oder Bewerbers muss ermessensfehlerfrei getroffen werden. Ermessensfehler liegen vor bei Ermessensnichtgebrauch, Ermessensfehlgebrauch und bei Ermessensüberschreitung.

Von einem Ermessensnichtgebrauch spricht man, wenn der Auftraggeber gar nicht erkennt, dass er mehrere Handlungsoptionen hat, d.h., er geht fälschlicherweise von einem zwingenden Ausschluss bei Vorliegen bestimmter Umstände aus. So ist es ermessensfehlerhaft und damit rechtswidrig, wenn ein Auftraggeber bei Eröffnung eines Insolvenzverfahrens über das Vermögen eines Bieters von einem zwingenden Ausschluss ausgeht.[150] Ermessensfehlgebrauch liegt vor, wenn ein Auftraggeber seiner Entscheidung einen unvollständig oder nicht zutreffend ermittelten Sachverhalt zugrunde legt. Ermessensüberschreitung liegt schließlich vor, wenn der Auftraggeber den Ausschluss auf einen nicht in § 124 GWB genannten Ausschlussgrund stützt. Eine Ermessensüberschreitung liegt auch vor, wenn der Auftraggeber einen Ausschluss mit einem länger als drei Jahre zurückliegenden Ereignis begründet. § 126 Nr. 2 GWB wirkt insoweit in zeitlicher Hinsicht als Ermessensgrenze.

Auch die zwingenden Ausschlussgründe nach § 123 GWB sind entgegen ihrer Bezeichnung nicht immer zwingend. In zeitlicher Hinsicht darf ein Ausschluss gemäß § 126 Nr. 1 GWB nicht mit einer länger als fünf Jahre zurückliegenden rechtskräftigen Verurteilung wegen eines der in § 123 GWB genannten Tatbestände gestützt werden. Darüber hinaus besteht bei zwingenden ebenso wie bei fakultativen Ausschlussgründen die Möglichkeit der sogenannten Selbstreinigung nach § 125 GWB. Hierfür bestehen folgende Voraussetzungen, die kumulativ erfüllt sein müssen:

- Schadenswiedergutmachung: Dabei besteht insbesondere bei umfangreichen Kartellschadensfällen das Problem, dass der Schaden nicht oder nur sehr schwer beziffert werden kann. Daher kann in derartigen komplexen Fällen bereits eine Anerkennung dem Grunde nach ausreichend sein.

- Aktive Sachverhaltsaufklärung und Zusammenarbeit mit Behörden: Sie umfasst auch die Zusammenarbeit mit dem Auftraggeber selbst und setzt eine unternehmensinterne Aufklärung voraus.

- Konkrete geeignete technische, organisatorische und personelle Maßnahmen, um zukünftiges Fehlverhalten zu verhindern wie z. B. Personalreorganisation, Berichts- und Kontrollsystem, Audit-Struktur, interne Haftungs- und Entschädigungsregelungen.

Ein Sonderfall der Selbstreinigung stellt § 123 Abs. 4 GWB dar. Danach erfolgt in dem Falle kein Ausschluss, wenn das betroffene Unternehmen ausstehende Steuern, Abgaben oder Sozialversicherungsbeiträge inzwischen gezahlt hat oder sich dazu (einschließlich Zinsen, Säumnis- und Strafzuschlägen) verpflichtet hat. Das betroffene Unternehmen hat in diesem Fall also einen Anspruch darauf, nicht ausgeschlossen zu werden. Ausnahmsweise darf im Falle des § 123 Abs. 4 S. 1 GWB gemäß § 123 Abs. 5 S. 2 GWB auch von einem Ausschluss abgesehen werden, wenn dies aus zwingenden Gründen des öffentlichen Interesses geboten ist oder wenn ein Ausschluss offensichtlich unverhältnismäßig wäre, d.h. es muss „auf den ersten Blick" (ohne vertiefte Prüfung des Einzelfalls) unverhältnismäßig erscheinen, wenn es z.B. um vergleichsweise geringe Sozialversicherungsbeiträge oder Steuerschulden geht oder wenn es sich um einen Einzelfall handelt. Schließlich darf im Falle des § 123 Abs. 1 GWB gemäß § 123 Abs. 5 S. 1 GWB von einem Ausschluss abgesehen werden, wenn dies aus zwingenden Gründen des öffentlichen Interesses geboten ist. Dabei handelt es sich um einen eng auszulegenden Ausnahmetatbestand. Die Erwägungs-

---

150 OLG Düsseldorf, Beschl. v. 2.5.2012, VII-Verg 68/11.

gründe der EU-Vergaberichtlinie 2014/24/EU nennen als Beispiel die Beschaffung dringend benötigter Impfstoffe oder Notfallausrüstungen, die nur von einem Wirtschaftsteilnehmer erworben werden können.

Bei Bauvergaben unterhalb der EU-Schwellenwerte gelten weitgehend identische Maßstäbe im Rahmen der Zuverlässigkeitsprüfung. Allein die als zwingende Ausschlussgründe definierten Katalogstraftaten und Ordnungswidrigkeitentatbestände des § 123 GWB führen nicht zwingend zu einem Ausschluss. Sie können aber gemäß § 16 Abs. 2 Nr. 3 VOB/A als schwere Verfehlung zum Ausschluss führen, wenn nicht Selbstreinigungsmaßnahmen erfolgreich umgesetzt worden sind, die im Rahmen der zu treffenden Ermessensentscheidung des Auftraggebers berücksichtigt werden müssen.

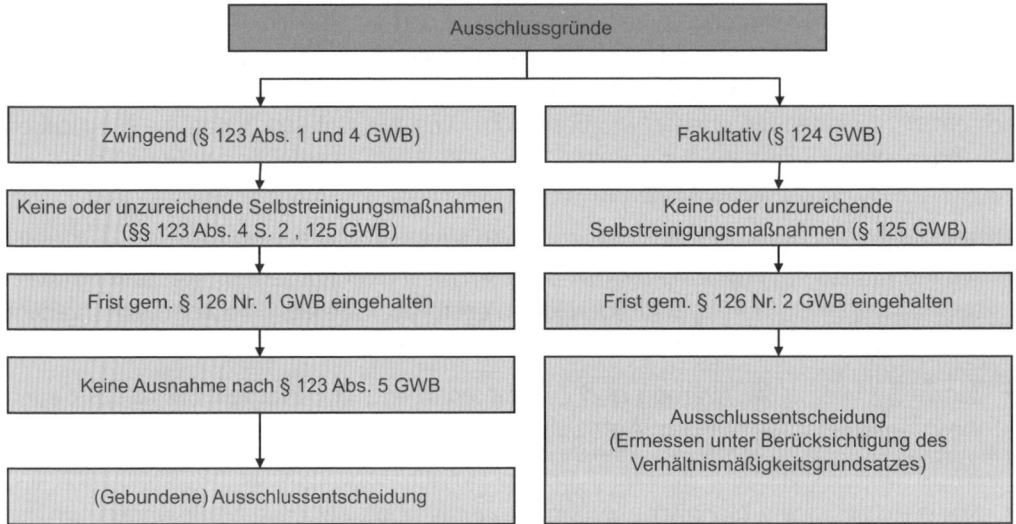

Abb. 29: Prüfung von Ausschlussgründen im Überblick

b) Fachkunde und Leistungsfähigkeit

Fachkunde und Leistungsfähigkeit sind unbestimmte Rechtsbegriffe. Die Eignungsprüfung unterliegt insgesamt einem **Beurteilungsspielraum** des Auftraggebers und damit nur eingeschränkt einer Kontrolle durch die Vergabenachprüfungsinstanzen. Überprüfbar ist lediglich, ob die Grenzen des Beurteilungsspielraums überschritten worden sind.

Der Auftraggeber muss seine Entscheidung auf der zweiten Wertungsstufe daher insbesondere auf der Grundlage eines vollständig und zutreffend ermittelten Sachverhalts treffen. Die Sachverhaltsermittlung erfolgt grundsätzlich auf der Grundlage der geforderten und vollständig eingereichten oder nachgereichten Erklärungen und Nachweise.

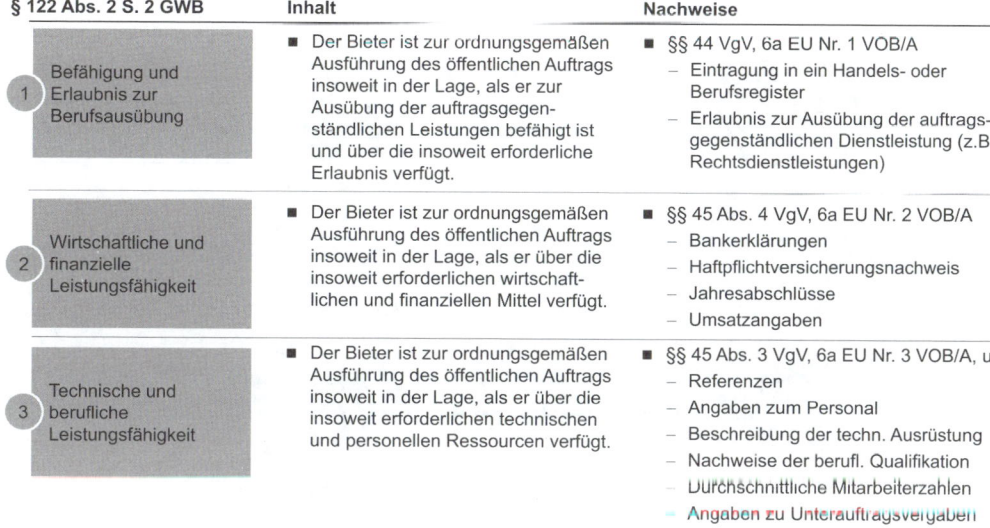

§ 122 Abs. 2 S. 2 GWB	Inhalt	Nachweise
1 Befähigung und Erlaubnis zur Berufsausübung	■ Der Bieter ist zur ordnungsgemäßen Ausführung des öffentlichen Auftrags insoweit in der Lage, als er zur Ausübung der auftragsgegenständlichen Leistungen befähigt ist und über die insoweit erforderliche Erlaubnis verfügt.	■ §§ 44 VgV, 6a EU Nr. 1 VOB/A – Eintragung in ein Handels- oder Berufsregister – Erlaubnis zur Ausübung der auftragsgegenständlichen Dienstleistung (z.B. Rechtsdienstleistungen)
2 Wirtschaftliche und finanzielle Leistungsfähigkeit	■ Der Bieter ist zur ordnungsgemäßen Ausführung des öffentlichen Auftrags insoweit in der Lage, als er über die insoweit erforderlichen wirtschaftlichen und finanziellen Mittel verfügt.	■ §§ 45 Abs. 4 VgV, 6a EU Nr. 2 VOB/A – Bankerklärungen – Haftpflichtversicherungsnachweis – Jahresabschlüsse – Umsatzangaben
3 Technische und berufliche Leistungsfähigkeit	■ Der Bieter ist zur ordnungsgemäßen Ausführung des öffentlichen Auftrags insoweit in der Lage, als er über die insoweit erforderlichen technischen und personellen Ressourcen verfügt.	■ §§ 45 Abs. 3 VgV, 6a EU Nr. 3 VOB/A, u.a. – Referenzen – Angaben zum Personal – Beschreibung der techn. Ausrüstung – Nachweise der berufl. Qualifikation – Durchschnittliche Mitarbeiterzahlen – Angaben zu Unterauftragsvergaben

Abb. 30: Prüfung der Eignungskriterien

Auftraggeber sind allerdings nicht an den Inhalt der vorgelegten Nachweise gebunden, sie dürfen **auch eigene Nachforschungen** anstellen und der Eignungsprüfung dabei gewonnene Erkenntnisse zugrunde legen, solange diese gesichert sind und nicht lediglich auf Gerüchten beruhen.[151] Neue Tatsachen, die eine einmal positiv festgestellte Eignung zweifelhaft erscheinen lassen, muss der Auftraggeber berücksichtigen. Die Eignung muss im Zeitpunkt der Zuschlagsentscheidung positiv feststehen. Auf das Angebot eines nicht geeigneten Bieters darf der Zuschlag nicht erteilt werden.

7.5.3.2 Eignungsprüfung bei besonderen Beteiligungsformen

Grundsätzlich benötigt der Bieter oder Bewerber die für die Auftragsausführung erforderliche Leistungsfähigkeit und Fachkunde nicht in eigener Person. Es ist stattdessen möglich, sich bei der Erfüllung des Auftrags der Fähigkeiten anderer Unternehmen bedienen. Hierbei sind verschiedene Konstellationen vorstellbar und in der Praxis zu beobachten. Die Forderung nach einem Mindesteigenleistungsanteil wäre vergaberechtlich angreifbar. Stattdessen können Bieter oder Bewerber auch als Generalunter- oder sogar als Generalübernehmer am Wettbewerb teilnehmen und dabei vollständig den Einsatz Dritter für die Erbringung der vertraglichen Leistungen vorsehen.[152]

---

151 OLG Frankfurt, Beschl. v. 30.3.2004, 11 Verg 4/04.
152 OLG München, Beschl. v. 9.8.2012, Verg 10/12.

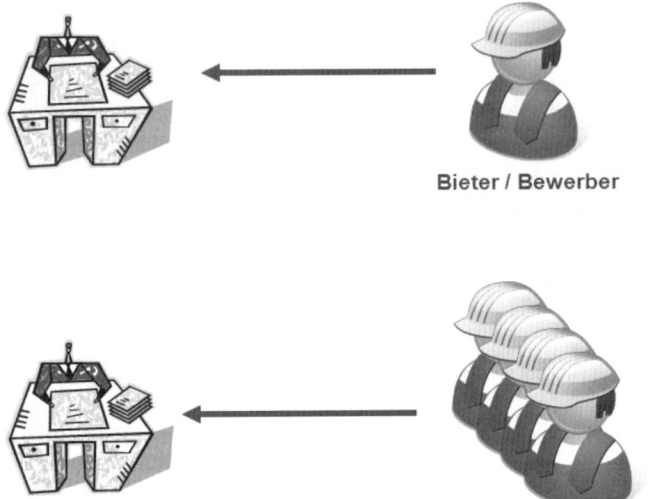

Bieter / Bewerber

Bieter- / Bewerbergemeinschaft

Abb. 31: Einzelbieter/-bewerber und Bieter-/Bewerbergemeinschaft

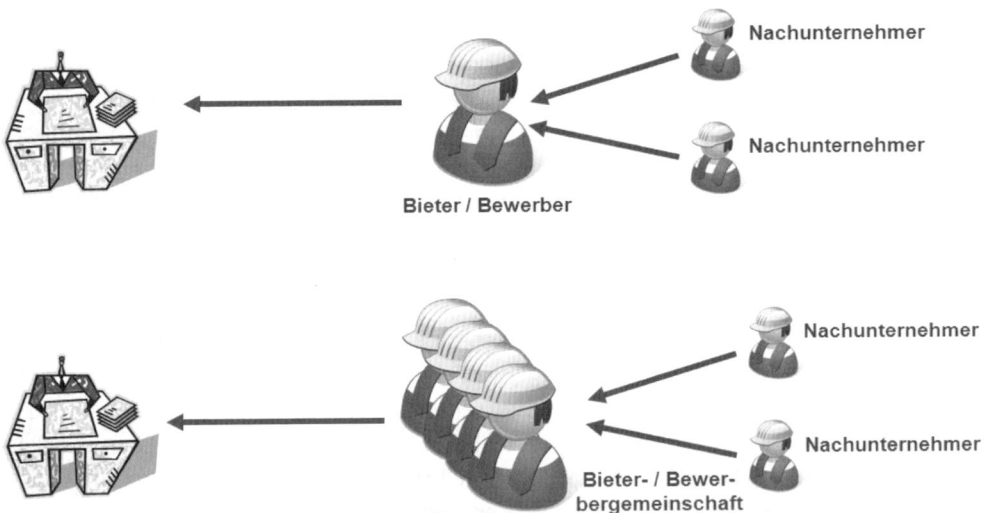

Nachunternehmer

Nachunternehmer

Bieter / Bewerber

Nachunternehmer

Nachunternehmer

Bieter- / Bewerbergemeinschaft

Abb. 32: Einzelbieter/-bewerber und Bieter-/Bewerbergemeinschaft jeweils mit Einzelnachunternehmern

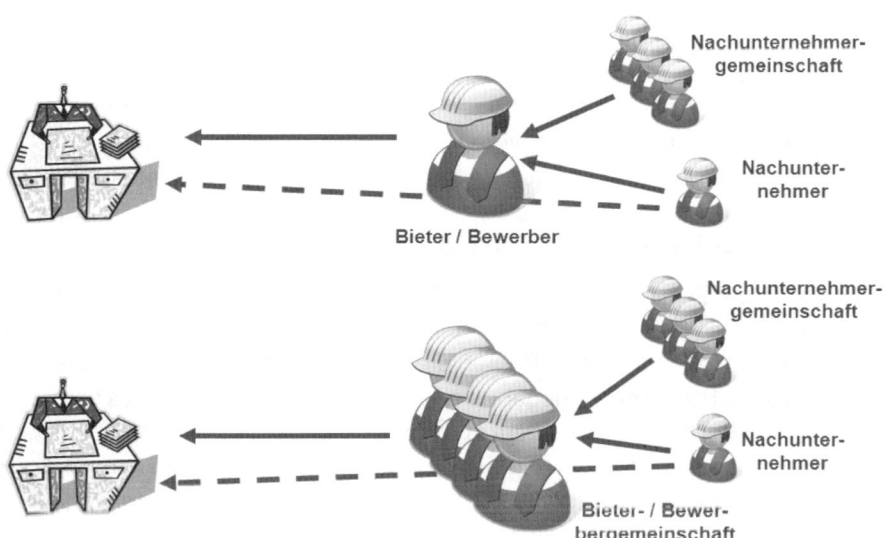

Abb. 33: Einzelbieter/-bewerber und Bieter-/Bewerbergemeinschaft jeweils mit Einzelnach-unternehmern und Nachunternehmergemeinschaften

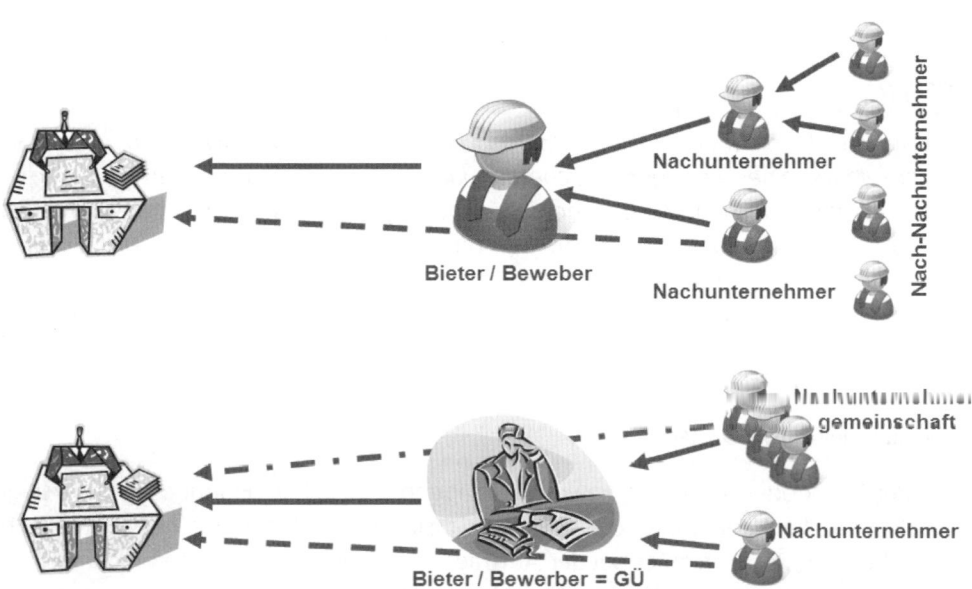

Abb. 34: Einzelbieter/-bewerber mit Nach- und Nach-Nachunternehmern sowie General-übernehmer als Einzelbieter/-bewerber mit Einzelnachunternehmern und Nachunterneh-mergemeinschaften

a) Bieter- oder Bewerbergemeinschaften

Mehrere Unternehmen können sich zu Bieter- oder Bewerbergemeinschaften zusammen-schließen. Bewerber- und Bietergemeinschaften sind wie Einzelbewerber und -bieter zu behandeln. In diesem Fall muss nicht jedes Mitglied der Bieter- oder Bewerbergemeinschaft die festgelegten Anforderungen an Leistungsfähigkeit und Fachkunde erfüllen, sondern die Bieter- oder Bewerbergemeinschaft insgesamt. Dementsprechend sind die geforderten Nachweise auch nur für die Bietergemeinschaft insgesamt vorzulegen.[153] Eine Ausnahme hiervon gilt mit Blick auf die gesamtschuldnerische Haftung der Mitglieder einer Bieter- oder Bewerbergemeinschaft für die finanzielle Leistungsfähigkeit und für die Zuverlässigkeit, die unabhängig von der Aufteilung der Anteile im Innenverhältnis für alle Mitglieder individuell nachgewiesen werden müssen.[154]

Die Änderung in der Zusammensetzung einer Bietergemeinschaft nach Ablauf der Angebotsfrist ist nach einer strengen Auffassung des OLG Düsseldorf nicht zulässig, weil damit im offenen und im nicht offenen Verfahren stets eine Änderung des Angebots und damit ein unzulässiges Nachverhandeln gegeben sei.[155] Nach der Auffassung des OLG Celle existiert dagegen kein Rechtssatz, nach dem im offenen und nicht offenen Verfahren stets von einer unzulässigen Angebotsänderung auszugehen ist.[156] Stattdessen ist insoweit erneut in die Eignungsprüfung einzutreten.[157] Ferner darf der Auftraggeber nicht verlangen, dass Bewerber- und Bietergemeinschaften eine bestimmte Rechtsform haben, um Teilnahmeanträge oder Angebote abzugeben. Dies schließt allerdings nicht aus, dass der Auftraggeber die Annahme einer bestimmten Rechtsform der Bietergemeinschaft nach der Erteilung des Zuschlags verlangt, wenn dies für die ordnungsgemäße Durchführung des Auftrages erforderlich ist.

Praxistipp

 Aufgrund der nicht einheitlichen Rechtsprechung zu den Möglichkeiten, die Zusammensetzung einer Bietergemeinschaft im laufenden Vergabeverfahren zu ändern, besteht aus Bietersicht die Gefahr, dass Auftraggeber der strengen Auffassung des OLG Düsseldorf folgen und (im offenen und nicht offenen Verfahren) eine unzulässige Angebotsänderung annehmen, was zwingend zum Ausschluss führt. Aus Auftraggebersicht ist genau zu prüfen, welcher Auffassung der jeweils zuständige Vergabesenat folgt.

b) „Eignungsleihe" bei Dritten

Sofern der Bieter oder Bewerber die von Auftraggeber gestellten Eignungsanforderungen nicht selbst erfüllen kann, hat er die Möglichkeit, sich auf die Eignung eines Dritten zu berufen, auf dessen Ressourcen er bei der Auftragsausführung zurückgreifen möchte. Dritte in diesem Sinne sind i.d.R. als **Nachunternehmer** zu qualifizieren, selbst wenn sie mit dem Bieter oder Bewerber konzernverbunden sind. Besonders praxisrelevant ist die Abgrenzung zwischen Nachunternehmerleistungen und einfachen Unterstützungstätigkeiten. Entscheidend ist dabei, ob der Dritte im Pflichtenkreis des zukünftigen Auftragnehmers tätig werden und einen Teil der vertraglichen Leistungen für diesen erbringen soll.[158]

153 OLG Düsseldorf, Beschl. v. 31.7.2007, VII-Verg 25/07; OLG Naumburg, Beschl. v. 30.4.2007, 1 Verg 1/07.
154 VK Nordbayern, Beschl. v. 18.9.2003, 320.VK-3194-31/03; VK Sachsen, Beschl. v. 24.5.2007, 1/SVK/029-07.
155 OLG Düsseldorf, Beschl. v. 24.5.2005, VII-Verg 28/05; Beschl. v. 26.1.2005, VII-Verg 45/04.
156 Vgl. insoweit auch EuGH, Urt. v. 13.4.2010, Rs. C-91/08, Wall AG, Rn. 39.
157 OLG Celle, Beschl. v. 5.9.2007, 13 Verg 9/07.
158 OLG Saarbrücken, Beschl. v. 2.4.2013, 1 Verg 1/13.

Praxisbeispiel

 Bei einem Auftrag über die Herstellung von Dienstuniformen ist das Unternehmen, das die hierfür erforderlichen Knöpfe herstellt und liefert, kein Nachunternehmer, wenn und weil die Herstellung und Lieferung von Knöpfen nicht Auftragsgegenstand ist. Will der Bieter oder Bewerber dagegen bei der Herstellung der Uniformen auf einen Dritten zurückgreifen, handelt es sich um einen Nachunternehmer, dessen Eignung nachgewiesen werden muss.

Anders als im Rahmen einer Bieter- oder Bewerbergemeinschaft ist es möglich, dass sich ein Bieter oder Bewerber auch auf die finanzielle Leistungsfähigkeit des Dritten beruft.[159] Den Nachweis der Zuverlässigkeit müssen dagegen wiederum sowohl der Bieter als auch jeder Nachunternehmer individuell erbringen.

Der Auftraggeber fordert von den Bietern oder Bewerbern, die von dieser Möglichkeit der „Eignungsleihe" Gebrauch machen, den Nachweis darüber, dass ihnen die erforderlichen Mittel zur Verfügung stehen, indem sie beispielsweise entsprechende Verpflichtungserklärungen dieser Unternehmen vorlegen. Einige Verfahrensordnungen sehen vor, dass dieser Nachweis nicht bereits mit dem Angebot oder Teilnahmeantrag von allen Bietern oder Bewerbern zu erbringen ist, sondern erst vor Zuschlagserteilung von den in der engeren Wahl befindlichen Bietern. Hintergrund ist, dass es unverhältnismäßig sein kann, mit dem jeweiligen Dritten zu einem Zeitpunkt verbindliche Abreden treffen zu müssen, wenn noch offen ist, ob der Bieter oder Bewerber eine Chance auf den Zuschlag hat.[160]

Für die Eignungsprüfung benötigt der Auftraggeber gleichwohl eine belastbare Tatsachengrundlage. Die Forderung nach namentlicher Nennung und nach Vorlage von Eignungsnachweisen für Nachunternehmer ist daher jedenfalls dann nicht unzumutbar, wenn und soweit sich der Bieter oder Bewerber auf deren Leistungsfähigkeit und Fachkunde berufen will.[161] Sie ist aus Gründen der Gleichbehandlung sogar geboten, weil ein Bieter oder Bewerber, der die Möglichkeit der Eignungsleihe nutzt, ohne ersichtlichen Grund bessergestellt würde als Bieter oder Bewerber, die keine Eignungsleihe betreiben.

Ein Nachunternehmeraustausch kann – abhängig vom Zeitpunkt seiner beabsichtigten Vornahme – unterschiedliche vergaberechtliche Folgen haben. Nach einer strengen Sichtweise in der Rechtsprechung ist ein Nachunternehmeraustausch oder eine Übernahme eines Leistungsteils durch den Bieter in einem offenen oder nicht offenen Verfahren nach Ablauf der Angebotsfrist wegen des Nachverhandlungsverbots auch dann unzulässig, wenn sich der Bieter nicht auf die Leistungsfähigkeit und Fachkunde des Nachunternehmers berufen hat und seinerseits selbst vollständig geeignet ist. In einem Verhandlungsverfahren kann ein Austausch dagegen zulässig sein.[162]

---

159 OLG Brandenburg, Beschl. v. 9.2.2010, Verg W 9/09; OLG Düsseldorf, Beschl. v. 28.6.2006, Verg 18/06; EuGH, Urt. v. 14.4.1994, Rs. C-389/92, Ballast Nedam Groep I, Rn. 17.
160 BGH, Urt. v. 10.6.2008, X ZR 78/0; Urt. v. 3.4.2012, X ZR 130/10.
161 Vgl. OLG Koblenz, Beschl. v. 4.10.2010, 1 Verg 8/10; die vom BGH (a.a.O.) entschiedenen Sachverhalte betrafen keine Fälle der Eignungsleihe.
162 Vgl. hierzu Kap. 7.6.2.2 c).

Nach Zuschlagserteilung ist ein Nachunternehmeraustausch nur ausnahmsweise eine vergaberechtlich relevante Änderung der wesentlichen Vertragsbestandteile, wenn der ursprünglich angebotene und später geänderte Nachunternehmereinsatz „ausschlaggebendes Element für den Abschluss des Vertrags" war.[163]

Praxistipp

 Ein Nachunternehmerwechsel oder die Übernahme der Leistungen durch den Auftragnehmer können nach Ende der Angebotsfrist und vor Zuschlagserteilung – abhängig von der Art des durchgeführten Vergabeverfahrens – einen Verstoß gegen das Nachverhandlungsverbot darstellen. In jedem Fall ist bei zulässigen Änderungen die Eignungsprüfung zu wiederholen. Nach Vertragsschluss ist ein Nachunternehmeraustausch nach Maßgabe der hierzu getroffenen vertraglichen Regelungen möglich und nach der Rechtsprechung des EuGH nur im Ausnahmefall vergaberechtlich unzulässig.

7.5.4 Dritte Wertungsstufe

7.5.4.1 Grundlagen der Angemessenheitsprüfung der Preise

Im Rahmen der Preisprüfung auf der dritten Wertungsstufe ist der Auftraggeber verpflichtet, ungewöhnlich niedrig erscheinende Angebote aufzuklären. Erweist sich dabei, dass der angebotene Preis mit Blick auf die zu erbringende Leistung nicht angemessen ist, darf der Zuschlag auf ein solches Angebot nicht erteilt werden.

Praxistipp

 Ein gewichtiges, aber nicht allein entscheidendes Anzeichen dafür, dass das Angebot des Bestbieters ungewöhnlich niedrig erscheint, besteht in einem Preisabstand von ca. 20 % zum zweitplatzierten Bieter. Landesvergaberechtliche Regelungen können niedrigere Aufgreifschwellen vorsehen. Weitere Indizien sind: hart umkämpfte Beschaffungsmärkte oder die Bedeutung des konkreten Auftrages als wichtiges Referenzprojekt.

Bei der Prüfung hat der Bieter zu einer Preisgestaltung grundsätzlich so konkrete Angaben zu machen, dass deren Richtigkeit anhand von Belegen nachvollzogen werden kann. Der Nachweis ist nicht dadurch geführt, dass Angaben und Erklärungen allein wertenden Inhalts abgegeben werden.[164]

---

163 Vgl. EuGH, Urt. v. 13.4.2010, Rs. C-91/08, Wall AG, Rn. 39.
164 Vgl. VK Thüringen, Beschl. v. 11.2.2010, 250-4002.20-253/2010-001-EF; Beschl. v. 9.9.2005, 360-4002.20-009/05-SON und Beschl. v. 13.11.2002, 216-4002.20-057/02-EF-S.

Praxistipp

 *Mit pauschalen, nichts sagenden Aussagen (z.B. „Wir verfügen über eine hochmo-
derne Fertigungstechnologie." – „Wir stehen zu dem Preis." – „Der Preis ist angemessen.") ist der Nachweis eines angemessenen Angebotspreises nicht erbracht;
das Angebot darf dann auf der vierten Wertungsstufe nicht mehr weiter geprüft
werden.*

Landesvergaberechtliche Regelungen konkretisieren zum Teil die Art und Weise der Nach-
weisführung. § 3 des Berliner Ausschreibungs- und Vergabegesetzes (AVG Bln) bestimmt
beispielsweise, dass die Vergabestelle bei begründeten Zweifeln an der Angemessenheit
des Angebots sich dazu von dem Bieter die Kalkulationsunterlagen vorlegen lassen kann.
Kommt der Bieter innerhalb der von der Vergabestelle festgelegten Frist dieser Vorlagepflicht nicht nach, so ist er von dem weiteren Verfahren ausgeschlossen.

Die Angemessenheitsprüfung anhand der vorgelegten Nachweise ist eine Abwägung zwischen dem berechtigten Interesse des Bestbieters, im Ergebnis des Vergabewettbewerbs
den Zuschlag auf sein Angebot zu erhalten, und dem Interesse des Auftraggebers an einer
vertragsgemäßen Leistungserbringung. Dabei spielt die Frage, ob der Bieter unter seinen
Kosten anbietet, nur eine untergeordnete Rolle. Es ist nicht grundsätzlich verboten, unter
Kosten anzubieten, um Marktanteile zu erhöhen, wenn das Unternehmen aufgrund seiner
Struktur und seiner Aufstellung und wirtschaftlichen Stärke in der Lage ist, das Verlustge-
schäft zu kompensieren und gleichwohl vertragsgemäß zu leisten. Nur wenn der Preis unter Berücksichtigung aller Umstände in einem offenbaren Missverhältnis zu der zu erbringenden Leistung steht, darf der Zuschlag auf dieses Angebot nicht erteilt werden.

Eine mögliche Erklärung für eine ungewöhnlich niedrig erscheinende Preisgestaltung ist
auch, wenn dem Bieter eine **staatliche Beihilfe** gewährt worden ist. In diesem Fall muss
der Bieter nicht nur die Beihilfe an sich offenlegen, er muss auch nachweisen, dass die Beihilfe rechtmäßig gewährt worden ist. Gelingt ihm der Nachweis nicht oder nicht innerhalb
der vom Auftraggeber gesetzten Frist, ist sein Angebot auf der dritten Wertungsstufe auszuschließen.

7.5.4.2 Nur ausnahmsweise: Bieterschutz

Die Angemessenheitsprüfung der Preise bewegt sich in erster Linie im Spannungsfeld zwischen dem haushaltsrechtlichen Interesse des Auftraggebers und dem wirtschaftlichen Interesse des Bestbieters, den Zuschlag auf sein Angebot zu erhalten. Umstritten ist, ob der
Auftraggeber daneben auch noch das Interesse der **nächstplatzierten Bieter** an einem
fairen Preiswettbewerb vergaberechtlich berücksichtigen muss.

Die überwiegende Entscheidungspraxis der Vergabekammern und Vergabesenate legt einen sehr strengen Maßstab an.[165] Da das Verbot, den Zuschlag auf nicht auskömmliche
Angebote zu erteilen, vorwiegend den Auftraggeber selbst schützen solle, könne sich ein
benachteiligter Bieter nur in wenigen und im Falle eines Nachprüfungsverfahrens von ihm

---

165 Z.B. OLG Düsseldorf, Beschl. v. 9.5.2011, VII-Verg 45/11.

darzulegenden Ausnahmefällen auf einen Verstoß berufen (wettbewerbswidriges Angebotsverhalten des Bestbieters, Marktverdrängungsabsicht). Eine andere Auffassung wendet einen etwas großzügigeren Maßstab an.[166] Aus Gründen der Gleichbehandlung sind jedenfalls die landesvergaberechtlichen Regelungen drittschützend, nach denen der Auftraggeber verpflichtet ist, die Einhaltung von Mindestentgelten und Tariftreue bei der Preisgestaltung zu fordern und zu prüfen.[167]

Praxistipp

 Aus Sicht eines nicht für den Zuschlag vorgesehenen Bieters ist ein Nachprüfungsantrag mit der Begründung, dass das Angebot des Bestbieters in einem offenbaren Missverhältnis zu der zu erbringenden Leistung stehe, wenig aussichtsreich. Sofern die Nachprüfungsinstanzen den Antrag nicht schon für unzulässig erachten, muss dargelegt und ggf. nachgewiesen werden, dass die Preisgestaltung des Bestbieters in der gezielten wettbewerbswidrigen Absicht erfolgte, alle Marktteilnehmer von dem relevanten Markt zu verdrängen.

Der Bieter, der einen ungewöhnlich niedrig erscheinenden Preis anbietet, hat in jedem Fall vor einem Ausschluss einen vergaberechtlichen Anspruch darauf, dass der Auftraggeber eine Angemessenheitsprüfung durchführt.[168]

7.5.5 Vierte Wertungsstufe

Die vierte Wertungsstufe dient der Ermittlung des wirtschaftlichsten Angebots.

Wirtschaftlichkeitsmaßstab ist entweder der Preis oder eine Kombination preislicher und qualitativer Kriterien, die der Auftraggeber zuvor festgelegt und bekannt gegeben hat. Innerhalb des vom Auftraggeber in den Vergabeunterlagen gezogenen Rahmens sind alle mit dem Angebot abgegebenen leistungsbezogenen Erklärungen des Bieters relevant, die aus dem Blickwinkel des Preis-Leistungsverhältnisses einer vergleichenden Bewertung zugänglich sind. Sofern das individuelle und konkrete Leistungsversprechen eines Bieters nach Maßgabe der Zuschlagskriterien aus Auftraggebersicht einen Mehrwert gegenüber dem Leistungsversprechen eines anderen Bieters bedeutet, ist eine bessere Bewertung gerechtfertigt.

Bei der Angebotswertung verfügt der Auftraggeber über einen durch die Anforderungen an die Leistung und die Zuschlagskriterien definierten und zugleich begrenzten **Beurteilungsspielraum**, der nur einer eingeschränkten Überprüfung durch die Nachprüfungsinstanzen unterliegt.[169] Je mehr Spielraum die Leistungsbeschreibung den Bietern für die Ausgestaltung ihrer Angebote lässt, desto größer ist auch der Beurteilungsspielraum des Auftraggebers bei der Angebotswertung.[170]

---

166 KG, Beschl. v. 10.12.2009, 2 Verg 5/09; VK Berlin, Beschl. v. 27.7.2009, VK-B1-18/09.
167 VK Düsseldorf, Beschl. v. 9.1.2013, VK-29/2012-L.
168 EuGH, Urt. v. 29.3.212, Rs. C-599/10, SAG ELV, Rn. 29.
169 OLG Koblenz, Beschl. v. 2.10.2012, 1 Verg 4/12.
170 OLG Koblenz, Beschl. v. 2.10.2012, 1 Verg 4/12.

Praxistipp

 Der Auftraggeber muss sich an seine eigenen „Spielregeln" halten. Er muss die zuvor festgelegten Kriterien bei der Angebotswertung auch tatsächlich anwenden und sich nicht von sachfremden Erwägungen leiten lassen. Unabhängig davon muss er Klarheit über das Leistungsversprechen haben; es muss eindeutig sein, was der Bieter zu welchem Preis zu leisten verspricht (vollständig und zutreffend ermittelter Sachverhalt). Bei Unklarheiten oder Zweifeln ist eine Angebotsaufklärung durchzuführen.

Der Beurteilungsspielraum kann überdies durch zwingendes Gesetzesrecht eingeschränkt sein. Der Auftraggeber darf daher kein gesetzeswidriges Preis-Leistungsangebot bezuschlagen.[171]

Eine Anwendung anderer als der einmal festgelegten und bekannt gegebenen Zuschlagskriterien nach Ablauf der Angebotsfrist in Kenntnis der eingereichten ist aus Gründen der Bietergleichbehandlung unzulässig. Dies gilt auch für den zugrunde gelegten Beurteilungsmaßstab.

Praxisbeispiel

 Im Rahmen einer Ausschreibung von SPNV-Leistungen legt der Auftraggeber als Zuschlagskriterium das Alter der für die Leistungserbringung vorgesehenen Fahrzeuge fest. In den Vergabeunterlagen ist gefordert, dass die Leistungen mit Fahrzeugen zu erbringen sind, die ab Zulassungsdatum nicht älter als zehn Jahre sind (Mindestanforderung). Angebote, die den Einsatz von Fahrzeugen vorsehen, die zehn Jahre und jünger sind, werden positiv bewertet. Dabei erhalten Neufahrzeuge auf einer Skala von null bis zehn Punkten zehn und Fahrzeug mit einem Alter von zehn Jahren null Punkte. Unter diesen Voraussetzungen würde der Auftraggeber seinen Beurteilungsspielraum überschreiten, wenn er ein zehn Jahre altes Fahrzeug besser als mit null Punkten bewertet, etwa, weil es eine besonders niedrige Laufleistung aufweist oder über eine besonders hochwertige Innenausstattung verfügt.

Den durch die Leistungsbeschreibung und die Zuschlagskriterien eröffneten Beurteilungsspielraum muss der Auftraggeber ausnutzen. Anderenfalls kann der Vorwurf begründet sein, dass die Zuschlagsentscheidung gerade nicht anhand der zuvor festgelegten „Spielregeln", sondern auf der Grundlage anderer sachfremder Kriterien getroffen wurde.

Praxisbeispiel

 Ausschreibung von SPNV-Leistungen wie im Praxisbeispiel zuvor. Der Auftraggeber legt als Zuschlagskriterium die Fahrzeugqualität fest. Als Wertungsmaßstab gelten das Fahrzeugalter wie oben sowie zusätzlich die Laufleistung und die Innenausstattung. Zehn Punkte erhält ein Angebot, das den Einsatz von Neufahrzeugen mit einer besonders hochwertigen, über das marktübliche Niveau hinausgehenden Innen-

---

171 Vgl. § 29 Abs. 3 SektVO.

ausstattung vorsieht. Null Punkte erhält ein Angebot mit Fahrzeugen mit einem Alter von zehn Jahren, einer Laufleistung von durchschnittlich 1 Mio. Zugkilometer pro Jahr und einer minderwertigen Innenausstattung. Unter diesen Voraussetzungen würde der Auftraggeber seinen Beurteilungsspielraum überschreiten, wenn er ein Angebot nur deswegen mit null Punkten bewertet, weil es den Einsatz von Gebrauchtfahrzeugen mit einem Alter von zehn Jahren vorsieht, obwohl diese Fahrzeuge eine sehr geringe Laufleistung aufweisen und über eine neuwertige Innenausstattung verfügen.

7.6 Besonderheiten des Verhandlungsverfahrens

Das allen Verfahrensarten immanente Ziel ist die Bezuschlagung des wirtschaftlichsten Angebots. Dieses Ziel wird je nach Verfahrensart jedoch mit unterschiedlichen Konzepten verfolgt.

Während in einem offenen und in einem nicht offenen Verfahren von Anfang an klar ist, welche konkrete Leistung der Auftraggeber zu welchen Rahmenbedingungen beschaffen möchte, muss diese Frage im Laufe eines Verhandlungsverfahrens erst noch beantwortet werden.

Dieser grundlegend andere Ansatz des Verhandlungsverfahrens spiegelt sich in der besonderen Flexibilität seines Ablaufs im Vergleich zum offenen und zum nicht offenen Verfahren wider.

7.6.1 Eignungsprüfung /Teilnehmerauswahl

Diese besondere Verfahrensflexibilität zeigt sich im Ergebnis des Teilnahmewettbewerbs bereits dadurch, dass der Auftraggeber nicht alle interessierten Unternehmen zur Angebotsabgabe auffordern muss, sondern – ausnahmsweise – unter den geeigneten Unternehmen diejenigen auswählen darf, die ihm ein Angebot unterbreiten dürfen.

Hinsichtlich der Anzahl der aufzufordernden Unternehmen ist der Auftraggeber ebenfalls weitgehend frei. Als Untergrenze wird in einigen Verfahrensordnungen eine Teilnehmeranzahl von drei Unternehmen festgelegt. In anderen Verfahrensordnungen fehlen derartige Festlegungen. Insoweit ist lediglich der übergeordnete Wettbewerbsgrundsatz gemäß § 97 Abs. 1 GWB zu berücksichtigen.

a) Verfahren mit Teilnahmewettbewerb

In Verfahren mit Teilnahmewettbewerb ist die Eignungsprüfung dem eigentlichen Wettbewerb um die Auftragserteilung vorgelagert. Für die Eignungsprüfung gelten die allgemeinen Grundsätze.

Aus dem Begriff des Teilnahmewettbewerbs folgt aber auch, dass sich dieser Verfahrensabschnitt i.d.R. nicht auf die Eignungsprüfung beschränkt. Vielmehr stehen die Bewerber um die Teilnahme im Wettbewerb, sie müssen sich hierfür erst – über den Nachweis ihrer Eignung hinaus – gesondert qualifizieren.

Zweck des Teilnahmewettbewerbs ist es, die Zahl der zur Angebotsabgabe aufzufordernden Unternehmen einzugrenzen und dadurch sowohl den Aufwand der Unternehmen als auch den Aufwand des Auftraggebers zu verringern. Den im Teilnahmewettbewerb nicht erfolgreichen Unternehmen wird der insbesondere bei großvolumigen und komplexen Vergabeverfahren sehr große Aufwand bei der Angebotserstellung erspart. Diese nach der Eignungsprüfung durchzuführende Auswahl wird allerdings nur dann erforderlich, wenn die Zahl der geeigneten Bewerber die zuvor in der Bekanntmachung für die Zulassung zur Angebotsphase festgelegte Teilnehmerzahl überschreitet. Ein Anspruch eines grundsätzlich geeigneten Bewerbers auf Aufforderung zur Angebotsabgabe besteht nicht.[172]

Grundlage der Auswahlentscheidung sind objektive, transparente und nicht diskriminierende Kriterien, die der öffentliche Auftraggeber ebenfalls bereits in der Bekanntmachung anzugeben hat.[173] Praxisbewährt ist eine vergleichende Bewertung der unternehmensbezogenen Fachkunde anhand der durch Referenzen nachgewiesenen Erfahrungen. Mögliche weitere objektive und nicht diskriminierende Kriterien in diesem Sinne sind Umsatzangaben, Angaben und Nachweise zur Qualifikation der für die Leistung verantwortlichen Mitarbeiter oder zur technischen Ausrüstung und zur Gewährleistung der Qualität im Unternehmen des Bewerbers.

Praxistipp

 Sofern der Teilnehmerauswahl mehrere Kriterien zugrunde gelegt werden sollen, ist der Auftraggeber vergaberechtlich nicht verpflichtet, die Kriterien zu gewichten. Wenn er gleichwohl eine Gewichtung vornimmt, ist es aus Gründen der Transparenz auch geboten, die Gewichtung in der Bekanntmachung anzugeben.

b) Verfahren ohne Teilnahmewettbewerb

In Verfahren ohne Teilnahmewettbewerb erfolgt die Eignungsprüfung anders als in anderen Verfahrensarten nicht auf der Grundlage vorher bekannt gemachter Kriterien.

Die interessierten Unternehmen haben daher keine Möglichkeit, die Auftraggeberentscheidung in ihrem Sinne etwa durch Angabe besonderer Referenzprojekte zu beeinflussen. Der Auftraggeber entscheidet vielmehr autonom aufgrund eigener Kenntnisse über die Eignung, und die potenziellen Bieter wissen oftmals gar nicht, dass sie an einem solchen internen Auswahlprozess teilnehmen, insbesondere dann nicht, wenn sie nicht zur Angebotsabgabe aufgefordert werden. Eigene **Erkenntnisse** über die Eignung potenziell in Betracht kommender Bieter sammelt der Auftraggeber **aus öffentlichen Quellen** wie etwa dem Handelsregister, dem Gewerbezentralregister, einer Creditreform-Auskunft, dem Bundesanzeiger oder auch aus Erfahrungen mit den betreffenden Unternehmen aus früheren Projekten.

---

172 VK Bund, Beschl. v. 25.6.2003, VK1-45/03.
173 BayObLG, Beschl. v. 20.4.2005, Verg 26/04; OLG Naumburg, Beschl. v. 15.1.2002, 1 Verg 5/00.

Praxistipp

 Auch bei Verfahren ohne Teilnahmewettbewerb gilt, dass der Zuschlag nicht auf das Angebot eines Unternehmens erteilt werden darf, das nicht die erforderliche Fachkunde, Leistungsfähigkeit und Zuverlässigkeit besitzt. Auftraggeber müssen daher eine Eignungsprüfung nicht nur durchführen, sondern auch dokumentieren. Eine ohne Eignungsprüfung getroffene Zuschlagsentscheidung ist angreifbar und kann durch die Nachprüfungsinstanzen aufgehoben werden.

Das per se wettbewerbsfremde Vorgehen eines Vergabeverfahrens ohne Teilnahmewettbewerb ist gerechtfertigt, wenn und weil ein Wettbewerb aus den in den Verfahrensordnungen genannten Gründen ohnehin nicht oder nur sehr eingeschränkt zu erwarten ist (z.B. technische oder rechtliche Besonderheiten im Zusammenhang mit der Leistung).

In Notsituationen („dringliche zwingende Gründe") kann auf einen Teilnahmewettbewerb selbst dann verzichtet werden, wenn mehrere Unternehmen für den Auftrag in Betracht gezogen werden könnten.

Praxistipp

 Die Möglichkeit, bei Vorliegen dringlicher zwingender Gründe auf einen Teilnahmewettbewerb zu verzichten, bedeutet nicht, dass es zulässig wäre, lediglich ein Unternehmen zur Angebotsabgabe aufzufordern. Stattdessen ist es aus Auftraggebersicht auch in solchen Verfahren sicherer, zumindest einen „kleinen Wettbewerb" durchzuführen und mehr als ein Unternehmen zur Angebotsabgabe aufzufordern.

Schließlich kann auf einen Teilnahmewettbewerb verzichtet werden, wenn der Teilnehmerkreis aufgrund eines vorangegangenen, aber erfolglosen offenen oder nicht offenen Verfahrens bereits feststeht.

7.6.2 Strukturiertes Verhandlungsverfahren

Verfahrensregeln für den Ablauf des Verhandlungsverfahrens finden sich nur insoweit, als die grundlegenden Bestimmungen über die Vergabeunterlagen, Formen, Fristen sowie die Prüfung und Wertung der Angebote auch im Verhandlungsverfahren gelten. Hinsichtlich der Ausgestaltung der Verhandlungen selbst ist der Auftraggeber jedoch weitgehend frei von konkreten Vorgaben.

Dieser Umstand und die damit wiederum verbundene Verfahrensflexibilität machen das Verhandlungsverfahren zwar einerseits attraktiv für den öffentlichen Auftraggeber. Wegen der zwangsläufig mit ihm einhergehenden Rechtsunsicherheit ist das Verhandlungsverfahren aber auch fehleranfällig. Die Rechtsprechung hat daher in der Vergangenheit auf der Grundlage der allgemeinen Verfahrensgrundsätze Eckpfeiler herausgearbeitet, die im Einzelfall zu beachten sind.

In der Praxis hat es sich bewährt, ein Verhandlungsverfahren nach Abschluss des Teilnahmewettbewerbs in **zwei Phasen** aufzuteilen (sogenanntes strukturiertes Verhandlungsverfahren): die Angebots- und die Verhandlungsphase.

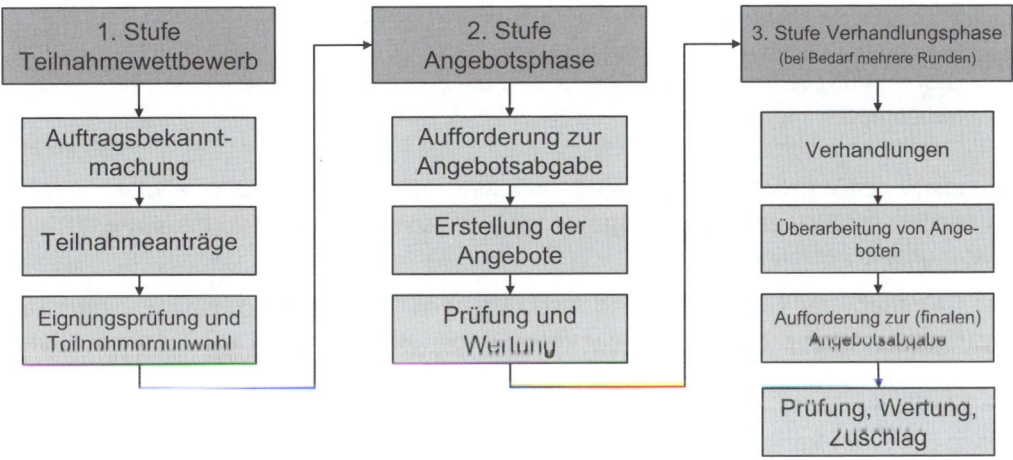

Abb. 35: Strukturiertes Verhandlungsverfahren

7.6.2.1 Angebotsphase

In der Angebotsphase werden die ausgewählten Bewerber zunächst aufgefordert, Erstangebote einzureichen. Diese Erstangebote werden in der Praxis auch indikative Angebote genannt; indikativ deshalb, weil sie im Laufe der anschließenden Verhandlungsphase regelmäßig noch verändert werden können.

Indikativ bedeutet dagegen nicht, dass sie nicht verbindlich im zivilrechtlichen Sinne sind. Nur verbindliche Angebote sind wirksame Angebote, über die die Verfahrensbeteiligten in Verhandlungen eintreten können. Darin besteht ein maßgeblicher Unterschied im Vergleich zum wettbewerblichen Dialog, in dem sich die Teilnehmer mit ihren Lösungsvorschlägen in der Dialogphase gerade noch nicht binden, sondern erst und nur mit der Angebotsabgabe.

Auftraggeber können sich auch vorbehalten, den Zuschlag im Verhandlungsverfahren bereits auf die ersten Angebote zu erteilen. Diese Entscheidung muss in der Auftragsbekanntmachung oder in der Aufforderung zur Interessenbestätigung mitgeteilt werden, damit die Bieter sich bei der Ausarbeitung ihrer Erstangebote entsprechend darauf einrichten können. Obwohl nicht ausdrücklich geregelt, besteht die Möglichkeit der Zuschlagserteilung auf die Erstangebote auch in Verhandlungsverfahren ohne Teilnahmewettbewerb. In diesem Fall muss auf den Vorbehalt in der Aufforderung zur Angebotsabgabe hingewiesen werden.

Praxistipp

 Die verbreitete Auffassung, indikative Angebote seien unverbindlich, ist irreführend. Auch indikative Angebote sind zivilrechtlich verbindlich. Vergaberechtlich besteht allerdings ein Anspruch der Bieter auf mindestens eine Verhandlungsrunde, sodass die Zuschlagserteilung auf ein indikatives Angebot unzulässig wäre. Eine Ausnahme besteht nur, wenn der Auftraggeber sich die Zuschlagserteilung ausdrücklich vorbehalten hat.

Grundlage der Angebotserstellung sind – wie stets – die den Bietern übersandten Vergabeunterlagen mit Bewerbungsbedingungen, Vertragsbedingungen (Vertragsentwurf) und Leistungsbeschreibung.

Der Grundsatz der eindeutigen und erschöpfenden Leistungsbeschreibung bindet den Auftraggeber zwar auch im Verhandlungsverfahren,[174] da auch indikative Angebote miteinander vergleichbar sein müssen. Dabei ist aber zu berücksichtigen, dass der Vertrag einschließlich aller fachlich-technischen, kommerziellen und rechtlichen Rahmenbedingungen in dem vom Auftraggeber vorher festgelegten Umfang Gegenstand von Verhandlungen sein wird.

Um die Vergleichbarkeit der Angebote gleichwohl zu gewährleisten, ist es ist aus Auftraggebersicht möglich und geboten, für die indikativen Angebote in den Vergabeunterlagen und insbesondere in der Leistungsbeschreibung einen Rahmen als (nicht verhandelbaren) Auftragskern vorzugeben.[175] In Abhängigkeit von dem konkreten Auftragsgegenstand eröffnet und nutzt der Auftraggeber dadurch gleichzeitig den Spielraum für die Bieter bei der Erstellung ihrer indikativen Angebote. Über diesen Auftragskern hinaus kann sich der Auftraggeber Vorschläge unterbreiten lassen, diese prüfen und zum Gegenstand der weiteren Verhandlungs- und Angebotsrunden machen.

Für die Fristen für den Eingang der Teilnahmeanträge bei einem Verhandlungsverfahren mit Teilnahmewettbewerb und den Eingang der Erstangebote bestehen keine Besonderheiten: Sie betragen grundsätzlich 30 Tage.[176] Der Auftraggeber kann zudem im gegenseitigen Einvernehmen mit den Bietern eine Angebotsfrist bestimmen, soweit sie für alle Bewerber gleichermaßen gilt.[177] Eine Ausnahme ist für Konzessionsvergaben für den Fall normiert, dass das Vergabeverfahren in mehreren Stufen stattfindet. Die Mindestfrist für den Eingang von Erstangeboten beträgt dann 22 Tage ab dem Tag nach der Aufforderung zur Angebotsabgabe. Die Frist kann um fünf Tage verkürzt werden, wenn die Angebote mit elektronischen Mitteln eingereicht werden. Letztlich sollte auch aus Auftraggebersicht zur Erzielung eines wirtschaftlichen Verfahrensergebnisses selbst dann Sorgfalt vor Schnelligkeit gehen, wenn die Angebote anschließend noch verhandelt werden. Die Prüfung und Wertung der indikativen Angebote erfolgt nach allgemeinen Regeln. Auch indikative Angebote müssen alle geforderten oder nachgeforderten Erklärungen enthalten. Sie müssen fristgerecht eingehen und unterschrieben oder elektronisch signiert sein. Änderungen des

---

174 OLG Düsseldorf, Beschl. v. 2.8.2002, VII-Verg 25/02.
175 OLG Naumburg, Beschl. v. 12.4.2012, 2 Verg 1/12.
176 Vgl. auch 7.2.5.1.
177 Dies gilt gemäß § 17 Abs. 7 VgV nicht, wenn der öffentliche Auftraggeber eine oberste Bundesbehörde ist.

Bieters an seinen Eintragungen müssen zweifelsfrei sein. Sie dürfen nicht aufgrund einer unzulässigen, wettbewerbsbeschränkenden Abrede abgegeben worden sein. Sie dürfen nicht von den Vertragsunterlagen (Leistungsbeschreibung und Vertragsbedingungen) abweichen.[178] Nebenangebote müssen zugelassen sein und die festgelegten Mindestanforderungen erfüllen.

Praxistipp

 Weicht ein indikatives Angebot von einer Mindestanforderung in der Leistungsbeschreibung oder einer als unverhandelbar im Vertragsentwurf gekennzeichneten Regelung ab, ist es vom weiteren Verfahren zwingend auszuschließen.

Nach Prüfung und Wertung der indikativen Angebote tritt der Auftraggeber in Verhandlungen über diese Angebote ein, die Verhandlungsphase beginnt.

7.6.2.2 Verhandlungsphase

Die Verhandlungen sind ein „dynamischer Prozess", in dem Auftraggeber und Bieter den Auftragsinhalt und die Auftragsbedingungen so lange besprechen, bis klar ist, was der Auftraggeber zu welchen Konditionen einkaufen will und was der Bieter zu leisten bereit ist.

a) Zahl der zu verhandelnden Angebote

Aus Gründen des Wettbewerbs sollte der Auftraggeber grundsätzlich alle zuschlagsfähigen Angebote verhandeln. Zwar wird in der vergaberechtlichen Spruchpraxis vertreten, dass es zulässig sei, in der Wertung der indikativen Angebote weit zurückliegende Bieter ohne echte Chance auf den Zuschlag nicht zu Verhandlungen aufzufordern.[179] Daran ist richtig, dass Verhandlungen kein Selbstzweck sind und die Bieter nicht darauf vertrauen dürfen, dass der Auftraggeber so lange mit ihnen verhandelt, bis ihr Angebot erstplatziert ist.

Eine solche Entscheidung ist aber im Einzelfall sorgfältig abzuwägen. Wenn und soweit (auch in Abhängigkeit der Zahl der vorgesehenen Verhandlungsrunden) bedeutsame Änderungen, insbesondere der fachlich-technischen und der rechtlichen Auftragsbedingungen, gewollt sind, kann auch ein nach der ersten Wertung abgeschlagen erscheinender Bieter noch ein aussichtsreicheres überarbeitetes Angebot abgeben. Die durchgehende Aufrechterhaltung eines größeren Bieterkreises kann daher auch und gerade im Interesse des Auftraggebers sein.

Fraglich ist jedoch die Zulässigkeit der verbreiteten Praxis, auf zunächst weit abgeschlagene Bieter erst und nur dann zurückzugreifen, wenn die Verhandlungen mit den zunächst präferierten Bietern nicht erfolgreich sind. Eine derartige lineare Verhandlungspraxis erscheint jedenfalls nur dann möglich, wenn mit **mindestens zwei Bietern** verhandelt wird. Zwar wird das Verhandlungsverfahren allgemein in § 119 Abs. 5 GWB als Verfahren

---

178 EuGH, Urt. v. 5.12.2013, Rs. C-561/12, Nordecon und Ramboll Eesti, Rn. 37 f.
179 OLG Frankfurt, Beschl. v. 10.4.2001, 11 Verg 1/01; vgl. auch OLG Düsseldorf, Beschl. v. 14.5.2009, Verg 6/09.

mit „einem oder mehreren" Unternehmen definiert. Aus den einzelnen Verfahrensordnungen ergibt sich jedoch, dass in jedem Verfahrensstadium noch so viele Angebote vorliegen müssen, dass ein Wettbewerb gewährleistet ist. Voraussetzung ist dabei freilich, dass überhaupt eine ausreichende Anzahl von geeigneten Bewerbern vorhanden ist. Wenn nur ein Unternehmen ein indikatives Angebot abgegeben hat, darf der Auftraggeber selbstverständlich mit nur diesem einen Unternehmen verhandeln; er muss das Verfahren nicht etwa aufheben und darf dies mangels Aufhebungsgrunds im Übrigen auch nicht.[180] Verhandlungen mit nur *einem* „Preferred Bidder" sind dagegen vergaberechtlich angreifbar.[181]

b) Verfahrensgestaltung und Verfahrensablauf

Im Verhandlungsverfahren ist der Auftraggeber grundsätzlich an die bekannt gegebenen Verfahrensregeln, insbesondere in Bezug auf den Fristenplan, die Zahl der Verhandlungsrunden und die Verhandlungsthemen, gebunden, die er unter Beachtung der allgemeinen Grundsätze der Transparenz, des Wettbewerbs und der Gleichbehandlung festgelegt hat.

Für alle Teilnehmer sind **gleiche Fristen** zur Vorbereitung, Durchführung und Nachbereitung der Verhandlungsgespräche vorzusehen. Insbesondere müssen den Bietern im Nachgang zu Verhandlungsterminen einheitliche Fristen zur Angebotsüberarbeitung gesetzt werden.[182] Außerdem sind alle Bieter zeit- und inhaltsgleich über den Stand, Gegenstand und den Ablauf des weiteren Verfahrens zu informieren. Zur Gewährleistung eines gleichmäßigen Informationsflusses sind Bieterrundschreiben zweckmäßig. Zentrale Informationsveranstaltungen sind dagegen nicht zu empfehlen, da über die gegenseitige Kenntnis der Bieter voneinander auf mögliche Angebotsinhalte und das Wettbewerbsverhalten geschlossen werden kann.

Praxistipp

 Es ist aus Gründen der Transparenz und der Gleichbehandlung geboten, dass alle Bieter zu jedem Zeitpunkt Kenntnis über den Stand der Verhandlungen und über die nächsten Schritte haben. Die Bieter haben allerdings keinen Anspruch darauf zu erfahren, wie ihr (indikatives) Angebot im Vergleich zu den anderen Angeboten bewertet wurde.

Sofern der Auftraggeber sich hinsichtlich der Zahl der Verhandlungsrunden nicht festgelegt hat, was ihm freisteht, müssen die Bieter in einem Verhandlungsverfahren jedenfalls darauf vertrauen können, dass mindestens eine Verhandlungsrunde stattfindet.[183]

---

180 OLG München, Beschl. v. 3.11.2011, Verg 14/11; OLG Koblenz, Beschl. v. 23.12.2003, 1 Verg 8/03.
181 VK Niedersachsen, Beschl. v. 4.1.2012, VgK 54/2011.
182 OLG Naumburg, Beschl. v. 12.4.2012, 2 Verg 1/12.
183 OLG Naumburg, Beschl. v. 12.4.2012, 2 Verg 1/12.

Praxistipp

 Zur Erhöhung der Verfahrensflexibilität kann es aus Auftraggebersicht sinnvoll sein, sich hinsichtlich der Zahl der Verhandlungsrunden nicht festzulegen.

Die Bieter haben allerdings keinen Anspruch darauf, dass der Auftraggeber einer angekündigten letzten Verhandlungsrunde nicht noch eine allerletzte Runde anschließt. Voraussetzung ist, dass allen Bietern transparent mitgeteilt wird, dass (entgegen früherer Ankündigungen) eine weitere Runde stattfindet und dass allen Bietern unter gleichen Rahmenbedingungen die Teilnahme an dieser allerletzten Runde ermöglicht wird.[184] Für die Behauptung, der Auftraggeber habe die weitere Runde mit dem – gleichheitswidrigen – Ziel eröffnet, bestimmten, von ihm favorisierten Bietern, die im Ergebnis der vorherigen Verhandlungsrunde keinen Zuschlag erhalten hätten, die Möglichkeit zu schaffen, mit der Abgabe eines weiteren Angebots den bisherigen Bestbieter noch zu überbieten, ist der Bieter im Nachprüfungsverfahren darlegungs- und beweispflichtig. Insoweit besteht keine böse Vermutung gegen den Auftraggeber.[185] Im Übrigen gilt auch im Verhandlungsverfahren nach Abschluss der letzten Verhandlungs- und Angebotsrunde und Prüfung und Wertung der finalen Angebote das Nachverhandlungsverbot. Der Auftraggeber darf daher nicht mit dem für den Zuschlag vorgesehenen Bieter nochmals in Verhandlungen über den Auftrag eintreten.[186]

Die **Bindung** betrifft schließlich vornehmlich auch die Zuschlagskriterien.[187] Zwar kann insbesondere bei lang laufenden Verfahren ggf. auch in Ansehung erster Angebote für den Auftraggeber eine Situation entstehen, in der er erkennt, dass mit den ursprünglichen Kriterien kein wirtschaftliches Verfahrensergebnis möglich ist. Gleichwohl sind Änderungen vergaberechtlich riskant und die Nachprüfungsinstanzen sehen eine dahingehende derartige Praxis sehr kritisch, auch wenn sie aus wirtschaftlichen Erwägungen gerechtfertigt sein mag. Hintergrund ist die Gefahr einer möglichen Bevorzugung bestimmter Bieter.

Praxistipp

 Änderungen der Zuschlagskriterien in einem laufenden Vergabeverfahren sind riskant. Wenn der Auftraggeber die Kriterien anpassen möchte, weil ein wirtschaftliches Verfahrensergebnis nicht mehr möglich erscheint, ist die Verfahrensaufhebung der sicherere Weg.

Hinsichtlich der Verfahrenskommunikation im Verhandlungsverfahren bestehen keine wesentlichen Unterschiede im Vergleich zum offenen und zum nicht offenen Verfahren. Auftraggeber und Verfahrensteilnehmer kommunizieren unter Verwendung elektronischer Mittel. Wenngleich es auch technischer Sicht möglich und vergaberechtlich durchaus erlaubt wäre, besteht allerdings keine Pflicht zur elektronischen Kommunikation im Rahmen von Verhandlungsgesprächen.

---

184 KG, Beschl. v. 17.5.2013, Verg 2/13.
185 KG, Beschl. v. 17.5.2013, Verg 2/13.
186 VK Niedersachsen, Beschl. v. 4.1.2012, VgK 54/2011.
187 OLG Düsseldorf, Beschl. v. 14.5.2009, VII-Verg 6/09; VK Südbayern, Beschl. v. 12.8.2012, Z3-3-3194-1-19-04/12.

c) Verhandlungsinhalte

Die Vergabeunterlagen auf der einen und das Angebot der Bieter auf der anderen Seite unterliegen in einem Verhandlungsverfahren einer fortlaufenden Entwicklung, bis der beschriebene Idealzustand erreicht ist und die Verhandlungspartner wissen, was der Auftraggeber zu welchen Konditionen einkaufen will und was der Auftragnehmer zu leisten bereit ist.

Das ist es, was das Verhandlungsverfahren ausmacht: Ein wesentlicher Teil der Planungsarbeit und Entwicklungsarbeit wird aus der Phase der Verfahrensvorbereitung in das Verfahren selbst verlagert. Der Auftraggeber, der oftmals nicht über das Knowhow verfügt, um alle am Markt verfügbaren Lösungen für seinen Beschaffungsbedarf zu überblicken, zu kanalisieren und in eine alle Anforderungen abschließend definierende (konstruktive) Leistungsbeschreibung zu überführen, greift zu diesem Zweck auf die Bieter zurück und entwickelt mit ihnen gemeinsam die Lösung, die seinen Beschaffungsbedarf in fachlich-technischer, kaufmännischer und rechtlicher Hinsicht am besten deckt.

Daraus folgt aber auch, dass die Bieter in ihrem Vertrauen auf einen Bestand einmal getroffener Festlegungen nicht schutzwürdig sind. Es ist dem Verhandlungsverfahren gerade wesensimmanent, ständig Veränderungen vorzunehmen.[188] Ein Bieter kann daher nicht mit Aussicht auf Erfolg beanstanden, eine Änderung der Rahmenbedingungen habe (vergaberechtlich unzulässig) dazu geführt, dass sein ursprünglich besser platziertes Angebot nunmehr keine oder nur wenige Chancen auf den Zuschlag hat.

Grenze der Verhandelbarkeit ist der Auftragsgegenstand selbst. Die Identität des Beschaffungsvorhabens, so wie es die Vergabestelle zum Gegenstand der Ausschreibung gemacht hat, muss auch im Verhandlungsverfahren gewahrt bleiben.[189] Trotz des gesetzgeberisch gewollten weiten Verhandlungsspielraums und der Dynamik des Verhandlungsprozesses ist es nicht erlaubt, im Ergebnis andere Leistungen zu beschaffen als ursprünglich angekündigt. Im Übrigen ist alles, d.h. alle fachlich-technischen, rechtlichen und kommerziellen Auftragsbedingungen, verhandelbar.[190] Da anders als in anderen Verfahrensarten das Nachverhandlungsverbot nicht gilt, sind sogar transparent vorgenommene Änderungen in der Person des Bieters während der Verhandlungsphase möglich.[191]

Praxistipp

 Die Grenze zwischen einer zulässigen Änderung der fachlich-technischen Rahmenbedingungen für die Erbringung der auftragsgegenständlichen Leistung und einer unzulässigen Änderung des Auftragsgegenstands selbst können in der Praxis fließend sein. Aus Auftraggebersicht erscheint es daher am sichersten, derartige, auch aus Vorschlägen aus dem Bieterkreis entstandene Änderungen mit Blick auf den Beschaffungsbedarf sorgfältig zu prüfen und nur dann mit ebenso sorgfältiger fachlich-

---

188   EuGH, Urt. v. 5.10.2000, Rs. C-337/98, Matra, Rn. 50 f.
189   OLG Dresden, Beschl. v. 3.12.2003, WVerg 15/03.
190   OLG Düsseldorf, Beschl. v. 3.8.2011, VII-Verg 16/11.
191   OLG Düsseldorf, Beschl. v. 3.8.2011, VII-Verg 16/11.

technischer Begründung in die Verhandlungen einzuführen, wenn ausgeschlossen werden kann, dass ein anderer als der mit der ursprünglichen Bekanntmachung adressierte Kreis an interessierten Unternehmen für die Auftragsausführung in Betracht kommt.

d) Vertraulichkeit der Angebote im Verhandlungsverfahren

Die dem Verhandlungsverfahren innewohnende Innovationskraft erhöht allerdings auch die Anforderungen an den Geheimwettbewerb.

Die Vertraulichkeit der Angebote ist gerade im Verhandlungsverfahren von besonderer Bedeutung, da das Verhandlungsverfahren Nachträge und Nachbesserungen des abgegebenen Angebots bis zur Zuschlagsentscheidung zulässt. Vor der Zuschlagsentscheidung nach außen bekannt gemachte Angebotsinhalte ermöglichen den Konkurrenten, denen sie bekannt werden, die zielgerichtete Nachbesserung ihres Angebots und gefährden so den Wettbewerb.[192]

Um im Verhandlungsverfahren in gleicher Weise einen Geheimwettbewerb wie in den anderen wettbewerblichen Verfahren zu gewährleisten, ist es daher geboten, dass zumindest die Angebotsinhalte einschließlich der Angebotspreise vor den beteiligten Bietern wechselseitig geheim gehalten werden. Ein wesentliches Mittel der Geheimhaltung ist dabei, den Bietern einheitliche und parallel laufende Fristen zur Angebotsüberarbeitung zu gewähren.[193]

Absolute Geheimhaltung ist jedoch weder möglich noch gewollt. Vielmehr ist gerade typisch für Verhandlungsverfahren, dass der Auftraggeber Vorschläge aus dem Bieterkreis aufgreift und abstrakt zum Gegenstand der Verhandlungen macht.[194]

e) Verfahrensbeendigung

Das Verhandlungsverfahren wird wie alle anderen Verfahrensarten auch durch Zuschlag oder durch Aufhebung bzw. Einstellung beendet. Hierzu wird auf die Darstellung im folgenden Kapitel verwiesen.

Der Vertrag kommt zivilrechtlich wirksam durch ein einfaches Zuschlagsschreiben des Auftraggebers zustande, mit dem dieser erklärt, dass er das Angebot des für den Zuschlag vorgesehenen Bieters in der letztverhandelten Fassung annimmt. Wie sonst auch, ist eine gesonderte Vertragsunterzeichnung für das Zustandekommen des Vertrags grundsätzlich nicht erforderlich.

---

192 VK Düsseldorf, Beschl. v. 4.8.2000, VK-14/2000-L.
193 Vgl. OLG Naumburg, Beschl. v. 12.4.2012, 2 Verg 1/12.
194 Vgl. KG, Beschl. v. 31.5.2000, KartVerg 1/00.

Praxistipp

Der Auftraggeber ist gut beraten, wenn er in dem Zuschlagsschreiben nicht bestimmte Vertragsinhalte, die ihm möglicherweise besonders wichtig erscheinen, nochmals besonders hervorhebt. Die Verhandlung über vertragliche Inhalte ist zu diesem Zeitpunkt beendet. Der Auftraggeber erklärt mit dem Zuschlag lediglich, dass er das finale Angebot annimmt. Wenn die Parteien eine gesonderte Vertragsunterzeichnung wünschen, ist bei der Erstellung oder Zusammenstellung der zu unterzeichnenden Vertragsurkunde darauf zu achten, dass der bereits abgeschlossene Vertrag dadurch nicht verändert wird.

7.7 Besonderheiten des wettbewerblichen Dialogs

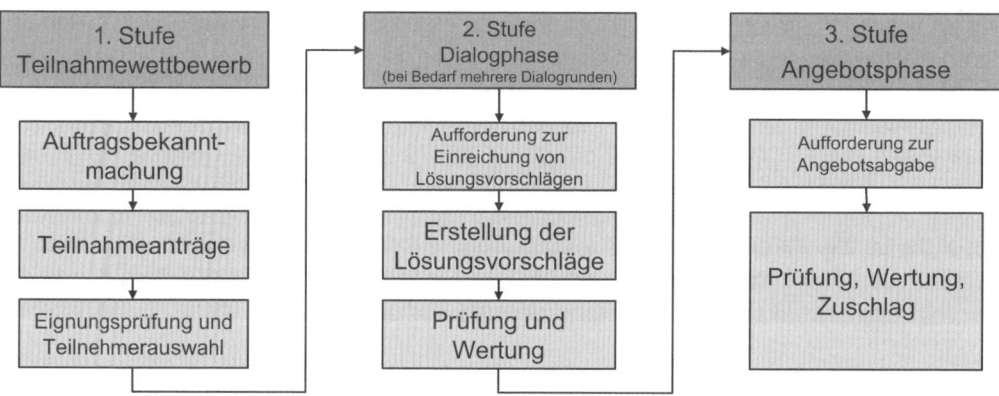

Abb. 36: Ablauf eines wettbewerblichen Dialogs

Der wettbewerbliche Dialog kommt in Betracht, wenn entweder die technischen Mittel zur Deckung der Bedürfnisse des Auftraggebers oder aber die rechtlichen bzw. finanziellen Bedingungen des Vorhabens nicht abschließend festgelegt werden können. Es handelt sich dabei um ein Verfahren, das zum Ziel hat, die Mittel festzustellen und festzulegen, mit denen die Bedürfnisse des öffentlichen Auftraggebers am besten erfüllt werden können (§ 119 Abs. 6 GWB), das in **drei Phasen** abläuft, dem Teilnahmewettbewerb (oder Aufforderungsphase), der Dialog- und der Angebotsphase. Auftraggeber können den wettbewerblichen Dialog alternativ zum Verhandlungsverfahren mit Teilnahmewettbewerb als Verfahrensart wählen.

7.7.1 Teilnahmewettbewerb

Wählt der öffentliche Auftraggeber den wettbewerblichen Dialog als Vergabeverfahrensart, wird dem eigentlichen Vergabeverfahren ebenfalls ein Teilnahmewettbewerb mit einer

Frist von 30 Tagen vorgeschaltet. Dieser wird mit der EU-weiten Auftragsbekanntmachung eröffnet. Der Auftraggeber kann seine Bedürfnisse und Anforderungen in der Bekanntmachung oder darüber hinaus in einer gesonderten Beschreibung näher erläutern. Der Begriff Beschreibung soll deutlich machen, dass es sich um ein Schriftstück handelt, das weniger detailliert und/oder weniger präskriptiv sein kann als die üblichen Vergabeunterlagen.[195] Das Gebot der eindeutigen und erschöpfenden Leistungsbeschreibung gilt hier nicht, weil Gegenstand des Dialogs anders als im Verhandlungsverfahren keine Angebote sind, sondern lediglich Lösungsvorschläge, auf deren Grundlage der Auftraggeber zum Abschluss des Dialogs erst eine Leistungsbeschreibung erstellen wird.

Der Auftraggeber kann die Höchstzahl der zur Dialogphase einzuladenden Unternehmen begrenzen. Beabsichtigt er, von dieser Möglichkeit Gebrauch zu machen, muss er neben der Mindest- und Höchstzahl die objektiven, nicht diskriminierenden Kriterien zur Auswahl der Unternehmen in der Bekanntmachung angeben. Die Zahl der einzuladenden Dialogteilnehmer darf drei grundsätzlich nicht unterschreiten, es sei denn, es sind auf der Grundlage der Eignungskriterien tatsächlich weniger als drei Unternehmer geeignet. Will der Auftraggeber eine bestimmte Anzahl an Dialogrunden durchführen, um nach jeder Runde die Zahl der in Betracht kommenden Lösungen zu verringern, muss er dies den Bewerbern in der Bekanntmachung oder in der Beschreibung mitteilen.

Der Auftraggeber muss die Zuschlagkriterien in der Auftragsbekanntmachung, spätestens mit der Aufforderung zur Dialogteilnahme bekannt geben. Zulässig und im wettbewerblichen Dialog sinnvoll ist die spätere Konkretisierung durch Festlegung von Unterkriterien und Gewichtung der Zuschlagskriterien, wenn diese insbesondere wegen der Komplexität des Auftrags vorab nicht vorgenommen werden kann. Voraussetzung ist dabei aber, dass die in den Vergabeunterlagen oder der Auftragsbekanntmachung genannten Zuschlagskriterien nicht geändert werden und die Unterkriterien und deren Gewichtung nichts enthalten, was, wenn es bei der Angebotserstellung bekannt gewesen wäre, diese Vorbereitung hätte beeinflussen können, und sie nicht einen Bieter diskriminieren können.[196]

Praxistipp

 Angesichts der Komplexität des im Einzelnen noch im Verfahren zu entwickelnden Auftragsgegenstands werden Auftraggeber regelmäßig mit den ersten Lösungsvorschlägen und Gesprächen in die Lage versetzt, die Konkretisierungen durch Untergliederung und Gewichtung der Zuschlagskriterien vorzunehmen. Insofern ist es gerechtfertigt, nicht schon mit der Aufforderung zur Dialogteilnahme eine ausführliche Matrix mit gewichteten Zuschlagskriterien und Unterkriterien bekanntzugeben.

Nach Eingang der Teilnahmeanträge interessierter Unternehmen und nach Ablauf der Frist für deren Einreichung wählt der öffentliche Auftraggeber die geeigneten Bewerber auf der Grundlage der bekannt gemachten Kriterien aus und fordert sie sodann zur Teilnahme an Dialoggesprächen auf. Hinsichtlich der Eignungsprüfung bestehen keine Unterschiede

---

195 Erläuterungen der Kommission – Wettbewerblicher Dialog – Klassische Richtlinie, http://ec.europa.eu/internal_market/publicprocurement/docs/explan-notes/classic-dir-dialogue_de.pdf, Seite 4, Fußnote 9.
196 OLG Celle, Beschl. v. 16.5.2013, 13 Verg 13/12.

zum Verhandlungsverfahren. Diejenigen Bewerber, die nicht für die Teilnahme am Dialog ausgewählt wurden, sind über ihre Nichtberücksichtigung zu informieren.

7.7.2 Dialogphase

7.7.2.1 Allgemeines

Ziel der Dialogphase ist die Konzeption des zu vergebenden Auftrags im Rahmen individueller Verhandlungen mit den Dialogpartnern. Nachdem der Auftraggeber seine bereits in der Beschreibung mitgeteilten Bedürfnisse und Anforderungen weiter präzisiert hat, soll ermittelt und festgelegt werden, wie die Bedürfnisse des öffentlichen Auftraggebers am besten erfüllt werden können.

Die Dialogphase ist ein dynamischer Prozess, in dessen Rahmen alle Einzelheiten des Auftrags erörtert werden können und sollen. Der Dialog kann sich auf technische, kommerzielle (Preis, Kosten, Einkünfte usw.) oder rechtliche (Risikoverteilung und -begrenzung, Garantien, mögliche Gründung von „Zweckgesellschaften" usw.) Aspekte erstrecken.[197]

Soweit vorab in der Bekanntmachung oder der Beschreibung angegeben, kann der Dialog in mehrere Runden gegliedert werden, um die Zahl der zu erörternden Lösungen zu verringern.

Bei der Ausgestaltung der Dialogphase hat der Auftraggeber wiederum die Grundsätze der Gleichbehandlung, der Vertraulichkeit, des Wettbewerbs und der Transparenz zu beachten.

7.7.2.2 Einleitung

Die Dialogphase wird durch eine schriftliche Aufforderung an die ausgewählten Teilnehmer eingeläutet, am Dialog teilzunehmen. Dabei sollte das Aufforderungsschreiben einen Termin bzw. einen Terminplan für die Dialogphase enthalten sowie den Ort und die Sprache des Dialogs bestimmen.

Die Erstellung einer Leistungsbeschreibung ist anders als im Rahmen eines Verhandlungsverfahrens nicht gefordert. Allerdings muss der Auftraggeber jetzt, wenn noch nicht mit der Auftragsbekanntmachung geschehen, seine Bedürfnisse und Anforderungen formulieren und die Zuschlagskriterien und – soweit schon möglich – ihre Gewichtung bestimmen. Eine spätere Konkretisierung durch Unterkriterien ist möglich und sinnvoll.

Spätestens nach Abschluss der Dialogphase und mit der Aufforderung zur Angebotsabgabe muss der Auftraggeber die Gewichtung der Zuschlagkriterien offenlegen.

Zweckmäßigerweise wird der Auftraggeber zur Einleitung der Dialogphase zu einem Auftaktgespräch einladen, in dessen Rahmen bereits erste Lösungsansätze besprochen werden können. Der Auftraggeber kann von den Teilnehmern verlangen, derartige Lösungsansätze auf der Grundlage der Beschreibung seiner Bedürfnisse und Anforderungen bis

---

197 Erläuterungen der Kommission – Wettbewerblicher Dialog – Klassische Richtlinie, Seite 7.

zum Auftaktgespräch auszuarbeiten und vorzulegen. Denkbar ist jedoch auch, dass der Auftraggeber im Rahmen des Auftaktgesprächs seine Bedürfnisse und Anforderungen weiter konkretisiert und den weiteren Verfahrensablauf schildert.

Die allgemeinen Grundsätze der Transparenz und der Gleichbehandlung sind auch während der Einleitung des Dialogs zu beachten. Selbst wenn in dem Auftakttermin noch keine Lösungsansätze präsentiert werden, erscheint es sinnvoll, die Besprechung bieterindividuell durchzuführen. Denn auch insoweit kann nicht ausgeschlossen werden, dass aus der bloßen Verfahrensteilnahme eines Unternehmens auf ein bestimmtes Wettbewerbsverhalten geschlossen werden kann.

7.7.2.3 Ablauf des Dialoges

Bei der weiteren Ausgestaltung des Dialoges ist der Auftraggeber relativ frei. So kann er beispielsweise mit einigen ausgewählten Unternehmen alle Einzelheiten des Auftrags erörtern oder auch mit allen Teilnehmern Einzelaspekte des Auftrags. Zu beachten sind der Transparenz-, der Gleichbehandlungs- sowie außerdem der Vertraulichkeitsgrundsatz. Der Auftraggeber darf daher Lösungsvorschläge eines Unternehmens nicht an einen anderen Dialogteilnehmer weitergeben. Der Vertraulichkeit in diesem Sinne unterliegen nicht nur Betriebs- und Geschäftsgeheimnisse, sondern alle lösungs- und unternehmensspezifischen Daten und Informationen, soweit sie nicht allgemeiner Natur sind. Vertraulichkeit in diesem Sinne funktioniert naturgemäß nur, wenn der Dialog getrennt geführt wird.

Gleichbehandlung während des Dialoges bedeutet beispielsweise auch, dass allen Dialogpartnern Gelegenheit gegeben werden muss, ihren Lösungsansatz zu überarbeiten, wenn der Auftraggeber einem Unternehmen dieses Recht zugesteht.

Zeitliche oder andere Vorgaben im Sinne einer Höchstzahl an Dialogrunden gibt es nicht. Dies ist etwa im Bereich der Bauauftrags- respektive der Baukonzessionsvergabe auch deswegen sinnvoll, weil bauplanungsrechtliche Aspekte in der Dialogphase eine wesentliche Rolle spielen können. So kann der Auftraggeber verlangen, dass die Teilnehmer eine genehmigungsfähige Lösung präsentieren müssen. Das Verfahren kann sich über Monate und Jahre hinziehen, sodass nicht auszuschließen ist, dass einige Teilnehmer von sich aus den Dialog beenden. Dies steht ihnen bis zur Angebotsphase frei. Danach gilt die festgelegte Bindungsfrist.

Die Lösungswege werden schrittweise im Laufe des Verfahrens reduziert, wenn der Auftraggeber dies vorgesehen und entsprechend bekannt gemacht hat. Wenn nicht ein Unternehmen mehrere Lösungen vorhält, was möglich ist, hat ein Ausscheiden seiner Lösung zwangsläufig auch sein Ausscheiden als Unternehmen zur Folge. Ein sogenanntes „Preferred Bidder"-Verfahren, also ein Verfahren, in dem der Dialog nur noch mit einem Unternehmen geführt wird, ist ebenso wenig möglich wie im Rahmen eines Verhandlungsverfahrens.

Wenn eine oder mehrere Lösungen gefunden sind oder erkennbar ist, dass keine Lösung gefunden werden kann, hat der Auftraggeber den Dialog für abgeschlossen zu erklären. Im Erfolgsfall fordert er die Dialogpartner zur Abgabe eines Angebots auf der Grundlage der eingereichten und in der Dialogphase näher ausgeführten Lösungen auf.

7.7.2.4 Angebots- und Wertungsphase

In der Angebotsphase erstellen die Bieter auf der Grundlage der Verhandlungsergebnisse Angebote, die sie innerhalb der Angebotsfrist einzureichen haben.

Sinnvollerweise fasst der Auftraggeber das Ergebnis der Dialogrunden in einem (weiteren) Anschreiben zusammen und fordert zur Angebotsabgabe auf. Die Angebotsfrist muss ausreichend bemessen sein. Maßstab bei der Festlegung der Angebotsfrist ist – wie stets – der bei der Angebotserstellung von den Bietern zu leistende Aufwand einschließlich etwaiger Ortsbesichtigungen. Bei Verfahren im wettbewerblichen Dialog sollte der Auftraggeber die Angebotsfrist eher großzügiger bemessen, da der Begründungsaufwand für einen dringenden Beschaffungsbedarf und eine entsprechend kürzere Frist angesichts der ohnehin tendenziell eher längeren Verfahrensdauer sehr hoch sein dürfte.

Nach Abschluss der Angebotsfrist prüft und bewertet der Auftraggeber die Angebote anhand der festgelegten und ggf. weiterentwickelten Zuschlagskriterien und wählt das danach wirtschaftlichste Angebot aus. Weitere Dialogrunden finden nicht statt, und etwaige Aufklärungen oder Nachforderungen fehlender Unterlagen dürfen nicht zu inhaltlichen Angebotsänderungen führen. Die für das Nachverhandlungsverbot im offenen und nicht offenen Verfahren geltenden Grundsätze sind insoweit auf den wettbewerblichen Dialog übertragbar.

Der Auftraggeber kann schließlich mit dem Unternehmen, dessen Angebot als das wirtschaftlichste ermittelt wurde, mit dem Ziel Verhandlungen führen, im Angebot enthaltene finanzielle Zusagen oder andere Bedingungen zu bestätigen, die in den Auftragsbedingungen abschließend festgelegt werden. Dies darf allerdings wiederum nicht dazu führen, dass wesentliche Bestandteile des Angebots oder des Auftrags einschließlich der in der Auftragsbekanntmachung oder den Vergabeunterlagen festgelegten Bedürfnisse und Anforderungen grundlegend geändert werden, der Wettbewerb verzerrt wird oder andere am Verfahren beteiligte Unternehmen diskriminiert werden.

Das Vergabeverfahren endet – wie stets – mit dem Zuschlag.

7.8 Besonderheiten der Innovationspartnerschaft

Die Innovationspartnerschaft ist eine neue Verfahrensart, die im Zuge der Vergaberechtsreform 2016 eingeführt wurde (§ 119 Abs. 7 GWB). Durch dieses Verfahren werden die Entwicklung innovativer Produkte oder (Bau-)Leistungen und deren anschließender Erwerb ohne erneute Ausschreibung ermöglicht. Im Gegensatz zum Verhandlungsverfahren oder zum wettbewerblichen Dialog, in denen gleichfalls „konzeptionelle oder innovative Lösungen" berücksichtigt werden können, setzt das Verfahren der Innovationspartnerschaft voraus, dass die zu entwickelnden Produkte noch nicht auf dem Markt verfügbar sind.

Das Verfahren der Innovationspartnerschaft trägt dem Umstand Rechnung, dass bei der Neuentwicklung von Produkten für den Auftraggeber, der möglicherweise als Einziger ein Interesse und eine Verwendung für den Auftragsgegenstand hat, in der Vergangenheit häufig ein gesonderter Auftrag über die Entwicklung von Prototypen (vorkommerzielle Auftragsvergabe) erforderlich war.

Der mit der Entwicklung des Prototyps befasste Auftragnehmer stand in der Folge nicht selten auf dem nachfolgenden Markt für die Belieferung des Auftraggebers mit den fertig entwickelten Produkten als einziger Anbieter zur Verfügung. Die Zusammenfassung von Entwicklung innovativer Lösungen und späterer Beschaffung der Produkte soll durch eine langfristige Partnerschaft der Marktverengung entgegenwirken und zugleich ein erneutes Vergabeverfahren nach der Entwicklung des Prototyps für dessen Kauf vermeiden.

Die Innovationspartnerschaft soll sich gemäß Erwägungsgrund 49 der Richtlinie 2014/24/EU auf die Regeln stützen, die auch für das Verhandlungsverfahren gelten. Diese Maßgabe hat der deutsche Vergabegesetzgeber umgesetzt. In seinem Ablauf ist die Innovationspartnerschaft daher ähnlich strukturiert wie das Verhandlungsverfahren. Dementsprechend wird mit den ausgewählten Unternehmen über die Auftragsbedingungen verhandelt. Die Innovationspartnerschaft ist wie das Verhandlungsverfahren und der wettbewerbliche Dialog ein dreiphasiges Verfahren.

Abb. 37: Ablauf der Innovationspartnerschaft

Mit der Auftragsbekanntmachung wird regelmäßig ein Teilnahmewettbewerb mit einer Teilnahmefrist von 30 Tagen eingeleitet, in dem die Eignung der Bewerber anhand der in der Bekanntmachung festgelegten Kriterien geprüft wird. Aus der Gruppe der geeigneten Bewerber werden die Unternehmen ausgewählt, die zur Abgabe von Erstangeboten in Form von Forschungs- oder Innovationsprojekten aufgefordert werden, die anschließend verhandelt werden. Die Zuschlagskriterien und die definierten Mindestanforderungen sind unverhandelbar. Wenn der Auftraggeber in der Auftragsbekanntmachung oder in den Vergabeunterlagen darauf hingewiesen hat, kann er die Verhandlungen in verschiedenen aufeinanderfolgenden Phasen abwickeln, um die Zahl der Angebote, über die verhandelt wird, anhand der vorgegebenen Zuschlagskriterien zu verringern. Eine Erteilung des Zuschlags allein auf der Grundlage des niedrigsten Preises oder der niedrigsten Kosten ist im Gegensatz zu anderen Vergabeverfahrensarten nicht möglich.

Praxistipp

 *Ein weiterer Unterschied zum Verhandlungsverfahren besteht darin, dass Auftragge-
ber im Rahmen der Innovationspartnerschaft nicht die Möglichkeit haben, sich die
Zuschlagserteilung auf die Erstangebote vorzubehalten. Bieter haben daher einen
vergaberechtlichen Anspruch auf Verhandlungen, der ggf. auch im Wege des Nachprüfungsverfahrens geltend gemacht werden kann.*

Mit der Zuschlagserteilung auf eines oder mehrere der Angebote im Anschluss an eine
oder mehrere Verhandlungsrunden wird die dritte Phase eingeleitet, die Innovationspartnerschaft im engeren Sinne. Dabei handelt es sich nicht um vergaberechtliche Regeln, sondern um Vorgaben für die vertragliche Gestaltung und Abwicklung der Innovationspartnerschaft. Die Entscheidung, den Zuschlag auf ein oder mehrere Angebote zu wollen,
muss der Auftraggeber vorab in der Auftragsbekanntmachung festlegen.

Die dritte Phase, die Innovationspartnerschaft im engeren Sinne, wird wiederum in aufein-
anderfolgende Phasen gegliedert, die Forschungs- und Entwicklungsphase und die Leistungsphase, und es werden die von den Partnern zu erreichenden Zwischenziele der For-
schungs- und Entwicklungsphase sowie die Zahlung der Vergütung in angemessenen Teil-
beträgen festgelegt. Wenn einzelne Zwischenziele nicht erreicht werden, kann der
Auftraggeber entscheiden, die Innovationspartnerschaft zu beenden. Das gilt insbesondere auch für den Fall, dass im Ergebnis der Forschungs- und Entwicklungsphase das vertraglich festgelegte Leistungsniveau und die Kostenobergrenze nicht eingehalten werden.
In diesem Fall kann der Auftraggeber die Innovationspartnerschaft beenden, ohne zum Erwerb der innovativen Liefer- oder Dienstleistung verpflichtet zu sein. Er kann, wenn er dies
in der Auftragsbekanntmachung so festgelegt hat, bei mehreren Innovationspartnern
auch einzelne Verträge kündigen. Es besteht daher nur dann ein Anspruch der Innovati-
onspartner auf Übergang in die Leistungsphase, wenn die Vertragsziele der Forschungs-
und Entwicklungsphase erreicht werden.

8. Abschluss des Vergabeverfahrens

In diesem Kapitel werden die Möglichkeiten dargestellt, wie ein Vergabeverfahren beendet werden kann. In der Regel geschieht dies durch die Erteilung des Zuschlags auf das wirtschaftlich günstigste Angebot, da hiermit der Auftrag erteilt und das Ziel des Beschaffungsvorgangs erreicht wird. Allerdings besteht für den Auftraggeber grundsätzlich keine Pflicht, einen ausgeschriebenen Auftrag zu vergeben. Daher kann er ein Vergabeverfahren auch aufheben oder es einfach nicht fortsetzen. Sofern er allerdings keine rechtfertigenden Gründe hierfür hat, muss er mit Schadensersatzansprüchen der Bieter oder – in seltenen Ausnahmefällen – auch mit einer Verpflichtung durch die Nachprüfungsinstanzen rechnen, das Verfahren fortzusetzen und den Zuschlag zu erteilen.

8.1 Zuschlag

Der Regelfall der Beendigung eines Vergabeverfahrens ist die Erteilung des Zuschlags. Mit ihm wird der ausgeschriebene Auftrag an den ausgewählten Bieter vergeben und zugleich der Vertrag über die Erbringung der Leistung abgeschlossen. Der Zuschlag hat also eine vergaberechtliche und eine zivilrechtliche Komponente. Die jeweiligen Anforderungen sind sorgfältig voneinander zu trennen und zu beachten. Denn gerade in dieser finalen Phase des Vergabeverfahrens geht es für die Bieter um alles oder nichts – und dementsprechend genau und kritisch wird das Vorgehen des Auftraggebers beobachtet.

8.1.1 Vorinformation vor Zuschlagserteilung

In Umsetzung des Transparenzgebots sieht das Vergaberecht bereits vor Zuschlagserteilung unterschiedliche umfangreiche **Informationspflichten** des Auftraggebers gegenüber den Bewerbern und Bietern über den Ausgang des Vergabeverfahrens vor.

8.1.1.1 Im Oberschwellenbereich

Bei EU-weiten Vergabeverfahren stellt § 134 Abs. 1 GWB die zentrale Vorinformationspflicht dar. VgV, SektVO, VSVgV, KonzVgV und VOB/A enthalten ergänzende Regelungen.

a) Informations- und Wartepflicht nach § 134 GWB

§ 134 Abs. 1 GWB verpflichtet den Auftraggeber, alle Bieter, deren Angebote bei der Zuschlagserteilung nicht berücksichtigt werden sollen, über den geplanten Zuschlag zu informieren und im Anschluss hieran eine gewisse Zeit abzuwarten (sog. „**Stillhalte- oder Wartefrist**"). Das Ergebnis seiner Prüfung und Wertung der Angebote kann er also nicht einfach im Zuschlag auf das wirtschaftlich günstigste Angebot umsetzen. Der Grund für diese etwas ungewöhnliche Anforderung – immerhin möchte der Auftraggeber nach einem langwierigen Vergabeverfahren möglichst schnell den Auftrag erteilen – liegt in der Systematik des Vergaberechts: So kann ein wirksam erteilter Zuschlag auch dann nicht mehr rückgängig gemacht werden, wenn in dem Vergabeverfahren Fehler begangen wurden (§ 168 Abs. 2 Satz 1 GWB). Würden die Bieter daher erst mit der Information über den erteilten Zuschlag von ihrer Nichtberücksichtigung erfahren, hätten sie keine Gelegenheit mehr, Verfahrensfehler, die in der letzten (und entscheidenden) Phase des Vergabeverfahrens begangen wurden, anzugreifen und vor den Nachprüfungsinstanzen eine Wiederholung des Vergabeverfahrens zu erreichen. Sie könnten allenfalls noch Schadensersatzansprüche geltend machen. Nachdem der EuGH in seiner „Alcatel Austria"-Entscheidung[198] aber ausdrücklich gefordert hatte, dass auch die dem Zuschlag vorangehende Entscheidung, an welchen Bieter der Auftrag vergeben werden soll, vollumfänglich dem Nachprüfungsverfahren zugänglich gemacht werden muss, wurde die Vorinformationspflicht zunächst als § 13 VgV eingeführt und im Rahmen der Vergaberechtsreform 2009 modifiziert und in die §§ 101a und 101b GWB überführt. Seit Inkrafttreten des Vergaberechtsmodernisierungsgesetzes am 18. April 2016 ist die Informations- und Wartepflicht nunmehr in den §§ 134 und 135 GWB geregelt. **Adressat der Vorinformation** sind nach § 134 Abs. 1 Satz 1 GWB zunächst alle **Bieter**, deren Angebote nicht berücksichtigt werden sollen. Der für den Zuschlag vorgesehene Bieter muss hingegen nicht informiert werden. Zusätzlich sind aber nach Satz 2 auch diejenigen **Bewerber** zu informieren, die z.B. in einem vorgeschalteten Teilnahmewettbewerb nach der dort vorgenommenen Eignungsprüfung nicht weiter berücksichtigt wurden, bisher aber noch nicht hierüber informiert worden sind.

Praxistipp

 Unternehmen, die in einer früheren Phase des Vergabeverfahrens ausscheiden (z.B. im Ergebnis eines vorgelagerten Teilnahmewettbewerbs oder der formalen Angebotsprüfung), sollten stets möglichst früh hierüber informiert werden – auch dann, wenn hierzu keine Pflicht besteht. Denn zum einen schafft dies für alle Beteiligten frühzeitige (Rechts-)Sicherheit; zum anderen sind die Anforderungen an diese Information deutlich geringer als bei der Vorinformation nach § 134 GWB.

Der **Inhalt der Vorinformation** umfasst

- den Namen des Unternehmens, das für den Zuschlag vorgesehen ist,

- die (individuellen) Gründe für die Nichtberücksichtigung des Angebots des informierten Bieters sowie

- den frühestmöglichen Zeitpunkt der Zuschlagserteilung.

---

198 EuGH, Urt. v. 28.10.1999, C-81/98.

Die Vorinformation kann in **Textform** (§ 126b BGB) erfolgen. Es ist also nicht nötig, per Brief zu unterrichten. Fax oder E-Mail sind ausreichend. Weiterhin muss die Vorinformation **unverzüglich** nach Vorliegen der (internen) Zuschlagsentscheidung erfolgen. Der Auftraggeber darf also nicht ohne Weiteres längere Zeit verstreichen lassen.

Mit Absendung der Vorinformation an die nicht berücksichtigten Bieter beginnt die gesetzliche **Stillhalte- oder Wartepflicht**. Ihre Länge bestimmt sich danach, auf welche Weise die Bieter unterrichtet wurden:

- Wurde die Vorinformation schriftlich (also per Brief) übermittelt, beträgt die Wartefrist 15 Kalendertage.

- Wurde die Vorinformation per Fax oder elektronisch (E-Mail) übermittelt, so beträgt die Wartefrist nur zehn Kalendertage.

Werden die Bieter auf unterschiedlichem Weg vorinformiert, gilt einheitlich die längere Wartefrist. Werden alle Bieter hingegen sowohl elektronisch als auch schriftlich unterrichtet, so gilt für alle die kürzere Wartefrist.

Um unterschiedliche Fristen etwa durch unterschiedlich lange Postlaufzeiten zu vermeiden, beginnt die Wartefrist ausdrücklich mit der **Absendung** der Vorinformation. Auf den Zugang beim zu informierenden Bieter kommt es also für den Fristbeginn nicht an. Ansonsten berechnet sich die Frist nach den zivilrechtlichen Vorschriften. Liegt das Fristende allerdings auf einem Samstag, Sonntag oder Feiertag, so verlängert sich die Frist anders als bei anderen Fristen nicht automatisch bis zum nächsten Werktag.[199] Die Vorinformationsfrist kann also auch an einem Sonntag oder einem Feiertag ablaufen.

Praxisbeispiel

 Versendet der Auftraggeber die Vorinformation per Fax (Wartefrist: 10 Kalendertage) am Donnerstag, dem 1. September 2016, so ist Freitag, der 2. September, der erste und Sonntag, der 11. September, der letzte Tag der Wartefrist. Diese läuft also am Sonntag, dem 11. September 2016, um 24 Uhr ab. Frühestmöglicher Zeitpunkt für die Erteilung des Zuschlags ist damit Montag, der 12. September 2016 (ab 0 Uhr).

Dieses Datum wäre hier in die Vorinformation an die nicht berücksichtigten Bieter als frühestmöglicher Zeitpunkt der Zuschlagserteilung aufzunehmen.

Keine Vorinformationspflicht besteht nach § 134 Abs. 3 GWB, wenn der Auftraggeber ein Verhandlungsverfahren ohne Teilnahmewettbewerb aus Gründen **besonderer Dringlichkeit** (z.B. nach Naturkatastrophen) durchgeführt hat. Hier wäre es widersinnig, die (gerechtfertigte) Eilbedürftigkeit der Auftragsvergabe[200] durch eine längere Wartefrist zu torpedieren. Zudem kann der Auftraggeber bei verteidigungs- und sicherheitsspezifischen Aufträgen beschließen, bestimmte sensible Informationen über die Zuschlagserteilung (z.B. den Auftragswert oder den Auftragnehmer) nicht mitzuteilen, wenn durch Offenle-

---

199 OLG Düsseldorf, Beschl. v. 14.5.2008, VII-Verg 11/08.
200 Vgl. hierzu Kap. 6.3.2.

gung der Informationen der Gesetzesvollzug behindert oder dies den Sicherheitsinteressen zuwiderlaufen würde.

Hat der Auftraggeber in allen anderen Fällen die Vorinformation nach § 134 GWB unterlassen oder den Zuschlag vor Ablauf der Wartefrist erteilt, so ist der abgeschlossene Vertrag gemäß § 135 Abs. 1 GWB **von Anfang an unwirksam**. Gleiches gilt für eine sog. „Defacto-Vergabe", also die Direktvergabe eines Auftrags an ein Unternehmen ohne Durchführung eines Vergabeverfahrens, sofern dies nicht ausnahmsweise gestattet ist. **Prozessuale Voraussetzung** für die Unwirksamkeit des Vertrags ist allerdings, dass der Verstoß gegen die Vorinformationspflicht durch die zuständige Vergabekammer im Rahmen eines **Nachprüfungsverfahrens** festgestellt wurde. Für die Einleitung dieses Nachprüfungsverfahren gelten besondere Ausschlussfristen, die § 135 Abs. 2 GWB nennt. So muss die Unwirksamkeit innerhalb von 30 Kalendertagen nach der Unterrichtung durch den Auftraggeber über den Abschluss des Vertrags geltend gemacht werden. Diese Frist wird durch eine absolute Ausschlussfrist von sechs Monaten ab dem Vertragsschluss begrenzt. Danach kann ein unterlegener Bieter die Unwirksamkeit selbst dann nicht mehr feststellen lassen, wenn er hiervon keine Kenntnis hatte. Der Auftraggeber kann diese absolute Ausschlussfrist noch weiter verkürzen, wenn er im Amtsblatt der EU (TED) über den erteilten Auftrag informiert.[201] Die Frist endet dann 30 Kalendertage nach Veröffentlichung dieser Bekanntmachung, ohne dass es auf die Kenntnis des Verstoßes ankommt.

Praxistipp

 Wie ausgeführt, kommt es für den Beginn der Wartefrist nicht auf den Zugang bei den Bietern an. Allerdings muss der Auftraggeber jedenfalls dann beweisen, dass er die nicht berücksichtigten Bieter informiert hat, wenn ein Bieter die Zuschlagserteilung mit der Behauptung angreift, er habe keine Vorinformation erhalten. Besonders bei einer Vorinformation per Fax oder E-Mail reicht die Sendebestätigung nicht als Beweis für den Zugang der Information aus. Daher sollte sich der Auftraggeber den Erhalt der Vorinformation durch den Bieter ausdrücklich bestätigen lassen (z.B. durch Rückfax oder Bestätigungsmail).

Wenngleich § 134 Abs. 1 Satz 1 GWB verpflichtet, den Bietern jeweils **individuell** und **nachvollziehbar** mitzuteilen, warum ihr Angebot nicht berücksichtigt wird,[202] führt eine pauschale und wenig aussagekräftige Information über die Nichtberücksichtigungsgründe nicht zur Unwirksamkeit. Anders ist dies, wenn der Name des für den Zuschlag vorgesehenen Bieters oder die Information über den frühestmöglichen Zeitpunkt der Zuschlagserteilung fehlt: In diesem Fall kann die Unwirksamkeit des gleichwohl geschlossenen Vertrags erfolgreich geltend gemacht werden.[203]

---

201 Vgl. hierzu unter 8.1.5.1.
202 VK Baden-Württemberg, 7.10.2002, 1 VK 48/02.
203 OLG Koblenz, 25.9.2012, 1 Verg 5/12; OLG Jena, 9.9.2010, 9 Verg 4/10.

Praxistipp

! *Mit Blick auf den hohen Aufwand, den es gerade bei vielen Angeboten bedeutet, wenn jeweils eine individuelle und ausführliche Absagebegründung geschrieben wird, kann es sich u.U. anbieten, zunächst nur ein Mindestmaß an Informationen zu geben. Ist der Empfänger damit nicht einverstanden, kann der Auftraggeber Informationen nachlegen; Konsequenzen für das Verfahren hat diese Vorgehensweise nicht. Bei Bietern, die sich mit der ersten Information zufriedengeben, braucht nichts weiter veranlasst zu werden.*

Alternativ zu einer nachträglichen Bekanntmachung eines in einem Verhandlungsverfahren ohne Teilnahmewettbewerb vergebenen Auftrags kann der Auftraggeber nach § 135 Abs. 3 GWB die Absicht einer solchen Auftragsvergabe im EU-Amtsblatt mit einer sogenannten Ex-ante Transparenzbekanntmachung ankündigen. Soweit binnen zehn Kalendertagen nach Veröffentlichung der Bekanntmachung keine Überprüfung der Rechtmäßigkeit des Vorgehens eingeleitet worden ist, kann der Zuschlag erteilt werden, eine nachträgliche Feststellung der Unwirksamkeit des damit abgeschlossenen Vertrags ist dann nicht mehr möglich.[204]

b) Weitere Informationspflichten

Darüber hinaus bestehen weitere Informationspflichten gegenüber den Bietern und Bewerbern, die sich mit § 134 GWB teilweise überschneiden, diese teilweise aber auch ergänzen bzw. erweitern:

- Nach **§ 62 Abs. 2 VgV** können Bewerber die Gründe für ihre Nichtberücksichtigung im Teilnahmewettbewerb und nicht berücksichtigte Bieter weitere, über § 134 GWB hinausgehende Informationen (z.B. über die Merkmale und Vorteile des erfolgreichen Angebots) vom Auftraggeber verlangen. Voraussetzung hierfür ist ein entsprechender **Antrag**; der Auftraggeber muss also nicht initiativ tätig werden.

- Nach **§ 19 EU Abs. 1 VOB/A** soll der Auftraggeber Bewerber, deren Bewerbungen im Teilnahmewettbewerb abgelehnt wurden, sowie Bieter, deren Angebote auf der ersten Wertungsstufe ausgeschlossen wurden, unverzüglich unterrichten. Ein Antrag ist hierfür nicht erforderlich. Die betroffenen Bewerber bzw. Bieter können dann allerdings nach **§ 19 EU Abs. 4 VOB/A** weitere Informationen beantragen.

- Im Sektorenbereich teilen Auftraggeber auf Antrag innerhalb von 15 Tagen einem nicht berücksichtigten Bewerber die Gründe für die Ablehnung der Bewerbung, dem nicht berücksichtigten Bieter weitere, über § 134 GWB hinausgehende Informationen mit (§ 56 Abs. 2 SektVO). Vergleichbares gilt für Aufträge im Bereich Verteidigung und Sicherheit nach § 36 Abs. 2 VSVgV bzw. § 19 VS Abs. 1 und 4 VOB/A und bei Konzessionsvergaben nach § 30 KonzVgV.

Gemeinsam ist diesen Informationspflichten, dass sie – jedenfalls in Bezug auf die Unterrichtung nicht berücksichtigter Bewerber – zeitlich in der Regel vor der Zuschlagserteilung

---

204 EuGH, 11.9.2014, C-19/13, Fastweb SpA.

erfolgen, die Zuschlagserteilung jedoch nicht von ihnen abhängig ist. Die gesetzliche Wartepflicht und die Rechtsfolge der Unwirksamkeit bei Verstoß sehen ausschließlich die §§ 134 und 135 GWB vor.

8.1.1.2 Im Unterschwellenbereich

Auch bei Aufträgen im Unterschwellenbereich gibt es Informationspflichten des Auftraggebers vor Zuschlagserteilung. Diese sind allerdings nicht so umfassend ausgelegt wie im Oberschwellenbereich, was auch damit zusammenhängt, dass der Auftraggeber insbesondere bei kleineren Aufträgen nicht über Gebühr mit administrativen Arbeiten belastet werden soll. In einigen Bundesländern existieren allerdings in den Landesvergabegesetzen weitere Informationspflichten.

a) Informations- und Wartepflicht nach Landesrecht

Die Vorinformationspflicht des § 134 GWB (vgl. oben unter a)) gilt nur für EU-weite Vergabeverfahren. Einige Bundesländer wie Sachsen, Sachsen-Anhalt und Thüringen sehen in ihren Landesvergabegesetzen allerdings vor, dass Auftraggeber auch im Unterschwellenbereich die Bieter vor Zuschlagserteilung hierüber und über den in Aussicht genommenen Auftragnehmer informieren und dann eine bestimmte Frist abwarten müssen. Anders als im Oberschwellenbereich ist die Wartezeit allerdings kürzer[205], und bei Verstoß hiergegen droht auch nicht die Unwirksamkeit des Vertrags. Kleinstaufträge unterhalb gewisser Bagatellgrenzen sind von dieser Vorinformationspflicht ausgenommen.[206]

b) Sonstige Informationspflichten

VOB/A und VOL/A sehen im Unterschwellenbereich folgende **Informationspflichten** für den Auftraggeber **im Vorfeld der Zuschlagserteilung** vor:

* Führt der Auftraggeber bei einer Freihändigen Vergabe oder einer Beschränkten Ausschreibung zunächst einen Teilnahmewettbewerb durch, so muss er die hier ausscheidenden Bewerber nur auf deren **Antrag** hin informieren (§ 19 Abs. 2 VOB/A und § 19 Abs. 1 VOL/A sowie § 46 UVgO). Dies muss dann unverzüglich, spätestens aber binnen 15 Kalendertagen geschehen.

* Auch nicht erfolgreiche Bieter müssen nach § 19 Abs. 1 VOL/A und § 46 Abs. 1 UVgO nur dann unterrichtet werden, wenn von ihnen ein entsprechender **Antrag** vorliegt. Bei Bauvergaben im Unterschwellenbereich sieht das anders aus: Hier sollen die Bieter, deren Angebote ausgeschlossen worden sind und solche, deren Angebote nicht in die engere Wahl kommen, auch **ohne Antrag** nach § 19 Abs. 1 VOB/A unverzüglich unterrichtet werden. Die Unterrichtung kann sich hier auf die Tatsache beschränken, dass sie nicht weiter am Verfahren teilnehmen. Weitere Gründe sind dann nur auf Antrag mitzuteilen (§ 19 Abs. 2 VOB/A).

---

205 In Sachsen beträgt sie zehn, in Sachsen-Anhalt und Thüringen sieben Kalendertage.
206 In Sachsen bei Lieferungen und Leistungen unter 50.000 Euro und bei Bauleistungen unter 75.000 Euro, in Sachsen-Anhalt und Thüringen bei Lieferungen und Leistungen unter 50.000 Euro und bei Bauleistungen unter 150.000 Euro.

8.1.2 Rechtsnatur des Zuschlags

Wie bereits angesprochen, hat der Zuschlag in einem Vergabeverfahren eine zivilrechtliche und eine vergaberechtliche Komponente.

In **zivilrechtlicher** Hinsicht ist der Zuschlag die Annahme des Angebots des Bestbieters. Als empfangsbedürftige Willenserklärung muss sie diesem Bieter auch zugehen. Erst hierdurch wird ein wirksamer Vertrag geschlossen. Da es sich im Vergabeverfahren um Angebote handelt, die dem Auftraggeber als Abwesendem gemacht werden – immerhin sind die Angebote in verschlossenen Umschlägen schriftlich einzureichen oder elektronisch zu übermitteln –, können sie nach § 147 Abs. 2 BGB nur bis zu dem Zeitpunkt angenommen werden, in welchem der Bieter den Eingang des Zuschlags unter regelmäßigen Umständen erwarten darf. Deshalb sieht der Auftraggeber in seiner Ausschreibung eine **Bindefrist** vor und verlangt von den Bietern, sich innerhalb dieser Frist an ihre Angebote zu binden.

Stellt der Auftraggeber während des Vergabeverfahrens fest, dass er den Zuschlag nicht binnen der gesetzten Bindefrist wird erteilen können, z.B. weil sich das Vergabeverfahren wegen eines Nachprüfungsverfahrens oder sonstiger Komplikationen verzögert, so muss er alle (noch verbliebenen) Bieter um eine **Verlängerung der Bindefrist** bitten. Die Bindefristverlängerung kann auch nachträglich erfolgen und ist – jedenfalls hinsichtlich des für den Zuschlag vorgesehenen Angebots – zwingend erforderlich, um die vorgenannte Rechtsfolge zu erzielen. Wird der Zuschlag nach Ablauf der Bindefrist erteilt, gilt er nach § 150 Abs. 1 BGB als neues Angebot, das dann der Bestbieter seinerseits annehmen müsste. Dies gilt auch für Erweiterungen, Einschränkungen oder Änderungen, die der Auftraggeber im Rahmen der Bindefristverlängerung vorsieht (§ 18 Abs. 2 VOB/A). Mit Blick auf das Nachverhandlungsverbot (§ 15 Abs. 3 VOB/A und § 15 Satz 2 VOL/A bzw. § 9 Abs. 2 UVgO) bzw. den Gleichbehandlungsgrundsatz sind diese Modifikationen aber ebenso kritisch zu sehen wie Bedingungen, die der Bieter an seine Zustimmung zur Bindefristverlängerung stellt.

In **vergaberechtlicher** Hinsicht ist mit der Erteilung des Zuschlags das Vergabeverfahren beendet (vgl. hierzu sogleich unter 8.1.4).

8.1.3 Formanforderungen

Formanforderungen an den Zuschlag ergeben sich aus dem Vergaberecht und – in Bezug auf den Zuschlag als Annahme eines Angebots – aus dem Bürgerlichen Gesetzbuch. Grundsätzlich besteht kein Schriftformerfordernis; der Zuschlag kann also auch mündlich erteilt werden. Dies führt allerdings zu Problemen, wenn die Zuschlagserteilung (oder der Zeitpunkt der Zuschlagserteilung) nachgewiesen werden muss. Insofern empfiehlt sich immer eine schriftliche Zuschlagserteilung.

Bei Liefer- und Dienstleistungsaufträgen im Unterschwellenbereich sieht die VOL/A vor, dass der Zuschlag in Schriftform, elektronischer Form oder mittels Telekopie erfolgen muss. Diese Vorschriften haben allerdings keinen bieterschützenden Charakter, sondern bestätigen vielmehr nur das Dokumentationserfordernis. VgV, VOB/A sowie die SektVO und auch die UVgO sehen keine Formerfordernisse vor. Nach § 34 VSVgV ist der Zuschlag bei verteidigungs- und sicherheitsrelevanten Liefer- und Dienstleistungsvergaben in Schriftform, per Telefax oder in elektronischer Form (dann mindestens mit fortgeschrittener elektronischer Signatur) zu erteilen.

Werden für bestimmte Rechtsgeschäfte besondere Formerfordernisse gesetzlich verlangt (etwa die notarielle Beurkundung), schlagen diese auch auf den Zuschlag durch, wenn sie in diesem Zusammenhang eine Rolle spielen.

Praxistipp

 Wegen der Bedeutung des Zuschlags und des (zivilrechtlichen) Erfordernisses des Zugangs für seine Wirksamkeit empfiehlt es sich auch hier, den Eingang des schriftlich, per Fax oder elektronisch übermittelten Zuschlagsschreibens durch den Auftragnehmer bestätigen zu lassen.

8.1.4 Rechtsfolgen der Zuschlagserteilung

In vergaberechtlicher Hinsicht beendet der Zuschlag das Vergabeverfahren. Die Vertragsanbahnungsphase, die von den Vergabevorschriften geregelt wird, ist abgeschlossen und wird durch die **Vertragsausführungsphase** abgelöst, in der der Auftragnehmer seine Leistung erbringt und hierfür die im Vergabeverfahren verlangte bzw. verhandelte Vergütung erhält.

Nichterfüllung, Schlechterfüllung oder Verzug werden nach den Vertragsbedingungen (einschließlich VOL/B bzw. VOB/B) sowie den einschlägigen Vorschriften des BGB geregelt. Vergaberechtlich relevante Sachverhalte ergeben sich in der Vertragsausführungsphase allenfalls dann, wenn der Leistungsgegenstand oder andere maßgebliche Vertragsparameter wie z.B. die Vergütung oder die Laufzeit **wesentlich verändert** werden (da hierin eine neue, ausschreibungspflichtige Leistung liegen kann), der Auftraggeber **ergänzende Leistungen** beauftragen möchte (hierfür kann u.U. eine Direktvergabe erlaubt sein) oder er nach Ausfall des Auftragnehmers (z.B. durch Insolvenz oder nach Vertragskündigung) einen **neuen Auftragnehmer** benötigt. Für Oberschwellenvergaben regelt § 132 GWB diese Fälle.[207]

Ein einmal erfolgter Zuschlag kann nicht mehr im Wege eines Nachprüfungsverfahrens aufgehoben werden (§ 168 Abs. 2 GWB). Bieter, die in dieser Phase noch Vergaberechtsverstöße monieren wollen, sind auf die Geltendmachung von Schadensersatzansprüchen vor den Zivilgerichten beschränkt. Einzig in den Fällen einer fehlerhaften oder nicht erfolgten Vorinformation nach § 134 GWB oder einer unzulässigen Direktvergabe kann ein be-

---

[207] Im Unterschwellenbereich sieht die VOL/A keine entsprechende Vorschrift vor. Die UVgO, die ab 2017 die VOL/A bei der Vergabe unterschwelliger Liefer- und Dienstleistungsaufträge ersetzen wird, sieht in § 47 vor, dass § 132 GWB entsprechend auch hier gilt. Abweichend von § 132 Abs. 3 GWB können nach § 47 Abs. 2 UVgO Anschlussaufträge bis zu einem Wert von 20% des ursprünglichen Auftragswerts direkt an den Auftragnehmer vergeben werden. Im Baubereich regelt § 22 VOB/A, dass Vertragsänderungen nach den Bestimmungen der VOB/B kein neues Vergabeverfahren erfordern; ausgenommen davon sind aber Vertragsänderungen nach § 1 Absatz 4 Satz 2 VOB/B.

reits erteilter Zuschlag über die Geltendmachung der Unwirksamkeit des so abgeschlossenen Vertrags gemäß § 135 GWB in einem Nachprüfungsverfahren noch angefochten werden.[208]

Wird der Zuschlag durch eine Verfahrensverzögerung **verspätet** erteilt, stellt sich für den Auftragnehmer mitunter die Frage, ob und wie er Mehrkosten, die ihm durch die Verzögerung entstanden sind (z.B. in Gestalt von erhöhten Material-, Personal- oder Subunternehmerkosten), gegenüber dem Auftraggeber geltend machen kann.

Während des Vergabeverfahrens hatte er hierzu – auch im Rahmen einer möglichen Bindefristverlängerung – mit Blick auf das Nachverhandlungsverbot keine Gelegenheit. Der Bundesgerichtshof, der sich seit 2009 in einer Reihe von Verfahren mit dieser Thematik befassen musste,[209] gewährt den **Mehrkostenvergütungsanspruch** über § 2 Abs. 5 VOB/B, begrenzt ihn aber auf Situationen, in denen es durch den verzögerten Zuschlag auch zu einer **Veränderung der Ausführungsfristen** kommt. Denn allein auf den vom Auftraggeber ursprünglich benannten Ausführungstermin, so der BGH, sind die Angebote der Bieter kalkuliert und nicht auf einen (avisierten) Zuschlagstermin.

8.1.5 (Informations-)Pflichten nach Zuschlagserteilung

Wenngleich – wie gerade gezeigt – das Vergabeverfahren mit der Erteilung des Zuschlags endet, sieht das Vergaberecht auch nach dem Zuschlag noch einige Informationspflichten vor. Sie sollen die **Transparenz** des Vergabeverfahrens **stärken** und dienen daneben auch **statistischen Zwecken**. Zu unterscheiden ist zwischen Informationen, die nur an die Verfahrensteilnehmer gehen, und solchen, die uneingeschränkt veröffentlicht werden. Daneben bestehen auch im Hinblick auf den Umgang mit den vorliegenden Angeboten bestimmte Pflichten.

8.1.5.1 Im Oberschwellenbereich

Bei EU-weiten Vergabeverfahren steht nach Erteilung des Zuschlags die Pflicht zur Bekanntmachung der Informationen über den vergebenen Auftrag im Mittelpunkt. Dazu ist eine **Ex-post-Bekanntmachung** zu erstellen und binnen 30 Kalendertagen nach Zuschlagserteilung im Amtsblatt der EU (TED) zu veröffentlichen.[210] Im Mittelpunkt dieser Bekanntmachung stehen der Name des erfolgreichen Bieters sowie der bezuschlagte Angebotspreis. Geheimhaltungsbedürftige oder sensible Informationen bzw. Geschäftsgeheimnisse können von der Bekanntmachung ausgenommen werden. Weitere **Melde- und Berichtspflichten** für statistische Zwecke ergeben sich für sämtliche Auftraggeber aus der **Vergabestatistikverordnung** (VergStatVO), die im Rahmen der Vergaberechtsmodernisierung in Kraft getreten ist.

Die Pflicht zur **Aufbewahrung sachdienlicher Unterlagen des Vergabeverfahrens** ergibt sich aus § 8 Abs. 4 VgV, der nach § 20 VOB/A-EU auch für oberschwellige Bauverga-

---

208 Vgl. hierzu unter 8.1.1.1 a).
209 Grundsatzentscheidung vom 11.5.2009, VII ZR 11/08.
210 Bei der Vergabe von Aufträgen im Bereich Verteidigung und Sicherheit beträgt die Frist für die Bekanntmachung vergebener Aufträge noch 48 Kalendertage, § 35 Abs. 1 VSVgV und § 18 VS Abs. 4 VOB/A.

ben gilt, und aus § 8 Abs. 3 SektVO. Danach sind der Vergabevermerk und bei höheren Auftragswerten auch Kopien der abgeschlossenen Verträge bis zum Ende der Laufzeit des jeweiligen Auftrags, mindestens jedoch für drei Jahre ab Zuschlag, aufzubewahren. Im Bereich VgV und der VOB/A müssen zudem die Angebote, Teilnahmeanträge, Interessensbekundungen und Interessensbestätigungen der Verfahrensteilnehmer einschließlich deren Anlagen aufbewahrt werden. Weitere Aufbewahrungspflichten können sich aus den einschlägigen Vorschriften oder Behördenanweisungen des Bundes und der Länder ergeben.

Bei Bauvergaben normiert § 19 EU Abs. 5 VOB/A zudem, dass nicht berücksichtigte Angebote und Ausarbeitungen der Bieter nicht für weitere Vergabeverfahren oder zu anderen Zwecken benutzt werden. Soweit dies vom Auftraggeber gewünscht ist, muss er sich mit dem jeweiligen Urheber in Verbindung setzen und die Konditionen für die Nutzung aushandeln.

Schließlich verlangt § 19 EU Abs. 6 VOB/A, dass Entwürfe, Ausarbeitungen, Muster und Proben zu nicht berücksichtigten Angeboten **zurückzugeben** sind. Dies gilt aber nur dann, wenn der jeweilige Bieter als Eigentümer dieser Unterlagen es im Angebot oder innerhalb von 30 Kalendertagen nach Ablehnung seines Angebots verlangt.

Dass die Angebote und die weiteren Unterlagen des Vergabeverfahrens auch nach dessen Beendigung **sorgfältig verwahrt** und **geheim gehalten** werden, bedarf keiner Erwähnung. VgV, SektVO und VSVgV sehen dies jeweils in § 5 Abs. 2 ausdrücklich vor; gleiches gilt für Konzessionsvergaben nach § 4 Abs. 2 KonzVgV.

8.1.5.2 Im Unterschwellenbereich

Insbesondere im Unterschwellenbereich haben sich die dem Verfahren nachgelagerten Informationspflichten in den letzten Jahren deutlich erhöht. Neben der individuellen Unterrichtung der vor Zuschlagserteilung noch nicht informierten Bieter (§ 19 Abs. 1 Satz 2 VOB/A) verlangen sowohl VOB/A (§ 20 Abs. 3) als auch VOL/A (§ 19 Abs. 2[211]) die **Veröffentlichung** einer Reihe von Informationen zum Vergabeverfahren und zum erfolgreichen Bieter **im Internet** (auf Internetportalen oder ihren eigenen Webseiten). Voraussetzung ist, dass die Aufträge in Beschränkten Ausschreibungen oder Freihändigen Vergaben vergeben wurden und – mit Blick auf die Vermeidung von zu hohem Aufwand – gewisse Mindestauftragswerte überschritten wurden. Die Informationen müssen bei Bauaufträgen mindesten sechs Monate, bei Liefer- und Dienstleistungsaufträgen mindestens drei Monate im Internet vorgehalten werden.

Aufbewahrungs-, Geheimhaltungs- und Rückgabepflichten sind im Unterschwellenbereich weitgehend analog zu den vorstehend dargestellten Vorschriften im Oberschwellenbereich geregelt.

---

211 Zukünftig § 30 Abs. 1 UVgO.

8.2 Aufhebung

Wenngleich der Auftraggeber mit der Durchführung eines auch für ihn aufwändigen Vergabeverfahrens die Erteilung des Zuschlags anstrebt, um durch den erfolgreichen Bieter seinen ausgeschriebenen Bedarf decken zu lassen, kann es zu Situationen kommen, in denen er von seiner bekannt gemachten Vergabeabsicht wieder Abstand nehmen muss oder will. Da es sich beim Vergabeverfahren letztendlich um eine institutionalisierte Vertragsanbahnung handelt, kann er aber – mit wenigen Ausnahmen, die noch aufzuzeigen sind – nicht gezwungen werden, den Auftrag zu erteilen.

Eine im Vergaberecht selbst vorgesehene Möglichkeit, ein begonnenes Vergabeverfahren abzubrechen, ist die **Aufhebung**. Wenn und soweit die hierfür vorgesehenen Zulässigkeitsvoraussetzungen vorliegen und die formalen Anforderungen, die die Vergabevorschriften hierfür verlangen, vom Auftraggeber erfüllt werden, kann das Vergabeverfahren auch auf diese Weise ordnungsgemäß beendet werden. Dem Auftraggeber drohen dann keine Sanktionen.

Die Vorschriften über die Aufhebung sind in VgV bzw. VOL/A, UVgO und VOB/A weitgehend inhaltsgleich. Während sie im Bereich von VgV bzw. UVgO und VOL/A allerdings für alle Vergabeverfahren gelten, sind sie bei Bauvergaben nach der VOB/A nur für **Ausschreibungen** anzuwenden, also für Öffentliche und Beschränkte Ausschreibungen bzw. offene und nicht offene Verfahren. Dies bedeutet allerdings nicht, dass Freihändige Vergaben, Verhandlungsverfahren, wettbewerbliche Dialoge oder Innovationspartnerschaften im Baubereich nicht aufgehoben werden können.[212] Vielmehr gelten hier die strengen Aufhebungsgründe (vgl. hierzu sogleich unter 8.2.1) nicht unmittelbar, so dass eine Verfahrensbeendigung einfacher möglich ist. Im Sektorenbereich spricht § 57 SektVO von einer „**Einstellung**" im Falle eines Verhandlungsverfahrens. Das vorvertragliche Vertrauensverhältnis entsteht aber auch in einer Freihändigen Vergabe, einem Verhandlungsverfahren, einer Innovationspartnerschaft und wegen des engen Zusammenwirkens von Auftraggeber und Bietern ganz besonders in einem wettbewerblichen Dialog. Da die Bieter auch hier vor willkürlicher Aufhebung, Einstellung oder Verzicht zu schützen sind, verlangt die Rechtsprechung insofern auch in diesen Verfahren einen ähnlich gewichtigen Grund für eine rechtskonforme Verfahrensbeendigung.

Losweise Vergabeverfahren müssen nicht insgesamt aufgehoben werden. Vielmehr kann sich die Beendigung auf diejenigen Lose beschränken, in denen ein Aufhebungsgrund vorliegt. Im Bereich der VOB/A ist dies zwar nicht ausdrücklich geregelt, rechtfertigt sich aber daraus, dass eine **Teilaufhebung** das mildere Mittel gegenüber einer vollständigen Beendigung ist.

---

212 OLG Celle, Beschl. v. 13.1.2011, 13 Verg 15/10.

8.2.1 Aufhebungsgründe

Im Bereich von VgV, VOB/A und VOL/A ist eine Aufhebung nur dann rechtmäßig, wenn ein dort ausdrücklich genannter Grund vorliegt. Die in § 63 VgV und § 17 VOL/A[213] bzw. den §§ 17, 17 EU VOB/A genannten Aufhebungsmöglichkeiten sind **abschließend** und müssen **eng ausgelegt** werden.

8.2.1.1 Kein konformes Angebot

Die erste Aufhebungsmöglichkeit betrifft den Fall, dass in dem Vergabeverfahren **kein Angebot** eingegangen ist, **das den Ausschreibungs- bzw. Bewerbungsbedingungen entspricht**. Bei einem vorgeschalteten Teilnahmewettbewerb gilt dies auch in Bezug auf die Teilnahmeanträge. Die Gründe für die fehlende Konformität mit den aufgestellten Bedingungen können unterschiedlich sein: So können Angebote/Teilnahmeanträge bereits aus formalen Gründen auszuschließen sein, wenn sie z.B. verspätet eingehen, wenn Unterschriften fehlen oder einzelne Dokumente (und der Auftraggeber hier keine Nachforderung durchführt oder diese erfolglos war). Daneben kommen auch Abweichungen inhaltlicher Art in Betracht, etwa dann, wenn gestellte Mindestanforderungen nicht erfüllt werden oder die angebotenen Preise unauskömmlich sind.

Liegen dem Auftraggeber also nach Prüfung keine den aufgestellten Bedingungen entsprechende Teilnahmeanträge bzw. keine zuschlagsfähigen Angebote vor,[214] so bleibt ihm gar keine andere Möglichkeit, als das Verfahren zu beenden. Liegt hingegen auch nur ein einziger regelkonformer Teilnahmeantrag bzw. ein einziges zuschlagsfähiges Angebot vor, greift dieser Aufhebungsgrund nicht.

Praxistipp

Sollte der Auftraggeber nach Sichtung der Teilnahmeanträge bzw. der Angebote feststellen, dass alle Verfahrensteilnehmer an den Bewerbungsbedingungen scheitern würden, könnte er versucht sein, die Bedingungen zu ändern und „zu hohe Hürden" abzusenken, um sie für die vorliegenden Teilnahmeanträge bzw. Angebote anzupassen. Hiervor muss ausdrücklich gewarnt werden! Zwar behandelt der Auftraggeber mit einem solchen Vorgehen die Verfahrensteilnehmer scheinbar gleich, indem er die Anforderungen für alle einheitlich absenkt. Mit Blick auf die Transparenzpflicht und das Diskriminierungsverbot stellt dies aber regelmäßig einen schweren Vergabeverstoß dar. Hier muss vielmehr das Vergabeverfahren aufgehoben oder jedenfalls zurückversetzt werden und dem Markt eine neue Chance auf Verfahrensteilnahme unter den geänderten Bedingungen gegeben werden.

---

213 Zukünftig § 48 UVgO.
214 Überteuerte Angebote sind dagegen grundsätzlich zuschlagsfähig; hier kommt allerdings der Aufhebungsgrund der Unwirtschaftlichkeit in Betracht bzw. der Ausschluss bei unangemessen hohen Preisen.

8.2.1.2 Wesentliche Änderung der Verfahrensgrundlagen

Weiterhin kann der Auftraggeber das Vergabeverfahren rechtskonform aufheben, wenn sich die **Grundlagen** des Vergabeverfahrens nachträglich **wesentlich geändert** haben. Wann eine solche wesentliche Änderung vorliegt, kann nur nach dem jeweiligen Einzelfall beurteilt werden. In Betracht kommen beispielsweise geänderte **rechtliche** oder **technische Rahmenbedingungen**, die sich auf den Beschaffungsgegenstand auswirken. Besonders zu beachten ist, dass der Grund für die Änderung grundsätzlich **von außen** kommen muss. Erkennt der Auftraggeber während des Verfahrens eigene Fehler oder möchte er die Anforderungen an die ausgeschriebene Leistung ändern, ist eine hierauf gestützte Aufhebung regelmäßig nicht rechtmäßig.

Mit Blick auf den Schutz der Verfahrensteilnehmer und deren (bisherigen) Aufwand muss der Auftraggeber zudem immer prüfen, ob es nicht ein **milderes Mittel** gegenüber der Verfahrensbeendigung gibt. Ist es zum Beispiel rechtskonform möglich, den Verfahrensteilnehmern geänderte Unterlagen zu übermitteln und damit das Verfahren fortzusetzen, kommt eine Aufhebung nicht in Betracht. Als Maßstab für die Wesentlichkeit der erforderlichen Änderungen sieht die Rechtsprechung den **Wegfall der Geschäftsgrundlage** im Zivilrecht.[215]

8.2.1.3 Kein wirtschaftliches Ergebnis

Auch wenn zuschlagsfähige Angebote vorliegen, muss der Auftraggeber die Leistung nicht „um jeden Preis" vergeben. Vielmehr kann er die Ausschreibung aufheben, wenn das **Ergebnis unwirtschaftlich** ist. Dies gilt auch im Bereich der VOB/A, die diesen Aufhebungsgrund nicht ausdrücklich vorsieht.

Wann das Ergebnis eines Vergabeverfahrens unwirtschaftlich ist, muss wieder im Einzelfall geprüft und bejaht werden. Vergleichsmaßstab ist der vom Auftraggeber im Vorfeld der Ausschreibung ermittelte Auftragswert. Solange dieser sorgfältig und seriös ermittelt wurde, kann sich eine Aufhebung rechtmäßig darauf stützen, wenn im Ergebnis des Wettbewerbs nur Angebote mit **unangemessen hohen Preisen** vorliegen. Fehlen in einem solchen Fall dann zugleich auch die entsprechend höheren Haushaltsmittel für eine Beauftragung, wird auch dies als Aufhebungsgrund anerkannt.[216]

8.2.1.4 Andere schwerwiegende Gründe

Sowohl VOB/A als auch VgV bzw. VOL/A[217] lassen eine Aufhebung auch dann zu, wenn andere **schwerwiegende Gründe** hierfür bestehen. Dieser Auffangtatbestand darf aber nicht dazu einladen, jeden aus Sicht des Auftraggebers triftigen Grund zum Anlass für eine Aufhebung zu nehmen. Mit Blick auf den Ausnahmecharakter der rechtmäßigen Aufhebungsmöglichkeit stellt die Rechtsprechung **strenge Anforderungen** an diesen Beendigungsgrund. Im Vergleich darf er nicht hinter den anderen ausdrücklich normierten Aufhebungsgründen zurückstehen.

---

215 OLG München, NZBau 2013, 524 ff.
216 OLG Celle, Beschl. v. 10.3.2016, 13 Verg 5/15.
217 Und zukünftig § 48 UVgO.

Es muss dem Auftraggeber also geradezu **unzumutbar** sein, das Vergabeverfahren fortzusetzen. Dabei darf der Grund auch hier regelmäßig nicht von ihm selbst ausgehen, sondern muss – jedenfalls für eine rechtskonforme Aufhebung – von außen auf das Verfahren einwirken. Am Beispiel der Finanzmittel wird dies deutlich: Hat der Auftraggeber das Vergabeverfahren ohne ordnungsgemäße Planung und Sicherung der erforderlichen Haushaltsmittel begonnen, so rechtfertigen **fehlende Mittel** später keine Aufhebung. Muss er das Verfahren dennoch beenden, macht er sich gegenüber den Bietern unter Umständen schadensersatzpflichtig. Wird hingegen nach regelgerechter Mittelbereitstellung im Verlauf eines Vergabeverfahrens eine Haushaltssperre verhängt, so rechtfertigt dies eine Aufhebung aus wichtigem Grund.[218]

Als schwerwiegender Grund, der zur Aufhebung berechtigt, sieht die Rechtsprechung teilweise auch **Vergabeverstöße** des Auftraggebers an, die so schwer sind, dass er sie im laufenden Verfahren nicht auf andere Weise heilen kann. Bejaht wurde das etwa beim Unterbleiben einer EU-weiten Ausschreibung trotz (erheblicher) Überschreitung des Schwellenwerts.[219] Allerdings sind auch hier strenge Maßstäbe anzulegen. Der Bundesgerichtshof sieht den Aufhebungsgrund nicht schon ohne Weiteres deshalb als gegeben an, weil der Ausschreibende bei der Einleitung oder der Durchführung des Verfahrens fehlerhaft gehandelt hat.[220]

8.2.2 Überprüfbarkeit von Aufhebungsentscheidungen

Die Bieter stehen der Entscheidung des Auftraggebers, ein Vergabeverfahren aufzuheben, nicht schutzlos gegenüber. Sie können die Rechtmäßigkeit des Vorgehens und das Vorliegen eines entsprechenden Aufhebungsgrunds etwa im Rahmen von Schadensersatzansprüchen wegen Pflichtverletzung im vorvertraglichen Schuldverhältnis vor den Zivilgerichten überprüfen lassen. Bei EU-weiten Vergabeverfahren ist zudem seit der Entscheidung des EuGH vom 18.6.2002[221] anerkannt, dass auch die Aufhebung einer Ausschreibung im Primärrechtsschutz mit einem Nachprüfungsantrag angegriffen werden kann. Stellt die Nachprüfungsinstanz dabei fest, dass die Aufhebung ohne sachlichen Grund oder nur zu dem Zweck erfolgt ist, um Bieter zu diskriminieren, kann sie die **Aufhebungsentscheidung** des Auftraggebers ihrerseits **aufheben**.[222] Erforderlich ist hierbei allerdings stets, dass der Wille des Auftraggebers, den Auftrag zu vergeben, fortbesteht.[223] Der Auftraggeber wäre dann verpflichtet, das Vergabeverfahren fortzusetzen.

Den Auftraggeber zu verpflichten, den **Zuschlag zu erteilen**, kann die Nachprüfungsbehörde mit Blick auf die Vertragsautonomie, die auch dem Auftraggeber zusteht, in der Regel nicht.[224] Ausnahmen hiervon gab es in der Rechtsprechungspraxis in der Vergangen-

---

218 OLG Düsseldorf, Beschl. v. 26.6.2013, VII-Verg 2/13.
219 OLG Koblenz, VergabeR 2003, 448.
220 BGH, VergabeR 2010, 210; vgl. zum Prüfungsmaßstab, wann ein schwerwiegender Aufhebungsgrund vorliegt, BGH, Beschl. v. 20.3. 2014, X ZB 18/13.
221 Rechtssache C-92/00, Hospital Ingenieure.
222 OLG München, Beschl. v. 4.4.2013, Verg 4/13.
223 VK Niedersachsen, Beschl. v. 24.10.2008, VgK-35/2008.
224 Vgl. BGH, Beschl. v. 18.2.2003, X ZB 43/02.

heit nur sehr selten. Zugrunde lagen dann immer eklatante Vergabeverstöße und willkürliches Handeln des Auftraggebers.[225]

8.2.3 Formale Anforderungen an die Aufhebung

Mit Blick auf das Transparenzgebot ist der Auftraggeber verpflichtet, die Verfahrensteilnehmer über die Aufhebung oder Einstellung eines Vergabeverfahrens unverzüglich, also ohne schuldhaftes Zögern, zu **unterrichten**. Sie haben ihnen dabei auch die Gründe für die Aufhebung mitzuteilen und sie darüber zu informieren, ob auf die Vergabe verzichtet wird oder ein neues Verfahren eingeleitet wird. Bei öffentlich bekannt gemachten Vergabeverfahren (etwa in TED oder auf einer nationalen Vergabeplattform) sollte zudem auch dort ein Hinweis erteilt werden, dass das Verfahren aufgehoben worden ist. Für die Bekanntmachungen in TED existiert hierfür ein eigenes Formular.

8.2.4 Überleitung in ein vereinfachtes Vergabeverfahren

Hat der Auftraggeber ein Vergabeverfahren (rechtmäßig) aufgehoben, steht es ihm natürlich frei, seine Beschaffungsabsicht weiterzuverfolgen und die Leistung erneut auszuschreiben. In den Fällen, in denen der Aufhebungsgrund durch die Verfahrensteilnehmer verursacht wurde, kann der Auftraggeber das Anschlussverfahren in **vereinfachter Weise** durchführen. Entsprach also kein Angebot den Bewerbungsbedingungen oder führte das Verfahren zu keinem wirtschaftlichen Ergebnis, so berechtigt dies den Auftraggeber, nunmehr eine Beschränkte Ausschreibung oder ggf. eine Freihändige Vergabe bzw. ein Verhandlungsverfahren durchzuführen. Selbst auf den Teilnahmewettbewerb (und damit die Bekanntmachung des Folgeverfahrens) kann dabei verzichtet werden, wenn die ursprünglichen Bedingungen des Auftrags nicht grundlegend geändert werden und der bisherige Kreis der (geeigneten) Verfahrensteilnehmer wieder einbezogen wird.[226] Die Zulässigkeitsvoraussetzungen hierfür ergeben sich aus § 14 Abs. 3 Nr. 5 und Abs. 4 Nr. 1 VgV, § 3 Abs. 4 a) bzw. Abs. 5 a) VOL/A[227], § 3a Abs. 2 Nr. 2 VOB/A und § 3a EU Abs. 2 Nr. 2 bzw. Abs. 3 Nr. 2 VOB/A.

8.3 Sonstiges

Wie bereits ausgeführt, kann der Auftraggeber, der ein Vergabeverfahren eingeleitet hat, grundsätzlich nicht dazu verpflichtet werden, dieses mit einem Zuschlag (und damit mit dem Abschluss eines Vertrags) zu beenden.[228] Will er – auch aus unsachlichen Gründen – während des Verlaufs einer Ausschreibung seine Beschaffungsabsicht nicht weiter verfolgen, so kann er das Verfahren faktisch auch ohne Vorliegen eines Aufhebungsgrundes be-

---

225 Siehe z.B. VK Hamburg, Beschl. v. 14.8.2003, VgK FB 3/03.
226 Zur Erweiterung des Kreises der Verfahrensteilnehmer in einem Verhandlungsverfahren ohne Teilnahmewettbewerb vgl. OLG Naumburg, Beschl. v. 13.5.2008, 1 Verg 3/08.
227 Zukünftig § 8 Abs. 3 Nr. 1 bzw. § 8 Abs. 4 Nr. 4 UVgO.
228 VK Bund, Beschl. v. 4.3.2014, VK 2–7/14.

enden. Alternativ ist es auch denkbar, dass er die Ausschreibung einfach **nicht fortbe-treibt** – und damit letztendlich „**still auslaufen**" lässt.

Im Falle einer rechtswidrigen Aufhebung können die Verfahrensteilnehmer Schadenser-satzansprüche gegen den Auftraggeber geltend machen, die zumindest die Kosten für die Beteiligung an dem Verfahren umfassen (negatives Interesse) und sich u.U. auch auf den entgangenen Gewinn erstrecken können (positives Interesse).[229]

Schwieriger gestaltet sich die Situation, wenn der Auftraggeber das Verfahren (dauerhaft) ruhen lässt, da hier kein (überprüfbares) verfahrensbeendendes Ereignis stattfindet. Teil-weise wird hierin eine faktische Aufhebung gesehen, die dann im Oberschwellenbereich im Nachprüfungsverfahren angreifbar sein soll. Mit Blick auf das durch die Einleitung des Vergabeverfahrens und dessen Betreiben entstandene vorvertragliche Vertrauensverhältnis lässt sich aber in dem Verhalten des Auftraggebers jedenfalls dann eine Pflichtverletzung sehen, die Grundlage für Schadensersatzansprüche ist, wenn das Verfahren absehbar nicht fortbetrieben werden soll.

---

229 Vgl. hierzu Kap. 10.4.2.

9. Dokumentation

„Wer schreibt, der bleibt". Diesem Sprichwort kommt im Vergabeverfahren ein besonders hoher Stellenwert zu. Denn als Ausprägung der **Transparenzpflicht** und aus den hierauf aufsetzenden unterschiedlichen Vorschriften ist dem Auftraggeber im Vergabeverfahren eine umfassende **Dokumentationspflicht auferlegt**. Diese sowie die damit in Verbindung stehenden weiteren Pflichten des Auftraggebers (Bekanntmachungspflichten, Informationspflichten, Aufbewahrungspflichten) und Rechte der Bieter (Akteneinsichtsrechte und weitere Auskunftsrechte) sind Gegenstand dieses Kapitels.

9.1 Dokumentationspflichten

Unabhängig vom Auftragswert (d.h. im Unter- wie im Oberschwellenbereich) und vom Auftragsgegenstand ist der öffentliche Auftraggeber zur Dokumentation des Vergabeverfahrens verpflichtet. Die Vorschriften hierzu finden sich in den §§ 8 VgV, 8 SektVO, 20 VOB/A, 20 VOB/A-EU, 20 VOB/A-VS, 20 VOL/A[230], § 43 VSVgV sowie 6 KonzVgV. Mit Ausnahme von VgV, SektVO und KonzVgV stehen diese Regelungen relativ weit am Ende der jeweiligen Regelwerke, was den Irrtum hervorrufen könnte, dass es sich nur um eine unbedeutende Nebenpflicht des Auftraggebers handelt, die nach Abschluss des Verfahrens zu erledigen ist. Das Gegenteil ist der Fall: Die Dokumentationspflicht stellt einen **wesentlichen Bestandteil** des Vergabeverfahrens dar.

Sinn und Zweck der Dokumentation des Vergabeverfahrens ist es, eine **nachträgliche Kontrolle** zu ermöglichen, ob die Auftragsvergabe ordnungsgemäß durchgeführt worden ist. Im Oberschwellenbereich hat die Dokumentation bieterschützende Qualität gemäß § 97 Abs. 6 GWB, weshalb sich eine sorgfältig geführte und vollständige Vergabeakte vor allem im Falle eines Nachprüfungsverfahrens bezahlt macht. Wenngleich für den Unterschwellenbereich kein solches vergaberechtsspezifisches Rechtsschutzsystem existiert, bestehen gleichwohl Überprüfungsmöglichkeiten: Die Auftragsvergabe kann z.B. im Rahmen einer haushaltsrechtlichen Nachprüfung durch Rechnungshöfe bzw. seitens der Fördermittelgeber hinsichtlich der Einhaltung des haushaltsrechtlichen Grundsatzes der Sparsamkeit und Wirtschaftlichkeit nachvollzogen werden. Nicht zuletzt dient die durch die Dokumentationspflicht ermöglichte Transparenz auch der Korruptionsprävention, da Manipulationsmöglichkeiten und Versuchen kollusiven Zusammenwirkens zwischen dem Auftraggeber und Bietern vorgebeugt wird.

---

230 In der UVgO, die die VOL/A für unterschwellige Vergaben von Liefer- und Dienstleistungsaufträgen ab 2017 ersetzen wird, ist die Dokumentationspflicht in § 6 geregelt.

Schaut man sich die einzelnen Vorschriften über die Dokumentationspflichten an[231], wird deutlich, dass sie mit nahezu identischem Wortlaut die Pflicht zur Dokumentation der „einzelnen Stufen des Verfahrens, der Maßnahmen sowie der Begründung der einzelnen Entscheidungen" normieren.

Zusätzlich zu dieser grundsätzlichen Pflicht enthalten die meisten Vorschriften Hinweise zum Umfang der Dokumentation. Diese betreffen zum einen die Dokumentation selbst. Zu dokumentieren sind nach § 8 Abs. 1 VgV beispielsweise die Kommunikation mit den Unternehmen sowie die internen Beratungen, die Vorbereitung der Auftragsbekanntmachung und der Vergabeunterlagen, die Öffnung der Angebote, Teilnahmeanträge und Interessensbestätigungen, die Verhandlungen und Dialoge mit den teilnehmenden Unternehmen sowie die Gründe für die Auswahlentscheidungen und den Zuschlag.

Daneben hat der Auftraggeber als Teil der Dokumentation einen **Vergabevermerk** zu erstellen. Dieser ist also Teilmenge der Gesamtdokumentation. Für ihn gibt es (nicht abschließende) Kataloge mit Mindestanforderungen. Diese Mindestanforderungen entlehnen sich weit überwiegend dem EU-Vergaberecht, wurden aber teilweise auch ergänzt sowie in den Unterschwellenbereich der Bauauftragsvergabe übertragen (§ 20 Abs. 2 VOB/A). Beispielhaft sei der Katalog aus § 8 Abs. 2 VgV genannt, der gemäß § 20 VOB/A-EU auch für oberschwellige Bauvergaben gilt. Er verlangt folgende **Mindestangaben** für den Vergabevermerk:

- Name und Anschrift des Auftraggebers sowie Gegenstand und Wert des Auftrags bzw. der Rahmenvereinbarung oder des dynamischen Beschaffungssystems,

- Namen der berücksichtigten Bewerber oder Bieter und Auswahlgründe,

- Namen der nicht berücksichtigten Bewerber oder Bieter sowie deren Teilnahmeanträge bzw. Angebote und die Ablehnungsgründe,

- Gründe für die Ablehnung ungewöhnlich niedriger Angebote,

- Name des erfolgreichen Bieters samt Auswahlgründen sowie ggf. Nachunternehmeranteil,

- Rechtfertigungsgründe für abweichende Verfahrensarten,

- Gründe für einen Vergabeverzicht,

- ggf. Gründe dafür, warum von einer elektronischen Einreichung von Teilnahmeanträgen bzw. Angeboten abgesehen wurde[232],

- ggf. Angaben zu aufgedeckten Interessenkonflikten und getroffenen Abhilfemaßnahmen,

---

231 Neben den genannten Hauptvorschriften über die Dokumentationspflicht existieren weitere Spezialregelungen: Aus § 6 Abs. 3 Satz 3 VOL/A etwa geht hervor, dass Auftraggeber die Forderung von anderen Nachweisen als Eigenerklärungen zu begründen und dokumentieren haben. § 7 Abs. 4 Satz 4 VOL/A und § 23 Abs. 5 UVgO verpflichten den Auftraggeber zur Dokumentation der Gründe, die den Zusatz „oder gleichwertiger Art" bei einer produktbezogenen Leistungsbeschreibung entfallen lassen.

232 Dieser Dokumentationsgrund greift erst nach dem Zeitpunkt, an dem die elektronische Teilnahme- und Angebotseinreichung Pflicht wird, vgl. Kap. 7.8.

- Abweichung von einer Teil- und Fachlosvergabe sowie

- Gründe für die Nichtangabe der Gewichtung der Zuschlagskriterien.

Die Mindestanforderungen an die Dokumentation bei Aufträgen im Sektorenbereich und bei Konzessionsvergaben fallen deutlich weniger umfangreich aus. Im VOL-Bereich besteht Einigkeit darüber, dass sich die Dokumentationspflicht im Unterschwellenbereich (§ 20 VOL/A) trotz des Fehlens von Mindestanforderungen an dem Katalog für Oberschwellenvergaben orientieren sollte.[233]

VgV und VOL/A bzw. UVgO fordern zudem eine „**fortlaufende Dokumentation**", während § 20 VOB/A eine „**zeitnahe**" Dokumentation vorsieht. Beide Anforderungen werden in sämtlichen Vergabeverfahren zu berücksichtigen sein. Weitgehend einheitlich ist nunmehr auch das Formerfordernis an die Dokumentation: Sie hat in **Textform** (§ 126b BGB) zu erfolgen. Dies wird – auch wenn nicht ausdrücklich genannt – auch im Anwendungsbereich der VSVgV gelten.

9.1.1 Inhalt und Umfang der Dokumentation

Da substanzielle Unterschiede zwischen den einzelnen Vorschriften nicht bestehen, kann die vergaberechtliche Dokumentationspflicht einheitlich dargestellt werden. Inhaltlich umfasst die Dokumentation übereinstimmend

- die einzelnen Verfahrensstufen,

- die maßgeblichen Feststellungen und

- die Begründung der einzelnen Entscheidungen.

Die Begriffe lassen sich allerdings nicht trennscharf abgrenzen. Der von der Rechtsprechung für die Dokumentation angelegte Betrachtungsmaßstab verlangt eine Dokumentation, die so detailliert ist, dass sie für einen mit der Sachlage des jeweiligen Vergabeverfahrens vertrauten Einsichtnehmenden **nachvollziehbar** ist.[234] Dazu gehört nach § 8 Abs. 1 VgV nunmehr auch die Dokumentation interner Beratungen beim Auftraggeber.

Praxistipp

 Über die Homepage des Bundesministeriums für Verkehr und digitale Infrastruktur (BMVI) steht kostenlos eine umfangreiche „Arbeitshilfe zum Erstellen von Vergabevermerken" (Ausgabe 2008) zum Download zur Verfügung. Diese bietet nach wie vor brauchbare Erläuterungen und Musterblätter für die Dokumentation. Es muss aber darauf hingewiesen werden, dass die Dokumentation immer einzelfallbezogen erfolgen muss und Formulierungen niemals schematisch übernommen werden sollten.

Die einzelnen Stufen des Vergabeverfahrens beziehen sich auf den formalen Verfahrensablauf, wie er sich im Wesentlichen aus Vergabevorschriften unter Berücksichtigung der ver-

---

233 Siehe hierzu auch die Anmerkungen des DVAL zu § 20 VOL/A.
234 OLG Düsseldorf, Beschl. v. 11.7.2007, VII-Verg 10/07.

schiedenen Verfahrensarten ergibt. Ein Vergabeverfahren beginnt regelmäßig mit der Bekanntmachung bzw. der Aufforderung zur Angebotsabgabe und endet mit dem Zuschlag bzw. seiner Aufhebung. Dazwischenliegende Stufen sind ggf. die Durchführung eines Teilnahmewettbewerbs, die Angebotsprüfung, ggf. Aufklärungsmaßnahmen, die Auswahl des wirtschaftlichsten Angebots, die Versendung von Informationsschreiben und die Zuschlagserteilung.

Maßnahmen im Vergabeverfahren sind solche, die den Sachverhalt festlegen, auf dessen Grundlage die Vergabeentscheidung ergeht. Denknotwendigerweise müssen daher in einem ersten Schritt die tatsächlichen Grundlagen ermittelt und dokumentiert werden, bevor konkrete Maßnahmen oder gar Entscheidungen getroffen werden können. Nach der Rechtsprechung sind aber auch solche Maßnahmen zur näheren Ausgestaltung der Ausschreibungsbedingungen zu dokumentieren, die **vor Einleitung** des Vergabeverfahrens getroffen werden. Dies ergibt sich auch aus § 8 Abs. 1 VgV („Dokumentation der Vorbereitung der Auftragsbekanntmachung und der Vergabeunterlagen"). Hierzu gehören etwa:

- die Auswahl der Verfahrensart,[235]
- die Ermittlung des voraussichtlichen Auftragswerts vor Beginn des Verfahrens,[236]
- die Entscheidung über die Aufteilung des Auftrags in Einzellose,[237]
- die Festlegung der Bewertungskriterien und deren Gewichtung,
- die Festlegung des Umgangs mit den Bewerbern und Bietern (Korrespondenz, Nachfordern von Unterlagen, Verlängerung von Fristen etc.).[238]

Praxistipp

 Auch Inhalte (und ggf. die Bewertung) der Kommunikation mit Bietern – zu denken ist hier neben Verhandlungen oder Dialogen insbesondere an Aufklärungsgespräche – müssen sorgfältig schriftlich niedergelegt werden, denn die Erörterungen sowie deren Bewertung durch die Vergabestelle kann von entscheidender Bedeutung z.B. für die Frage sein, ob ein Bieter im Vergabeverfahren verbleibt. § 8 Abs. 1 VgV und § 7 Abs. 2 UVgO sehen die Kommunikation mit den Verfahrensteilnehmern ausdrücklich als Teil der Dokumentation an.

Die einzelnen **Entscheidungen** im Vergabeverfahren sind solche, bei denen mehrere Gesichtspunkte gegeneinander abzuwägen sind und der Vergabestelle ggf. ein Beurteilungsbzw. Ermessensspielraum zukommt. Da hier die Gefahr eines Nachprüfungsverfahrens durch die nachteilig betroffenen Bieter besonders hoch ist, sind die Entscheidungen, die die Zuschlagsentscheidung betreffen (Angebotswertung, Bieterausschluss, Zuschlagsentscheidung im engeren Sinn), besonders **begründungsintensiv**. Formelhafte Standardformulierungen, die nicht auf das konkrete Vergabeverfahren zugeschnitten sind, oder gar nur stichwortartige Dokumentationen sind nicht ausreichend und daher unbedingt zu ver-

---

235 OLG Naumburg, Beschl. v. 10.11.2003, 1 Verg 14/03.
236 Hanseatisches OLG Bremen, Beschl. v. 18.5.2006, Verg 3/2005, NZBau 2006, 527.
237 OLG Düsseldorf, Beschl. v. 17.3.2004, VII-Verg 1/04, NZBau 2004, 461, 462 m.w.N.
238 Zeise, in: Kulartz/Marx/Portz/Prieß, Kommentar zur VOL/A, 3. Aufl. 2014, § 20 Rn.8.

meiden [239] Aufgrund der Dokumentation sollen Bieter in nachvollziehbarer Weise in Erfahrung bringen können, warum sie nicht mehr am weiteren Vergabeverfahren teilnehmen und sich auch davon überzeugen können, dass die weiteren noch am Vergabeverfahren teilnehmenden Bieter aufgrund sachgerechter, nachvollziehbarer und ermessensfehlerfreier Entscheidung bestimmt worden sind.[240]

Praxistipp

 Keiner umfassenden, detailreichen Begründung bedürfen solche Entscheidungen, bei denen der Beurteilungs- oder Ermessensspielraum des Auftraggebers deutlich reduziert, vollkommen ausgeschlossen ist oder gar nicht existiert, weil die Voraussetzungen für eine bestimmte Entscheidung entweder vorliegen oder nicht. Betroffen hiervon sind regelmäßig die Prüfung der Einhaltung der formalen und inhaltlichen Bedingungen der Vergabeunterlagen sowie der Eignung der Bewerber. Praktisch kann sich anbieten, die Eignung der Bewerber/Bieter tabellarisch zu dokumentieren, so dass nachvollziehbar ist, wer welche Bedingungen erfüllt und welche nicht. Wenn einziges Zuschlagskriterium für die Angebotswertung der Preis ist, erübrigen sich umfangreiche Erklärungen bei der Wertung ebenfalls.

Sollte sich der Auftraggeber im Vergabeverfahren durch Dritte beraten und/oder unterstützen lassen, bedarf es zudem einer dokumentierten Erklärung durch den Auftraggeber, dass die Eigenverantwortlichkeit des Auftraggebers für die Entscheidungen gewahrt bleibt. Die Mitwirkung von Dritten darf nämlich nicht die Grenze zur Mitentscheidung überschreiten.[241]

9.1.2 Zeitliche Dimension der Dokumentationspflicht

Wie bereits ausgeführt, muss die Dokumentation in sämtlichen Vergabeverfahrensarten von Anbeginn **zeitnah** und **fortlaufend** erfolgen. Unter einer fortlaufenden Dokumentation ist eine chronologische Niederlegung der wesentlichen Schritte und Entscheidungen gemäß dem Gang des Vergabeverfahrens zu verstehen.

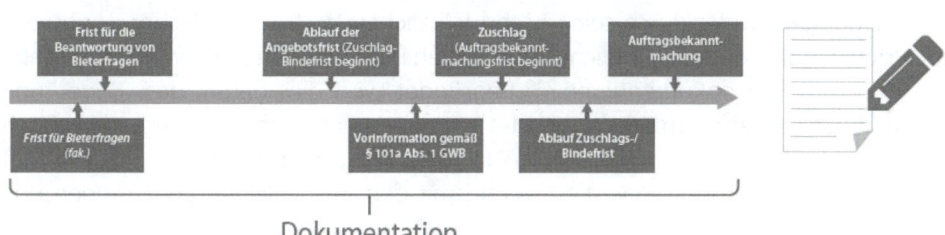

Abb. 38: Chronologische Dokumentation © Foss & Haas GmbH

---

239 VK Sachsen-Anhalt, Beschl. v. 23.7.2004, 1 VK LVwA 31/04.
240 OLG Brandenburg, Beschl. v. 3.8.1999, 6 Verg 1/99, NZBau 2000, 39, 44.
241 VK Bremen, Beschl. v. 4.7.2003, VK 8/03; VK Niedersachsen, Beschl. v. 16.1.2005, 20-VgK-56/2005.

Wenn das Vergaberecht für bestimmte Verfahrensschritte eine festgelegte Reihenfolge vorschreibt, so muss die Vergabedokumentation dies auch widerspiegeln (z.B. bei der Angebotswertung). Eine zeitnahe Dokumentation verlangt zwar keine Unverzüglichkeit im Sinne des § 121 BGB. Mangels genauer Definition sollte die Dokumentation entsprechend dem Normzweck zu einem Zeitpunkt erfolgen, zu dem davon ausgegangen werden kann, dass sie noch den Verlauf des Entscheidungsprozesses widerspiegelt.[242] Die Dokumentation erst zum Zeitpunkt des Zuschlags oder gar erst danach zu erstellen, liegt jedenfalls nicht mehr im Rahmen dessen, was unter zeitnah zu verstehen ist.[243] Im Oberschwellenbereich bedeutet zeitnahe Dokumentation auch, dass die Vergabeakte stets auf dem aktuellen Stand ist, so dass der Auftraggeber der Vergabekammer im Falle eines Nachprüfungsantrags gemäß § 163 Abs. 2 GWB die Vergabeakte „sofort" zur Verfügung stellen kann. Dies lässt keine Zeit für eine erstmalige Anfertigung der Dokumentation nach Aufforderung zu.

9.1.3 Bieterschutz im Nachprüfungsverfahren wegen Dokumentationsmängeln

Im Oberschwellenbereich kann ein unterlegener Bieter seinen Nachprüfungsantrag auf die **Verletzung der Dokumentationspflicht** durch den Auftraggeber stützen, da diese Pflichten bieterschützende Qualitäten im Sinne des § 97 Abs. 6 GWB verleihen. Eine Verletzung der Vergabevorschriften kann in einer ungenügenden, unvollständigen oder im schlimmsten Fall sogar gänzlich fehlenden Dokumentation liegen. Die Dokumentation hat insofern eine **negative Beweiskraft**: Enthalten die Vergabeakten keinen Vermerk über einen Vorgang, so ist davon auszugehen, dass dieser Vorgang nicht stattgefunden hat. Dokumentationsmängel müssen sich allerdings gerade auf die Rechtsstellung des Bieters im Vergabeverfahren nachteilig ausgewirkt haben.[244] Unbeachtlich bleiben Dokumentationsmängel somit, wenn der Antragsteller dies nicht darlegen kann.[245]

Die Frage, ob im Nachprüfungsverfahren noch die Möglichkeit der **Heilung von Dokumentationsmängeln** besteht, wird von der Rechtsprechung kontrovers diskutiert. Teilweise wird vertreten, dass die Nachholung der Dokumentation grundsätzlich nicht möglich ist. Der Auftraggeber kann also seine Erwägungen zu den vergabeverfahrensrechtlichen Entscheidungen weder durch seinen schriftsätzlichen Vortrag im Nachprüfungsverfahren noch durch ergänzendes mündliches Vorbringen in der Verhandlung vor den Vergabekammern nachträglich dokumentieren.[246] Begründet wird dies damit, dass Bedeutung und Funktion des Vergabevermerks entwertet würden, wenn man gestattete, den geschuldeten zeitnahen Vergabevermerk erst im Nachhinein zu erstellen. Denn dies eröffnete die Möglichkeit einer ergebnisorientierten und mit den tatsächlichen Erwägungen und Ent-

---

242 VK Niedersachsen, Beschl. v. 11.1.2005, 203-VgK-55/2004.
243 VK Südbayern, Beschl. v. 13.9.2002, 37-08/02. Zu der Frage, ob Vergabevermerke im Nachprüfungsverfahren nachgeschoben werden dürfen, siehe unter 9.1.3.
244 OLG Düsseldorf, Beschl. v. 17.3.2004, VII-Verg 1/04, NZBau 2004, 461, 462 m.w.N.
245 BayObLG, Beschl. v. 20.8.2001, Verg 9/01, NZBau 2002,348, VergR 2001, 438.
246 OLG Düsseldorf, Beschl. v. 17.3.2004, VII-Verg 1/04, NZBau 2004, 461, 462; OLG Jena, Beschl. v. 26.6.2006, 9 Verg 2/06, NZBau 2006, 735.

scheidungen nicht übereinstimmenden Darstellung der jeweiligen Vorgänge. Dieser Manipulationsmöglichkeit soll begegnet werden.

Die Befürworter einer Heilungsmöglichkeit verfolgen einen pragmatischeren Ansatz: Wegen des Beschleunigungsgrundsatzes und der Konzentrationsmaxime im Nachprüfungsverfahren sowie der drohenden Konsequenz der Rückversetzung des Vergabeverfahrens lassen Teile der Rechtsprechung die Nachholung der Dokumentation in engen Grenzen zu, wenn dadurch die ursprüngliche Intransparenz beseitigt und das Verfahren der Nachprüfung durch die jeweiligen Instanzen zugänglich wird.[247] Eine **vermittelnde Position** nimmt der Bundesgerichtshof[248] ein: In Abwägung beider Positionen sieht er einen Verstoß gegen die Dokumentationspflicht und die hieraus abgeleitete Pflicht zur Wiederholung des entsprechenden Verfahrensschrittes nur in solchen Fällen, in denen zu besorgen ist, dass die Berücksichtigung der nachgeschobenen Dokumentation lediglich im Nachprüfungsverfahren nicht ausreichen könnte, um eine wettbewerbskonforme Auftragserteilung zu gewährleisten.

Stellt die Vergabekammer oder das Beschwerdegericht einen Verstoß gegen die Dokumentationspflicht fest, so ist das Vergabeverfahren ab dem Zeitpunkt, ab dem die Dokumentation unzureichend ist, fehlerbehaftet, und es ist in diesem Umfang zu wiederholen.

9.2 Aufbewahrungs- und Rückgabepflichten

Neben der Pflicht zur Dokumentation des Vergabeverfahrens treffen den Auftraggeber im Zusammenhang mit dem Transparenzgebot noch eine Reihe weiterer Nebenpflichten. Dies sind zum einen **Aufbewahrungspflichten**, zum anderen **Herausgabe-** und **Rückgabepflichten** gegenüber den Teilnehmern an einem Vergabeverfahren.

9.2.1 Aufbewahrungspflichten

Die Frage, wie lange der Auftraggeber die Unterlagen eines Vergabeverfahrens aufzubewahren hat, ist in der Praxis von erheblicher Bedeutung. Denn die Vergabeakten umfangreicher Vergabeverfahren füllen i.d.R. nicht nur einige Aktenordner, sondern oftmals mehrere Regalmeter. Dies kann für die Auftraggeber einen nicht zu vernachlässigenden **Kostenfaktor** darstellen. Die Aufbewahrung der Akten dient vornehmlich dazu, die Auftragsvergabe im Falle einer haushaltsrechtlichen Rechnungsprüfung umfassend darlegen zu können. Die Rechnungshöfe von Bund und Ländern sind qua Haushaltsrecht[249] befugt, binnen mehrerer Jahre rückwirkend die öffentlichen Auftragsvergaben sowohl im Unter- als auch im Oberschwellenbereich stichprobenartig am Maßstab der Sparsamkeit und Wirtschaftlichkeit zu überprüfen.

Die §§ 8 Abs. 4 VgV (der über § 20 VOB/A-EU auch für Oberschwellenbauvergaben gilt) und 8 Abs. 3 SektVO sehen für die Dokumentation und bestimmte Verfahrensunterla-

---

247 VK Bund, Beschl. v. 11.11.2002, VK 1-101/03 und Beschl. v. 24.9.2003, VK 2-76/03.
248 Beschl. v. 8.2.2011, X ZB 4/10.
249 Siehe etwa die §§ 89 ff. BHO, die Vorschriften der LHO sind in vielen Bundesländern identisch.

gen[250] eine Aufbewahrungspflicht bis zum Ende der Laufzeit des zu vergebenden Auftrags, mindestens jedoch für drei Jahre ab Zuschlagserteilung vor. Dies gilt auch für Kopien aller abgeschlossenen Verträge, die im Falle von Liefer- bzw. Dienstleistungsaufträgen einen Auftragswert von mindestens 1 Mio. Euro und im Falle von Bauaufträgen von mindestens 10 Mio. Euro haben.

Daneben ergeben sich Aufbewahrungspflichten aus verwaltungsinternen Vorschriften bzw. im Falle der Auftragsvergabe durch einen Zuwendungsempfänger aus dem Zuwendungsbescheid und seinen Nebenbestimmungen.[251] Gewöhnlich beträgt die Aufbewahrungsfrist hieraus **fünf Jahre** ab Abschluss des Vergabeverfahrens.

Praxistipp

 Die Auftraggeber sollten mit Blick auf die Möglichkeit, einer durchaus umfassenden haushaltsrechtlichen Nachprüfung unterzogen zu werden, im Zweifel die gesamten Vergabeunterlagen aufbewahren, da die Grenze zwischen den für die Rechnungsprüfung jedenfalls bereitzustellenden Unterlagen und jenen, die ggf. von untergeordneter Relevanz sind, selten trennscharf verläuft.

Durch die zunehmende Einführung der e-Vergabe[252] dürfte der durchaus kostenträchtige Aufbewahrungs- und Archivierungsaufwand für Papierakten zukünftig jedenfalls im Hinblick auf den Platzbedarf deutlich reduziert werden.

9.2.2 Rückgabeansprüche

Angesichts dessen, dass die Bieter im Vergabeverfahren im digitalen Zeitalter den weit überwiegenden Teil der Angebotsunterlagen auf eigenen Datenträgern abspeichern und damit keinerlei Wissen oder Know-how durch die Abgabe der Unterlagen im Vergabeverfahren verloren gehen dürfte, stellt sich in der Praxis die Frage nach der Rückgabe der schriftlich eingereichten Dokumente nach Ablauf der Aufbewahrungsfristen wohl eher selten.

Anders hingegen ist die Situation gelagert, in der die Bieter gerade in Bauvergabeverfahren Entwürfe, Ausarbeitungen, Muster oder Proben einzureichen haben. In diesem Fall können die nicht berücksichtigten Bieter auf Antrag bzw. vorherigen Hinweis in ihren Angebotsunterlagen vom Auftraggeber derartige Gegenstände **zurückverlangen**. Die Regelung, die eine Ausnahme von der grundsätzlichen Pflicht des Auftraggebers zur Aufbewahrung der Vergabeunterlagen darstellt, erklärt sich nur damit, dass Muster, Proben, Entwürfe, Ausarbeitungen etc. nicht im engeren Sinne zum Angebot der Bieter zählen, sondern den Angeboten lediglich als Ergänzungen oder Erläuterungen beigefügt werden. Die Rückgabe kann somit unmittelbar nach Abschluss des Vergabeverfahrens erfolgen.

---

250 Vgl. hierzu auch Kap. 8.1.5.1.
251 Vgl. etwa Ziffer 6.5 der Allgemeinen Nebenbestimmungen für Zuwendungen zur Projektförderung (ANBest-P).
252 Siehe hierzu Kap. 7.8.

9.3 Akteneinsicht

Wie bereits dargestellt, dient die Verfahrensdokumentation auch dem Nachweis der ordnungsgemäßen Durchführung des Vergabeverfahrens. Sie wird dementsprechend denjenigen Einrichtungen zugänglich gemacht, die für die Überprüfung des Vergabeverfahrens bzw. der Vergabemaßnahme gesetzlich zuständig sind. Mit Blick auf die umfassende Darstellung des wettbewerblichen Verfahrens einschließlich der Angebote der Unternehmen, die ihrerseits nicht zuletzt mit den angebotenen Preisen Geschäfts- und Betriebsgeheimnisse enthalten, hat der Auftraggeber die Vergabedokumentation **vertraulich zu behandeln** und vor dem Zugriff Unbefugter wirksam **zu schützen**.

Gleichwohl haben Verfahrensbeteiligte auf Grundlage verschiedener Rechtsquellen einen (unterschiedlich ausgeprägten) Anspruch auf Einsichtnahme in die Vergabeakten. Dieser wird nachfolgend dargestellt.

9.3.1 Akteneinsichtsrecht im Nachprüfungsverfahren

Im Nachprüfungsverfahren[253] haben die Verfahrensbeteiligten nach § 165 GWB grundsätzlich einen Anspruch auf Akteneinsicht. Bevor sogleich die einzelnen Anspruchsvoraussetzungen dieser Norm erläutert werden, ist es zweckdienlich, sich die diametral entgegengesetzten Interessenlagen der am Vergabe- bzw. am Nachprüfungsverfahren beteiligten Akteure erneut vor Augen zu führen:

Der für den Zuschlag nicht berücksichtigte Bieter wird zwar vom Auftraggeber über sein Ausscheiden bzw. die Nichtberücksichtigung und die Gründe hierfür informiert, bleibt aber über die meisten internen Vorgänge und Entscheidungsfindungsprozesse auf Seiten des Auftraggebers im Dunkeln. Ohne das flankierende Recht auf Akteneinsicht wäre das subjektive Recht auf Einhaltung der Bestimmungen des Vergabeverfahrens (§ 97 Abs. 6 GWB) oftmals wertlos. Der ausgeschiedene oder unterlegene Bieter kann aufgrund dieser wenigen Informationen über das Vergabeverfahren nämlich nur dann sinnvoll seine Erfolgsaussichten im Nachprüfungsverfahren begutachten und sein Begehren substanziieren und begründen, wenn er möglichst umfassend Einsicht in die Vergabeakte nehmen kann. In diesem Sinne lässt sich das Akteneinsichtsrecht auf das verfassungsrechtlich geschützte Recht auf **effektiven Rechtsschutz** aus Art. 19 Abs. 4 GG zurückführen.

Die anderen Teilnehmer oder Bieter im Vergabeverfahren hingegen haben ein großes Interesse an einerseits der **Wahrung der Vertraulichkeit** ihrer eingereichten Angebote und andererseits der Verhinderung von Wettbewerbsverzerrungen. Der Auftraggeber (und Antragsgegner im Nachprüfungsverfahren) ist als Geheimnisträger ebenfalls zur Wahrung der Vertraulichkeit hinsichtlich der Bieterinformationen, gleichzeitig aber auch zur transparenten Dokumentation des Vergabevorgangs verpflichtet.

Angesichts dieses Spannungsfelds zwischen dem Grundsatz der Transparenz, dem Wettbewerbsgrundsatz und dem Grundsatz des effektiven Rechtsschutzes hat der Gesetzgeber

---

253 Siehe hierzu die Darstellung in Kapitel 10.2.

für die Akteneinsicht im Nachprüfungsverfahren mit § 165 GWB eine **Regel-Ausnahme-Vorschrift** geschaffen: Nach Abs. 1 wird ein grundsätzliches Recht auf Akteneinsicht gewährt, welches in Abs. 2 wieder eingeschränkt werden kann, soweit dies im Interesse des Geheimschutzes oder zur Wahrung von Betriebs- und Geschäftsgeheimnissen geboten ist.

9.3.1.1 Recht auf Akteneinsicht

Nach § 165 Abs. 1 GWB haben die am Nachprüfungsverfahren Beteiligten einen Anspruch darauf, die Akten einsehen zu können. Ähnlich wie im Verwaltungsverfahren sind Beteiligte am Vergabenachprüfungsverfahren gemäß § 162 Satz 1 GWB neben dem Antragsteller und dem Antragsgegner auch die Beigeladenen, also diejenigen Unternehmen, deren Interessen durch die Entscheidung schwerwiegend berührt werden.

Der Begriff der „Akten" in § 165 Abs. 1 GWB entspricht demjenigen aus § 163 Abs. 2 Satz 3 GWB. Dazu gehören jedenfalls sämtliche der Vergabekammer zur Entscheidung vorliegenden Unterlagen, also sowohl die Vergabeakten der Vergabekammer selbst (inklusive aller dokumentierten, auch lediglich intern gebliebenen Vorgänge) als auch beigezogene Akten anderer Behörden oder Gerichte, sowie die von den Beteiligten stammenden Akten und Schriftsätze. Allerdings leidet der Aktenbegriff an einer gewissen Unschärfe und wird daher unterschiedlich weit aufgefasst. Ansatzpunkt für die verschiedenen Auffassungen ist die Frage, ob § 29 Abs. 2 VwVfG entsprechende Anwendung findet und folglich auch Entscheidungsentwürfe, Voten oder andere interne Vermerke der Vergabekammer ebenfalls Aktenbestandteile darstellen können oder nicht.

Aufgrund der im Nachprüfungsverfahren herrschenden Beschleunigungsmaxime (§ 167 GWB) ist **Ort der Einsichtnahme** nur die Vergabekammer selbst. Dies ergibt sich auch ausdrücklich aus § 165 Abs. 1 Satz 1 GWB. Daher besteht kein Anspruch auf Aushändigung oder Übersendung der Vergabeakten. Allerdings kann sich der Antragsteller auf seine Kosten Kopien anfertigen lassen, die die Vergabekammern den nicht ortsansässigen Beteiligten regelmäßig übersenden, so dass eine Einsichtnahme vor Ort verzichtbar wird.

Wenngleich der Wortlaut des § 165 Abs. 1 GWB ein grundsätzlich uneingeschränktes Akteneinsichtsrecht suggeriert, wird in der Rechtsprechung überwiegend vertreten, dass die Vorschrift um das ungeschriebene Tatbestandsmerkmal der **Erforderlichkeit** und der **Entscheidungserheblichkeit** ergänzt werden muss. Demnach besteht das Akteneinsichtsrecht nur in dem Umfang, in dem es zur Durchsetzung der subjektiven Rechte des betroffenen Verfahrensbeteiligten erforderlich ist.[254] Grund hierfür ist, dass nicht (rechtzeitig) Gerügtes nicht entscheidungsrelevant ist und daher kein Akteneinsichtsrecht zu begründen vermag. Das Recht zur Einsichtnahme wird also von vornherein auf den Verfahrensgegenstand des Nachprüfungsverfahrens begrenzt.

---

254 OLG Jena, Beschl. v. 6.12.2006, 9 Verg 8/06.

Praxisbeispiel

 Greift der Antragsteller etwa die vom Auftraggeber gewählte Verfahrensart an, wird ihm eine Einsicht in die konkurrierenden Angebote grundsätzlich von vornherein verwehrt, da es bei der verfahrensgegenständlichen Frage nicht auf einen Vergleich eventuell konkurrierender Angebote ankommt.

Aus der Begrenzung des Einsichtsrechts auf den Verfahrensgegenstand folgt auch, dass der Nachprüfungsantrag überhaupt statthaft sein muss und nicht offensichtlich unzulässig oder unbegründet sein darf. Im Falle eines offensichtlich unzulässigen oder unbegründeten Antrags würde die Akteneinsicht lediglich der Befriedigung des Informationsinteresses des Antragstellers dienen.[255] Wenn der Antrag unzulässig ist, kann dem Antragsteller nur Akteneinsicht in dem Umfang gewährt werden, in dem die Vergabeakten zur Beantwortung der Zulässigkeitsfrage eingesehen werden müssen.[256]

9.3.1.2 Versagung der Akteneinsicht aus wichtigem Grund

Die Gewährung einer unbeschränkten Akteneinsicht würde zu einer Verletzung des vergaberechtlichen Geheimhaltungs- und Vertraulichkeitsgebots zulasten der öffentlichen Auftraggeber und insbesondere zulasten der an einem Vergabeverfahren beteiligten Bieter unabhängig davon führen, ob sie Beteiligte im Nachprüfungsverfahren sind oder nicht. Dem gebietet § 165 Abs. 2 GWB Einhalt, indem die Vergabekammern die Akteneinsicht zu **versagen** haben, soweit dies aus wichtigen Gründen, insbesondere aus Gründen des Geheimnisschutzes oder zur Wahrung von Betriebs- oder Geschäftsgeheimnissen, geboten ist. Die Versagung kann dergestalt erfolgen, dass die betreffenden Unterlagen von der Akteneinsicht **ausgeschlossen** oder die maßgeblichen Textstellen **geschwärzt** werden.

Als **Betriebs- oder Geschäftsgeheimnisse** gelten üblicherweise alle Tatsachen, die im Zusammenhang mit einem wirtschaftlichen Geschäftsbetrieb stehen, nicht offenkundig, sondern nur einem begrenzten Personenkreis zugänglich sind, nach dem Willen des Geschäftsinhabers geheim gehalten werden sollen und an deren Geheimhaltung zudem ein berechtigtes wirtschaftliches Interesse besteht. Das ist dann anzunehmen, wenn die Aufdeckung der Tatsachen geeignet ist, dem Geheimnisträger wirtschaftlichen Schaden zuzufügen. Dabei betreffen Betriebsgeheimnisse in erster Linie den technischen und Geschäftsgeheimnisse den kaufmännischen Bereich des Unternehmens.[257]

Ein grundsätzlich schutzwürdiges Interesse der Bieter an einer Geheimhaltung besteht somit insbesondere hinsichtlich aller wettbewerblich relevanten Passagen eines Angebots wie z.B. der Kalkulationsgrundlagen, der Informationen über die Ertragslage, Kundenlisten, Bezugsquellen oder Marktstrategien. Auch die Einsichtnahme in Unterlagen im Zusammenhang mit funktionalen Ausschreibungen, bei einem wettbewerblichen Dialog oder der Ausschreibung einer Innovationspartnerschaft unterliegt einer besonderen Prüf-

---

255 VK Schleswig-Holstein, Beschl. v. 28.11.2006, VK SH 15/06.
256 OLG Naumburg, Beschl. v. 15.7.2008, 1 Verg 5/08.
257 BGH NJW 1995, 2301 m.w.N.

pflicht, da in derartigen Fällen das Angebot auf einem vom Bieter eigens erarbeiteten Lösungsvorschlag beruht.

Aus der Verwendung des Wortes „geboten" leitet sich die Pflicht der Vergabekammer zu einer **einzelfallbezogenen Abwägung** ab.[258] Unter welchen Voraussetzungen das Geheimhaltungsinteresse jedoch Vorrang vor dem Offenlegungsinteresse und Rechtsschutzinteresse des Antragstellers haben soll, darüber gibt § 165 GWB keinen Aufschluss. Vielfach wird für die Gestaltung des Abwägungsvorgangs und die Abwägungskriterien daher auf § 72 Abs. 2 Satz 4 GWB zurückgegriffen.[259]

Es bietet sich zum besseren Verständnis an, kurz das Procedere der Vergabekammer in Anlehnung an § 72 Abs. 2 Satz 4 GWB sowie die möglichen Fallgestaltungen zu skizzieren: Geht ein Nachprüfungs- und Akteneinsichtsantrag bei der Vergabekammer ein, prüft diese zunächst gemäß § 163 Abs. 2 GWB, ob der Nachprüfungsantrag statthaft ist oder offensichtlich unzulässig oder unbegründet. Bei positiver Entscheidung fordert die Vergabekammer den Auftraggeber auf, ihr die Akten, die das Vergabeverfahren dokumentieren, zur Verfügung zu stellen. Bei der Übersendung der Akten und der eigenen Stellungnahmen hat der Antragsgegner (also der Auftraggeber) gemäß § 165 Abs. 3 GWB auf die Betriebs- und Geschäftsgeheimnisse **hinzuweisen** und diese entsprechend in den Unterlagen für die Vergabekammer zu **kennzeichnen**.

Daraufhin prüft die Vergabekammer im Rahmen ihrer **Amtsermittlungspflicht** (§ 163 Abs. 1 GWB) zunächst anhand der eingereichten Unterlagen und unabhängig von der Kenntnis des Antragstellers von den Geschäftsgeheimnissen, ob die vom Antragsteller geltend gemachten Vergabeverstöße substantiiert sind, oder sie deckt selbst Vergabeverstöße auf. Kann sie ausschließen, dass Vergabeverstöße überhaupt vorliegen, wird die Vergabekammer die Akteneinsicht versagen. Als einzige Rechtsschutzmöglichkeit gegen die Versagung der Akteneinsicht kommt nach § 165 Abs. 4 GWB nur die **sofortige Beschwerde** zusammen mit der Hauptsacheentscheidung (also der Entscheidung der Vergabekammer hinsichtlich der geltend gemachten Vergabeverstöße) in Betracht. Eine isolierte Anfechtung der ablehnenden Entscheidung bezüglich der Akteneinsicht ist gesetzlich nicht vorgesehen.

Erkennt die Vergabekammer hingegen einen oder mehrere Vergabeverstöße, so prüft sie dann die Relevanz der Kenntnis von den Geschäftsgeheimnissen für den Nachprüfungsantrag. Wenn der in Rede stehende Vergabeverstoß ohne Offenlegung der Geschäftsgeheimnisse aufgeklärt werden kann, hat die Vergabekammer den Akteneinsichtsantrag ebenfalls abzulehnen (ggf. nur teilweise).

Stellt sich heraus, dass der Vergabeverstoß nicht ohne Offenlegung von Geheimnissen aufgeklärt werden kann, wird zunächst allen betroffenen Geheimnisträgern, also Bietern, **Gelegenheit zur Stellungnahme** gewährt. Diesen Anspruch auf rechtliches Gehör haben nicht nur die am Nachprüfungsverfahren als Beigeladene beteiligten Bieter, sondern auch jene Konkurrenten, die am Verfahren nicht beteiligt sind. Es reicht dabei allerdings nicht aus, wenn sich der jeweils Betroffene schlicht auf die Geheimhaltungsbedürftigkeit der of-

---

258 OLG Düsseldorf, Beschl. v. 28.12.2007, VII-Verg. 40/07.
259 OLG Düsseldorf, Beschl. v. 28.12.2007, VII-Verg. 40/07.

fenzulegenden Vergabeunterlagen beruft. Er muss dies vielmehr über die Behauptung hinaus nachvollziehbar darlegen.[260] Nach überwiegender Auffassung reicht es also nicht aus, wenn Bieter ihre gesamten Angebotsunterlagen als geheimhaltungsbedürftig kennzeichnen. Vielmehr wird auch eine nachvollziehbare Begründung der Geheimhaltungsbelange gefordert.

Praxistipp

 Bieter sollten daher im Einzelfall darlegen, dass in Bezug auf Geschäftsgeheimnisse etwa nur ein eng begrenzter Mitarbeiterkreis von diesen Geheimnissen Kenntnis hat und dass betriebsintern gewährleistet ist, dass derartige Daten nicht ohne Weiteres zugänglich sind. Auch sollte der Bieter darlegen, welche konkreten Auswirkungen im Falle einer Offenlegung zu befürchten sind. Macht der Betroffene von seinem Recht auf Stellungnahme gegenüber der Vergabekammer nicht Gebrauch, kann diese die Akteneinsicht ohne Weiteres gewähren.

Anschließend muss die Vergabekammer **abwägen**, inwieweit Akteneinsicht gewährt oder verweigert werden muss. Danach ist die von der Forderung nach einem effektiven Rechtsschutz, dessen Unterstützung das Recht auf Akteneinsicht dient, gesicherte Einhaltung des vergaberechtlichen Gebots eines transparenten und chancengleichen Wettbewerbs gegen die auf dem Spiel stehenden Geheimhaltungsinteressen des von der Akteneinsicht Betroffenen abzuwägen und festzustellen, was schwerer wiegt. Genauere Hinweise zum Vorgehen gibt das Gesetz nicht vor.

Die Abwägung hat unter Berücksichtigung aller Umstände des Falles stattzufinden. Berücksichtigt werden muss zum Beispiel, welche Ableitungen aus den offengelegten Kalkulationen eines Bieters getroffen werden können, ob sie etwa auch Rückschlüsse hinsichtlich der Preiskalkulation für andere Aufträge zulassen oder nur den konkreten Auftrag betreffen.

Auch die Oberlandesgerichte als Beschwerdegerichte können mit der Akteneinsicht befasst werden. Dies ist möglich im Fall der sofortigen Beschwerde nach § 165 Abs. 4 GWB. Das Gericht prüft dann inzidenter die Geheimhaltungsbedürftigkeit. Wenn es der Ansicht ist, dass Geschäftsgeheimnisse offengelegt werden müssten, kann das Gericht im Falle der Entscheidungsreife der Sache ein Zwischenverfahren nach den §§ 175 Abs. 2, 72 GWB selbst durchführen und in der Sache entscheiden. Wenn die Sache noch nicht entscheidungsreif ist, wird sie an die Vergabekammer gemäß § 178 Satz 2, 2. Halbs. GWB zurückverwiesen.

9.3.2 Akteneinsicht nach Informationsfreiheitsgesetz

Mangels spezifisch vergaberechtlicher Primärrechtsschutzmöglichkeiten im Unterschwellenbereich besteht dort auch für die nicht berücksichtigten Bieter kein dem § 165 GWB vergleichbares Akteneinsichtsrecht. Die einzige Möglichkeit für den Antragsteller, Einsicht

---

260 OLG Jena, VergabeR 2003, 248; OLG Celle, VergabeR 2002, 83.

in die Vergabeakte zu erhalten, eröffnen die Vorschriften der **Informationsfreiheitsgesetze** des Bundes (IFG-Bund) und der Bundesländer. Nach § 1 IFG-Bund[261] hat jeder einen Anspruch auf Zugang zu amtlichen Informationen. Mangels Beschränkungen des Wortlauts umfassen die „amtlichen Informationen" neben den Akten, die die rein öffentlich-rechtlichen Verwaltungstätigkeiten dokumentieren, auch Verträge, die die öffentliche Hand als fiskalische Hilfsgeschäfte abgeschlossen hat und auf die das Privatrecht anwendbar ist.[262]

Im Gegensatz zum Akteneinsichtsanspruch nach § 165 GWB richtet sich der Anspruch aus dem Informationsfreiheitsgesetz nicht an die Nachprüfungsinstanzen, sondern gegen den Auftraggeber selbst. Das Akteneinsichtsrecht ist allerdings gemäß § 6 Satz 2 IFG-Bund beschränkt. Nach dieser Vorschrift darf der Zugang zu Betriebs- oder Geschäftsgeheimnissen nur gewährt werden, soweit der Betroffene eingewilligt hat. Nach § 8 IFG-Bund gibt die Behörde den Dritten, deren Belange durch den Antrag auf Informationszugang berührt sind, schriftlich Gelegenheit zur Stellungnahme binnen eines Monats. Die Betriebs- oder Geschäftsgeheimnisse genießen nach dem Informationsfreiheitsgesetz also **absoluten Schutz**; das Informationsinteresse kann ihnen gegenüber nicht durchdringen, eine Abwägung der divergierenden Interessen findet im Gegensatz zu § 165 Abs. 2 GWB grundsätzlich nicht statt.[263] Einsicht kann folglich nur in die Teile der Akte gewährt werden, die keine Betriebs- oder Geschäftsgeheimnisse enthalten.

Da ein Antrag auf Akteneinsicht nach Informationsfreiheitsgesetz oftmals zeitaufwändig ist und im Unterschwellenbereich kein vergaberechtlicher Primärrechtsschutz einschließlich eines vorläufigen Zuschlagsverbots existiert, werden solche Auskunftsansprüche vornehmlich der Vorbereitung einer Schadensersatzklage dienen. Aber auch während oder nach Abschluss eines Vergabeverfahrens kommen die Informationsfreiheitsgesetze von Bund und Ländern immer wieder als Anspruchsgrundlage für Auskünfte über Informationen über das Vergabeverfahren in Betracht und können auch von Personen und Unternehmen geltend gemacht werden, die nicht am Vergabeverfahren beteiligt sind. Das Verhältnis zwischen Informationsfreiheitsrecht und Vergaberecht ist vielfach noch nicht geklärt. Klar ist, dass die Vorschriften über das Nachprüfungsverfahren bei Oberschwellenvergabeverfahren (und das dortige Akteneinsichtsrecht nach § 165 GWB) als Spezialgesetz den Informationsfreiheitsgesetzen vorgeht. Ansonsten werden die Vorschriften des Vergaberechts (und hier insbesondere die Pflichten des Auftraggebers zur Gewährleistung des Geheimwettbewerbs und der Vertraulichkeit) und die Vorschriften auf Informationsfreiheit gegeneinander abzuwägen sein. Im Unterschwellenbereich wird dies eher zugunsten der Informationsfreiheitsgesetze zu entscheiden sein, da VOB/A und VOL/A sowie UVgO hier keinen Gesetzesrang haben.[264] Bei EU-weiten Vergabeverfahren wird zumindest § 5 Abs. 2 VgV die dort genannten Unterlagen auch nach Beendigung des Vergabeverfahrens vor Einsichtnahme schützen. Letztlich ist allerdings auch zu konstatieren, dass Ansprüche nach den

---

261 Die folgende Darstellung orientiert sich an den Vorschriften des Informationsfreiheitsgesetzes des Bundes. Die Landesgesetze sind inhaltlich weitgehend identisch mit diesem.
262 VG Schleswig, Urt. v. 31.8.2004, 6 A 245/02.
263 In einigen Bundesländern sehen die dortigen Informationsfreiheitsgesetze die Abwägung zwischen den Betriebs- und Geschäftsinteressen mit dem Offenlegungsinteresse vor, so etwa § 11 Abs. 1 IFG S-H.
264 So VG Stuttgart, Urt. v. 17.5.2011, 13 K 3505/09

Informationsfreiheitsgesetzen stets dort ihre Grenze finden, wo eine Auskunft die Geschäfts- und Betriebsgeheimnisse der Verfahrensbeteiligten verletzen würde.

Im Unterschied zu den Regelungen nach GWB kann der Antragsteller die Ablehnung seines Akteneinsichtsanspruchs nach IFG zunächst mit einem Widerspruch angreifen und anschließend ggf. Verpflichtungsklage zum Verwaltungsgericht erheben.

9.3.3 Akteneinsichtsrechte bzw. Auskunftsansprüche anderer Behörden

Eine ordnungsgemäße Dokumentation der Vergabeverfahren erweist sich schließlich auch im Falle einer Überprüfung der Beschaffungsvorgänge durch die Rechnungshöfe des Bundes und der Länder bzw. der kommunalen Prüfeinrichtungen als wertvoll. Diese verfügen über umfassende **Auskunftsrechte** gegenüber den Vergabestellen, sie können sich sämtliche für die Prüfung benötigten Unterlagen übersenden lassen.[265] Derartige Auskunftsansprüche bestehen auch gegenüber solchen Auftraggebern, die zur Beachtung des Vergaberechts qua Zuwendungsbescheid verpflichtet wurden.[266]

Im Oberschwellenvergaberecht sehen § 8 Abs. 5 VgV und für den Sektorenbereich § 8 Abs. 4 SektVO ausdrücklich vor, dass der Vergabevermerk oder jedenfalls dessen Hauptinformationen sowie die aufzubewahrenden Kopien der Verträge sowohl der EU-Kommission als auch den Aufsichts- und Prüfbehörden auf deren jeweilige Anforderung hin zu übermitteln sind.

---

265 Siehe etwa § 95 BHO.
266 Z.B.: Ziffer 7.3 der Allgemeinen Nebenbestimmungen für Zuwendungen zur Projektförderung (ANBest-P).

10. Rechtsschutz

10.1 Überblick/Rechtsschutzarten

Zum Schutz ihrer Rechte haben Bieter und Bewerber die Möglichkeit, durch Anrufung des zuständigen gerichtlichen oder gerichtsähnlichen Spruchkörpers aktiv in das Vergabeverfahren einzugreifen. Ziel ist dabei die Herstellung eines rechtmäßigen Zustands im laufenden Vergabeverfahren. Diese Rechtsschutzart wird als **Primärrechtsschutz** bezeichnet.

Kann dieses Ziel nicht mehr erreicht werden, etwa weil der Auftraggeber seine Vergabeabsicht aufgegeben hat oder der Zuschlag bereits erteilt ist, sind Bieter und Bewerber dennoch nicht schutzlos. Sie haben die Möglichkeit, für einen durch rechtswidriges Handeln des Auftraggebers erlittenen Schaden Ersatz zu verlangen. Gesprochen wird dabei vom sogenannten **Sekundärrechtsschutz**.

Unterhalb der für das europäische Vergaberecht maßgeblichen Schwellenwerte ist der Rechtsschutz weniger ausgeprägt. Hintergrund ist, dass das Vergaberecht unterhalb der Schwellenwerte Haushaltsrecht ist und damit grundsätzlich Binnenrecht der Verwaltung, auf dessen Einhaltung Außenstehende keinen Anspruch haben. Da aber auch unterhalb der Schwellenwerte im Rahmen eines Vergabeverfahrens zwischen Auftraggeber und Bietern bzw. Bewerbern ein vorvertragliches Schuldverhältnis mit gegenseitigen Rücksichtnahmepflichten besteht, sind Bieter und Bewerber nicht vollständig schutzlos. Sie sind dabei aber auf die sehr eingeschränkten Möglichkeiten der Kommunalaufsicht, einiger Landesvergabegesetze und der Zivilgerichte verwiesen.

Obwohl dabei nicht von einem Rechtsschutzverfahren im eigentlichen Sinne gesprochen werden kann, ist das durch die EU-Kommission eingeleitete **Vertragsverletzungsverfahren** beim EuGH ebenfalls von hoher Bedeutung für die Rechtspraxis.

Uneinheitlich ist die Situation auch bei der Vergabe von Dienstleistungskonzessionen. Die Zuständigkeiten für Rechtsschutzverfahren waren in diesem Bereich lange unklar. Ähnlich wie bei der Vergabe öffentlicher Aufträge kann der Rechtsschutz hier im Unterschwellenbereich nicht als effektiv zur Wahrung von Bieter- und Bewerberrechten bezeichnet werden. Er wird im Verwaltungsrechtsweg oder vor den Zivilgerichten durchgeführt, was davon abhängt, ob der Vertrag aufgrund öffentlich-rechtlicher Vorschriften geschlossen worden ist oder nicht. Bei der Vergabe von (Dienstleistungs-)Konzessionen, die den einschlägigen Schwellenwert von 5.225.000 Euro erreichen oder überschreiten, sind seit Inkrafttreten des Vergaberechtsmodernisierungsgesetzes am 18. April 2016 nunmehr auch die

Nachprüfungsinstanzen von Bund und Ländern zur Gewährung eines effektiven Primärrechtsschutzes zuständig.

10.2 Nachprüfungsverfahren

Im europäischen, durch den vierten Teil des GWB umgesetzten Vergaberecht besteht ebenfalls aufgrund europarechtlicher Vorgaben[267] mit dem in den §§ 155 ff. GWB geregelten **Nachprüfungsverfahren** ein ausgeprägtes Rechtsschutzverfahren zur Gewährleistung eines rechtmäßigen Verfahrensablaufs und zur Wahrung der Bieter- und Bewerberrechte im Vergabeverfahren.

Nachprüfungsverfahren sollen zunächst einmal dadurch verhindert werden, dass sich die Beteiligten einigen, bevor staatliche Instanzen zur Streitschlichtung angerufen werden müssen.

Konkret bedeutet das, dass Bieter oder Bewerber ihr Anliegen vorrangig an den Auftraggeber adressieren müssen, um ihm die Gelegenheit zur Prüfung und zur Abhilfe zu geben (sogenannte Rügeobliegenheit). Das Nachprüfungsverfahrensrecht sanktioniert diese Obliegenheit zur Rüge dadurch, dass ein Nachprüfungsantrag unzulässig ist, wenn nicht vorher (erfolglos) gerügt wurde.

Die durch einen verfahrensbeendenden Beschluss der Vergabekammer beschwerte Partei kann diesen Beschluss mittels der **sofortigen Beschwerde** durch den jeweils zuständigen Vergabesenat bei den Oberlandesgerichten überprüfen lassen. Beabsichtigt ein Oberlandesgericht, von einer Entscheidung eines anderen Oberlandesgerichts abzuweichen, legt es die Sache dem Bundesgerichtshof zur Entscheidung vor (sogenannte Divergenzvorlage). Kommt ein Oberlandesgericht zu dem Ergebnis, dass eine Entscheidung die Auslegung des Rechts der EU betrifft (insbesondere der Vergaberichtlinien), setzt es das Verfahren aus und legt das Verfahren dem Europäischen Gerichtshof zur Vorabentscheidung dieser Frage vor.

Die Möglichkeit des Nachprüfungsverfahrens wurde mit dem Vergaberechtsänderungsgesetz im Jahr 1998 eingeführt. Wie die Statistiken des Bundeswirtschaftsministeriums belegen, ist die Zahl der beantragten Nachprüfungen in den Jahren 1999 bis 2015 stark schwankend. Nach dem „Höhepunkt" im Jahr 2002 mit 1.493 Nachprüfungsanträgen war die Zahl in den letzten Jahren insgesamt leicht abnehmend, wobei im Jahr 2015 erneut ein leichter Anstieg zu verzeichnen ist. Im Jahr 2015 sind bei 764 beendigten Verfahren 864 neue Anträge eingegangen. Die Quote erfolgreicher Nachprüfungsanträge liegt im Jahr 2015 bei 26,8 % und damit deutlich über dem Durchschnitt der statistisch erfassten Jahre 1999 bis 2012 (Erfolgsquote: 13,10 %). Der Anteil der wegen offensichtlicher Unzulässigkeit und Unbegründetheit nicht zugestellten Anträge erreicht mit 3,7 % den niedrigsten Stand seit Erfassung dieses Wertes. Die Zahl der sofortigen Beschwerden zu den Vergabesenaten bei den Oberlandesgerichten ist im Jahr 2015 ebenfalls rückläufig (117 Eingänge).[268]

---

267 Richtlinien 89/665/EWG und 92/13/EWG in der Fassung der Richtlinie 2007/66/EG v. 11.12.2007, ABl. EG L 33 v. 20.12.2007, S. 31 ff.
268 Statistiken des BMWi nach § 129a GWB auf http://www.bmwi.de/BMWi/Redaktion/PDF/G/gesamtuebersicht-vergabekammern,property=pdf,bereich=bmwi2012,sprache=de,rwb=true.pdf, Abruf am 25.8.2016.

10.2.1 Anspruch auf Einhaltung des Vergaberechts

Anders als das Haushaltsvergaberecht verschafft das europäische Vergaberecht Bietern und Bewerbern bei Auftragsvergaben einen Anspruch darauf, dass der Auftraggeber die Bestimmungen über das Vergabeverfahren einhält (§ 97 Abs. 6 GWB). Dieser Anspruch ist im Wege des vergaberechtlichen Nachprüfungsverfahrens durchsetzbar; das Nachprüfungsverfahren ist aber gleichzeitig auch darauf beschränkt, die Einhaltung und Durchsetzung bieterschützender Verfahrensregeln zu gewährleisten (§ 160 Abs. 2 GWB).

Aus der Praxis der Nachprüfungsinstanzen ist keine klare Linie erkennbar, ob und unter welchen Voraussetzungen eine Regelung bieterschützend ist und damit zum Gegenstand eines Nachprüfungsverfahrens gemacht werden kann.

Naheliegend erscheint es im Ausgangspunkt, das formelle Vergabeverfahrensrecht des vierten Teils des GWB (§§ 97 ff. GWB), der VgV, der SektVO, der VSVgV, der VOB/A und der KonzVgV als Bestimmungen über das Vergabeverfahren anzusehen. Das Vergaberecht stellt jedoch keine in sich geschlossene Rechtsordnung dar. Es handelt sich trotz der jüngsten Modernisierung vielmehr um eine Querschnittsmaterie mit zahlreichen Überschneidungen zu anderen Rechtsgebieten. Aus diesem Grund ist inzwischen anerkannt, dass auch andere Rechtsgebiete über Anknüpfungsnormen gewissermaßen auf das Vergaberecht ausstrahlen.[269]

In diesem Fall ist aber zusätzlich zu prüfen, ob diese Regelungen auch bieterschützende Wirkung haben und daher von den Vergabenachprüfungsinstanzen als vorgelagerte Rechtsfragen grundsätzlich mit zu prüfen sind. Das ist jedenfalls dann eindeutig, wenn außervergaberechtliche Normen regeln, ob Leistungen im Rahmen eines öffentlichen Auftrags oder im Rahmen einer Dienstleistungskonzession außerhalb des formellen Vergabeverfahrensrechts beauftragt werden dürfen.[270] Auch erscheint es naheliegend, dass fehlende Erklärungen und Nachweise nur dann mit einem Angebotsausschluss sanktioniert werden dürfen, wenn die zugrunde liegende Forderung am Maßstab gesetzlicher Vorschriften außerhalb des Vergaberechts zulässig war.[271]

Schwieriger wird die Herleitung eines Bieterschutzes dort, wo außervergaberechtliche Bestimmungen das vergaberechtliche Leistungsbestimmungsrecht des Auftraggebers einschränken. Gleichwohl wird vertreten, dass Bieter und Bewerber auch einen vergaberechtlichen Anspruch darauf haben, dass Auftraggeber bei der Gestaltung einer Leistungsbeschreibung die einschlägigen gesetzlichen Bestimmungen einhalten.[272]

Sofern allerdings das haushaltsrechtliche Wirtschaftlichkeitsgebot im Vergabeverfahren und bei seiner Vorbereitung zu beachten ist, besteht weitestgehend Einigkeit, dass Bieter

---

269 BGH, Beschl. v. 18.6.2012, X ZB 9/11; OLG Düsseldorf, Beschl. v. 19.10.2011, VII-Verg 51/11.
270 Z.B. § 16 Abs. 1 KrW-/AbfG (außer Kraft) entspricht § 23 KrW, hierzu OLG Düsseldorf, Beschl. v. 19.10.2011, VII-Verg 51/11 und BGH, Beschl. v. 18.6.2012, X ZB 9/11: Dienstleistungskonzession abfallrechtlich unzulässig.
271 Forderung nach Bruttopreisen für Postzustellungsaufträge ist zulässig, da durch das Umsatzsteuerrecht geboten, OLG Düsseldorf, Beschl. v. 6.2.2013, VII-Verg 32/12.
272 OLG Düsseldorf zur Abfallhierarchie nach § 6 Abs. 1 KrWG, Beschl. v. 1.8.2012, VII-Verg 105/11: „In aller Regel wird solchen (materiell) gesetzlichen Vorschriften ein bieterschützender Charakter nicht abzusprechen sein." Anders aber OLG Karlsruhe, Beschl. v. 1.4.2011, 15 Verg 1/11: „Dieses Nebeneinander von Vergaberecht und Abfallwirtschaftsplanung führt jedoch nicht dazu, dass abfallrechtliche Bestimmungen damit zu Bestimmungen des Vergaberechts werden, auf die sich der einzelne Bieter berufen kann."

und Bewerber sich nicht darauf berufen können, der Auftraggeber verhalte sich bei der Vorbereitung oder der Durchführung eines Vergabeverfahrens haushaltsrechtswidrig. Deshalb können Bieter oder Bewerber nicht geltend machen, die Gestaltung der Leistungsbeschreibung sei unwirtschaftlich, weshalb etwa der Ausschreibungsgegenstand ausgetauscht werden müsse.[273] Auch die Vorschriften über die Prüfung der Auskömmlichkeit der Angebotspreise dienen vordergründig dem Schutz des Auftraggebers selbst, und ein Verstoß kann daher nur in sehr seltenen Ausnahmefällen im Nachprüfungsverfahren geltend gemacht werden.

Praxistipp

 Die Frage, ob eine – ggf. auch außervergaberechtliche – Regelung bieterschützende Wirkung hat und damit Gegenstand eines Nachprüfungsverfahrens sein kann, bedarf einer sorgfältigen Einzelfallprüfung. Sofern es nicht um rein haushaltsrechtliche Bestimmungen geht, scheint die vergaberechtliche Spruchpraxis dabei tendenziell einen großzügigen Maßstab anzuwenden und prüft außervergaberechtliche Rechtsfragen über Anknüpfungs- und Brückennormen als entscheidungserhebliche Vorfragen. Auftraggeber sind daher gut beraten, wenn sie bei der Vorbereitung eines Vergabeverfahrens auch die für den jeweiligen Beschaffungsgegenstand relevanten spezialgesetzlichen Vorschriften sorgfältig prüfen und in ihre Überlegungen einbeziehen.

10.2.2 Rügeobliegenheit

10.2.2.1 Sinn und Zweck der Rügeobliegenheit

Als Spiegelbild des vergaberechtlichen Anspruchs der Bieter und Bewerber auf Einhaltung der Bestimmungen über das Vergabeverfahren haben sie – als Ausprägung ihrer Rücksichtnahmepflicht aus Treu und Glauben im Rahmen des zwischen ihnen und dem Auftraggeber bestehenden vorvertraglichen Schuldverhältnisses[274] – dem Auftraggeber vor Einleitung eines Nachprüfungsverfahrens die Gelegenheit zu geben, Vergabeverstöße im laufenden Verfahren zu korrigieren.[275]

Sie müssen dazu erkannte oder erkennbare Verstöße gemäß § 160 Abs. 3 Satz 1 GWB rügen, anderenfalls droht ihnen der Rechtsverlust im Falle eines Nachprüfungsverfahrens. Die Rügeobliegenheit wird daher neben ihrer Funktion als **Zulässigkeitsvoraussetzung für einen Nachprüfungsantrag** als materielle Präklusionsregel angesehen, d.h. der Bieter kann nicht rechtzeitig gerügte Vergaberechtsverstöße später nicht mehr geltend machen.[276] Eine verspätet erhobene Rüge kann auch nicht nachgeholt werden. Insbesondere ist es nicht möglich, einen Nachprüfungsantrag in eine Rüge umzudeuten.[277]

---

273 VK Bund, Beschl. v. 26.10.2012, VK2-107/12.
274 VK Niedersachsen, Beschl. v. 3.9.2012, VgK 29/2012.
275 OLG Brandenburg, Beschl. v. 30.4.2013, Verg W 3/13.
276 Vgl. OLG Naumburg, Beschl. v. 14.12.2004, 1 Verg 17/04; einschränkend nunmehr OLG München, Beschl. v. 6.8.2012, Verg 14/12.
277 OLG Düsseldorf, Beschl. v. 5.12.2006, VII-Verg 56/06; OLG München, 2.3.2009, Verg 1/09.

Die Rügeobliegenheit entsteht grundsätzlich erst, wenn und soweit eine Entscheidung eines Auftraggebers in einem Vergabeverfahren vorliegt. Handlungen eines Auftraggebers, die Entscheidungen in einem Vergabeverfahren lediglich vorbereiten, sind nicht rügefähig. Vorsorgliche Rügen „ins Blaue hinein" gehen daher ins Leere.[278]

10.2.2.2 Die Rügetatbestände

a) Unverzügliche Rüge erkannter Vergabeverstöße

Nach § 160 Abs. 3 Satz 1 Nr. 1 GWB ist der Nachprüfungsantrag unzulässig, soweit der Antragsteller den gerügten Verstoß gegen Vergabevorschriften im Vergabeverfahren erkannt und gegenüber dem Auftraggeber nicht innerhalb einer Frist von zehn Kalendertagen gerügt hat.

Erkannt ist ein Verstoß gegen Vergabevorschriften im Vergabeverfahren dann, wenn der Bieter das erforderliche Wissen um die relevanten Tatsachen hat und er aufgrund einer laienhaften rechtlichen Wertung zu dem Ergebnis kommt, dass es sich um einen Fehler handelt. Es genügt insoweit Kenntnis eines Sachverhalts, der den Schluss auf die Verletzung von vergaberechtlichen Bestimmungen erlaubt und der den Verstoß bei vernünftiger Betrachtung naheliegend erscheinen lässt. Eine laienhafte rechtliche Bewertung eines Sachverhalts als vergaberechtswidrig erfordert insbesondere nicht, dass ein Bieter hierzu rechtlichen Rat einholt.[279]

Die Rüge muss anders als in § 107 Abs. 1 Satz 1 Nr. 1 GWB a.F. nicht mehr unverzüglich ausgesprochen werden, sondern innerhalb einer Frist von zehn Kalendertagen.

Mit der Modifizierung des § 160 Abs. 3 GWB und der eingefügten Frist von zehn Kalendertagen erfüllt der Gesetzgeber die nach neuerer Rechtsprechung des EuGH erforderlichen Rechtsmittelfristen, die hinreichend klar, bestimmt und überschaubar sein müssen, damit die Betroffenen ihre Rechte und Pflichten erkennen können.[280]

b) Rüge erkennbarer Vergabeverstöße bis zum Ablauf der Angebots- oder Bewerbungsfrist

Ein Nachprüfungsantrag ist auch dann unzulässig, soweit Verstöße gegen Vergabevorschriften, die aufgrund der Bekanntmachung erkennbar sind, nicht spätestens bis Ablauf der in der Bekanntmachung genannten Frist zur Angebotsabgabe oder zur Bewerbung gegenüber dem Auftraggeber gerügt werden (§ 160 Abs. 3 Satz 1 Nr. 2 GWB). Das gilt auch für Verstöße, die erst in den Vergabeunterlagen erkennbar sind. Auch sie müssen spätestens bis Ablauf der in der Bekanntmachung genannten Frist zur Angebotsabgabe oder zur Bewerbung gegenüber dem Auftraggeber gerügt werden (§ 160 Abs. 2 Satz 1 Nr. 3 GWB).

Sinn und Zweck dieser Vorschriften ist es, den Bieter zu verpflichten, die Angaben in der Vergabebekanntmachung und in den Vergabeunterlagen sorgfältig zu studieren und den Auftraggeber auf etwaige Rechtsverstöße bereits frühzeitig hinzuweisen. Erkennbar sind Regelverstöße, die bei üblicher Sorgfalt und den üblichen Kenntnissen von einem durch-

---

278 OLG Düsseldorf, Beschl. v. 7.11.2012, VII-Verg 11/12: Versand der Vergabeunterlagen.
279 Vgl. OLG München, Beschl. v. 6.8.2012, Verg 14/12.
280 EuGH, Urt. v. 28.1.2010, Rs. C-456/08, Kommission/Irland, Rn. 61; sowie Rs. C-406/08, Uniplex, Rn. 39.

schnittlich vergabeerfahrenden Unternehmen sowohl in tatsächlicher als auch in rechtlicher Hinsicht als solche erkannt werden können. Zum Teil wendet die Rechtsprechung aber auch einen subjektiven Maßstab an und stellt auf die subjektiven Erkenntnismöglichkeiten des konkreten Unternehmens im Einzelfall ab.[281]

In der Praxis besteht bei der Anwendung des objektiven Maßstabes für die Rechtsprechung das Problem, beurteilen zu müssen, ob ein Verstoß auf einer „allgemeinen Überzeugung der Vergabepraxis" beruht und einem Bieter oder Bewerber „ins Auge fallen" muss.[282] Zwar sind Bieter und Bewerber nicht verpflichtet, externen vergaberechtlichen Sachverstand hinzuzuziehen, um die Bekanntmachung und die Vergabeunterlagen einer Detailprüfung zu unterziehen. Allerdings kann erwartet werden, dass bei Bietern oder Bewerbern zumindest ein aktueller Text der einschlägigen Vergabeordnung sowie die Kenntnis darüber vorhanden ist, welchen Mindestanforderungen die Vergabeunterlagen genügen müssen. Ein Vergaberechtsverstoß, der sich durch bloßes Lesen der einschlägigen Normen und einen Vergleich mit dem Text der Vergabeunterlagen ohne Weiteres feststellen lässt, ist nach der Rechtsprechung erkennbar i.S.d. Rügetatbestände.[283]

Das kann z.B. bei der fehlerhaften Wahl der Vergabeverfahrensart[284] der Fall sein, wenn bei unvollständigen Angeboten in einem Bauvergabeverfahren ein automatischer Angebotsausschluss vorgesehen ist,[285] oder auch bei der in der Praxis sehr oft diskutierten Frage der unzulässigen Vermischung von Eignungs- und Wertungskriterien.[286]

Praxistipp

 Die Rechtsprechung zur Erkennbarkeit von Vergabefehlern hat sich verschärft. Inzwischen werden bei Bietern und Bewerbern vergaberechtliche Grundkenntnisse vorausgesetzt. In der Praxis wird allerdings schwer zu entscheiden sein, wo diese Grundkenntnisse aufhören und Detailwissen beginnt. Für Bieter und Bewerber bedeutet das, zur Vermeidung von Rechtsverlusten in jedem Fall frühzeitig rügen zu müssen. Ein Zuwarten bis nach Abschluss der Angebotsprüfung und -wertung ist hoch riskant.

c) Frist von 15 Kalendertagen nach erfolgloser Rüge

Bereits mit der Vergaberechtsreform im Jahr 2009 hat der Gesetzgeber mit § 160 Abs. 3 Satz 1 Nr. 4 GWB eine weitere Frist eingeführt. Danach hat ein Bieter oder Bewerber, dessen Rüge vom Auftraggeber zurückgewiesen worden ist, 15 Kalendertage Zeit, einen Nachprüfungsantrag hiergegen einzuleiten Geschieht dies erst nach der Frist, ist dieser Nachprüfungsantrag unzulässig. Hintergrund ist das **Beschleunigungsgebot** im Nachprüfungsverfahren und das daraus folgende Bestreben, frühzeitig Klarheit über die Recht-

---

281 Vgl. die Nachweise bei OLG Düsseldorf, Beschl. v. 19.6.2013, VII-Verg 8/13; OLG München, Beschl. v. 29.10.2010, Verg 9/10.
282 OLG Düsseldorf, Beschl. v. 4.2.2013, VII-Verg 31/12.
283 OLG Celle, Beschl. v. 16.6.2011, 13 Verg 3/11.
284 VK Bund, Beschl. v. 21.9.2011, VK1-117/11.
285 OLG Celle, Beschl. v. 16.6.2011, 13 Verg 3/11.
286 OLG München, Beschl. v. 25.7.2013, Verg 7/13; VK Sachsen-Anhalt, Beschl. v. 27.2.2013, 2 VK LSA 41/12; anders noch OLG München, Beschl. v. 29.7.2010, Verg 9/10.

mäßigkeit des Vergabeverfahrens zu schaffen. Anders als vor der Reform soll es nicht mehr möglich sein, abschlägig beschiedene Rügen für den Fall einer negativen Zuschlagsentscheidung aufzusparen und damit zu taktieren.[287]

Für Berechnung dieser Frist gelten wie üblich die Bestimmungen des BGB. Die Frist beginnt also am Tag nach Zugang des Nichtabhilfeschreibens. Da die Vorschrift die Frist in Kalendertagen ausdrückt, zählen Samstage, Sonntage und Feiertage bei der Fristberechnung mit. Der Nachprüfungsantrag ist innerhalb der 15-Tage-Frist zu stellen.

Praxisbeispiel

 Erhält das rügende Unternehmen am Mittwoch, den 5. Oktober 2016, die ablehnende Entscheidung des Auftraggebers (per Post, Telefax oder E-Mail), so beginnt die 15-Tage-Frist am Donnerstag, den 6. Oktober und endet mit Ablauf des 20. Oktober 2016. Damit muss das Unternehmen also bis spätestens 24 Uhr am Donnerstag, den 20. Oktober 2016, einen Nachprüfungsantrag bei der örtlich zuständigen Vergabekammer eingereicht haben.

Beweispflichtig für den Nachweis des Zugangs der Ablehnung der Rüge bei dem Unternehmen ist der Auftraggeber. Er wird sich daher seine Antwort auf die Rüge i.d.R. durch ein vom Unternehmen zu unterschreibendes Rückfax bestätigten lassen oder die Antwort auf die Rüge per Einschreiben übersenden.

§ 160 Abs. 3 Satz 1 Nr. 4 GWB grenzt sich insoweit von § 160 Abs. 3 Satz 1 Nr. 1 bis 3 GWB ab, weil es sich dabei um eine echte Rechtsmittelfrist handelt, auf die der Auftraggeber bereits in der Bekanntmachung hinzuweisen hat. Anderenfalls ist ein Nachprüfungsantrag auch noch nach Fristablauf zulässig.[288]

Um den Lauf der Frist in Gang zu setzen, muss die Zurückweisung der Rüge zudem eindeutig sein. Der Auftraggeber hat es also durch eindeutige Erklärungen selbst in der Hand, umstrittene Rechtsfragen einer zügigen Klärung durch die Nachprüfungsinstanzen zuzuführen. Für Bieter und Bewerber erhöht das unter Umständen in sehr frühen Verfahrensphasen den Aufwand erheblich. Sie müssen das Risiko (auch das Kostenrisiko) eines Nachprüfungsverfahrens eingehen, auch wenn sie noch nicht wissen, ob und inwieweit sich dieser Aufwand letztlich für sie im konkreten Verfahren „lohnt".

Auftraggeber sind aber auch nicht verpflichtet, eine Rüge überhaupt oder zu einem bestimmten Zeitpunkt zu bescheiden. Sie können im Laufe einer Angebotsfrist erhobene Rügen auch gebündelt beantworten, um mehrere übereinander gelagerte Nachprüfungsverfahren zulasten einer zügigen Auftragsvergabe zu vermeiden.[289]

---

287 OLG Brandenburg, Beschl. v. 7.10.2010, Verg W 12/10.
288 OLG Celle, Beschl. v. 12.5.2010, 13 Verg 3/10.
289 Vgl. OLG München, Beschl. v. 22.11.2012, Verg 24/12.

10.2.3 Nachprüfungsantrag

Hilft der Auftraggeber der Rüge eines Bieters oder Bewerbers nicht ab, kann der behauptete Vergabeverstoß im Nachprüfungsverfahren geltend gemacht werden. Das Verfahren wird gemäß § 160 Abs. 1 GWB nur auf Antrag eingeleitet.

10.2.3.1 Örtliche Zuständigkeit der Vergabekammer

Der Antrag ist bei der örtlich zuständigen Vergabekammer einzureichen.

Die örtliche Zuständigkeit ergibt sich aus den §§ 156 Abs. 1, 159 GWB. Während § 156 Abs. 1 GWB den Grundsatz normiert, dass die Vergabekammern des Bundes die Nachprüfung der dem Bund zuzurechnenden Aufträge und die Vergabekammern der Länder die Nachprüfung der den Ländern zuzurechnenden Aufträge vornehmen, konkretisiert § 159 GWB diese Unterteilung weiter. Im Zweifel ist nach § 159 Abs. 3 GWB diejenige Vergabekammer örtlich zuständig, in deren Zuständigkeitsgebiet sich der Sitz des Auftraggebers befindet. Dies spielt insbesondere bei Auftragsvergaben der Länder und der Kommunen oftmals die entscheidende Rolle. § 159 Abs. 3 GWB normiert zudem, dass bei länderübergreifenden Beschaffungen die Auftraggeber in der Vergabebekanntmachung eine zuständige Vergabekammer benennen. Nach der Rechtsprechung ist die örtliche Zuständigkeit dann nach dem Schwerpunkt der Beschaffungsmaßnahme zu bestimmen.[290]

Reicht der Antragsteller den Nachprüfungsantrag bei einer örtlich unzuständigen Vergabekammer ein, so ist der Nachprüfungsantrag nicht unzulässig. Er muss an die örtlich zuständige Vergabekammer verwiesen werden.[291]

10.2.3.2 Praktische Erwägungen bei der Antragseinreichung

Das Verfahren vor der Vergabekammer ist gebührenpflichtig (§ 182 GWB). Die Vergabekammern verlangen mitunter einen **Gebührenvorschuss**. Dessen Höhe richtet sich nach der Mindestgebühr für ein Nachprüfungsverfahren (§ 182 Abs. 2 GWB: 2.500 Euro). Der Umgang mit dem Gebührenvorschuss ist höchst unterschiedlich. Einige Kammern lassen es ausreichen, wenn der Gebührenvorschuss nach entsprechender Aufforderung durch die Vergabekammer nach Einleitung des Nachprüfungsverfahrens überwiesen wird. Andere Kammern bestehen dagegen darauf, dass zunächst durch den Antragsteller die Einzahlung des Vorschusses nachgewiesen wird. Anderenfalls wird der Nachprüfungsantrag nicht bearbeitet und dem Auftraggeber nicht übermittelt. Hat der Antragsteller eine anwaltliche Vertretung, so kann es ausreichen, den Gebührenvorschuss nachträglich einzuzahlen, wenn sich der Anwalt in dem Antragsschriftsatz ausdrücklich für die Kosten stark macht.

Praxistipp

 Wenn die Praxis der jeweiligen Vergabekammer hinsichtlich der Vorschusseinzahlung nicht bekannt ist, bietet es sich an, vorab telefonisch mit der Geschäftsstelle

---

290 VK Baden-Württemberg, Beschl. v. 16.5.2013, 1 VK 12/13.
291 VK Baden-Württemberg, Beschl. v. 16.5.2013, 1 VK 12/13.

Kontakt aufzunehmen, um die jeweilige Praxis zu erfragen. Einige Vergabekammern bieten zudem im Rahmen ihrer Internetpräsentation Merkblätter zur Einreichung eines Nachprüfungsantrags an, die auch auf die jeweiligen Besonderheiten hinweisen. Die Kontaktdaten der Vergabekammern sind im Kapitel 11 zu den jeweiligen Anschriften abgedruckt.

In bestimmten Situationen kann es zu einem Wettlauf zwischen der Einreichung des Nachprüfungsantrags und der Zuschlagserteilung durch den Auftraggeber kommen. Dies ist beispielsweise dann der Fall, wenn keine Pflicht zur Vorinformation der nicht berücksichtigten Bieter nach § 134 GWB besteht oder diese Vorinformationsfrist bereits abgelaufen ist. Gerade in diesen Situationen muss der Antragsteller die Anforderungen an den Nachprüfungsantrag besonders gründlich und so aufbereiten, dass die Vergabekammer ihre summarische Prüfung des Antrags möglichst rasch vornehmen und den Antrag umgehend übermitteln kann. Denn erst mit der Übermittlung des Nachprüfungsantrags an den Auftraggeber durch die Vergabekammer wird ein – vorläufiges – Zuschlagsverbot verhängt, was den Antragsteller vor einer Zuschlagsentscheidung gegen ihn bzw. sein Angebot schützt.

Dabei hat es sich in der Praxis bewährt, der Vergabekammer den Nachprüfungsantrag vorab telefonisch anzukündigen und die jeweiligen Bürozeiten bei der Geschäftsstelle zu erfragen. Die Adressen sämtlicher Vergabekammern einschließlich ihrer Telefon- und Telefaxnummern sind im Kapitel 11 aufgeführt. Die Vergabekammer kann darüber hinaus für eine möglichst rasche Zustellung des Nachprüfungsantrags dadurch unterstützt werden, dass ihr nicht bloß die ladungsfähige Anschrift des Antragsgegners genannt wird, sondern zugleich auch eine Faxnummer und ggf. eine E-Mail-Adresse angegeben wird, unter der die Vergabekammer den Nachprüfungsantrag schnellstmöglich übermitteln kann.

Praxistipp

 Für das Verfahren vor der Vergabekammer besteht kein Anwaltszwang. Der Antragsteller kann den Nachprüfungsantrag selbst erstellen, unterschreiben und bei der Vergabekammer einreichen. Gleichwohl wird in den meisten Fällen schon wegen der inhaltlich und prozessual anspruchsvollen Materie inzwischen selbst von Vergabekammern und -senaten empfohlen, einen auf dieses Rechtsgebiet spezialisierten Rechtsanwalt von Anbeginn einzubeziehen.

10.2.3.3 Formelle Anforderungen/Begründungspflicht

Nach § 161 Abs. 1 Satz 1 GWB bedarf der Antrag der Schriftform. Es ist ausreichend, wenn der Nachprüfungsantrag zunächst per Telefax bei der Vergabekammer eingeht und sodann im Original nachgereicht wird.[292] Der Nachprüfungsantrag ist außerdem unverzüg-

---

292 Einige Vergabekammern, darunter die Vergabekammern des Bundes, sind aufgrund der zügigen Verfahrensgestaltung innerhalb der gesetzlichen 5-Wochen-Frist dazu übergegangen, dass mit den Verfahrensbeteiligten nur noch per Fax kommuniziert wird. Schriftsätze brauchen hier nicht im Original eingereicht werden, die Übermittlung allein per Telefax ist ausreichend und wird von den Kammern ausdrücklich gewünscht.

lich zu begründen. Daraus folgt, dass die Begründung nicht zwingend zusammen mit dem Antrag eingereicht werden muss.

Praxistipp

 Auch wenn ein Nachprüfungsantrag nicht unmittelbar mit dem Antragsschriftsatz begründet werden muss, ist es aus Antragstellersicht sicherer, Antrag und Begründung in einem Schriftsatz einzureichen. Denn die Vergabekammer kann den Nachprüfungsantrag erst dann prüfen (wozu sie nach § 163 Abs. 2 GWB verpflichtet ist), wenn auch die Begründung vorliegt. Folglich kann auch erst dann eine Übermittlung an den Auftraggeber zur Auslösung des gesetzlichen Zuschlagsverbots erfolgen.

Der Antrag soll ein bestimmtes Begehr enthalten. Das bedeutet nicht, dass der Antragsteller einen tenorierungsfähigen Antrag ausformulieren muss. Es genügt, wenn der Nachprüfungsantrag insgesamt ein Begehr erkennen lässt.

Die Begründung muss die Bezeichnung des Antragsgegners, eine Beschreibung der behaupteten Rechtsverletzung mit Sachverhaltsdarstellung, also im Wesentlichen den bekannten Gang des Vergabeverfahrens, und die Bezeichnung der verfügbaren Beweismittel enthalten sowie darlegen, dass die Rüge gegenüber dem Auftraggeber erfolgt ist; sie soll, soweit bekannt, die sonstigen Beteiligten benennen.

Bei mehreren Auftraggebern sind alle im Nachprüfungsantrag zu benennen, um deren unverzügliche Beteiligung am Nachprüfungsverfahren zu gewährleisten.[293]

10.2.3.4 Insbesondere: Antragsbefugnis

Voraussetzung für einen zulässigen Nachprüfungsantrag ist die Antragsbefugnis des Antragstellers. Antragsbefugt ist nach § 160 Abs. 2 GWB jedes Unternehmen, das ein Interesse an einem Auftrag hat und eine Verletzung in seinen Rechten durch Nichtbeachtung von Vergabevorschriften geltend macht. Hierzu muss der Antragsteller gemäß § 160 Abs. 2 GWB darlegen, dass dem Unternehmen durch die behauptete Verletzung der Vergabevorschriften ein Schaden entstanden ist oder zu entstehen droht.

a) Allgemeine Anforderungen an die Darlegung der Antragsbefugnis

An die Darlegung der Antragsbefugnis sind regelmäßig nur geringe Anforderungen zu stellen. Mit Blick auf den im Nachprüfungsverfahren zu gewährleistenden effektiven Rechtsschutz und wegen des verfassungsrechtlichen Justizgewährleistungsanspruchs nach Art. 19 Abs. 4 GG reicht eine laienhafte Darstellung aus.[294] Die Antragsbefugnis hat insoweit lediglich die Funktion eines groben Filters, um von vornherein eindeutige Fälle auszusondern, in denen ein Antragsteller keine Aussicht auf den Zuschlag hat.[295]

---

293 OLG Naumburg, Beschl. v. 6.12.2012, 2 Verg 5/12.
294 OLG München, Beschl. v. 29.9.2009, Verg 12/09.
295 OLG Düsseldorf, Beschl. v. 29.2.2012, VII-Verg 75/11.

Nach überwiegender Ansicht sind einzelne Mitglieder einer Bieter- oder Bewerbergemeinschaft nicht antragsbefugt.[296] Im Vorfeld der Gründung einer Bieter- oder Bewerbergemeinschaft sollte daher eindeutig zwischen den Mitgliedern geregelt werden, ob im Falle eines erkannten und gerügten Vergaberechtsverstoßes ein Nachprüfungsverfahren eingeleitet werden soll und ob hierbei ggf. ein Mitglied das Verfahren für die anderen führen soll.

b) Interesse am Auftrag

Der antragstellende Bieter muss ein Interesse am Auftrag haben und darlegen. Dieses Interesse wird regelmäßig durch die Abgabe eines Angebots bzw. eines Teilnahmeantrags indiziert. Das ist aber keine zwingende Voraussetzung. Wenn der Antragsteller beispielsweise die Vergabeverfahrensart als fehlerhaft beanstandet, muss er nicht ein Angebot erstellen und einreichen, dessen Grundlagen er im Vergabenachprüfungsverfahren als rechtswidrig bekämpft. In diesem Fall genügen die Rüge des behaupteten Verfahrensfehlers und die Einreichung eines entsprechenden Nachprüfungsantrags.[297]

Ausnahmsweise kann es an dem erforderlichen Antragsinteresse fehlen, wenn es dem Antragsteller allein darauf ankommt, die Zuschlagerteilung zu unterbinden und die (weitere) Durchführung des Vergabeverfahrens abzuwenden.[298] Kein zulässiger Gegenstand einer Nachprüfung ist insbesondere auch, wenn der Antragsteller andere als die konkret zur Vergabe ausgeschriebenen Leistungen erbringen will.[299]

c) Geltendmachung einer Verletzung in eigenen Rechten

Die Vorschrift, deren Verletzung der Bieter bei seinem Nachprüfungsantrag moniert, muss eine bieterschützende Bestimmung über das Vergabeverfahren i.S.v. § 97 Abs. 6 GWB sein.

d) Darlegung eines bereits entstandenen oder drohenden Schadens

Aus dem Sachvortrag des antragstellenden Bieters muss sich zudem schlüssig und nachvollziehbar ergeben, dass durch die gerügten Vergaberechtsverstöße seine Zuschlagschancen zumindest verschlechtert worden sein könnten.

Entscheidend für das Vorliegen einer Antragsbefugnis und damit für die Gewährung von Primärrechtsschutz ist es mithin, ob die gerügten Vergaberechtsverstöße eine solche Chancenbeeinträchtigung begründen können.[300] Nicht erforderlich ist hingegen, dass der Antragsteller im Sinne einer darzulegenden Kausalität nachweisen kann, dass er bei korrekter Anwendung der Vergabevorschriften den Auftrag erhalten hätte.[301] Ein Schaden aber droht nicht, wenn eine Chancenbeeinträchtigung in diesem Sinne ausgeschlossen werden kann.

---

296 OLG Frankfurt, Beschl. v. 2.10.2013, 11 Verg 10/13.
297 OLG Düsseldorf, Beschl. v. 29.2.2012, VII-Verg 75/11.
298 OLG Brandenburg, Beschl. v. 3.11.2011, Verg W 4/11.
299 OLG Düsseldorf, Beschl. v. 17.11.2008, VII-Verg 52/08.
300 OLG Karlsruhe, Beschl. v. 21.7.2010, 15 Verg 6/10; OLG München, Beschl. v. 21.5.2010, Verg 02/10.
301 BVerfG, Beschl. v. 29.7.2004, 2 BvR 2248/03; BGH, Beschl. v. 26.9.2006, X ZB 14/06.

Praxisbeispiel[302]

 Der Auftraggeber benannte in einem europaweiten Vergabeverfahren den niedrigsten Preis als alleiniges Zuschlagskriterium. Ein Bieter wurde zu einem Aufklärungstermin eingeladen. Im Anschluss wurde ihm mitgeteilt, dass der Zuschlag nicht auf sein, sondern auf ein anderes (das preisgünstigste) Angebot vorgesehen sei. Der Bieter rügt diese Entscheidung erfolglos mit der Begründung, ihm sei im Aufklärungstermin vermittelt worden, dass die Zuschlagserteilung an ihn nur noch Formsache sei. Sein daraufhin erhobener Nachprüfungsantrag ist mangels Antragsbefugnis unzulässig. Dem Antragsteller droht kein Schaden, weil die Erteilung des Zuschlags auf sein Angebot auch bei unterstellter Richtigkeit seines Sachvortrags ausgeschlossen wäre. Er hat nicht das preisgünstigste Angebot abgegeben.

Wenn der Antragsteller geltend macht, das gesamte Verfahren sei fehlerhaft und müsse wiederholt werden, um allen Bietern erneut die Möglichkeit der Angebotsabgabe zu eröffnen, kann ein drohender Schaden in aller Regel nicht ausgeschlossen werden.[303] Insofern genügt ein Vortrag, aus dem sich ergibt, dass er im Fall eines ordnungsgemäßen (neuerlichen) Vergabeverfahrens bessere Chancen auf den Zuschlag haben könnte als in dem beanstandeten Verfahren.[304]

Das OLG Düsseldorf vertritt in diesem Zusammenhang sogar die Auffassung, dass auch der Einwand, ein Angebot des Antragstellers sei in einem zu wiederholenden Verfahren zwingend auszuschließen, generell nicht durchgreifen könne.[305] Zweifelhaft ist die Annahme eines drohenden Schadens aber möglicherweise dann, wenn selbst bei Beseitigung des behaupteten Verstoßes aufgrund von Umständen außerhalb der Einflusssphäre des Auftraggebers ungewiss ist, ob der Auftrag überhaupt vergeben werden kann.[306]

10.2.4 Verfahren vor der Vergabekammer

10.2.4.1 Organisation der Vergabekammern

Die Vergabekammer ist die sachlich zuständige Instanz für die Behandlung von Nachprüfungsanträgen und für die Durchführung des entsprechenden Verfahrens (§§ 155, 156 Abs. 2 GWB).

Die Vergabekammern sind zwar Teil der Verwaltung. Gleichwohl hat der EuGH ihren gleichartig organisierten Vorgängerinstanzen, den Vergabeüberwachungsausschüssen, bereits im Jahr 1997 die Qualität eines Gerichts im Sinne des Unionsrechts zugespro-

---

302 Nach VK Brandenburg, Beschl. v. 18.4.2012, VK 9/12; vgl. auch EuGH, Urt. v. 9.6.2011. Rs. C-401/09 P, Evropaïki Dynamiki, Rn. 49.
303 OLG Düsseldorf, Beschl. v. 29.2.2012, VII-Verg 75/11; OLG München, Beschl. v. 21.5.2010, Verg 2/10.
304 BGH, Beschl. v. 10.11.2009, X ZB 8/09.
305 OLG Düsseldorf, Beschl. v. 29.2.2012, VII-Verg 75/11.
306 OLG Düsseldorf, Beschl. v. 26.1.2012, VII-Verg 107/11, anders dann aber der Beschl. v. 25.4.2012 in derselben Sache (Wertstofftonne Bochum): Erforderliche Beendigung eines noch laufenden Vertrages zwischen der Beigeladenen und der DSD Duales System Deutschland GmbH über dieselbe vertragliche Leistung (Erfassung von Leichtverpackungsabfällen).

chen.[307] Die Vergabesenate sehen das zum Teil noch anders und behalten sich ihrerseits das (alleinige) Recht zur Vorlage an den EuGH vor.[308]

Die Vergabekammern sind mit einem Vorsitzenden und einem hauptamtlichen Beisitzer besetzt. Sie werden ergänzt durch einen ehrenamtlichen Beisitzer, der von Verfahren zu Verfahren wechselt. Lediglich in Verfahren, in denen die Sache keine wesentlichen Schwierigkeiten aufweist und die Entscheidung nicht von grundlegender Bedeutung ist, kann das Verfahren durch unanfechtbaren Beschluss auf den Vorsitzenden oder den hauptamtlichen Besitzer zur alleinigen Entscheidung übertragen werden (§ 157 Abs. 3 GWB). Hiervon wird i.d.R. jedoch nur selten Gebrauch gemacht.

10.2.4.2 Antragsprüfung

Ein Nachprüfungsantrag ist von der Vergabekammer nach § 163 Abs. 2 GWB zunächst daraufhin zu überprüfen, ob er offensichtlich unzulässig oder unbegründet ist. Prüfungsgrundlage ist dabei allein der Antragsschriftsatz, es sei denn, der Auftraggeber hat in Erwartung eines Nachprüfungsantrags bereits vorsorglich eine Schutzschrift bei der Vergabekammer hinterlegt.

Praxistipp

 Wenn der Auftraggeber mit einem Nachprüfungsantrag rechnen muss, kann zur Vermeidung des gesetzlichen Zuschlagsverbots nach § 169 Abs. 1 GWB die Einreichung einer Schutzschrift sinnvoll sein. Darin wird er den erwarteten Vorwürfen bereits argumentativ entgegentreten. Liegt der Vergabekammer bei Eingang eines Nachprüfungsantrags eine „passende" Schutzschrift vor, so hat sie deren Inhalt bei der Vorprüfung ebenfalls zu berücksichtigen.

Stellt die Vergabekammer fest, dass der Nachprüfungsantrag offensichtlich unzulässig und/oder unbegründet ist, setzt sie sich in der Regel mit dem Antragsteller in Verbindung und klärt die mögliche Rücknahme des Antrags. Sie wird den Nachprüfungsantrag dem Antragsgegner in einem solchen Fall jedenfalls nicht übermitteln.

Gelangt die Vergabekammer im Rahmen der Vorprüfung hingegen zu dem Ergebnis, dass der Antrag nicht offensichtlich unzulässig und/oder unbegründet ist, wird sie den Nachprüfungsantrag dem Auftraggeber übermitteln. Erst im Zeitpunkt des Zugangs des Nachprüfungsantrags bei dem Auftraggeber entfaltet sich das (vorläufige) Zuschlagsverbot des § 169 Abs. 1 GWB. Für die Übermittlung ist die Textform ausreichend. In der Regel übermittelt die Vergabekammer den Nachprüfungsantrag per Telefax.

---

307 EuGH, Urt. v. 17.9.1997, Rs. C-54/96, Dorsch Consult, Rn. 38, bestätigt in Bezug auf die Vergabekammern durch Urt. v. 18.9.2014, Rs. C-549/13, Bundesdruckerei, Rn. 23.
308 Vgl. OLG München, Beschl. v. 18.10.2012, Verg 13/12.

Praxistipp

 Das gesetzliche Zuschlagsverbot untersagt es dem Auftraggeber nur, bis zu einer Entscheidung den Zuschlag zu erteilen. Es verpflichtet ihn aber grundsätzlich nicht, ein Vergabeverfahren insgesamt zu unterbrechen. Es ist daher beispielsweise in einem Verhandlungsverfahren nach einer Verkleinerung des Bieterkreises möglich, die Verhandlungen mit den im Wettbewerb verbliebenen Unternehmen fortzuführen, wenn der ausgeschiedene Bieter Nachprüfung beantragt.

Gleichzeitig mit der Übermittlung des Antrags fordert die Vergabekammer beim Auftraggeber die Vergabeakten an. Diese sind sofort zur Verfügung zu stellen. Aus organisatorischen Erwägungen gewähren die Vergabekammern hierfür derzeit eine Frist von ca. zwei bis drei Werktagen. Die Vergabekammer wird den Auftraggeber schließlich dazu auffordern, auf den Nachprüfungsantrag zu erwidern. Hierfür wird je nach Umfang des Verfahrens und des Nachprüfungsantrags sowie der Komplexität des Verfahrens eine Frist von ein bis zwei Wochen gewährt.

10.2.4.3 Beiladung

Verfahrensbeteiligte im Nachprüfungsverfahren vor der Vergabekammer sind gemäß § 162 GWB neben dem Antragsteller und dem Auftraggeber auch die Unternehmen, deren Interessen durch die Entscheidung der Vergabekammer schwerwiegend berührt werden. Der Bestbieter ist i.d.R. notwendig beizuladen. Darüber hinaus kann die Vergabekammer weitere Unternehmen beiladen; sie trifft die entsprechende Entscheidung nach pflichtgemäßem Ermessen. Beigeladene verfügen über alle verfahrensmäßigen Rechte. Sie können in dem Verfahren Anträge zur Sache stellen, haben ein Anspruch auf rechtliches Gehör und können ihrerseits Akteneinsicht verlangen.

10.2.4.4 Akteneinsicht

Aufgrund des als Geheimwettbewerb ausgestalteten Vergabeverfahrens haben Bieter und Bewerber regelmäßig nur sehr rudimentäre Informationen über den Verlauf und die Entscheidungen des Verfahrens. Insofern sind sie grundsätzlich daran interessiert und darauf angewiesen, im Rahmen des Nachprüfungsverfahrens weitere Einblicke in die Aktenlage zu erhalten, um auf dieser Grundlage ihr Begehren weiter begründen zu können. § 165 Abs. 1 GWB gewährt den Verfahrensbeteiligten ein entsprechendes Recht. Dieses Recht korrespondiert zugleich mit der der Pflicht des Auftraggebers, das Vergabeverfahren von Beginn an fortlaufend in Textform gemäß § 126b BGB zu dokumentieren, soweit dies für die Begründung von Entscheidungen auf jeder Stufe des Vergabeverfahrens erforderlich ist. Dazu fertigt der Auftraggeber einen Vergabevermerk an, der inhaltlich den Anforderungen des § 8 Abs. 2 VgV entsprechen muss.[309]

Wenngleich das Akteneinsichtsrecht zur Gewährleistung eines effektiven Primärrechtsschutzes grundsätzlich weit ausgestaltet ist, trifft § 165 GWB Regelungen, mit denen eine

---

309   Vgl. auch § 20 VOB/A, § 20 VOB/A-EU, § 8 SektVO, § 6 KonzVgV.

unzulässige Ausforschung von Informationen über die Angebote der Wettbewerber verhindert werden kann. Dazu gehört zunächst, dass substanziiert darzulegen ist, auf welche Teile der Vergabeakten sich der Einsichtsantrag bezieht. Der Anspruch aus § 165 Abs. 1 GWB reicht nur so weit, wie es zur Begründung der behaupteten Rechtsverletzung erforderlich ist.[310] Insoweit setzt § 165 Abs. 1 GWB die im Vergabeverfahren bestehende Pflicht des Auftraggebers zur Wahrung der Vertraulichkeit der von den Bietern bzw. Bewerbern übermittelten Informationen nach Maßgabe der einschlägigen Verfahrensvorschriften (z.B. § 5 VgV, § 13 Abs. 1 Nr. 2 VOB/A oder § 13 EU Abs. 1 Nr. 2 VOB/A) im Nachprüfungsverfahren fort.

Die Vergabekammer muss im Rahmen der Entscheidung über den Antrag auch die widerstreitenden Interessen der Wettbewerber berücksichtigen, deren Angebotsinhalte aus der Vergabeakte ersichtlich sind. Nach § 165 Abs. 2 GWB ist die Akteneinsicht daher zu versagen, soweit dies aus wichtigen Gründen, insbesondere des Geheimnisschutzes oder zur Wahrung von Betriebs oder Geschäftsgeheimnissen, geboten ist.

Hierzu wird die Vergabekammer i.d.R. die Vergabeakten an den entsprechenden Stellen schwärzen oder ganze Teile der Vergabeakte vom Einsichtsrecht ausnehmen. Nach § 165 Abs. 3 GWB hat jeder Beteiligte mit Übersendung seiner Akten oder Stellungnahmen zudem auf die schützenswerten Geheimnisse hinzuweisen und diese entsprechend kenntlich zu machen, z.B. durch einen ausdrücklich angebrachten Sperrvermerk („Achtung! Unterlage nur für die Vergabekammer gemäß § 165 GWB").

Wird der Antrag auf Akteneinsicht abgelehnt, kann gegen diese Entscheidung nicht isoliert Rechtsmittel eingelegt werden (§ 165 Abs. 4 GWB). Die sofortige Beschwerde zum Oberlandesgericht kann in Bezug auf die Entscheidung hinsichtlich der Akteneinsichtnahme nur in Kombination mit der sofortigen Beschwerde in der Hauptsache eingelegt werden.

10.2.4.5 Gang des Verfahrens

Das Verfahren ist zunächst ein schriftliches Verfahren.

Die Vergabekammer hat nach § 167 Abs. 2 Satz 2 GWB die Möglichkeit, den Verfahrensbeteiligten Fristen zu setzen und ein Vorbringen, das nach Ablauf dieser Frist eingeht, unberücksichtigt zu lassen. Den Schriftsatz des Antragsgegners und ggf. des oder der Beigeladenen übermittelt die Vergabekammer an den Antragsteller und gibt ihm wiederum die Gelegenheit zur weiteren Stellungnahme hierzu. Eine weitere Erwiderung durch die anderen Beteiligten hierauf ist ebenfalls möglich.

Insgesamt sind alle Verfahrensbeteiligten aufgefordert, an der Aufklärung des Sachverhalts mitzuwirken, wie es einem auf Förderung und raschen Abschluss des Verfahrens bedachten Vorgehen entspricht (§ 167 Abs. 2 Satz 1 GWB).

Parallel zu diesem schriftlichen Verfahren wird die Vergabekammer bereits einen Termin für eine mündliche Verhandlung bekannt geben. Nach § 166 GWB ist die Durchführung einer mündlichen Verhandlung der Regelfall. Allerdings kann die Vergabekammer in Fällen, in denen der Sachverhalt bereits im Rahmen der schriftlichen Stellungnahmen hinreichend

---

310 VK Südbayern, Beschl. v. 2.5.2013, Z3-3-3194-1-08-03/13.

erforscht ist oder lediglich die rechtliche Wertung umstritten ist, auf eine mündliche Verhandlung zu verzichten. Stimmen dem alle Beteiligten zu, kann die Vergabekammer auch auf Grundlage der Akten entscheiden.

Die Verhandlungsführung wird von den Vergabekammern unterschiedlich gehandhabt. Sofern ein persönliches Erscheinen durch die Vergabekammer nicht angeordnet wird, können sich die Beteiligten auch vertreten lassen oder auf eine Wahrnehmung des Termins verzichten. Denn nach § 166 Abs. 2 GWB kann in der Sache auch dann verhandelt und entschieden werden, wenn die Beteiligten nicht erschienen oder nicht ordnungsgemäß vertreten sind.

Findet eine mündliche Verhandlung statt, wird zu deren Beginn seitens der Vergabekammer zunächst in den Sachstand eingeführt und sodann mit den Beteiligten die Sach- und Rechtslage erörtert. Wenngleich alle Beteiligten die Gelegenheit zur Stellungnahme hatten, wird sich die Erörterung maßgeblich auf die Fragen und Themenkreise beschränken, die aus Sicht der Vergabekammer relevant bzw. offen sind. Die Vergabekammer hat die Möglichkeit, Zeugen zu vernehmen oder Sachverständige zu hören. Von dieser Möglichkeit wird in der Praxis mit dem Hinweis auf das Beschleunigungsgebot aber nur sehr selten Gebrauch gemacht. Am Ende der mündlichen Verhandlungen stellen die Beteiligten ihre Anträge bzw. nehmen Bezug auf die in den Schriftsätzen enthaltenen Anträge.

Mit Blick auf den Beschleunigungsgrundsatz soll sich die mündliche Verhandlung auf einen Termin beschränken (§ 166 Abs. 1 Satz 1 GWB). Soweit weiterer Aufklärungs- oder Verhandlungsbedarf besteht, ist die Vergabekammer jedoch nicht gehindert, weitere Termine anzusetzen.

10.2.4.6 Untersuchungsgrundsatz versus Beschleunigungsgrundsatz

Nach § 163 Abs. 1 Satz 1 GWB erforscht die Vergabekammer den Sachverhalt, der dem Nachprüfungsverfahren zugrunde liegt, von Amts wegen. Im Ausgangspunkt stehen ihr zwar lediglich die eingereichten Schriftsätze als „Informationsquelle" zur Verfügung. Ihr Sachverhaltsermittlungsansatz geht aber darüber hinaus. Er umfasst in jedem Fall auch die vom Auftraggeber angeforderte Vergabeakte.

Der Untersuchungsgrundsatz steht in einem Spannungsverhältnis zu dem in § 167 Abs. 1 GWB verankerten Beschleunigungsgrundsatz. Danach hat die Vergabekammer ihre Entscheidung grundsätzlich binnen fünf Wochen ab Eingang des Antrags zu treffen und schriftlich zu begründen. Bei besonderen tatsächlichen oder rechtlichen Schwierigkeiten kann zwar eine Fristverlängerung erfolgen; allerdings stößt eine ausführliche amtliche Erforschung des gesamten Sachverhalts auch bei verlängerter Entscheidungsfrist an ihre Grenzen, zumal die Fristverlängerung nach § 167 Abs. 1 Satz 3 GWB zwei Wochen nicht überschreiten soll.

Vor diesem Hintergrund wägt die Spruchpraxis der Nachprüfungsinstanzen beide gegenläufigen Interessen regelmäßig in der Form gegeneinander ab, dass neben den von dem Antragsteller ausdrücklich vorgetragenen Beanstandungen eine vertiefte Prüfung des Vergabeverfahrens im Übrigen ausscheidet.[311] Die Amtsermittlung wird also auf die Erforschung des von den Beteiligten vorgetragenen Sachverhalts beschränkt. Neue Tatsachen ohne jeglichen Zusammenhang zu dem Vorbringen der Beteiligten müssen die Nachprüfungsinstanzen nicht ermitteln.

10.2.4.7 Entscheidung der Vergabekammer

Nach § 168 Abs. 1 Satz 1 GWB entscheidet die Vergabekammer, ob der Antragsteller in seinen Rechten verletzt ist und trifft die geeigneten Maßnahmen, um die Rechtsverletzung zu beseitigen und eine Schädigung der betroffenen Interessen zu verhindern.

Die Entscheidungsmöglichkeiten im konkreten Einzelfall sind sehr umfangreich. I.d.R. wird die Vergabekammer den Auftraggeber verpflichten, das Vergabeverfahren ab dem Zeitpunkt zu wiederholen, an dem der Vergabeverstoß eingetreten ist. Dabei wird ihm regelmäßig auferlegt, die Rechtsauffassung der Vergabekammer zu berücksichtigen, da er ansonsten nicht gehindert wäre, den Vergabefehler in derselben Situation erneut zu begehen. Ist der festgestellte Vergabefehler so gravierend, dass eine Heilung durch Wiederholung des betreffenden Verfahrensabschnitts nicht möglich ist, kann die Vergabekammer dem Auftraggeber aufgeben, das gesamte Verfahren erneut durchzuführen, sofern die Beschaffungsabsicht beim Auftraggeber fortbesteht.

Umstritten ist, ob die Nachprüfungsinstanzen besonders schwerwiegende Vergabefehler auch von Amts wegen aufgreifen und entsprechende Anordnungen aufgrund von § 168 Abs. 1 GWB treffen können, wenn der Antragsteller insoweit seine Rügeobliegenheit verletzt hat.[312] Richtig ist, dass nach § 168 Abs. 1 Satz 2 GWB eine Bindung an die Anträge nicht besteht und auch unabhängig davon auf die Rechtmäßigkeit des Vergabeverfahrens eingewirkt werden kann. Gleichwohl geht es im Nachprüfungsverfahren nicht um eine allgemeine Rechtmäßigkeitskontrolle, sondern nach § 168 Abs. 1 Satz 1 GWB darum, Rechtsverletzungen zu beseitigen und eine Schädigung der betroffenen Interessen zu verhindern, also um den Schutz individueller Bieterrechte. Rechte muss man ausüben, d.h. geltend machen. Rechtsverletzungen in einem Vergabeverfahren sind dementsprechend zu rügen; bei fehlender Rüge spricht viel dafür, dass der betreffende Rechtsverstoß unabhängig von seiner Schwere nicht mehr Gegenstand eines Nachprüfungsverfahrens und dementsprechend auch nicht einer Entscheidung der Vergabekammer oder des Vergabesenats sein kann. Anderenfalls würde die Rügeobliegenheit nach § 160 Abs. 3 Satz 1 GWB leerlaufen, was kaum dem Willen des Gesetzgebers entsprechen dürfte.[313]

Praxistipp

 Im Zuständigkeitsbereich einiger Oberlandesgerichte besteht aus Auftraggebersicht das Risiko, dass auch in einem fortgeschrittenen Stadium eines Nachprüfungsverfahrens noch vermeintliche Vergabeverstöße „ans Tageslicht" kommen können, die die

---

311 VK Lüneburg, Beschl. v. 10.10.2006, VgK-23/2006; Beschl. v. 7.7.2005, VgK-27/2005; Beschl. v. 20.8.2002, 203-VgK-12/2002; VK Südbayern, Beschl. v. 9.5.2008, Z3-3-3194-1-13-04/08.
312 Vgl. OLG Brandenburg, Beschl. v. 20.9.2011, Verg W 11/11, gegen OLG Schleswig, Beschl. v. 15.4.2011, 1 Verg 10/10; OLG Düsseldorf, Beschl. 27.11.2013, VII-Verg 20/13.
313 Vgl. VK Brandenburg, Beschl. v. 27.3.2008, VK 5/08.

jeweils zuständige Nachprüfungsinstanz von Amts wegen aufgreift. Selbst wenn ein Bieter erkennbare oder erkannte Vergabeverstöße nicht gerügt hat, darf sich ein Auftraggeber daher nicht in Sicherheit wähnen, wenn es sich dabei um Verstöße handelt, die nach Auffassung des Spruchkörpers so schwer wiegen, dass es an einer Grundlage für einen rechtmäßigen Zuschlag fehlt.

Wenn sich das Nachprüfungsverfahren durch einen zwischenzeitlich erteilten Zuschlag, durch Aufhebung des Vergabeverfahrens oder durch sonstige Einstellung der Beschaffungsmaßnahme erledigt hat, stellt die Vergabekammer fest, ob eine Rechtsverletzung vorgelegen hat (sogenannter Fortsetzungsfeststellungsantrag), § 168 Abs. 2 GWB. Eine solche Entscheidung kann Grundlage für die spätere Geltendmachung eines Schadensersatzanspruchs sein. Das hierfür zuständige Zivilgericht ist daran gemäß § 179 Abs. 1 GWB gebunden und muss im Weiteren nur noch über die Höhe des Schadensersatzes entscheiden.

Die Entscheidung der Vergabekammer selbst ergeht nach § 168 Abs. 3 Satz 1 GWB durch Verwaltungsakt. Die Vollstreckung richtet sich nach den Verwaltungsvollstreckungsgesetzen des Bundes und der Länder. Nach §§ 168 Abs. 3, § 86a Satz 2 GWB können im Falle einer Nichtbefolgung Zwangsgelder zwischen 1.000 und 10 Mio. Euro festgesetzt werden.

Weiterhin gilt nach § 168 Abs. 3 Satz 3 GWB auch § 61 GWB entsprechend. Danach muss der Beschluss der Vergabekammer neben einer schriftlichen Begründung auch eine ordnungsgemäße Rechtsmittelbelehrung enthalten. Darin wird mitgeteilt, dass gegen den Beschluss binnen zwei Wochen ab Zugang Rechtsmittel (sofortige Beschwerde) bei dem örtlich zuständigen Oberlandesgericht eingelegt werden kann. Weiterhin enthält § 61 GWB Regelungen zur Zustellung, auch in Bezug auf Verfahrensbeteiligte, die außerhalb Deutschlands ansässig sind.

10.2.4.8 Antrag auf Vorabgestattung des Zuschlags

Übermittelt die Vergabekammer dem Auftraggeber einen Nachprüfungsantrag, darf der Zuschlag in diesem Verfahren zunächst nicht mehr erteilt werden. Bedenkt man, dass die Dauer eines Nachprüfungsverfahrens oftmals die gesetzlich vorgesehene Frist von fünf Wochen (§ 167 Abs. 1 GWB) übersteigt, kann dies insbesondere bei zeitkritischen Vergabeverfahren oder Beschaffungen von Gütern von herausragender Bedeutung zu erheblichen Problemen führen. Daher sieht § 169 Abs. 2 GWB für den Auftraggeber die Möglichkeit vor, bei der Vergabekammer zu beantragen, noch vor der Entscheidung über den Nachprüfungsantrag den Zuschlag erteilen zu dürfen.

Erforderlich ist hierfür ein eigenständiger Antrag des Auftraggebers oder des für den Zuschlag vorgesehenen Bieters (sofern dieser beigeladen ist) bei der Vergabekammer. Darin müssen die Gründe vorgetragen werden, weshalb das Interesse der Allgemeinheit an einer raschen Auftragsvergabe und an einer entsprechend zeitnahen Verfügbarkeit der zu beschaffenden Leistung schwerer wiegt als das Interesse des Antragstellers an der Aufrechterhaltung des gesetzlichen Zuschlagsverbots bis zu einer bestandskräftigen Entscheidung im Nachprüfungsverfahren.

Die Vergabekammer entscheidet nach Gewährung rechtlichen Gehörs über den **Eilantrag** ohne mündliche Verhandlung.

Gemäß § 169 Abs. 2 Satz 2 und 3 GWB sind bei der Entscheidung auch das Interesse der Allgemeinheit an einer wirtschaftlichen Erfüllung der Aufgaben des Auftraggebers und die allgemeinen Aussichten des Antragstellers, den Auftrag zu erhalten, im Rahmen der Abwägung zu berücksichtigen. Weiterhin stellt § 169 Abs. 2 Satz 4 GWB klar, dass die Erfolgsaussichten des Nachprüfungsantrags nicht in jedem Fall Gegenstand der Abwägung sein müssen.

Entscheidet die Vergabekammer, dem Auftraggeber die Zuschlagserteilung vorab zu gestatten, darf diese allerdings erst zwei Wochen nach der Entscheidung vollzogen werden. Der Antragsteller des Nachprüfungsantrags kann in dieser Zeit beim Beschwerdegericht beantragen, das Zuschlagsverbot des § 169 Abs. 1 GWB für die Zeit des Nachprüfungsverfahrens wiederherzustellen. Das gleiche isolierte Rechtsmittel steht dem Auftraggeber zu, wenn die Vergabekammer dessen Antrag auf Vorabgestattung des Zuschlags ablehnt. Entsprechendes gilt für den für den Zuschlag vorgesehenen Bieter, wenn dieser den Antrag auf Vorabgestattung des Zuschlags gestellt hat.

§ 169 Abs. 3 GWB sieht zudem weitere Möglichkeiten der Vergabekammer vor, auf Antrag in das Vergabeverfahren mit **sonstigen vorläufigen Maßnahmen** einzugreifen, wenn die Rechte des Antragstellers aus § 97 Abs. 6 GWB im Vergabeverfahren auf andere Weise als durch den Zuschlag gefährdet sind.

§ 169 Abs. 4 GWB enthält schließlich eine Sonderregelung für den Fall, dass der Auftraggeber von der Anwendung des Vergaberechts aus Gründen der Geheimhaltung aufgrund § 117 Nr. 1 bis 3 GWB oder § 150 Nr. 1 oder 6 GWB abgesehen und ein Unternehmen die Nachprüfung dieser Entscheidung beantragt hat. In diesen Fällen entfällt das Zuschlagsverbot, wenn sich der Auftraggeber im Nachprüfungsverfahren auf § 117 Nr. 1 bis 3 GWB oder § 150 Nr. 1 oder 6 GWB beruft. Eine Wiederherstellung des Zuschlagsverbots durch das Oberlandesgericht ist aber auf Antrag möglich.

10.2.5 Unwirksamkeitsfeststellungsantrag

Ist der Auftrag vor Einleitung eines Nachprüfungsverfahrens bereits vergeben worden, kann der Zuschlag in der Regel nicht mehr rückgängig gemacht werden, § 168 Abs. 2 GWB. Zur Gewährung des EU-rechtlich geforderten effektiven Rechtsschutzes kann der so geschlossene Vertrag allerdings bei Vorliegen der folgenden zwei Fehler mit dem Unwirksamkeitsfeststellungantrag nach § 135 GWB angegriffen werden:

- Der Auftraggeber hat gegen § 134 GWB verstoßen, also keine Vorinformation erteilt, in ihr entscheidende, gesetzlich vorgeschriebene Informationen nicht mitgeteilt oder den Zuschlag vor Ablauf der Wartefrist erteilt, oder

- der Auftraggeber hat einen öffentlichen Auftrag ohne vorherige Bekanntmachung im Amtsblatt der Europäischen Union vergeben, ohne dass dies aufgrund des Gesetzes gestattet ist (sogenannte De-facto-Vergabe).

Wenn die Vergabekammer auf einen entsprechenden Antrag einen solchen Verstoß feststellt, hat dies nach § 135 Abs. 1 GWB die Unwirksamkeit des zuvor abgeschlossenen Vertrages zur Folge.

Die Unwirksamkeit kann allerdings nur festgestellt werden, wenn sie im Nachprüfungsverfahren innerhalb von 30 Kalendertagen ab Kenntnis des Verstoßes, jedoch nicht später als sechs Monate nach Vertragsschluss geltend gemacht worden ist. Hat der Auftraggeber die Auftragsvergabe im Amtsblatt der EU bekannt gemacht, endet die Frist zur Geltendmachung der Unwirksamkeit bereits 30 Kalendertage nach Veröffentlichung dieser Bekanntmachung über die Auftragsvergabe im Amtsblatt der EU.

Die Rügeobliegenheiten gelten gemäß § 160 Abs. 3 Satz 2 GWB nicht, wenn der Antragsteller die Rechtswidrigkeit einer De-facto-Vergabe nach § 135 Abs. 1 Nr. 2 GWB feststellen lassen will. Im Anwendungsbereich des § 134 Abs. 1 GWB besteht die Rügeobliegenheit uneingeschränkt.

10.2.5.1 Verletzung der Vorinformationspflicht nach § 134 GWB

Ein Vertrag ist nach § 135 Abs. 1 Nr. 1 GWB von Anfang an unwirksam, wenn der Auftraggeber gegen die Informations- und Wartepflicht nach § 134 GWB verstoßen hat.

Ein unzureichend begründetes Informationsschreiben allein löst die Unwirksamkeitsfolge des § 135 Abs. 1 Nr. 1 GWB nicht aus. Bieter haben dagegen die Möglichkeit, ihren Anspruch auf eine den Anforderungen des § 134 GWB entsprechende Begründung ggf. auch im Wege des vergaberechtlichen Primärrechtsschutzes einzufordern.[314]

Die Unwirksamkeitsregelung nach § 135 Abs. 1 Nr. 1 GWB ist das Korrektiv zu § 168 Abs. 2 Satz 1 GWB, wonach ein wirksam erteilter Zuschlag nicht aufgehoben werden kann, wenn und weil ein Bieter die Verletzung von Bestimmungen über das Vergabeverfahren i.S.v. § 97 Abs. 6 GWB geltend macht. Die bieterschützende Wirkung ist also grundsätzlich auf die Zeit begrenzt, bevor in dem Vergabeverfahren ein wirksamer Zuschlag erteilt wird. Dieser wirksame Zuschlag erfordert (neben den allgemeinen zivilrechtlichen Grundsätzen) aber auch die Einhaltung der Vorinformations- und Wartepflicht aus § 134 GWB. Wird dagegen verstoßen, kann ein Bieter trotz erteilten Zuschlags noch Nachprüfung bei der Vergabekammer beantragen.[315]

Zweifelhaft ist aber, ob ein Vertrag auch dann für unwirksam zu erklären ist, wenn er unter Missachtung der Stillhaltefrist nach § 134 GWB geschlossen wurde, der Nachprüfungsantrag im Übrigen aber unzulässig oder unbegründet ist.[316] Dagegen spricht die Überlegung, dass die Stillhaltefrist kein Selbstzweck ist, sondern den Bietern gerade die Prüfung ermöglichen soll, ob ein Vorgehen gegen die mitgeteilte Zuschlagsentscheidung aussichtsreich ist. Ist ein Nachprüfungsantrag unzulässig oder unbegründet, besteht kein Anlass, den ge-

---

314 VK Nordbayern, Beschl. v. 18.11.2011, 21.VK-3194-36/11; OLG Koblenz, Beschl. v. 25.3.2002, 1 Verg 1/02.
315 VK Nordbayern, Beschl. v. 20.11.2012, 21.VK-3194-26/12; OLG München, Beschl. v. 9.9.2010, Verg 10/10.
316 Offenlassend OLG Düsseldorf, Beschl. v. 3.3.2010, VII-Verg 11/10; OLG Frankfurt, Beschl. v. 11.6.2013, 11 Verg 3/13.

genständlichen Vertrag für unwirksam zu erklären, um einen Verfahrensabschnitt mit demselben Ergebnis wiederholen zu müssen.[317]

10.2.5.2 De-facto-Vergabe

Die unerlaubte Auftragsvergabe an ein Unternehmen ohne Durchführung eines wettbewerblichen Vergabeverfahrens (De-facto-Vergabe) wird nach § 135 Abs. 1 Nr. 2 GWB auf Antrag und entsprechende Feststellung der Vergabekammer ebenfalls mit der Unwirksamkeit des Vertrags sanktioniert. § 135 Abs. 1 Nr. 2 GWB setzt die schon vor der Vergaberechtsreform gelebte Praxis um, § 101b Abs. 1 Nr. 2 GWB a.F. im Lichte von Art. 2d Abs. 1 lit. a) der Rechtsmittelrichtlinie 89/665/EWG in der Fassung der Richtlinie 2007/66/EG auszulegen. Im Gegensatz zur bisherigen Regelung des § 101b Abs. 1 Nr. 2 GWB a.F. ist es nicht mehr erforderlich, dass die Auftragsvergabe ohne die Beteiligung anderer Bieter bzw. Bewerber erfolgt ist. Ausreichend ist vielmehr, dass potenzielle Bieter bzw. Bewerber keine Kenntnis von der Vergabe des Auftrages auf die gesetzlich vorgeschriebene Weise, nämlich durch EU-Bekanntmachung der Auftragsvergabe, erlangen können, weil die Bekanntmachung des Auftrages unzulässigerweise unterblieben ist und ihnen damit von vornherein die Beteiligung am Vergabeverfahren verwehrt wurde.

Ziel der Regelungen über die De-facto-Vergabe ist es, einen Ausgleich zu schaffen zwischen dem Grundsatz der Einzelfallgerechtigkeit einerseits und dem Grundsatz des Rechtsfriedens bzw. der Rechtssicherheit andererseits. Sie sollen zwar ermöglichen, einen rechtswidrig außerhalb des Vergaberechts vergebenen Auftrag noch nachträglich einem ordnungsgemäßen Vergabeverfahren zuzuführen.[318] Diese Möglichkeit besteht um des Rechtsfriedens willen aber nicht unbegrenzt, sondern längstens bis zum Ablauf der in § 135 Abs. 2 GWB genannten Fristen.[319]

Unter engen Voraussetzungen ist die Auftragsvergabe allerdings auch ohne vorherige Auftragsbekanntmachung erlaubt, nämlich in den im GWB, der VgV und der VOB/A-EU sowie der SektVO und der VSVgV vorgesehenen Fällen „aufgrund eines Gesetzes" i.S.v. § 135 Abs. 1 Nr. 2 GWB. Dazu zählt die rechtmäßige Vergabe im Verhandlungsverfahren ohne vorgeschalteten Teilnahmewettbewerb gemäß § 119 Abs. 2 und 5 GWB, § 130 Absatz 1 Satz 2, § 131 Absatz 1 Satz 2, § 141 Abs. 2, § 146 Satz 2 oder § 151 Satz 2 GWB, das in § 14 Abs. 4 VgV oder § 3a EU Abs. 3 VOB/A näher ausgestaltet ist. Daneben gibt es weitere Ausnahmen von der Bekanntmachungspflicht, z.B. in § 38 Abs. 4 VgV, § 3 EU Abs. 3 Nr. 4 VOB/A oder § 20 Abs. 1 KonzVgV.[320]

Im Zuge der Vergaberechtsreform wurden zudem ungeschriebene Ausnahmetatbestände kodifiziert, bei denen sich die Zulässigkeit des Verzichts auf ein Vergabeverfahren (und damit auf die EU-Bekanntmachung) im Umkehrschluss aus den entsprechenden vergaberechtlichen Bestimmungen ergibt. Als Beispiel lässt sich die öffentlich-öffentliche Zusammenarbeit i.S.d. § 108 GWB nennen, die die Fälle der sog. Inhouse-Geschäfte oder der in-

---

317 OLG München, Beschl. v. 12.5.2011, Verg 26/10.
318 BGH, Beschl. v. 18.6.2012, X ZB 9/11.
319 Vgl. OLG München, Beschl. v. 19.7.2012, Verg 8/12.
320 Eine Sonderregelung findet sich in § 131 Abs. 2 Satz 2 GWB, wonach eine Bekanntmachungspflicht auch bei Direktvergaben von öffentlichen Aufträgen über Personenverkehrsleistungen im Eisenbahnverkehr besteht.

terkommunalen Zusammenarbeit (in-state) unter den dort normierten Voraussetzungen vom Anwendungsbereich des GWB-Vergaberechts ausnimmt.

10.2.5.3 Freiwillige Ex-ante-Transparenzbekanntmachung

Führt der Auftraggeber eine aus seiner Sicht zulässige Direktvergabe oder ein Verhandlungsverfahren ohne Teilnahmewettbewerb (und damit ohne EU-Bekanntmachung) durch, so muss er nach Zuschlag (und ggf. Veröffentlichung des Ergebnisses im EU-Amtsblatt) mit einem nachträglichen Antrag auf Feststellung der Unwirksamkeit des erteilten Zuschlags rechnen – und sieht sich damit einer „Zeit der Unsicherheit" gegenüber. Um diese „Zitterpartie" zu vermeiden, bietet das EU-Vergaberecht die Möglichkeit einer freiwilligen Ex-ante-Transparenzbekanntmachung. Diese mit der Reform der EU-Rechtsmittelrichtlinie 2007 eingeführte Möglichkeit ist nunmehr in § 135 Abs. 3 GWB umgesetzt. Danach tritt die Unwirksamkeit nach § 135 Abs. 1 Nr. 2 GWB nicht ein, wenn der Auftraggeber der Ansicht ist, dass die Vergabe ohne vorherige Veröffentlichung einer Bekanntmachung im EU-Amtsblatt zulässig ist, die beabsichtigte Zuschlagserteilung in einem solchen Verfahren vorab freiwillig im EU-Amtsblatt ankündigt und den Zuschlag nicht vor Ablauf von zehn Kalendertagen nach Veröffentlichung dieser freiwilligen Ex-ante-Transparenzbekanntmachung im EU-Amtsblatt erteilt.

In der Praxis ist diese sehr pragmatische Vorgehensweise bislang kaum bekannt. Da mit ihr frühzeitig Rechtssicherheit geschaffen werden kann, ist sie allerdings sehr zu empfehlen. Der Ex-ante-Transparenzbekanntmachung[321] wohnt der Gedanke inne, dass mit ihr die in einem regulären EU-weiten Vergabeverfahren obligatorische Vorabinformation der nicht für den Zuschlag vorgesehenen Bieter (§ 134 GWB, vgl. oben) mangels „anderer Bieter" durch eine EU-weite Veröffentlichung dieser Zuschlagsankündigung ersetzt wird.

Wird die beabsichtigte Zuschlagserteilung nicht binnen der zehn Kalendertage nach Veröffentlichung der freiwilligen Ex-ante-Transparenzbekanntmachung angegriffen – erforderlich ist für eine wirksame Verhinderung des Zuschlags neben einer Rüge auch die Einreichung eines Nachprüfungsantrags, der nach kursorischer Prüfung durch die zuständige Vergabekammer dem Auftraggeber übermittelt werden muss –, kann der Auftraggeber den Zuschlag erteilen[322]; ein nachträglicher Antrag auf Feststellung der Unwirksamkeit des abgeschlossenen Vertrags nach § 135 Abs. 2 GWB ist dann nicht mehr möglich.

---

321 SIMAP hält hierfür ein eigenes Bekanntmachungsformular vor, vgl. Anhang XII zur Durchführungsverordnung (EU) Nr. 2015/1986.
322 Vgl. EuGH, Urt. v. 11.9.2014, C-19/13, Fastweb SpA.

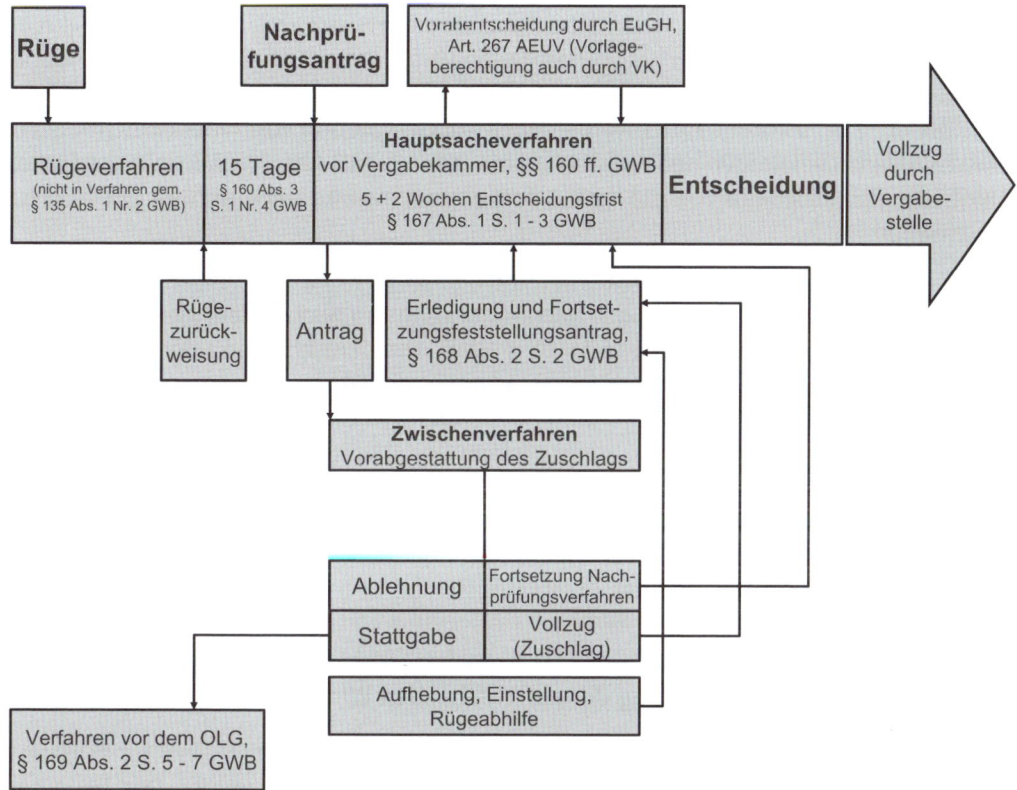

Abb. 39: Nachprüfungsverfahren

10.2.6 Sofortige Beschwerde

Gegen Endentscheidungen der Vergabekammer einschließlich Kostenentscheidungen ist binnen einer (nicht verlängerbaren) Notfrist von zwei Wochen die sofortige Beschwerde zum Vergabesenat des örtlich zuständigen Oberlandesgerichts zulässig (§§ 171 ff. GWB). Die sofortige Beschwerde entfaltet aufschiebende Wirkung gegenüber der Entscheidung der Vergabekammer (§ 173 Abs. 1 GWB), d.h., der Auftraggeber ist weiterhin daran gehindert, den Zuschlag zu erteilen. Für Bieter besteht bei einer Einlegung der sofortigen Beschwerde Anwaltszwang (§ 172 Abs. 3 GWB).

Die sofortige Beschwerde ist zugleich mit ihrer Einlegung zu begründen. Die Beschwerdebegründung muss enthalten:

- Die Erklärung, inwieweit die Entscheidung der Vergabekammer angefochten und eine abweichende Entscheidung beantragt wird.

- Die Angabe der Tatsachen und Beweismittel, auf die sich die Beschwerde stützt.

Gegen **Zwischenentscheidungen** ist vor dem Hintergrund des Beschleunigungsgebots im Nachprüfungsverfahren die sofortige Beschwerde **grundsätzlich nicht statthaft**. Sie müssen als Annex der Hauptsachentscheidung angriffen werden.[323] Ausnahmen sind allenfalls dann möglich, wenn es um vorbereitende Verfahrensentscheidungen der Vergabekammer geht, die irreparabel nachteilige Rechtsfolgen für den Betroffenen mit sich bringen können (z.B.: sofortige Beschwerde gegen die Gewährung von Akteneinsicht).[324] Für Zwischeneilentscheidungen der Vergabekammer nach § 169 Abs. 2 GWB sieht das Gesetz spezifische Rechtsbehelfe vor, die eine sofortige Beschwerde nach den §§ 171 ff. GWB ausschließen.

Nichtentscheidungen der Vergabekammer sind gemäß § 171 Abs. 2 GWB mit einer sofortigen Beschwerde anfechtbar, weil der Nachprüfungsantrag nach Ablauf der (nicht verlängerten) Entscheidungsfrist nach § 167 Abs. 1 GWB ohne Entscheidung der Vergabekammer als abgelehnt gilt.[325] Wenn die Vergabekammer die Entscheidungsfrist mehrfach mit offenkundig vorgeschobener Begründung verlängert, so dass das Hinausschieben einer Entscheidung faktisch einem Verfahrensstillstand und damit einer Rechtsschutzverweigerung gleichkommt, kann eine Untätigkeitsbeschwerde in Betracht kommen. Die Anforderungen hierfür sind in der Praxis aber sehr hoch. Der Beschwerdeführer muss darlegen, dass die Vergabekammer die Fristverlängerungsmöglichkeit in sachlich nicht zu rechtfertigender Weise genutzt hat, um der Ablehnungsfiktion des § 171 Abs. 2 GWB zu entgehen.[326]

10.2.6.1 Antrag auf Verlängerung der aufschiebenden Wirkung

Wie dargestellt, hat die sofortige Beschwerde nach § 173 Abs. 1 Satz 1 GWB zunächst aufschiebende Wirkung gegenüber der Entscheidung der Vergabekammer. Das bedeutet, dass das gesetzliche Zuschlagsverbot fortgilt. Die aufschiebende Wirkung entfällt allerdings zwei Wochen nach Ablauf der Beschwerdefrist. Der vor der Vergabekammer unterlegene Bieter muss dann zur Wahrung seiner Rechte die Verlängerung der aufschiebenden Wirkung bis zur Entscheidung über die Beschwerde beim Vergabesenat aktiv beantragen. Das Gericht hat sich insofern frühzeitig im Rahmen eines solchen Antrags mit den Erfolgschancen der Beschwerde zu befassen.

Nach § 173 Abs. 2 GWB lehnt es den Antrag auf Verlängerung der aufschiebenden Wirkung ab, wenn unter Berücksichtigung aller möglicherweise geschädigten Interessen die nachteiligen Folgen einer Verzögerung der Vergabe bis zur Entscheidung über die Beschwerde die damit verbundenen Vorteile überwiegen. Bei der Abwägung ist das Interesse der Allgemeinheit an einer wirtschaftlichen Erfüllung der Aufgaben des Auftraggebers zu berücksichtigen. Das Gericht berücksichtigt bei seiner Entscheidung auch die Erfolgsaussichten der Beschwerde, die allgemeinen Aussichten des Antragstellers im Vergabeverfahren, den Auftrag zu erhalten und das Interesse der Allgemeinheit an einem raschen Abschluss des Vergabeverfahrens. Bei verteidigungs- oder sicherheitsrelevanten Aufträgen sind zusätzlich besondere Verteidigungs- und Sicherheitsinteressen zu berücksichtigen.

---

323 OLG Düsseldorf, Beschl. v. 28.12.2007, VII-Verg 40/07.
324 OLG München, Beschl. v. 18.10.2012, Verg 13/12.
325 KG, Beschl. v. 24.10.2013, Verg 11/13.
326 Vgl. OLG Düsseldorf, Beschl. v. 28.12.2007, VII-Verg 40/07, und Urt. v. 23.9.2008, 5 W 46/08.

In jedem Fall muss ein Bieter den Antrag auf Verlängerung der aufschiebenden Wirkung nicht nur stellen, sondern auch umfassend begründen. Anderenfalls drohen die Zurückweisung des Antrags und damit die Ermöglichung des Zuschlags durch den Auftraggeber.

Für einen Antrag nach § 173 Abs. 1 Satz 3 GWB muss ein Rechtsschutzbedürfnis bestehen. Dieses ist nur dann anzunehmen, wenn eine Zuschlagserteilung tatsächlich bevorsteht, wenn die vorliegenden Angebote also objektiv zuschlagsreif sind und der Auftraggeber auch eine entsprechende Absicht zeigt. Wenn sich das Vergabeverfahren dagegen in einem frühen Stadium befindet, in welchem es nicht oder zumindest auf absehbare Zeit nicht zu einem wirksamen Zuschlag kommen kann, verliert die Verlängerung der aufschiebenden Wirkung als Zuschlagsverbot ihren Sinn. Ein Rechtsschutzbedürfnis kann daher in derartigen Konstellationen nicht angenommen werden.[327]

10.2.6.2 Vorabentscheidung über den Zuschlag

Gemäß § 176 Abs. 1 GWB kann der Vergabesenat auf Antrag des Auftraggebers oder des für den Zuschlag vorgesehenen Unternehmens den weiteren Fortgang des Vergabeverfahrens und den Zuschlag gestatten, wenn nach einer Interessenabwägung die nachteiligen Folgen einer Verzögerung der Vergabe bis zur Entscheidung über die Beschwerde die damit verbundenen Vorteile überwiegen.

Entscheidungsgrundlage ist eine Interessenabwägung nach denselben Maßstäben wie im Rahmen einer Entscheidung über einen Antrag auf Wiederherstellung der aufschiebenden Wirkung nach § 173 Abs. 1 Satz 3 GWB. § 176 GWB knüpft unmittelbar an die Regelung des § 173 Abs. 3 GWB an. Eine Entscheidung nach § 176 GWB ist nur möglich und ein Antrag dementsprechend nur statthaft, wenn der Auftraggeber vor der Vergabekammer unterlegen war und so die Erteilung des Zuschlags bis auf Weiteres gemäß § 173 Abs. 3 GWB untersagt ist.[328] Umgekehrt ist ein Antrag nach § 173 Abs. 1 Satz 3 GWB nur statthaft, wenn der antragstellende Bieter vor der Vergabekammer unterlegen war und das Zuschlagsverbot entsprechend zwei Wochen nach Ablauf der Beschwerdefrist entfällt.

10.2.6.3 Entscheidung des Beschwerdegerichts und Ende des Vergabeverfahrens

Ist der Auftraggeber mit einem Antrag nach § 176 GWB vor dem Beschwerdegericht unterlegen, gilt das Vergabeverfahren gemäß § 177 GWB nach Ablauf von zehn Tagen nach Zustellung der Entscheidung als beendet, wenn der Auftraggeber nicht die Maßnahmen zur Herstellung der Rechtmäßigkeit des Verfahrens ergreift, die sich aus der Entscheidung ergeben; das Verfahren darf nicht fortgeführt werden.

Hält das Beschwerdegericht die Beschwerde für begründet, so hebt es gemäß § 178 GWB die Entscheidung der Vergabekammer auf. In diesem Fall entscheidet das Gericht in der Sache selbst oder spricht die Verpflichtung der Vergabekammer aus, unter Berücksichtigung der Rechtsauffassung des Gerichts erneut zu entscheiden. Auf Antrag stellt es fest, ob das Unternehmen, das die Nachprüfung beantragt hat, durch den Auftraggeber in seinen Rechten verletzt ist.

---

327 OLG München, Beschl. v. 5.11.2007, Verg 12/07.
328 OLG Naumburg, Beschl. v. 30.6.2000, 1 Verg 4/00.

Dem Vergabesenat steht grundsätzlich dasselbe Spektrum an möglichen Entscheidungen wie der Vergabekammer zu. Er ist nicht an Anträge gebunden und ergreift die zur Wiederherstellung der Rechtmäßigkeit des Verfahrens erforderlichen Maßnahmen. Die Zurückweisung des Verfahrens an die Vergabekammer wird sich in aller Regel nicht als sinnvoll erweisen, weil dadurch das Verfahren unnötig verlängert wird. Die Vergabesenate entscheiden daher meist „durch", wenn die Sache entscheidungsreif ist. Da offene Sachverhaltsfragen auch durch eine Beweisaufnahme vor dem Beschwerdegericht geklärt werden können, ist die Möglichkeit der Zurückverweisung kaum praxisrelevant.

Auffällig ist die Tendenz, dass einige Vergabesenate auch Vergabefehler aufgreifen, die bislang nicht Verfahrensgegenstand gewesen sind. Auftraggeber können also nicht darauf spekulieren, dass die Nachprüfungsinstanzen bestimmte Fehler übersehen. Sie müssen vielmehr selbst dann damit rechnen, dass ein Fehler noch aufgegriffen wird, wenn er von dem antragstellenden Bieter gar nicht gerügt worden ist. Voraussetzung ist dabei auch hier, dass der Fehler so schwerwiegend ist, dass für eine rechtmäßige Verfahrensbeendigung keine Grundlage besteht.[329]

Rechtsmittel sind gegen Entscheidungen des Beschwerdegerichts nicht statthaft. Eine Rechtsbeschwerde zum Bundesgerichtshof kann nur in Fragen der Zuständigkeit nach § 17a GVG zugelassen werden.[330]

10.2.7 Divergenzvorlage zum BGH

Will ein Oberlandesgericht von einer Entscheidung eines anderen Oberlandesgerichts oder des Bundesgerichtshofs abweichen, hat es die Sache dem Bundesgerichtshof nach § 179 Abs. 2 Satz 1 GWB vorzulegen. Nach dem Willen des Gesetzgebers soll die Vorlagepflicht gemäß § 124 Abs. 2 Satz 1 GWB eine bundeseinheitliche Rechtsprechung in Vergabesachen gewährleisten.[331] Die Vorlagepflicht gilt nicht im Verfahren nach § 173 Abs. 1 Satz 3 GWB und nach § 176 GWB.

Die **Vorlagepflicht** besteht allerdings nur, wenn bestimmte Voraussetzungen eingehalten werden. Es muss sich zunächst um eine ergebnisrelevante Abweichung in der Anwendung der Vergabenachprüfungsvorschriften von der Rechtsprechung eines anderen Oberlandesgerichts handeln.[332] Das ist dann der Fall, wenn das vorlegende Gericht als tragende Begründung seiner Entscheidung einen Rechtssatz zugrunde legen will, der mit einem tragenden Rechtssatz einer Entscheidung eines anderen Oberlandesgerichts oder des Bundesgerichtshofs nicht übereinstimmt. Eine Divergenzvorlage ist daher nicht nur dann zwingend, wenn das vorlegende Gericht lediglich zu einem anderen Ergebnis gelangen möchte als das Gericht, von dessen Entscheidung abgewichen werden soll, sondern ggf. auch bei identischen Ergebnissen.[333]

---

329 Vgl. OLG Düsseldorf, Beschl. 27.11.2013, VII-Verg 20/13.
330 BGH, Beschl. v. 18.6.2012, X ZB 9/11; OLG Düsseldorf, Beschl. v. 19.10.2011, VII-Verg 51/11.
331 OLG Düsseldorf, Beschl. v. 16.6.2008, VII-Verg 13/08.
332 OLG Rostock, Beschl. v. 2.7.2008, 17 Verg 2/08; OLG Düsseldorf, Beschl. v. 13.8.2008, VII-Verg 42/07.
333 OLG Rostock, Beschl. v. 2.7.2008, 17 Verg 2/08.

Schließlich muss die frühere Entscheidung, von der abgewichen werden soll, auf einem im Wesentlichen gleichen oder vergleichbaren Sachverhalt beruhen.[334] Diese Voraussetzung wird in vielen Verfahren als nicht erfüllt angesehen.

Bei zulässiger Vorlage entscheidet der Bundesgerichtshof grundsätzlich abschließend über die sofortige Beschwerde anstelle des Oberlandesgerichts. Der BGH kann sich auf die Entscheidung der Divergenzfrage allerdings auch beschränken und dem Beschwerdegericht die Entscheidung in der Hauptsache übertragen, wenn dies nach dem Sach- und Streitstand des Beschwerdeverfahrens angezeigt scheint, § 179 Abs. 2 Satz 3 GWB.

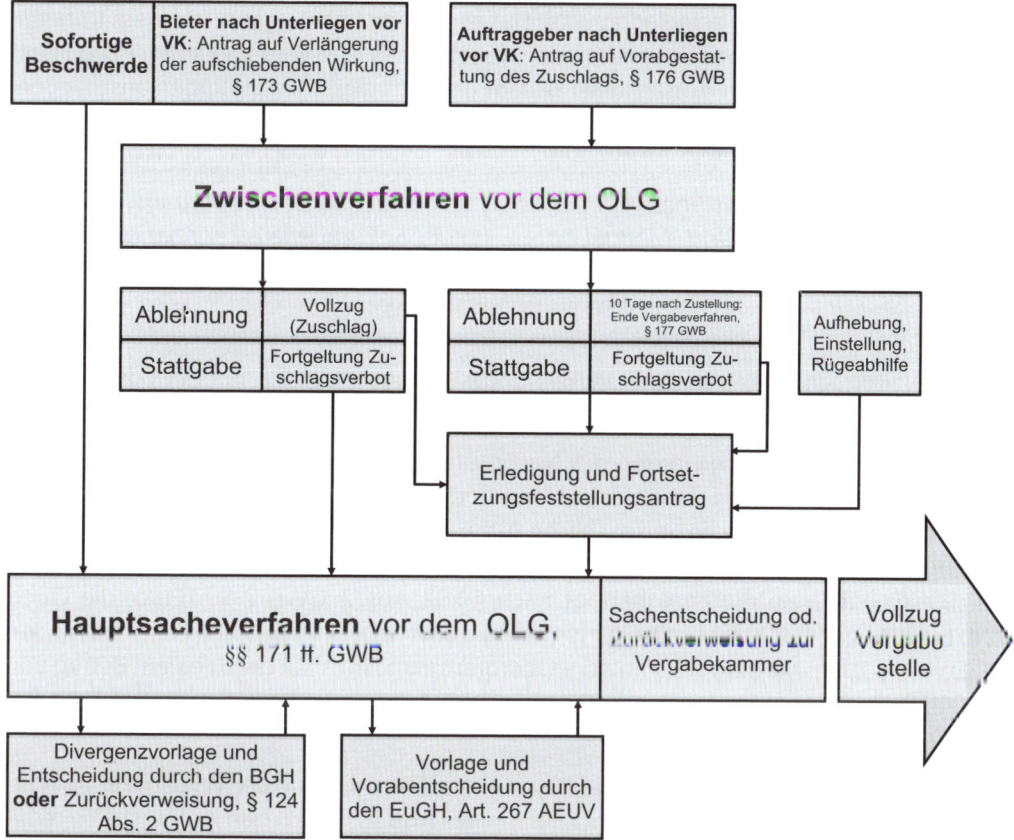

Abb. 40: Verfahren sofortige Beschwerde

10.2.8 Kosten

Die Kosten des Nachprüfungsverfahrens vor der Vergabekammer und ihre vom Verfahrensausgang abhängige Verteilung auf die Beteiligten sind in § 182 GWB geregelt. Die Kosten unterteilen sich in die Kosten der Vergabekammer (Gebühren und Auslagen) und die Aufwendungen, die zur zweckentsprechenden Rechtsverfolgung der Beteiligten notwendig

---

334 OLG Bremen, Beschl. v. 9.10.2012, Verg 1/12.

waren. Die Vergabekammer trifft darüber (Notwendigkeit der Rechtsverfolgungskosten) und über die Kostenverteilung eine Kostengrundentscheidung, die mit der Entscheidung in der Hauptsache oder später ergehen kann. Eine Kostenfestsetzung findet nicht statt.

Im Grundsatz trägt die Partei die Kosten, die unterliegt (§ 182 Abs. 3 Satz 1 und Abs. 4 Satz 1 GWB). Mehrere Auftraggeber auf Antragsgegnerseite tragen die Kosten als Gesamtschuldner. Die beigeladene Partei obsiegt oder unterliegt (mit der entsprechenden Kostenfolge) gemeinsam mit der Partei, die sie aktiv durch Einreichung von Schriftsätzen, Teilnahme an mündlichen Verhandlungen oder Stellung von Anträgen unterstützt.[335] In der Regel tritt ein Beigeladener auf Auftraggeberseite auf, wenn und weil der für den Zuschlag vorgesehene Bieter beigeladen wird. Das ist aber nicht zwingend. In einem früheren Verfahrensstadium ist es beispielsweise auch denkbar, dass die Vergabekammer alle Bieter oder Bewerber neben dem Antragsteller beilädt und sich diese dessen Rügen anschließen.

Praxistipp

 Für einen Kostenerstattungsanspruch eines Beigeladenen ist eine Antragstellung nicht allein entscheidend. Maßgeblich ist, ob der Beigeladene erkennbar auf der Seite des Antragstellers oder des Antragsgegners gestritten hat. Die Antragstellung ist dabei nur eines von mehreren möglichen Indizien.

Aus der Anwendung des jeweiligen Verwaltungskostengesetzes des Bundes oder der Länder kann eine Gebührenbefreiung des Antragsgegners folgen.

Die Höhe der für die Durchführung des Nachprüfungsverfahrens zu erhebenden Gebühr wird von der Vergabekammer mit der Kostengrundentscheidung festgelegt. Dabei sind auf der einen Seite der personelle und sachliche Aufwand, auf der anderen Seite aber auch die wirtschaftliche Bedeutung des Gegenstands des Nachprüfungsverfahrens zu berücksichtigen. Die Gebührenuntergrenze beträgt nach § 182 Abs. 2 GWB 2.500 Euro, die Obergrenze liegt bei 50.000 Euro. Die Untergrenze kann aus Gründen der Billigkeit bis auf 250 Euro reduziert werden, während die Obergrenze im Einzelfall bis zu einem Betrag von 100.000 Euro angehoben werden kann, wenn der Aufwand oder die wirtschaftliche Bedeutung außergewöhnlich hoch sind.

Wenn sich der Nachprüfungsantrag bereits vor einer Entscheidung der Vergabekammer erledigt hat, beispielsweise aufgrund Rücknahme des Antrags durch den Antragsteller, reduziert sich die Gebühr in jedem Fall auf die Hälfte. Darüber hinaus kann die Vergabekammer in diesen Fällen sogar insgesamt auf die Erhebung einer Gebühr verzichten, wenn der Nachprüfungsantrag z.B. in einem sehr frühen Stadium wieder zurückgenommen wird und sich der Aufwand der Vergabekammer dadurch auf ein Minimum reduziert.

Neben den **Gebühren** der Vergabekammer und etwaigen **Auslagen** trägt die jeweils unterlegene Partei die **Aufwendungen**, die zur zweckentsprechenden Rechtsverfolgung oder Rechtsverteidigung der jeweils anderen Partei notwendig waren. Hiervon sind im Wesentlichen die Kosten für eine anwaltliche Vertretung im Nachprüfungsverfahren umfasst.

---

335 OLG Düsseldorf, Beschl. v. 10.5.2012, VII-Verg 5/12.

Notwendig sind Kosten immer nur bis zur Höhe der gesetzlichen Rechtsanwaltsgebühren nach dem Rechtsanwaltsvergütungsgesetz. Zeithonorare sind nicht erstattbar.

Dabei ist immer wieder umstritten und einzelfallabhängig, ob die Kosten für die Beauftragung eines Rechtsanwalts durch den Auftraggeber im Nachprüfungsverfahren vor der Vergabekammer als notwendig angesehen werden müssen. Grundsätzlich erwartet die Rechtsprechung jedenfalls von „größeren" Auftraggebern, die Vergaben nicht nur im Einzelfall ausführen, zunehmend, dass sie auch ohne anwaltlichen Beistand in der Lage sind darzulegen, dass das von ihnen ohnehin zu beachtende und in ihren „originären Aufgabenkreis" fallende materielle Vergaberecht zutreffend angewandt wurde. Gleichwohl wird das Vergaberecht auch weiterhin als eine komplexe Rechtsmaterie angesehen.[336] Ein weiteres Argument bei der Frage, ob Anwaltskosten auf Auftraggeberseite notwendig waren, kann der Aspekt der Waffengleichheit mit dem antragstellenden Bieter sein, der in aller Regel durch hochspezialisierte Rechtsanwälte beraten und vertreten wird.

Im Falle einer **vorzeitigen Beendigung** des Nachprüfungsverfahrens durch Rücknahme gilt im Rahmen der zu treffenden Billigkeitsentscheidung der Vergabekammer nach § 182 Abs. 3 Satz 5 GWB grundsätzlich das Veranlasserprinzip: Der den Nachprüfungsantrag zurücknehmende Antragsteller trägt daher die Kosten, es sei denn, die Rücknahme ist erkennbar auf nachträgliche Entscheidungen (Abhilfe, Aufhebung des Vergabeverfahrens) oder auf unzureichende Mitteilungen der Vergabestelle zurückzuführen.[337] Nach einer Korrektur in § 182 Abs. 3 Satz 4 GWB im Rahmen der Vergaberechtsreform ist in einem solchen Fall nunmehr hinsichtlich der Kostentragung immer nach billigem Ermessen zu entscheiden.[338] Dies gilt auch hinsichtlich der Erstattung der notwendigen Aufwendungen. Auch hier war eine Gesetzeskorrektur nötig, um einen nunmehr nachvollziehbaren Gleichlauf der Entscheidung über die Kosten und die Erstattung der notwendigen Aufwendungen zu erreichen.

Bei **Erledigung durch Zuschlagserteilung** aufgrund einer Vorabgestattung durch die Vergabekammer kann im Rahmen der Billigkeitsentscheidung nach § 182 Abs. 3 Satz 5 GWB eine Teilung der Kosten in Betracht kommen, wenn die behauptete Rechtsverletzung tatsächlich vorlag oder nach summarischer Prüfung wahrscheinlich war, die Vorabgestattung aber Ergebnis der Interessenabwägung nach § 169 Abs. 2 GWB ist.

In diesen Fällen und bei einer gegenseitigen **Erledigungserklärung** verschafft das Gesetz jedoch keinen Anspruch der Verfahrensbeteiligten auf Erstattung ihrer notwendigen Aufwendungen. Jeder Verfahrensbeteiligte hat seine Aufwendungen selbst zu tragen.[339]

Die Kostenentscheidung für das Beschwerdeverfahren einschließlich eines etwaigen Verfahrens vor dem BGH ist unter entsprechender Anwendung von § 78 GWB zu treffen (vgl.

---

336 OLG München, Beschl. v. 31.5.2012, Verg 4/12.
337 OLG München, Beschl. v. 31.5.2012, Verg 4/12.
338 Früher hieß es in dieser Norm, dass die Kosten immer vom Antragsteller zu tragen sind. Der BGH (Beschl. v. 25.1.2012, X ZB 3/11) hatte auf den Widerspruch zu Abs. 3 Satz 5 der Norm hingewiesen und damit den Anstoß zu dieser Gesetzeskorrektur gegeben.
339 Vgl. für Fälle der übereinstimmenden Erledigungserklärung: BGH, Beschl. v. 25.1.2012, X ZB 3/11; OLG Düsseldorf, Beschl. v. 9.1.2013, VII-Verg 41/12.

§ 175 Abs. 2 GWB). Diese Bestimmung findet, was im Wortlaut nicht ganz klar zum Ausdruck kommt, auch auf die Gerichtskosten Anwendung.[340]

Auch insoweit gilt daher die Grundregel, dass die Partei die Gerichtskosten und die notwendigen Auslagen trägt, soweit sie unterliegt.

Wenn die Parteien das Verfahren in der Hauptsache übereinstimmend für erledigt erklärt haben, kann auf den Ausgang des Verfahrens abgestellt werden, wenn dieser bei der angezeigten summarischen Prüfung nach dem bisherigen Sach- und Streitstand mit hinreichender Sicherheit prognostiziert werden kann. Stellt sich der Verfahrensausgang demgegenüber als offen dar, sind im Regelfall die Gerichtskosten hälftig zu teilen und außergerichtliche Kosten nicht zu erstatten.[341]

10.3 Vertragsverletzungsverfahren zum EuGH

Auf die Beschwerde eines Betroffenen[342] kann die EU-Kommission gegen den Mitgliedstaat, dem ein Auftraggeber angehört, ein Vertragsverletzungsverfahren einleiten. Stellt der EuGH die Vertragsverletzung wegen Missachtung des Vergaberechts fest, hat der Mitgliedstaat die unionsrechtliche Pflicht, diese Vertragsverletzung zu beseitigen, was konkret die Pflicht des Mitgliedstaats bedeuten kann, einen vergaberechtswidrig geschlossenen Vertrag aufzuheben. Der Grundsatz „pacta sunt servanda" schützt vor dieser Pflicht nicht.[343] Um diesem Petitum des Gerichtshofs nachkommen zu können, sieht § 133 Abs. 1 Nr. 3 GWB nunmehr ein ausdrückliches Recht des Auftraggebers zur Kündigung des öffentlichen Auftrags vor. Die Rechtsfolgen ergeben sich dann aus den Absätzen 2 und 3 dieser Norm.

Das Vertragsverletzungsverfahren kann theoretisch dazu führen, dass ein benachteiligter Bieter unionsrechtlichen Rechtsschutz im Wege des Vertragsverletzungsverfahrens ersucht, obwohl er vor dem nationalen Gericht nicht erfolgreich war oder weil er die Beschwerde zur Kommission kostenfrei und nicht fristgebunden erheben kann. Die Kommission trifft allerdings weder eine unionsrechtliche Pflicht, ein Vertragsverletzungsverfahren gegen einen Mitgliedstaat einzuleiten, noch Klage nach Art. 258 AEUV zu erheben. Sie wird im Regelfall prüfen, ob und mit welchem Ausgang der Beschwerdeführer das nationale vergaberechtliche Nachprüfungsverfahren durchgeführt hat.

Es ist mangels ausdrücklich angeordneter Subsidiarität des Beschwerdeverfahrens zur Kommission und des anschließenden Vertragsverletzungsverfahrens zwar nicht gänzlich auszuschließen, dass sich ein Bieter nach Ablauf einer Ausschlussfrist mit einer Beschwerde an die Kommission wendet. In einem derartigen Fall dürfte aber in aller Regel nicht damit zu rechnen sein, dass die Kommission ein Vertragsverletzungsverfahren einleiten wird.

---

340 BGH, Beschl. v. 8.2.2011, X ZB 4/10.
341 BGH, Beschl. v. 23.1.2013, X ZB 8/11.
342 Die Beschwerdemöglichkeit ist hier – anders als im Nachprüfungsverfahren – nicht auf die Teilnehmer des Vergabeverfahrens beschränkt und auch nicht von einer Antragsbefugnis abhängig. Vielmehr kann jeder Unionsbürger ein solches Verfahren mit einem frist- und formlosen Hinweis ins Rollen bringen.
343 EuGH, Urt. v. 18.7.2007, Rs C-503/04, Kommission/Deutschland, Rn. 36.

Selbst wenn die maßgeblichen Rechtsschutzfristen bereits abgelaufen sind und Bieter bzw. Bewerber daher keine Möglichkeiten mehr haben, aktiv in einen laufenden Vergabeprozess einzugreifen, können sich Auftraggeber nicht vollständig in Sicherheit wähnen. Wenn die EU-Kommission einen laufenden Vertrag als Verletzung des europäischen Vergaberechts ansieht, kann sie den jeweiligen Mitgliedstaat auffordern, den rechtswidrigen Zustand zu beenden und hierzu ggf. den EuGH anrufen. Bestätigt dieser die Verletzung des EU-Vertrags, müssen bestehende Verträge dann schlimmstenfalls gekündigt und – soweit möglich – rückabgewickelt werden.

10.4 Sekundärrechtsschutz

Hat der Auftraggeber gegen eine den Schutz von Bieterunternehmen bezweckende Vorschrift verstoßen und hätte das Unternehmen ohne diesen Verstoß bei der Wertung der Angebote eine echte Chance gehabt, den Zuschlag zu erhalten, die aber durch den Rechtsverstoß beeinträchtigt wurde, so kann das Unternehmen nach § 181 Satz 1 GWB zunächst **Schadensersatz** für die Kosten der Vorbereitung des Angebots oder der Teilnahme an dem Vergabeverfahren verlangen (sogenanntes negatives Interesse).

Praxistipp

 Ersatzfähig auf der Grundlage von § 181 Satz 1 GWB sind allein die Angebotskosten. Umfasst sind insoweit die zur Erstellung des konkreten Angebots erforderlichen Sach- und Materialkosten sowie Kosten für Vor-Ort-Besichtigungen oder für Verhandlungen mit Nachunternehmern im Hinblick auf das konkrete Vergabeverfahren. Nach allgemeinen schadensrechtlichen Grundsätzen ausgeschlossen sind daher die sogenannten Sowieso-Kosten, die der Bieter als Gemeinkosten unabhängig von dem konkreten Vergabeverfahren ohnehin zu tragen hat. Dazu zählen regelmäßig auch die Kosten für den Einsatz von Mitarbeitern für die Angebotserstellung, sofern diese nicht eigens hierfür eingestellt worden sind.

Ein über die Angebotskosten hinausgehender Schaden kann nach allgemeinen zivilrechtlichen Grundsätzen geltend gemacht werden, § 181 Satz 2 GWB.

Wenig praxisrelevant sind die Fälle, in denen der Auftraggeber wegen rechtsmissbräuchlicher Ausübung der Rechte in einem Nachprüfungsverfahren Schadensersatz von dem antragstellenden Bieter verlangt. Hierfür bietet § 180 GWB eine Anspruchsgrundlage.

Zuständig für Klagen über Schadensersatzansprüche aus einem Vergabeverfahren sind nicht die Nachprüfungsinstanzen, sondern die Zivilgerichte.

10.4.1 Schadensersatz aus § 181 Satz 1 GWB

Der Schadensersatzanspruch nach § 181 GWB hat folgende Voraussetzungen:

- Pflicht zur Durchführung eines formellen Vergabeverfahrens nach dem vierten Teil des GWB (§§ 97 ff. GWB);

- Verletzung einer bieterschützenden Bestimmung über das Vergabeverfahren i.S.v. § 97 Abs. 6 GWB;

- Eine durch den Rechtsverstoß beeinträchtigte „echte Chance" des Anspruchstellers auf Erhalt des Zuschlags.

§ 181 Satz 1 GWB begründet eine Gefährdungshaftung des Auftraggebers. Das bedeutet, dass ein Verschulden keine Anspruchsvoraussetzung darstellt.

Maßgebend ist zunächst, dass der Auftraggeber für die Umsetzung seines konkreten Beschaffungsvorhabens zur Durchführung eines formellen Vergabeverfahrens nach dem vierten Teil des GWB (§§ 97 ff. GWB) verpflichtet ist. Ob tatsächlich ein EU-Vergabeverfahren durchgeführt wurde oder nicht, ist dagegen nicht von Bedeutung. Anderenfalls stünde es im Belieben der Vergabestelle, sich den im vierten Teil des GWB dem Auftraggeber auferlegten Pflichten einschließlich der erweiterten Schadensersatzpflicht zu entziehen.[344] Unerheblich für die Anwendbarkeit von § 181 Satz 1 GWB ist es daher, welchen Stand das Vergabeverfahren erreicht hat. Es muss insbesondere nicht so weit fortgeschritten gewesen sein, dass es bereits tatsächlich auch die Phase der Angebotsprüfung und -wertung erreicht hat. Im Gegenteil kann ein Anspruch aus § 181 Satz 1 GWB auch dann in Betracht kommen, wenn das Verfahren bereits vorher aufgehoben worden ist.[345]

Der Auftraggeber muss eine **bieterschützende Bestimmung** über das Vergabeverfahren verletzt haben, wodurch eine „echte Chance" des Antragstellers auf Erhalt des Zuschlags beeinträchtigt worden ist.

Der unbestimmte Rechtsbegriff der „echten Chance" hat die Praxis in der Vergangenheit vor nicht unerhebliche Probleme gestellt. Der BGH hat jedoch bereits vor längerer Zeit klargestellt, dass der Kreis der Angebote, die eine „echte Chance" auf den Zuschlag haben, diejenigen Angebote umfasst, auf die nach dem gerichtlich nicht mehr nachprüfbaren Beurteilungsspielraum des Auftraggebers der Zuschlag erteilt werden darf.[346] Der in einem zivilgerichtlichen Verfahren darlegungs- und beweisbelastete klagende Bieter muss daher insbesondere nicht beweisen, dass er den Zuschlag erhalten hätte. Anhand der im konkreten Einzelfall festgelegten Zuschlagskriterien und ihrer Gewichtung ist vielmehr zu prüfen, ob nach diesen Maßstäben eine Zuschlagserteilung auf das Angebot des Schadensersatz begehrenden Bieters zulässig gewesen wäre.

---

344 OLG Koblenz, Urt. v. 15.1.2007, 12 U 1016/05.
345 BGH, Urt. v. 27.11.2007, X ZR 18/07 (insoweit Bestätigung der Vorinstanz: OLG Koblenz, Urt. v. 15.1.2007, 12 U 1016/05).
346 BGH, Urt. v. 27.11.2007, X ZR 18/07.

Praxistipp

 Der Schadensersatzanspruch aus § 181 GWB ist zwar der Höhe nach auf die Kosten der Vorbereitung des Angebots oder der Teilnahme an einem Vergabeverfahren begrenzt. Auf den Auftraggeber können aufgrund des erweiterten Anspruchstellerkreises jedoch erhebliche Forderungen zukommen. Bei der Anwendung allgemeiner zivilrechtlicher Schadensersatzregelungen kann i.d.R. nur der Bieter einen (ersatzfähigen) kausalen Schaden geltend machen, dessen Angebot den Zuschlag hätte erhalten müssen. Die übrigen nachrangig platzierten Bieter tragen die Angebotskosten aus „allgemeinem Lebensrisiko" selbst. Nach § 181 Satz 1 GWB können dagegen alle Bieter vorgehen, die eine „echte Chance" auf den Zuschlag hatten.

Die reduzierte echte Zuschlagschance muss schließlich ursächlich auf den Vergabeverstoß zurückzuführen sein. Das ist der Fall, wenn der Verstoß nicht hinweggedacht werden kann, ohne dass die verschlechterte Aussicht auf den Zuschlag entfiele.[347] Wenn die Zuschlagschance aus anderen Gründen verschlechtert wird oder ganz entfällt, beispielsweise wegen einer rechtmäßigen Verfahrensaufhebung, ist der Vergabeverstoß nicht (mehr) ursächlich.[348] Das Vergabeverfahren muss daher auch grundsätzlich durchführbar gewesen sein. Es darf insbesondere nicht an einem so schwerwiegenden Fehler gelitten haben, dass eine vergaberechtlich zulässige Zuschlagserteilung gar nicht möglich gewesen wäre (z.B.: Leistungsbeschreibung lässt die Abgabe miteinander vergleichbarer Angebote nicht zu). Da in diesem Fall niemand eine (echte) Zuschlagschance hatte, kann der klagende Bieter auch nicht mit Aussicht auf Erfolg eine Beeinträchtigung seiner Chancen geltend machen.[349]

10.4.2 Schadensersatz aus allgemeinen zivilrechtlichen Grundsätzen

Das Vergabeverfahren begründet ein vorvertragliches Schuldverhältnis zwischen Auftraggeber und Bietern mit gegenseitigen Rücksichtnahmepflichten i.S.v. §§ 311 Abs. 2 Nr. 1, 241 Abs. 2 BGB. Für den Auftraggeber sind diese Rücksichtnahmepflichten durch die Bestimmungen des formellen Vergabeverfahrensrechts konkretisiert.[350] Bei Verstößen kann er sich daher nach § 280 Abs. 1 BGB schadensersatzpflichtig machen. Diese Schadensersatzpflicht ist unbegrenzt und kann daher über die Angebotskosten hinausgehend auch das sogenannte **positive Interesse** umfassen, also grundsätzlich auch den aufgrund des Vergabeverstoßes entgangenen Gewinn, wenn und weil der Auftraggeber den Auftrag anderweitig vergeben hat.

Der Auftraggeber muss seine Pflichten aus dem vorvertraglichen Schuldverhältnis schuldhaft verletzt haben. Eine schuldhafte Pflichtverletzung nach § 276 BGB liegt vor, wenn der Auftraggeber vorsätzlich oder fahrlässig gehandelt hat.

Die Pflichtverletzung muss wiederum ursächlich für den eingetretenen Schaden gewesen sein, wofür der klagende Bieter darlegungs- und beweisbelastet ist. Die Anforderungen an

---

347 VK Bund, Beschl. v. 13.10.2004, VK2-151/04.
348 VK Brandenburg, Beschl. v. 9.9.2005, VK 33/05.
349 Vgl. BGH, Urt. v. 1.8.2006, X ZR 146/03.
350 OLG Naumburg, Urt. v. 1.8.2013, 2 U 151/12.

die Ursächlichkeit hinsichtlich des negativen Interesses sind grundsätzlich identisch zu den Anforderungen im Rahmen von § 181 Satz 1 GWB. Bei Beanspruchung des entgangenen Gewinns sind sie ungleich höher.

Erforderlich ist der Nachweis, dass der klagende Bieter ohne den geltend gemachten Vergaberechtsverstoß und bei ansonsten ordnungsgemäßer Vergabe den Zuschlag hätte erhalten müssen.[351] Das bedeutet auch, dass der Auftrag tatsächlich vergeben worden sein muss. Anderenfalls ist nicht der Vergabeverstoß ursächlich für den entgangenen Gewinn, sondern der Umstand, dass mangels Auftrags schon gar keine Gewinnerzielung möglich war. Ein Anspruch scheidet auch dann aus, wenn das Angebot des Bieters unabhängig von dem verfahrensgegenständlichen Vergabeverstoß zwingend von der Wertung der Angebote auszuschließen war[352] oder wenn eine Zuschlagserteilung auf sein Angebot aus anderen Gründen ausgeschlossen war, etwa weil das Verfahren rechtmäßig aufgehoben wurde oder wegen eines schwerwiegenden Fehlers hätte aufgehoben werden müssen. Solange das nicht angenommen werden kann, geht der auftraggeberseitige Einwand, dem klagenden Bieter hätte der Zuschlag wegen der vergaberechtswidrigen Ausgestaltung der Vergabeunterlagen nicht erteilt werden können, regelmäßig ins Leere. Anderenfalls wäre der öffentliche Auftraggeber von jeglicher Haftung für die Verwendung vergaberechtswidriger Vergabeunterlagen freigestellt.[353]

Wenn der geltend gemachte Vergabeverstoß gerade in einer rechtswidrigen Verfahrensaufhebung besteht, kann der aus Sicht des Klägers entgangene Gewinn nur dann schadensrechtlich relevant sein, wenn nach der Aufhebung ein wirtschaftlich identischer Auftrag anderweitig vergeben worden ist.[354] Anderenfalls ist nur das negative Interesse ersatzfähig.

10.5 Unterschwellenrechtsschutz

Aufgrund der Zweiteilung des Vergaberechts gelten für Aufträge unterhalb der Schwellenwerte (in ihrem Anwendungsbereich) lediglich das **Haushaltsrecht** (§§ 55 BHO/LHO, 30 HGrG) sowie jeweils die ersten Abschnitte **der Vergabeordnungen** bzw. zukünftig die UVgO. Dabei handelt es um interne Verwaltungsvorschriften ohne Außenwirkung.[355]

Daraus folgt, dass es – verfassungsrechtlich zulässig[356] – grundsätzlich keinen dem Vergabenachprüfungsrecht der §§ 155 ff. GWB vergleichbaren effektiven Bieterrechtsschutz gegen Auftraggeberentscheidungen in Vergabeverfahren im Unterschwellenbereich gibt. Andererseits bedeutet das aber nicht, dass sich die Auftragsvergabe hier vollständig in einem rechtsfreien und vor allem auch rechtsschutzfreien Raum bewegt.

---

351 BGH, Urt. v. 26.1.2010, X ZR 86/08.
352 OLG Koblenz, Beschl. v. 6.6.2013, 2 U 522/12.
353 BGH, Urt. v. 5.6.2012, X ZR 161/11.
354 BGH, Urt. v. 8.9.1998, X ZR 99/96.
355 OLG Saarbrücken, Beschl. v. 29.4.2003, 5 Verg 4/02.
356 BVerfG, Beschl. v. 13.6.2006, 1 BvR 1160/03.

10.5.1 Zivilgerichtlicher Rechtsschutz

Lange Zeit war umstritten, ob für die Überprüfung von Vergabeentscheidungen unterhalb der Schwellenwerte die Verwaltungsgerichte oder die Zivilgerichte zuständig sind. Das Bundesverwaltungsgericht setzte diesem Streit ein Ende und entschied bereits 2006, dass in diesen Streitigkeiten der Rechtsweg zu den Zivilgerichten eröffnet ist.[357]

Gegenstand eines zivilgerichtlichen Rechtsschutzverfahrens sind Ansprüche auf Unterlassung vergaberechtlicher Verstöße. Allein die Klageerhebung ist aus Bietersicht jedoch nicht hilfreich, da bei Klageeinreichung – anders als beim Rechtsschutz im vergaberechtlichen Nachprüfungsverfahren – kein Zuschlagsverbot greift. Der Auftraggeber könnte daher trotz eines anhängigen Klageverfahrens den Zuschlag erteilen und den klagenden Bieter dadurch vor vollendete Tatsachen stellen. Vor Zuschlagserteilung können derartige Unterlassungsansprüche daher im Wege des einstweiligen Rechtsschutzes nach den §§ 935, 940 ZPO geltend gemacht werden.[358] Da im Unterschwellenbereich allerdings die Vorinformationspflicht nach § 134 GWB nicht gilt, erfahren die Bieter in der Regel nicht vor Zuschlag hiervon. Insofern kann die Geltendmachung des Rechtsschutzes mitunter auch zu spät kommen.[359]

Eine einstweilige Verfügung wird nach den §§ 935, 940 ZPO erlassen, wenn der Antragsteller einen Verfügungsanspruch hat und wenn ein Verfügungsgrund besteht.

10.5.1.1 Verfügungsanspruch

Der die einstweilige Verfügung begehrende Bieter muss zunächst einen Verfügungsanspruch in Gestalt eines Anspruchs auf Unterlassung vergaberechtlicher Verstöße geltend machen. Grundlage für einen solchen Anspruch ist hierbei wiederum das auch in Unterschwellenvergabeverfahren bestehende vorvertragliche Schuldverhältnis mit den einhergehenden gegenseitigen vergaberechtlichen Rücksichtnahmepflichten.

Ein Bieter kann zur Vermeidung einer Verletzung dieser Rücksichtnahmepflichten i.S.v. § 241 Abs. 2 BGB innerhalb des konkreten Vergabeverfahrens die **Unterlassung** vergaberechtswidriger Ausschreibungsbedingungen verlangen.[360] Soweit in der Rechtsprechung zum Teil vertreten wurde, dass nur vorsätzlich rechtswidrige oder willkürliche Vergabeverstöße einen Unterlassungsanspruch begründen könnten,[361] erscheint das nicht überzeugend. Bieter haben auch unterhalb der Schwellenwerte einen Anspruch darauf, dass der Auftraggeber die ihn (haushaltsrechtlich) bindenden verfahrensrechtlichen Bestimmungen der Vergabeordnungen einhält. Ein Grundsatz „dulde und liquidiere", der einen Bieter auf die Geltendmachung von Schadensersatz verweisen könnte, kennt das deutsche Recht nicht.[362] Im Gegenteil kann grundsätzlich davon ausgegangen werden, dass Streitigkeiten

---

357 BVerwG, Beschl. v.2.5.2007, 6 B 10/07.
358 OLG Brandenburg, Beschl. v. 17.12.2007, 13 W 79/07.
359 Ausnahmen bestehen in Sachsen, Sachsen-Anhalt und Thüringen, wo landesvergaberechtliche Pflichten zur Vorinformation der nicht berücksichtigten Bieter bestehen; vgl. z.B. § 19 Abs. 1 LVG LSA.
360 BGH, Urt. v. 5.6.2012, X ZR 161/11.
361 OLG Hamm, Urt. v. 12.2.2008, 4 U 190/07.
362 OLG Düsseldorf, Urt. v. 13.1.2010, 27 U 1/09.

vorrangig im Primärschuldverhältnis gelöst werden sollen, bevor Schadensersatz verlangt wird.

Unterlassung kann allerdings nur begehrt werden, solange eine Verletzungshandlung im konkreten Vertragsverhältnis oder vorvertraglichen Schuldverhältnis noch andauert.[363]

10.5.1.2 Verfügungsgrund

Darüber hinaus muss der klagende Bieter einen Verfügungsgrund darlegen. Ob ein solcher Verfügungsgrund gegeben ist, hängt davon ab, ob das angerufene Gericht das Aussetzungsinteresse des antragstellenden Bieters höher bewertet als das Fortsetzungsinteresse des Auftraggebers. Wenn ohne die Verfügung die Durchsetzung des Unterlassungsanspruchs gefährdet wäre, wird ein Verfügungsgrund regelmäßig anzunehmen sein.

Das wird jeweils anhand des konkreten Einzelfalls geprüft und beurteilt, wobei das Aussetzungsinteresse umso schwerer wiegen dürfte, je weiter das Ausschreibungsverfahren fortgeschritten ist. Wenn der Zuschlag unmittelbar bevorsteht, wird das Aussetzungsinteresse in aller Regel als hoch einzuschätzen sein, weil der Bieter bei Zuschlagserteilung vor vollendete Tatsachen gestellt und sein Unterlassungsanspruch entfallen würde.

10.5.1.3 Einstweiliges Verfügungsverfahren

Zuständiges Gericht ist stets das Gericht der Hauptsache, bei einem Auftragsvolumen oberhalb von 5.000 Euro also regelmäßig das örtlich zuständige Landgericht. In dringenden Fällen kann ausnahmsweise auch das örtlich zuständige Amtsgericht angerufen werden.

Anspruch und Verfügungsgrund sind glaubhaft zu machen. Dabei werden in erster Linie Urkunden in Gestalt der Ausschreibungsunterlagen und ggf. Versicherungen an Eides statt (§§ 920 Abs. 2, 294 ZPO) die naheliegenden Beweismittel sein. Grundsätzlich können die Kläger bzw. Antragsteller im einstweiligen Verfügungsverfahren aber alle präsenten Beweismittel (z.B. auch Zeugen) anbieten.

Aus Auftraggebersicht kann auch hier die Hinterlegung einer Schutzschrift sinnvoll sein, wenn die Einreichung eines Antrags im einstweiligen Rechtsschutz zu erwarten ist.

Das Zivilgericht prüft den Antrag auf Erlass einer einstweiligen Verfügung ggf. unter Einbeziehung vorliegender Schutzschriften und entscheidet ohne mündliche Verhandlung. Ein erfolgreicher Tenor untersagt dem Auftraggeber (vorläufig), den Zuschlag zu erteilen. Bei Zuwiderhandlungen kann Zwangsgeld oder sogar Zwangshaft drohen.

---

363 BGH, Urt. v. 5.6.2012, X ZR 161/11.

Praxistipp

 *Wichtig ist aus Bietersicht, dass die erlassene einstweilige Verfügung anders als im Nachprüfungsverfahren **im Parteibetrieb zugestellt** werden muss. Der Bieter muss daher zeitig Kontakt mit einem Gerichtsvollzieher aufnehmen, um die Zustellung zu bewirken. Ohne Zustellung ist der Auftraggeber nicht daran gehindert, den Zuschlag zu erteilen.*

Dem Auftraggeber steht gegen eine gerichtliche Unterlassungsverfügung zunächst der Widerspruch als Rechtsbehelf zur Verfügung. Legt er ihn ein, wird mündlich verhandelt und das Gericht entscheidet durch Urteil mit der Möglichkeit der Berufung für beide Parteien. Erweist sich eine einstweilige Verfügung als ungerechtfertigt, so kann dem Auftraggeber ggf. ein verschuldensunabhängiger Schadensersatz zustehen.

10.5.2 Landesrechtliche Überprüfung von Vergabeentscheidungen

Neben dem Zugang zu den Zivilgerichten besteht für Bieter unterhalb der Schwellenwerte die Möglichkeit der Anrufung der zuständigen Nachprüfungsstellen (vgl. § 21 VOB/A) oder der Aufsichtsbehörde des Auftraggebers. Einige Bundesländer haben zudem über landesvergaberechtliche Regelungen einen Unterschwellenrechtsschutz vor den Vergabekammern oder behördenintern eingeführt, der allerdings hinter dem durch das Nachprüfungsverfahren eröffneten Rechtsschutz zurückbleibt.[364] Trotz entsprechender politischer Absichtserklärungen auf Bundesebene existiert insoweit kein bundeseinheitliches Rechtsschutzverfahren und ist in naher Zukunft auch nicht zu erwarten.

Es bleibt insoweit dabei, dass Bieter keinen Anspruch auf ein Einschreiten der Aufsichtsbehörde haben. Eine entsprechende Klage beim Verwaltungsgericht (Verpflichtungsklage oder allgemeine Leistungsklage) hätte daher von vornherein keine Aussicht auf Erfolg.

Die Aufsichtsbehörde wird i. d. R. (abhängig von den jeweiligen landesrechtlichen Bestimmungen) dann Maßnahmen in Betracht ziehen, wenn ein **öffentliches Interesse** für ein Einschreiten anzunehmen ist.[365] Gegen ein solches öffentliches Interesse im Zusammenhang mit der Durchführung von Ausschreibungen unterhalb der Schwellenwerte können Rechtsschutzmöglichkeiten der betroffenen Bieter sprechen, auch vor den Zivilgerichten. Wenn der Fehler nicht mehr rückgängig gemacht werden kann, insbesondere weil der Zuschlag schon erteilt ist, wird ein öffentliches Interesse ebenfalls eher nicht anzunehmen sein. Die Aufsichtsbehörde muss in diesem Zusammenhang auch prüfen, ob haushaltsrechtliche Aspekte ihr Einschreiten erforderlich machen können. Bei Verdacht einer strafbaren Handlung im Zusammenhang mit der Ausschreibung ist die Annahme eines öffentlichen Interesses durch die Aufsichtsbehörde wahrscheinlich, ebenso bei (außervergaberechtlichen) Verstößen gegen das Recht der EU.

---

364 Z.B. § 19 LVG LSA, § 19 ThürVgG.
365 Vgl. z.B. § 109 BbgKVerf.

Folgende Maßnahmen der Aufsichtsbehörde sind – wiederum in Abhängigkeit von der konkreten Ausgestaltung durch die spezifischen landesrechtlichen Bestimmungen[366] – möglich:

Präventiv	Repressiv
Beratung Unterrichtung (Informationsrecht) Genehmigungsvorbehalt	Beanstandung und Aufhebung Anordnungsrecht Ersatzvornahme Bestellung eines Beauftragten

Welche konkrete Maßnahme dabei ergriffen wird, steht im Ermessen der Aufsichtsbehörde.

Der Auftraggeber kann gegen Maßnahmen der Kommunalaufsicht verwaltungsgerichtlichen Rechtsschutz ergreifen. Wenn die Maßnahme ein belastender Verwaltungsakt ist, besteht die Möglichkeit der Anfechtungsklage,[367] ein Widerspruchsverfahren ist dabei nicht erforderlich. Die Leistungsklage in Form der Unterlassungsklage kommt gegen Maßnahmen ohne die rechtliche Qualität eines Verwaltungsakts in Betracht, die positive Leistungsklage, wenn der Auftraggeber eine Maßnahme der Aufsichtsbehörde begehrt (z.B. Beratung).

10.6 Rechtsschutz bei der Vergabe von Konzessionen

Seit Inkrafttreten des Vergaberechtsmodernisierungsgesetzes am 18. April 2016 unterliegt nunmehr auch die Vergabe von Dienstleistungskonzessionen i.S.d. § 105 Abs. 1 Nr. 2 GWB im Oberschwellenbereich gemäß § 155 GWB der Nachprüfung durch die Vergabekammern und Oberlandesgerichte. Damit wurde durch die Umsetzung der Art. 46, 47 der Konzessionsrichtlinie 2014/23/EU auch dieser Bereich dem Rechtsschutzregime unterstellt.[368] Bei der Vergabe von oberschwelligen Konzessionen muss der Auftraggeber zudem auch die für die Zuschlagserteilung nicht vorgesehenen Bieter gem. § 134 GWB vorab informieren.

Die Vergabe von Konzessionen, die den einschlägigen EU-Schwellenwert nicht erreichen,[369] ist dem Primärrechtsschutz vor den Vergabekammern und Oberlandesgerichten nicht zugänglich. Welcher Rechtsweg für die Erlangung von Primärrechtsschutz zur Vermeidung einer Zuschlagsentscheidung hier zu wählen ist, hängt maßgeblich von der Rechtsnatur der zu vergebenden Konzession ab. Dies kann gerade bei Dienstleistungskonzessionen differieren. So ist höchstrichterlich entschieden, dass die Verwaltungsgerichtsbarkeit zuständig ist, wenn die Dienstleistungskonzession aufgrund öffentlich-rechtlicher

---

366 Vgl. z.B. §§ 111 ff. BbgKVerf.

367 Vgl. etwa § 119 BbgKVerf.

368 Der EuGH hatte bereits in seiner „Telaustria-Entscheidung" (Urt. v. 7.12.2000, Rs. C-324/98, Rn. 60 f.) klargestellt, dass unterlegenen Bietern die Möglichkeit eingeräumt werden muss, eine Entscheidung über die Vergabe einer (Dienstleistungs-)Konzession nachprüfen zu lassen.

369 Der Schwellenwert beträgt für Bau- und Dienstleistungskonzessionen einheitlich 5.225.000 Euro; vgl. hierzu Kap. 5.1.

Vorschriften vergeben wird (z.B.: Konzessionsmodell im Rettungsdienstwesen). Ist das Rechtsverhältnis zwischen Konzessionsgeber und Konzessionär dagegen privatrechtlich ausgestaltet, sind die Zivilgerichte zuständig. Hier kann dann jeweils eine (einstweilige) Unterlassungsverfügung beantragt werden. Entpuppt sich die Rechtswegwahl als falsch, kann das angerufene Gericht die Verweisung nach § 17a Abs. 2 GVG an das sachlich zuständige Gericht vornehmen. Daneben kann die EU-Kommission auch in diesem Bereich ein Vertragsverletzungsverfahren einleiten, sofern die zu vergebende Konzession jedenfalls eine binnenmarktrelevante Größe hat und die Verletzung von Grundprinzipien des EU-Rechts vorliegt.[370]

Liegt der Wert einer als Dienstleistungskonzession ausgeschriebenen Leistung zwar unterhalb des Konzessionsschwellenwerts von 5.225.000 Euro, jedoch über dem einschlägigen Schwellenwert für die Vergabe von Dienstleistungsaufträgen[371], so kann vor den Nachprüfungsinstanzen jedenfalls die Frage geklärt werden, ob die betreffende Leistung überhaupt rechtlich zulässig im Wege einer Dienstleistungskonzession übertragen werden darf oder ob nicht ein öffentlicher Auftrag zu vergeben ist.[372]

---

370 Vgl. hierzu auch Kap. 5.4.
371 135.000 Euro bzw. 209.000 Euro; im Sektorenbereich und im Bereich Verteidigung und Sicherheit 418.000 Euro und bei sozialen oder anderen besonderen Dienstleistungen nach § 130 GWB 750.000 Euro; vgl. Kap. 5.1.
372 Vgl. z.B. OLG Naumburg, Beschl. v. 17.6.2016, 7 Verg 2/16.

11. Service

In diesem abschließenden Kapitel werden weitere nützliche Informationen rund um das Thema der öffentlichen Auftragsvergabe zusammengestellt. Neben Adressen von für das Vergabeverfahren relevanten Stellen sind dies insbesondere Hinweise auf Checklisten für öffentliche Auftraggeber und Bieter sowie auf weiterführende Auskünfte im Internet.[373] Alle Informationen haben den Stand Dezember 2016.

11.1 Adressen der Nachprüfungsinstanzen

Wie in Kapitel 10.2 ausführlich dargestellt, können Bieter, die sich in einem EU-weiten Vergabeverfahren durch das Vorgehen des Auftraggebers benachteiligt sehen, gegen vermeintliche Vergabefehler nach deren Rüge mit einem Nachprüfungsantrag vorgehen. Erstinstanzlich zuständig sind die Vergabekammern des Bundes und der Länder. Die Zuständigkeit richtet sich nach § 159 GWB. Für Vergabeverfahren des Bundes sind die Vergabekammern des Bundes beim Bundeskartellamt in Bonn zuständig. Für Vergabeverfahren von Landesbehörden oder Kommunen ist diejenige Vergabekammer zuständig, in deren Bundesland bzw. Bezirk der Auftraggeber seinen Sitz hat. Für die Überprüfung der Entscheidungen der Vergabekammern ist das für das jeweilige Bundesland benannte Oberlandesgericht und hier der jeweilige Vergabesenat im Wege der sofortigen Beschwerde zuständig. Für Aufträge des Bundes ist Beschwerdeinstanz der Vergabesenat des Oberlandesgerichts Düsseldorf.

11.1.1 Adressen der Vergabekammern

Bund:

Vergabekammern des Bundes beim Bundeskartellamt
Villemombler Straße 76
53123 Bonn

Tel: (0228) 9499 0
Fax: (0228) 9499 163

Internet: www.bundeskartellamt.de
E-Mail: vk@bundeskartellamt.bund.de

---

373 Hinweis: Überlange Internetadressen sind im Folgenden mithilfe des Dienstes tinyurl.com verkürzt wiedergegeben. Sie können durch Eingabe der jeweiligen verkürzten Internetadresse aufgerufen werden.

Baden-Württemberg:

Vergabekammer Baden-Württemberg beim Regierungspräsidium Karlsruhe
Kapellenstraße 17
76131 Karlsruhe

Tel: (0721) 926-4049
Fax: (0721) 926-3985

Internet: www.rp-baden-wuerttemberg.de
E-Mail: Vergabekammer@rpk.bwl.de

Bayern:

Vergabekammer der Regierung von Oberbayern
Vergabekammer Südbayern
Maximilianstraße 39
80538 München

Tel: (089) 2176-2411
Fax: (089) 2176-2847

Internet: www.regierung.oberbayern.bayern.de
E-Mail: vergabekammer.suedbayern@reg-ob.bayern.de

Regierung von Mittelfranken
Vergabekammer Nordbayern
Promenade 27
91522 Ansbach

Tel: (0981) 53-1277
Fax: (0981) 53-1837

Internet: www.regierung.mittelfranken.bayern.de/aufg_abt/abt2/abt3Sg2101.htm
E-Mail: vergabekammer.nordbayern@reg-mfr.bayern.de

Berlin:

Vergabekammer des Landes Berlin
Martin-Luther-Straße 105
10825 Berlin

Tel: (030) 9013-8316
Fax: (030) 9013-7613

Internet: www.berlin.de/sen/wirtschaft/wirtschaft-und-
technologie/wirtschaftsrecht/vergabekammer/
E-Mail: vergabekammer@senwtf.berlin.de

Brandenburg:

Vergabekammer des Landes Brandenburg beim Ministerium
für Wirtschaft und Europaangelegenheiten
Heinrich-Mann-Allee 107
14473 Potsdam

Tel.: (0331) 866-1610/-1719
Fax: (0331) 866-1652

Internet: www.mwe.brandenburg.de
E-Mail: vergabekammer@mwe.brandenburg.de

Bremen:

Vergabekammer Bremen
Der Senator für Bau, Umwelt und Verkehr
Contrescarpe 72
28195 Bremen

Tel: (0421) 361-10333
Fax: (0421) 361-4692

Internet: www.bauumwelt.bremen.de/ressort/vergabekammer-3529
E-Mail vergabekammer@bau.bremen.de

Hamburg:

Vergabekammer der Behörde für Stadtentwicklung und Wohnen Hamburg
Neuenfelder Straße 19
21109 Hamburg

Tel: (040) 42840-2441
Fax: (040) 42731-0499

Internet: www.hamburg.de
E-Mail: vergabekammer@bsw.hamburg.de

(für Auftragsvergaben nach VOB und VOF an Architekten, Ingenieure, Stadtplaner und Bausachverständige)

Vergabekammer bei der Finanzbehörde
Große Bleichen 27
20354 Hamburg

Tel: (040) 42823-1448
Fax: (040) 42823-2020

Internet: www.hamburg.de
E-Mail: dieter.carmesin@fb.hamburg.de

(für sonstige öffentliche Aufträge)

Hessen:

Vergabekammer des Landes Hessen beim Regierungspräsidium Darmstadt
Wilhelminenstraße 1–3
64283 Darmstadt

Tel: (06151) 12-6603
Fax: (06151) 12-5816

Internet: www.rp-darmstadt.hessen.de
E-Mail: vergabekammer@rpda.hessen.de

Mecklenburg-Vorpommern:

Vergabekammern bei dem Ministerium für Wirtschaft, Bau und Tourismus Mecklenburg-Vorpommern
Johannes-Stelling-Straße 14
19053 Schwerin

Tel: (0385) 588-5160
Fax: (0385) 588 485-5817

Internet: www.regierung-mv.de
E-Mail: vergabekammer@wm.mv-regierung.de

Niedersachsen:

Vergabekammer beim niedersächsischen Ministerium für Wirtschaft, Arbeit und Verkehr, Regierungsvertretung Lüneburg
Auf der Hude 2
21339 Lüneburg

Tel: (04131) 15-1334/-1335/-1336
Fax: (04131) 15-2943

Internet: www.mw.niedersachsen.de
E-Mail: vergabekammer@mw.niedersachsen.de

Nordrhein-Westfalen:

Vergabekammer Rheinland
Spruchkörper Düsseldorf
über Bezirksregierung Düsseldorf
Am Bonneshof 35
40474 Düsseldorf

Tel: (0211) 475-3131, (0221) 147-3055
Fax: (0211) 475-3989, (0221) 147-2891

Internet: www.brd.nrw.de/organisation/vergabekammer/
E-Mail: vergabekammer@brd.nrw.de bzw. vkrhld-d@bezreg-koeln.nrw.de

Vergabekammer Rheinland
Spruchkörper Köln
bei der Bezirksregierung Köln
Zeughausstraße 2–10
50660 Köln

Tel: (0221) 147-3116
Fax: (0221) 147-2889

Internet: www.bezreg-koeln.nrw.de
E-Mail: vergabekammer@bezreg-koeln.nrw.de

Vergabekammer Westfalen
bei der Bezirksregierung Münster
Albrecht-Thaer-Straße 9
48128 Münster

Tel: (0251) 411-1691/3514
Fax: (0251) 411-2165

Internet: www.bezreg-muenster.de
E-Mail: vergabekammer@bezreg-muenster.nrw.de

Rheinland-Pfalz:

Vergabekammer Rheinland-Pfalz beim Ministerium
für Wirtschaft, Verkehr, Landwirtschaft und Weinbau
Stiftsstraße 9
55116 Mainz

Tel: (06131) 16-2234/-5240/-2179/5223
Fax: (06131) 16-2113

Internet: www.mwvlw.rlp.de
E-Mail: vergabekammer.rlp@mwvlw.rlp.de

Saarland:

Vergabekammer des Saarlandes beim Ministerium
für Wirtschaft, Arbeit, Energie und Verkehr
Franz-Josef-Röder-Straße 17
66119 Saarbrücken

Tel: (0681) 501-4994
Fax: (0681) 501-3506

Internet: www.saarland.de/3339.htm
E-Mail: vergabekammern@wirtschaft.saarland.de

Sachsen:

1. Vergabekammer des Freistaates Sachsen bei der Landesdirektion Sachsen
Braustraße 2
04107 Leipzig

Tel: (0341) 977-3800
Fax: (0341) 977-1049

Internet: www.lds.sachsen.de
E-Mail: vergabekammer@lds.sachsen.de

Sachsen-Anhalt:

Vergabekammern beim Landesverwaltungsamt Sachsen-Anhalt
Ernst-Kamieth-Straße 2
06112 Halle/Saale

Tel: (0345) 514-1529/-1536
Fax: (0345) 514-1115

Internet: www.lvwa.sachsen-anhalt.de
E-Mail: angela.schaefer@lvwa.sachsen-anhalt.de
anne.sroka@lvwa.sachsen-anhalt.de

Schleswig-Holstein:

Vergabekammer Schleswig-Holstein beim Ministerium
für Wirtschaft, Arbeit, Verkehr und Technologie
Düsternbrooker Weg 94
24105 Kiel

Tel: (0431) 988-4640
Fax: (0431) 988-4702

Internet: www.schleswig-holstein.de
E-Mail: vergabekammer@wimi.landsh.de

Thüringen:

Vergabekammer des Freistaates Thüringen beim Thüringer Landesverwaltungsamt
Weimarplatz 4
99423 Weimar

Tel: (0361) 3773-7254/-7276
Fax: (0361) 3773-9354

Internet: www.thueringen.de
E-Mail: vergabekammer@tlvwa.thueringen.de

11.1.2 Adressen der Vergabesenate bei den Oberlandesgerichten

Bund:

Oberlandesgericht Düsseldorf
– Vergabesenat –
Cecilienallee 3
40474 Düsseldorf

Tel: (0211) 4971-235
Fax: (0211) 4971-548

Internet: www.olg-duesseldorf.nrw.de

Baden-Württemberg:

Oberlandesgericht Karlsruhe
– Vergabesenat –
Hoffstraße 10
76133 Karlsruhe

Tel: (0721) 926-2994
Fax: (0721) 926-3501

Internet: www.olg-karlsruhe.de

Bayern:

Oberlandesgericht München
– Vergabesenat –
Prielmayerstraße 5
80335 München

Tel: (089) 5597-2462/-3724
Fax: (089) 5597-2747/-3570

Internet: www.justiz.bayern.de

Berlin:

Kammergericht
– Vergabesenat –
Elßholzstraße 30-33
10781 Berlin

Tel: (030) 9015-2454
Fax: (030) 9015-2685

Internet: www.kammergericht.de

Brandenburg:

Brandenburgisches Oberlandesgericht
– Vergabesenat –
Gertrud-Piter-Platz 11
14470 Brandenburg an der Havel

Tel: (03381) 399-132
Fax: (03381) 399-350

Internet: www.olg.brandenburg.de

Bremen:

Hanseatisches Oberlandesgericht in Bremen
– Vergabesenat –
Am Wall 198
28195 Bremen

Tel: (0421) 361-4531
Fax: (0421) 361-4451

Internet: www.oberlandesgericht.bremen.de

Hamburg:

Hanseatisches Oberlandesgericht Hamburg
– Vergabesenat –
Sievekingplatz 2
20355 Hamburg

Tel: (040) 428 43-2086/-2091
Fax: (040) 428 43-4097

Internet: justiz.hamburg.de/oberlandesgericht

Hessen:

Oberlandesgericht Frankfurt am Main
– Vergabesenat –
Zeil 42
60313 Frankfurt/M.

Tel: (069) 1367-2309
Fax: (069) 1367-2976

Internet: www.olg-frankfurt.justiz.hessen.de

Mecklenburg-Vorpommern:

Oberlandesgericht Rostock
– Vergabesenat –
Wallstraße 3
18055 Rostock

Tel: (0381) 331-227
Fax: (0381) 4590-991

Internet: www.mv-justiz.de

Niedersachsen:

Oberlandesgericht Celle
– Vergabesenat –
Schloßplatz 2
29221 Celle

Tel: (05141) 206-759
Fax: (05141) 206-470

Internet: www.oberlandesgericht-celle.niedersachsen.de

Nordrhein-Westfalen:

Oberlandesgericht Düsseldorf
– Vergabesenat –
Cecilienallee 3
40474 Düsseldorf

Tel: (0211) 4971-235
Fax: (0211) 4971-548

Internet: www.olg-duesseldorf.nrw.de

Rheinland-Pfalz:

Oberlandesgericht Koblenz
– Vergabesenat –
Stresemannstraße 1
56068 Koblenz

Tel: (0261) 102-2837
Fax: (0261) 102-2906

Internet: www.olgko.justiz.rlp.de

Saarland:

Saarländisches Oberlandesgericht
– Vergabesenat –
Franz-Josef-Röder-Straße 15
66119 Saarbrücken

Tel: (0681) 501-5237
Fax: (0681) 501-5351

Internet: www.saarland-olg.de

Sachsen:

Oberlandesgericht Dresden
– Vergabesenat –
Schloßplatz 1
01067 Dresden

Tel: (0351) 446-1428
Fax: (0351) 446-1499/-1529

Internet: www.justiz.sachsen.de

Sachsen-Anhalt:

Oberlandesgericht Naumburg
– Vergabesenat –
Domplatz 10
06618 Naumburg

Tel: (03445) 28-2329
Fax: (03445) 28-2000

Internet: www.olg.sachsen-anhalt.de

Schleswig-Holstein:

Schleswig-Holsteinisches Oberlandesgericht
– Vergabesenat –
Gottorfstraße 2
24837 Schleswig

Tel: (04621) 86-1389
Fax: (04621) 86-1372

Internet: www.schleswig-holstein.de/DE/Justiz/OLG/olg_node

Thüringen:

Thüringer Oberlandesgericht
– Vergabesenat –
Rathenaustraße 13
07745 Jena

Tel: (03641) 307-300/-306
Fax: (03641) 307-200/-400

Internet: www.thueringen.de/th4/olg/

11.1.3 Adressen weiterer Gerichte

Bundesgerichtshof
X. Zivilsenat
Herrenstraße 45 a
76133 Karlsruhe

Tel: (0721) 159-0

Internet: www.bundesgerichtshof.de.

Der X. Zivilsenat des BGH ist zuständig für Divergenzvorlagen in Vergabesachen nach § 179 Abs. 2 GWB.[374]

Gerichtshof der Europäischen Union (EuGH)
L – 2925 Luxemburg

Tel: (+352) 4303-1
Fax: (+352) 4303-2600

Internet: www.curia.europa.eu.

Der Europäische Gerichtshof ist zuständig für Vorabentscheidungsersuchen durch nationale Gerichte sowie für Vertragsverletzungsverfahren, die durch die Europäische Kommission eingeleitet werden.[375]

11.2 Adressen der Auftragsberatungsstellen

Die Auftragsberatungsstellen gehören zu den Selbstverwaltungseinrichtungen der deutschen Wirtschaft. Sie sind überwiegend gemeinschaftliche Dienstleistungseinrichtungen der Industrie- und Handelskammern und der Handwerkskammern des jeweiligen Bundeslandes. Ihre Aufgabe ist es zum einen, Unternehmen den Zugang zu nationalen und internationalen öffentlichen Märkten zu erleichtern. Gleichzeitig verstehen sie sich als Ansprechpartner für die Beschaffungsstellen des Bundes, der Länder und der Kommunen für

---

374 Vgl. Kap. 10.2.7.
375 Vgl. Kap. 10.3.

alle Fragen zum öffentlichen Auftragswesen. In einer Vielzahl von Regelungen und Richtlinien des Bundes und der Länder ist die Rolle der Auftragsberatungsstellen festgelegt, so z.B. bei der Zubenennung von geeigneten Unternehmen im Falle von beschränkten Ausschreibungen oder freihändigen Vergaben durch die öffentliche Hand.

Als Mittler zwischen öffentlichen Auftraggebern und der Wirtschaft bieten die Auftragsberatungsstellen neben zahlreichen Serviceleistungen im Bereich der Beratung und Information auch die Präqualifizierung von Unternehmen aus dem Liefer- und Dienstleistungsbereich mittels auftragsunabhängiger Prüfung und Zertifizierung von Unternehmen, die dann im bundesweiten Register und Verzeichnis der Präqualifizierungsstellen (www.pq-vol.de) geführt werden.

Baden-Württemberg

IHK-Auftragsberatungsstelle Baden-Württemberg
c/o IHK Region Stuttgart
Jägerstr. 30
70174 Stuttgart

Tel: (0711) 20 05-1328/-1540/-1542/-1543/-1241
Fax: (0711) 20 05-601528

E-Mail: auftragsberatung@stuttgart.ihk.de
Internet: www.stuttgart.ihk.de

Ansprechpartner: Holger Triebsch

Bayern

Auftragsberatungszentrum Bayern e.V.
Balanstraße 55-59
81541 München

Tel: (089) 5116-3171 bis -3176
Fax: (089) 5116-3663

E-Mail: info@abz-bayern.de
Internet: www.abz-bayern.de

Geschäftsführer: Joachim Burk

Berlin / Brandenburg

Auftragsberatungsstelle Brandenburg e.V.
Mittelstraße 5
12529 Schönefeld

Tel: (030) 3744607-11 bis -14
Fax: (030) 3744607-21

E-Mail: info@abst-brandenburg.de
Internet: www.abst-brandenburg.de

Geschäftsführerin: Rechtsanwältin Anja Theurer

Bremen

Handelskammer Bremen
Auftragsberatungsstelle im Lande Bremen
Haus Schütting
Am Markt 13
28195 Bremen

Tel: (0421) 36 37-363
Fax: (0421) 36 37-12363

E-Mail: auftragsberatungsstelle@handelskammer-bremen.de
Internet: www.handelskammer-bremen.de

Ansprechpartner: Andreas Köhler

Hamburg

Handelskammer Hamburg
Auftragsberatungsstelle
Adolphsplatz 1
20457 Hamburg

Tel: (040) 3 61 38-265
Fax: (040) 3 6138-61265

E-Mail: maren.semisch@hk24.de
Internet: www.abst-hh.de

Sachbearbeiterin: Maren Semisch

Hessen

Auftragsberatungsstelle Hessen e.V.
Beratungsstelle für das öffentliche Auftragswesen
Bierstadter Str. 9
65189 Wiesbaden

Tel: (0611) 974 588-0
Fax: (0611) 974 588-20

E-Mail: info@absthessen.de
Internet: www.absthessen.de

Geschäftsführerin: Rechtsanwältin Brigitta Trutzel

Mecklenburg-Vorpommern

Auftragsberatungsstelle Mecklenburg-Vorpommern e.V.
Eckdrift 97
19061 Schwerin

Tel: (0385) 61 73 81 10
Fax: (0385) 61 73 81 20

E-Mail: abst@abst-mv.de
Internet: www.abst-mv.de

Geschäftsführer: Dipl.-Ing. Klaus Reisenauer

Niedersachsen

Industrie- und Handelskammer Oldenburg
Moslestr. 6
26122 Oldenburg

Tel: (0441) 22 20 360
Fax: (0441) 22 20 5360

E-Mail: bernd.seifert@oldenburg.ihk.de
Internet: www.n-ihk.de/index.php3?hid=035358

Ansprechpartner: Bernd Seifert, Geschäftsführer Recht

Industrie- und Handelskammer Hannover
Schiffgraben 49
30175 Hannover

Tel: (0511) 3107-272
Fax: (0511) 3107-430

E-Mail: hillmer@hannover.ihk.de
Internet: www.hannover.ihk.de/ihk-themen/Standort-branchen/oeffentliche-auftraege.html

Ansprechpartnerin: Sabine Hillmer

Nordrhein-Westfalen

IHK NRW – Die Industrie- und Handelskammern in Nordrhein-Westfalen e.V.
Nordwall 39
47798 Krefeld

Telefon: (02151) 635-311
Telefax: (02151) 635-44311

E-Mail: kuesters@krefeld.ihk.de
Internet: www.mittlerer-niederrhein.ihk.de

Ansprechpartner: Tim A. Küsters

Rheinland-Pfalz

IHK/HWK-Auftragsberatungscentre Rheinland-Pfalz (abc)
EIC Trier – IHK/HWK-Europa- und Innovationscentre GmbH
Herzogenbuscher Str. 14
54292 Trier

Tel: (0651) 9 75 67-16
Fax: (0651) 9 75 67-33

E-Mail: info@abc-rlp.de
Internet: www.abc-rlp.de

Ansprechpartnerin: Dagmar Lübeck

Saarland

Auftragsberatungsstelle des Saarlandes
Franz-Josef-Roder-Straße 9
66119 Saarbrücken

Tel: (0681) 9520-414
Fax: (0681) 9520-489

E-Mail: gerd.litzenburger@saarland.ihk.de
Internet: www.saarland.ihk.de

Geschäftsführer: Gerd Litzenburger

Sachsen

Auftragsberatungsstelle Sachsen e.V.
Mügelner Straße 40, Haus G
01257 Dresden

Tel: (0351) 28 02-402
Fax. (0351) 20 02 404

E-Mail: post@abstsachsen.de
Internet: www.abstsachsen.de

Geschäftsführer: Dipl.-Ing. Peter Gerlach, Betriebswirt (WA)

Sachsen-Anhalt

Auftragsberatungsstelle Sachsen-Anhalt
Alter Markt 8
39104 Magdeburg

Tel: (0391) 62 30 446 oder (0391) 6209 -502
Fax: (0391) 62 30 447

E-Mail: info@sachsen-anhalt.abst.de
Internet: www.sachsen-anhalt.abst.de

Ansprechpartner: Dipl.-jur. Bernhard Fähnrich

Schleswig-Holstein

Auftragsberatungsstelle Schleswig-Holstein e.V.
Bergstraße 2
24103 Kiel

Tel: (0431) 98 651-30
Fax: (0431) 98 651-40

E-Mail: info@abst-sh.de
Internet: www.abst-sh.de

Geschäftsführer: Dipl.-Volkswirt Volker Romeike

Thüringen

IHK Erfurt, Regionales Service-Center Weimar
Henry-van-de-Velde-Straße 1/3
99423 Weimar

Tel: (03643) 88 54-14
Fax: (03643) 88 54-10

E-Mail: markus.heyn@erfurt.ihk.de
Internet: www.erfurt.ihk.de

Ansprechpartner: Dipl.-Wirtschaftsjurist Markus Heyn

11.3 Checklisten, Leitfäden, Musterunterlagen

Die Verwendung von Checklisten, Leitfäden und Musterunterlagen erfreut sich bei der Vergabe öffentlicher Aufträge großer Beliebtheit. Dahinter stehen im Wesentlichen der Wunsch und das Streben nach einem standardisierten und rechtssicheren Vergabeprozess, da angesichts der Vielzahl von zu beachtenden Einzelheiten oftmals weitreichende Konsequenzen beim Vergessen einzelner Punkte drohen.

Checklisten, Leitfäden und Musterunterlagen können vielfach gute Hinweise und Orientierung für die Durchführung eines Vergabeverfahrens geben, und eine gewisse Standardisierung der Vergabeprozesse durch die Verwendung einheitlicher Unterlagen ist in jedem Falle sinnvoll. Sie kann insbesondere auch für Bieter den Aufwand bei der Teilnahme an Vergabeverfahren reduzieren und sich entsprechend förderlich auf den Wettbewerb um öffentliche Aufträge auswirken.

Gleichwohl muss aber auch vor einem Übermaß an Standardisierung gewarnt werden. Denn hier besteht die Gefahr, dass vereinheitlichten Unterlagen und Checklisten „blind" vertraut wird und der Blick auf die Besonderheiten des konkreten Beschaffungsvorhabens verloren geht. Gerade bei der Vergabe öffentlicher Aufträge sind – das zeigen die Ausführungen in diesem Buch deutlich auf – immer wieder einzelfallspezifische Besonderheiten zu beachten, die in standardisierten Checklisten und Musterunterlagen – wenn überhaupt – allenfalls angerissen werden können. Nur eine intensive und durchdachte Befassung mit diesen einzelfallspezifischen Besonderheiten gewährleistet ein rechtssicheres Vorgehen und damit im Ergebnis ein erfolgreiches Vergabeverfahren. Checklisten und standardisierte Musterunterlagen können hierfür bestenfalls eine um die Besonderheiten des Einzelfalls zu ergänzende Grundlage bilden.

Im Internet finden sich zahlreiche Checklisten, Leitfäden und Musterunterlagen rund um den Bereich der öffentlichen Auftragsvergabe, von denen im Folgenden einige Beispiele genannt werden:

- Das **Vergabe- und Vertragshandbuch für die Baumaßnahmen des Bundes** (VHB 2008): Das VHB setzt die Vergabe- und Vertragsordnung für Bauleistungen (VOB) Teil A und B um. Es soll für die Vergabe von Bauaufträgen des Bundes die Voraussetzung für eine weitestgehend einheitliche, rechtssichere Durchführung von Vergabeverfahren schaffen und wird als Arbeitsmittel für die vertragliche Abwicklung von Bauaufträgen genutzt. Das VHB in der aktuellen Fassung 2016, das die Änderungen durch das Vergaberechtsmodernisierungsgesetz berücksichtigt, ist abrufbar unter http://www.fib-bund.de/Inhalt/Vergabe/VHB/Lesefassung_Austauschseiten_April_2016.pdf.

- **Handbücher für die Vergabe und Ausführung von Leistungen im Straßen- und Brückenbau** (HVA B/L/F-StB)[376]: Die HVA B/L/F-StB werden vom zuständigen Bundesministerium als Arbeitsmittel für die Abwicklung von Bauvorhaben des Bundes im Straßen- und Brückenbau herausgegeben. Die letzte Fassung wurde mit dem Allgemeinen Rundschreiben Straßenbau (ARS) Nr. 12/2016 vom 20. April 2016 eingeführt (abrufbar unter: http://www.bmvi.de/SharedDocs/DE/Artikel/StB/handbuch-fuer-die-vergabe-und-ausfuehrung-von-freiberuflichen-leistungen-im-strassen-und-brueckenba.html?nn=36134).

- **Vergabehandbücher der Länder**: Einige Bundesländer haben die Vergabehandbücher des Bundes mit mehr oder weniger umfangreichen Änderungen auch für ihre eigenen Landesverwaltungen eingeführt (z.B. der Freistaat Bayern: tinyurl.com/kh5juzl). Andere Bundesländer geben die Anwendung des VHB und des HVA B-StB unmittelbar auch für ihre Landesverwaltungen vor (z.B. das Land Brandenburg: tinyurl.com/m7uhjgj). Kommunalen Auftraggebern ist die Verwendung der Vergabehandbücher des jeweiligen Landes oder des Bundes in der Regel freigestellt.

- **Vergabeleitfäden**: Vergabeleitfäden verfolgen ähnliche Zwecke wie die Vergabehandbücher des Bundes und der Länder. Sie sollen Vergabestellen eine einheitliche Grundlage für ihre Beschaffungspraxis an die Hand geben und dadurch zu mehr Rechtssicherheit beitragen. Sie werden zum Beispiel herausgegeben

  - vom **Bund** (z.B. die Unterlage für Ausschreibung und Bewertung von IT-Leistungen, UfAB, Version VI vom Beschaffungsamt des Bundesministeriums des Innern (BMI): http://www.cio.bund.de/Web/DE/IT-Beschaffung/UfAB/ufab_node.html) oder

  - von den **Landesverwaltungen** (z.B. Vergabeleitfaden VOF, Bau- und Liegenschaftsmanagement des Landes Sachsen-Anhalt: http://www.ing-net.de/o.red.r/faq-82-13-16-17-22-1.html) oder

---

376 Handbücher für die Vergabe und die Ausführung von Bauleistungen (B), von Lieferungen und Leistungen (L) sowie von freiberuflichen Leistungen (F) im Straßen- und Brückenbau.

- – von **berufsständischen Kammern** (Leitfaden für die Vergabe freiberuflicher Architekten- und Ingenieurleistungen, Ingenieurkammer Sachsen: http://www.ing-sn.de/themen-projekte/vergabe/).

  Bisweilen haben Leitfäden auch besondere Schwerpunktthemen (z.B. Leitfaden zur nachhaltigen Beschaffung von Reinigungsleistungen des Landes Hessen: http://www.hessen-nachhaltig.de/de/projekte-der-startphase.html)

- **Checklisten**:

  - – Checkliste für die Vorbereitung und Durchführung eines EU-weiten Vergabeverfahrens sowie einer EU-weiten Vergabe einer Dienstleistungskonzession am Beispiel der Vergabe von Schulverpflegungsleistungen, herausgegeben vom Ministerium für Inneres und Kommunales des Landes Nordrhein-Westfalen (abrufbar unter: www.vz-nrw.de/vergabe-schulverpflegung).

  - – Merkblatt „Richtig Ausschreiben – Checkliste für öffentliche Auftraggeber inkl. Ablaufplan zur Auftragsvergabe", herausgegeben vom Auftragsberatungszentrum (ABZ) des Freistaates Bayern (abrufbar unter: tinyurl.com/k2jnlcy).

  - – Checkliste der Vergabekammern des Bundes zu den Formalien und dem Inhalt eines Nachprüfungsantrags (abrufbar unter: tinyurl.com/mabezov).

  - – Die **Kompetenzstelle für nachhaltige Beschaffung beim Beschaffungsamt des BMI** bietet auf ihren Seiten einen guten Überblick über weitere Leitfäden, Praxisbeispiele und Musterunterlagen aus Bund und Ländern: tinyurl.com/q87pys3.

Schließlich soll darauf hingewiesen werden, dass inzwischen auch **für Unternehmen** einige **Hilfestellungen** für die Teilnahme an Ausschreibungen bzw. Vergabeverfahren angeboten werden. Hintergrund ist, dass die Teilnahme an Ausschreibungen und Vergabeverfahren trotz des wirtschaftlichen Potenzials, das das öffentliche Beschaffungswesen Unternehmen bietet, aufgrund der Pflicht zur Beachtung des Vergaberechts und der damit verbundenen formalen Anforderungen von Unternehmen zum Teil weiterhin als sehr unattraktiv empfunden wird.

Beispielsweise die IHK Auftragsberatungsstelle Baden-Württemberg hat vor diesem Hintergrund den Leitfaden „Die Öffentliche Hand als Kunde – Aufträge bei Bund, Ländern und Kommunen gewinnen" herausgegeben, um Unternehmen das Vergaberecht als Grundvoraussetzung für die erfolgreiche Teilnahme an Ausschreibungen und Vergabeverfahren näherzubringen („Wer auf dem öffentlichen Markt erfolgreich sein will, muss diese Regeln kennen.").

Der Leitfaden ist zum Download verfügbar unter: tinyurl.com/mdc997q.

Ein wichtiger Hinweis zum Schluss: Mit der Vergaberechtsmodernisierung hat sich das Vergaberecht für EU-weite Ausschreibungen an vielen Stellen maßgeblich geändert. Einige der vorgenannten Leitfäden oder Informationsschriften sind leider noch nicht hierauf angepasst worden. Soweit Sie diese also nutzen wollen, achten Sie bitte stets darauf, ob die dortigen Ausführungen noch der aktuellen Rechtslage entsprechen.

11.4 Sonstige Informationsquellen

Die nachfolgenden Internetadressen bieten einen Einstieg in zahlreiche weiterführende Hinweise und Informationen rund um das Thema der Vergabe öffentlicher Aufträge. Ihre Inhalte sind weitestgehend kostenlos erreichbar.

11.4.1 Bekanntmachungen

Informationen über laufende Ausschreibungen können abgerufen werden unter

- www.ted.europa.eu/TED/main/HomePage.do (EU-weite Ausschreibungen in der Datenbank Tenders Electronic Daily),
- tinyurl.com/kyayafn (nationale Ausschreibungen des Bundes),
- www.vergabe.bayern.de (Ausschreibungen des Freistaats Bayern),
- www.vergabe.berlin.de (Ausschreibungen des Landes Berlin),
- www.vergabe.brandenburg.de (Ausschreibungen des Landes Brandenburg),
- www.vergabe.bremen.de (Ausschreibungen der Hansestadt Bremen),
- http://www.hamburg.de/wirtschaft/ausschreibungen-wirtschaft/ (Ausschreibungen der Hansestadt Hamburg),
- https://vergabe.hessen.de (Ausschreibungen des Landes Hessen),
- www.vergabe-mecklenburg-vorpommern.de (Ausschreibungen des Landes Mecklenburg-Vorpommern),
- https://vergabe.niedersachsen.de (Ausschreibungen des Landes Niedersachsen),
- https://www.vergabe.rlp.de (Ausschreibungen des Landes Rheinland-Pfalz),
- www.saarland.de/ausschreibungen.htm (Ausschreibungen des Saarlandes),
- www.sachsen-vergabe.de (Ausschreibungen des Freistaats Sachsen),
- https://www.vergabe-sachsen-anhalt.de/startseite/ (Ausschreibungen des Landes Sachsen-Anhalt),
- https://www.e-vergabe-sh.de/ (Ausschreibungen der GMSH AöR als zentrale Beschaffungsstelle der Landesbehörden in Schleswig-Holstein),
- tinyurl.com/onldwa7 (Ausschreibungen des Freistaats Thüringen).

11.4.2 Zentrale Institutionen im Beschaffungswesen

- Die **Europäische Kommission** informiert über Aspekte des öffentlichen Auftragswesens auf: tinyurl.com/jwybze3.
- Das Bundesministerium für Wirtschaft und Technologie (**BMWi**) ist für die Grundsätze des öffentlichen Auftragswesens verantwortlich. Weiterführende Informationen:

http://www.bmwi.de/DE/Themen/Wirtschaft/oeffentliche-auftraege-und-vergabe.html.

- Das Bundesministerium für Umwelt, Naturschutz, Bau und Reaktorsicherheit (**BMUB**) bietet Informationen zur Vergabe nach der VOB unter tinyurl.com/kpz8btj.

- Das **Beschaffungsamt des BMI** bündelt den Einkauf von 26 Behörden und öffentlichen Einrichtungen. Informationen unter www.bescha.bund.de.

- Das Bundesamt für Ausrüstung, Informationstechnik und Nutzung der Bundeswehr (**BAAINBw**) bietet unter www.baainbw.de Informationen zur Beschaffung für den Bereich der Bundeswehr.

11.4.3 Vergaberechtliche Entscheidungen

- Urteile des **Europäischen Gerichtshofs** zum Bereich des Vergaberechts finden sich in der Datenbank des EuGH unter tinyurl.com/mh88urz.

- Die Beschlüsse der **Vergabekammern des Bundes** finden sich – archiviert seit dem Jahr 1999 – auf der Website www.bundeskartellamt.de (dort unter „Vergaberecht" / „Entscheidungen").

- Daneben haben zahlreiche Vergabekammern und Oberlandesgerichte auf ihren Internetpräsentationen (die Adressen finden sich in diesem Kapitel unter 11.1.1 und 11.1.2) eigene Entscheidungen eingestellt.

- Aktuelle Entscheidungen zum Vergaberecht finden sich auch unter www.ibr-online.de/index.php?zg=1 (ältere Entscheidungen sind kostenpflichtig).

- Entscheidungen der Vergabekammern und Oberlandesgerichte sowie sehr viele weitere Informationen rund um das Vergaberecht bietet auch die kostenpflichtige Datenbank VERIS (http://www.bundesanzeiger-verlag.de/vergabe/vergabedatenbank-veris.html).

11.4.4 Sonstige Informationen

Das **forum vergabe e.V.** bietet einen Informations-, Erfahrungs- und Meinungsaustausch zu Themen des nationalen und internationalen Vergabewesens mit einer Vielzahl von Informationen, Dokumenten und Entscheidungen unter www.forum-vergabe.de.

Das **Deutsche Vergabenetzwerk** (DVNW) vereint Experten und Entscheider im Vergaberecht und Public Sector (www.dvnw.de/). Zu seinen Mitgliedern zählen Einkäufer aus Bund, Ländern und Kommunen sowie Vergaberechtsexperten aus Wirtschaft, Rechtspflege, Wissenschaft und Politik. Es existieren Regionalgruppen in Berlin/Brandenburg, Hamburg, Köln/Bonn/Koblenz, Frankfurt, München und Stuttgart, die neben der Vernetzung über das Internet den unmittelbaren persönlichen Austausch vor Ort ermöglichen.

Stichwortverzeichnis